民法典背景下情事变更原则
之逻辑构成与司法展开

以两岸建设工程实务为分析场景

张永／著

中国法制出版社
CHINA LEGAL PUBLISHING HOUSE

序　言

情事变更原则作为合同履行的一个基本原则，在我国民法中长期没有予以明确，直到《合同法司法解释（二）》第 26 条以司法解释的方式肯定了该原则。但司法实践中法院在适用该原则时通常十分谨慎、严格，甚至需要报请最高人民法院核准方可，不少法院为了避免麻烦宁愿求助于显失公平、不可抗力、合同解除等制度甚至公平原则、诚信原则也不愿意直接适用情事变更原则，致使情事变更原则的实际效用受到影响，没能成为司法实践中生命力强悍的"活法"。这次《民法典》第 533 条第一次在法律层面明确了合同履行的情事变更原则，规定在合同成立后，合同的基础条件发生了当事人在订立合同时无法预见的、不属于商业风险的重大变化时，继续履行合同对于当事人一方明显不公平的，受不利影响的当事人可以与对方重新协商；在合理期限内协商不成的，当事人可以请求人民法院或仲裁机构变更或者解除合同。而人民法院或仲裁机构应当结合案件的实际情况，根据公平原则变更或者解除合同。相比原《合同法司法解释（二）》第 26 条，《民法典》第 533 条删除了"非不可抗力造成的"及"或者不能实现合同目的"，进一步理清了情事变更原则与不可抗力制度、合同解除制度之间的关联，界分更清晰，立法更科学，是《民法典》一个重要立法成就。

同时，建设工程施工合同资金规模大，涉及勘察、设计、发包、承包、监理、施工、验收等诸多环节及多方当事人，合同履行期限较长，是典型的继续性合同。施工过程中极容易遭遇极端天气、政策变动、建材价格波动、疫情、异常地质、居民抗争等特殊状况，这些状况及其影响程度可能并非发包方与承包方缔约时所能预料。以最近几年一直持续的新冠肺炎疫情为例，不少地方基于防疫政策的需要要求各类建筑工地停工，造成有效施工天数大

民法典背景下情事变更原则之逻辑构成与司法展开——以两岸建设工程实务为分析场景

大压缩、工期大大延长、建筑材料积压、工地费用开支增加、相关器械长时间闲置等，明显提高了施工成本。此类风险是否一概由施工方承担，在相关约定不明晰的情况下能否适用情事变更原则适当调整合同、适当分担风险就是一个重要问题。由此来看，建设工程施工领域存在适用情事变更原则的可能，是对情事变更原则的司法适用进行分析的一个好样本，对于如何在准确把握构成要件与法律效果的基础上谨慎适用情事变更原则具有示范意义，因此这是一个兼具理论性与现实性的研究课题。

张永博士是我指导的博士生，在博士期间选修了民商法所有导师的课程，专业课成绩优秀，具有扎实的民法基础和方法论功底，具有较强的辩证思维能力，读博时就在《政治与法律》《郑州大学学报》《清华法律评论》等发表学术论文多篇。张永博士对实务问题十分关注且嗅觉敏捷，他的博士毕业论文即是研究情事变更原则在建设工程施工合同中的适用问题，本书的内容就是在其博士学位论文的基础上结合《民法典》新的立法精神及新的司法实务重新修订而成。

张永博士曾经在高校任职多年，博士期间曾经到德国海德堡大学进修，博士毕业后又获得了经济学博士后的头衔，并在金融机构从事实务工作多年，具有法学与经济学的双重知识结构，具有较好的中国民法和德国民法基础，且理论积累与实务经验都较为丰富。作为他的博士生导师，我非常乐意推荐此书，也希望张永博士能在学术领域稳打稳扎、取得更好的成绩。

韩世远

2022.7.23

目录
CONTENTS

第1章 导 论 // 001

1.1 问题的缘起 // 001
1.2 研究的对象 // 004
1.3 文献综述及研究现状 // 006
    1.3.1 我国情事变更原则之基础研究 // 007
    1.3.2 我国工程领域适用情事变更原则之研究 // 008
    1.3.3 我国台湾地区的研究现状 // 009
1.4 立法及实务现状 // 011
    1.4.1 我国情事变更原则立法及其在工程领域中之适用 // 011
    1.4.2 德国工程法上情事变更原则之适用 // 023
    1.4.3 我国台湾地区工程领域情事变更原则之适用 // 036
1.5 研究方法 // 042
    1.5.1 案例的整理、评析、比较 // 042
    1.5.2 比较法研究的方法 // 043
    1.5.3 历史分析的方法 // 043
    1.5.4 方法论的运用 // 044

第2章 建设工程施工合同的基本理论 // 045

2.1 概述 // 045
2.2 施工合同的基本特点 // 046
2.3 建设工程施工合同的付款方式 // 050
    2.3.1 固定价格合同 // 050
    2.3.2 可调价格合同 // 050

2.3.3　成本加酬金合同 // 051
2.3.4　价格方式与情事变更原则的适用 // 051

2.4　施工合同中常见的风险类型 // 052
2.4.1　我国的相关规定 // 052
2.4.2　FIDIC 新红皮书的相关规定 // 055
2.4.3　《德国民法典》关于工程合同风险类型之规定 // 057

2.5　情事变更原则在施工合同中适用性的初步分析 // 062
2.5.1　概述 // 062
2.5.2　情事变更原则的现行法规定 // 062
2.5.3　工程领域中情事变更原则的特点 // 064

第3章　施工合同中情事变更原则之适用要件分析 // 071

3.1　时间点：施工合同成立之后履行完毕之前 // 071
3.1.1　契约成立后 // 072
3.1.2　何谓工程合同履行完毕 // 073
3.1.3　履行完毕后情事变更能否适用情事变更原则 // 074
3.1.4　情事变更与履行迟延 // 075

3.2　客观情事发生重大变化 // 077
3.2.1　客观情事为何物 // 077
3.2.2　大交易基础与小交易基础 // 082
3.2.3　案例类型 // 083
3.2.4　工程领域的通常事变与情事变更 // 086
3.2.5　施工合同中"主观情事"变更的处理 // 092

3.3　施工合同中情事变更之不可预见性分析 // 095
3.3.1　可否预见与可否承受 // 096
3.3.2　预见之判断标准 // 101
3.3.3　可否约定排除 // 103

3.4　继续履行对合同一方当事人显失公平或不能实现合同目的 // 105
3.4.1　概述 // 105

  3.4.2 继续履行显失公平 // 105
  3.4.3 不能实现合同目的 // 110
  3.4.4 法定或约定的风险分配对不可期待性的排除 // 117
 3.5 不可归责的要件分析 // 119
  3.5.1 是否必须不可归责 // 119
  3.5.2 理论分析 // 123
  3.5.3 笔者的思考 // 128
 3.6 施工合同中的格式条款对情事变更原则适用的影响 // 134
  3.6.1 概述 // 134
  3.6.2 现行法对格式条款的规制 // 135
  3.6.3 工程施工合同是否属于格式合同 // 137
  3.6.4 施工合同中的典型格式条款——概括性放弃权利条款 // 139
  3.6.5 施工合同中的典型格式条款——物价调整条款 // 143
  3.6.6 施工合同中的格式条款——协助义务违反承包人不得要求赔偿（补偿）// 149

第4章 情事变更原则之适用——工期迟延时请求展延工期 // 155

 4.1 基于情事变更原则请求展延工期 // 157
  4.1.1 概述 // 157
  4.1.2 FIDIC 和 VOB/B 关于工期展延之规范 // 159
  4.1.3 工期迟延之实务运作 // 162
  4.1.4 工程延误之类型——以能否归责于承包人为标准 // 165
 4.2 承包人可提出展延工期之主要事由 // 167
  4.2.1 异常天候 // 167
  4.2.2 无法取得工地 // 169
  4.2.3 界面冲突 // 170
  4.2.4 异常工地状况 // 172
 4.3 工期迟延的法律效力——以能否适用情事变更原则为分析核心 // 173
  4.3.1 承包人的救济程序 // 173

4.3.2 工期迟延原因之类型化 // 174
4.3.3 工期迟延时之费用损失 // 175
4.3.4 可归责于承包人之工期迟延——承包方之违约责任 // 176
4.3.5 不可归责于承包方之工期迟延——承包方得请求展延工期 // 177
4.3.6 可归责于发包方之工期迟延——发包方之违约责任 // 178
4.3.7 不可归责于双方当事人之工期迟延——情事变更原则的适用 // 179

第5章 情事变更原则之适用——物价波动等情形请求费用补偿 // 181

5.1 物价波动 // 182
    5.1.1 概述 // 182
    5.1.2 契约未约定物价调整条款时，得否适用情事变更原则 // 183
    5.1.3 约定不办理物价调整能否适用情事变更原则 // 185
    5.1.4 承包人可否进一步主张适用情事变更原则请求追加物调款 // 187
    5.1.5 《建设工程施工合同（示范文本）》（GF-2013-0201）关于价格调整的规定 // 189
    5.1.6 价格异常波动场合情事变更原则的适用可能 // 189
    5.1.7 价格异常波动场合格式条款能否排除情事变更原则之适用 // 191
    5.1.8 价格异常波动的判断标准 // 193
    5.1.9 《招标投标法》第46条与原《合同法解释二》第26条及《民法典》第533条之关联 // 196

5.2 业主指示赶工 // 199
    5.2.1 赶工之发生原因 // 199
    5.2.2 拟制赶工 // 199
    5.2.3 实务判决 // 201
    5.2.4 赶工之争议问题 // 202
    5.2.5 赶工奖金 // 203
    5.2.6 类型化分析 // 203

目 录

5.3 工地取得障碍 // 205

    5.3.1 概述 // 205

    5.3.2 协力义务之性质 // 206

    5.3.3 可归责于发包人之工地取得障碍 // 212

    5.3.4 不可归责于发包人之工地取得障碍——情事变更原则之适用可能 // 213

5.4 异常工地状况 // 215

    5.4.1 概述 // 215

    5.4.2 司法实务之立场 // 216

    5.4.3 发包人之地质勘查义务 // 219

    5.4.4 地质状况异常之处理 // 223

    5.4.5 情事变更原则之适用性分析 // 225

5.5 异常天候 // 231

    5.5.1 概说 // 231

    5.5.2 司法实务立场 // 231

    5.5.3 情事变更原则于异常天候情形之适用性分析 // 233

5.6 界面冲突 // 236

    5.6.1 问题的源起 // 236

    5.6.2 发包人有无协调关联厂商之义务 // 237

    5.6.3 界面协调义务：给付义务，附随义务或不真正义务 // 240

    5.6.4 合同约定由承包商负责协调 // 245

    5.6.5 情事变更原则于界面冲突场合之适用性 // 248

5.7 政策、法律法规调整 // 274

    5.7.1 概述 // 274

    5.7.2 实务立场 // 275

    5.7.3 法令政策变动、为第三人承担责任、通常事变 // 276

    5.7.4 法令政策变动致合同履行显失公平 // 279

    5.7.5 法令政策变动致合同履行不能 // 280

第6章 情事变更与施工合同中相关规则之关联 // 285

6.1 情事变更与建设工程施工合同中的不可抗力 // 285
    6.1.1 不可抗力的概念 // 285
    6.1.2 不可抗力与情事变更的区别 // 286
    6.1.3 不可抗力场合能否适用情事变更原则 // 289
    6.1.4 不可抗力解除与情事变更解除 // 292

6.2 情事变更原则与工程施工中的商业风险 // 295
    6.2.1 概述 // 295
    6.2.2 实务判决 // 296
    6.2.3 理论分析 // 299

6.3 情事变更原则与显失公平的建设工程施工合同 // 307
    6.3.1 《民法典》第151条中的"显失公平" // 307
    6.3.2 两者的相同之处——从结果着眼 // 308
    6.3.3 两者的不同之处——时间因素和法律效果 // 310

6.4 情事变更原则与重大误解的建设工程施工合同 // 311
    6.4.1 重大误解之概念 // 311
    6.4.2 重大误解与情事变更原则之区分 // 312
    6.4.3 工程领域重大误解之情形及其处理 // 313

6.5 情事变更原则与建设工程施工合同的违约责任 // 318
    6.5.1 建设工程合同中的"可归责性"与情事变更原则之适用 // 318
    6.5.2 情事变更能否作为免责的规范基础 // 320

6.6 情事变更原则与发包人违反协助义务 // 324
    6.6.1 概述 // 324
    6.6.2 发包人因不可归责于双方的事由不为协助 // 324
    6.6.3 发包人因可归责于己之事由不为协助 // 328

结 论 // 330

参考文献 // 334

致 谢 // 355

第 1 章

导 论

1.1 问题的缘起

2007年到2008年间，我国建材市场主要建材价格持续上涨，以"北上广"地区为例，钢材价格几乎每半年就上涨千元之多，上涨幅度都在50%左右。[①] 其他主要建筑材料价格也出现大幅度上涨，涉及建材类型很多，涉及范围很广，对很多正在履行的建设工程施工合同造成很大影响。以螺纹钢和高线这两种施工中常用的建筑材料为例制表如下：[②]

表1 2008年2月至5月主要城市25mm螺纹钢价格变化一览表（单位：元）

当日价格	北京	天津	上海	杭州	广州	武汉	郑州	成都	西安	全国平均
2008.2.13	4400	4450	4300	4420	4770	4500	4430	4550	4450	4469
2008.5.4	5600	5700	5450	5320	5450	5520	5330	5800	5550	5507
增长率（%）	27.3	28.1	26.7	20.4	14.3	22.7	20.3	27.5	24.7	23.2

表2 2007年6.5mm高线价格变化表（单位：元）

价格	北京	上海	广州	全国平均
2007年初	3100	3150	3400	3150
2007年5月中旬	3850	3980	3950	2950
增长率（%）	24.2	26.4	16.2	25.4

---

① 吴珊珊：《情事变更制度在建筑施工合同中的适用》，大连海事大学2011年硕士学位论文，第21页。

② 这些表格转引自郭欣欣：《情势变更制度在建设工程施工合同中的运用》，西南政法大学2012年硕士学位论文，第12—13页。

表3 2008年6.5mm高线价格变化表（单位：元）

价格	北京	上海	广州	全国平均
2008年1月底	4250	4450	4650	4350
2008年3月底	5000	5050	5200	5050
增长率（%）	17.6	13.5	11.8	16.1

可见2008年上半年25mm螺纹钢以及6.5mm高线都在很短时间内出现了价格飞涨的情形，如果对比2007年初和2008年3月底6.5mm高线的价格，就会发现全国平均价格增幅居然达到71.2%。

2008年劳动力成本也有所提升。根据国家统计局的统计数据，2008年第一季度建筑行业人工成本、管理人员工资、技术人员工资同比上涨幅度均在4.5%左右。建材价格和人工费用的同步上涨，严重增加了承包商的施工成本，使得很多承包商不得不面临停工甚至破产倒闭的风险，也滋生出很多法律纠纷。不少承包商认为此种情形已经构成了情事变更，应当适用情事变更原则来调整工程合同，发包方应当适当补偿由于建材价格和人工成本上涨给承包商带来的损失。

但是，从司法实践来看，《最高人民法院关于适用〈中华人民共和国合同法〉若干问题的解释（二）》[①]（以下简称原《合同法解释二》）第26条却严格区分情事变更与商业风险、情事变更与不可抗力，对情事变更原则的适用持非常谨慎的态度。在考量是否适用该原则时，要进行个案平衡，必要时上报高级人民法院审核，其出发点显然在于尽量防止对正常的交易秩序以及合同的稳定性造成不必要的冲击。[②] 虽然我国原《合同法》文本中没有规定情事变更原则，但各类文件资料却显示，各级法院在司法审判中经常运用

[①] 该司法解释已被2020年12月23日最高人民法院审判委员会第1823次会议通过的《最高人民法院关于废止部分司法解释及相关规范性文件的决定》（法释〔2020〕16号）废止。

[②] 陈宽山、江伟勤主编：《建设工程施工合同纠纷判解》（建筑房地产法实务指导丛书），法律出版社2010年版，第168—169页。

到情事变更原则。① 有观点认为最高人民法院于 1986 年 4 月 14 日颁布的《关于审理农村承包合同纠纷案件若干问题的意见》② 第 4 条、第 7 条虽无情事变更之名，却有其实。之后，又在 1992 年第 27 号函中首次确认了该原则，在 1993 年《全国经济审判工作座谈会纪要》中进一步明确了该原则的适用条件。原《合同法解释二》第 26 条对情事变更原则的构成要件和法律效果进行了比较具体的规定。③ 对我国而言，这一解释填补了法律关于情事变更原则的立法漏洞。同时也为法官裁判情事变更的案件提供了法律依据。该解释的起草法官在其著作中指出，该司法解释的第 26 条规定了情事变更原则，该条款之目的在于解决合同成立生效后因意外情事而显失公平的问题。虽然合同成立生效时是公平合理的，但因情事变更使得不能继续按照原合同履行，因为根本不能履行或者履行显然没有意义，即使如此对该原则的适用也要谨慎。目前，该原则在不少大陆法系国家民法典都有体现，并作为例外情况下调整合同的重要依据。所以，最高人民法院将该原则纳入司法解释予以明文化是有充分合理根据的。④ 事实上在原《合同法解释二》生效不久，山东省某建筑企业一个 2000 万元的合同在法院审判中依据情事变更原则

---

① 《民法典》已于 2020 年 5 月 28 日经第十三届全国人民代表大会第三次会议审议通过，于 2020 年 1 月 1 日生效。该法第 533 条规定：合同成立后，合同的基础条件发生了当事人在订立合同时无法预见的、不属于商业风险的重大变化，继续履行合同对于当事人一方明显不公平的，受不利影响的当事人可以与对方重新协商；在合理期限内协商不成的，当事人可以请求人民法院或者仲裁机构变更或者解除合同。人民法院或者仲裁机构应当结合案件的实际情况，根据公平原则变更或者解除合同。由于截至本书出版时，《民法典》刚刚生效不久，相关的司法判决尚没有来得及发生，所以本书引用的我国司法判决仍然是《民法典》生效之前的判决，相关的请求权基础仍然是原《合同法解释二》第 26 条，其他相关法条仍是《民法典》生效之前的原《合同法》等法条，这些法条与最近生效的《民法典》条文的对应关系可以参考李昊主编的《〈中华人民共和国民法典〉与既有民事法律对照表》（北京大学出版社 2020 年 6 月出版）。考虑到情事变更原则的逻辑结构和基本原理并没有变化，在《民法典》生效后这些案例、司法实践、争议等仍然具有一以贯之的重要意义。

② 该意见已被 1999 年 6 月 28 日发布的《最高人民法院关于审理农业承包合同纠纷案件若干问题的规定（试行）》废止。

③ 原《合同法解释二》第 26 条：合同成立以后客观情况发生了当事人在订立合同时无法预见的、非不可抗力造成的不属于商业风险的重大变化，继续履行合同对于一方当事人明显不公平或者不能实现合同目的，当事人请求人民法院变更或者解除合同的，人民法院应当根据公平原则，并结合案件的实际情况确定是否变更或者解除。

④ 曹守晔：《最高人民法院〈关于适用《中华人民共和国合同法》若干问题的解释（二）〉之情势变更问题的理解与适用》，载《法律适用》2009 年第 8 期，第 44—49 页。

民法典背景下情事变更原则之逻辑构成与司法展开——以两岸建设工程实务为分析场景

增加直接费用886万元,成为国内第一宗将情事变更原则适用于施工合同中的案例。[①]

事实上在原《合同法》立法过程中,关于是否规定情事变更原则曾经有过激烈争论,而且在多个原《合同法》立法草案中均有所体现,但最终没有体现在原《合同法》的正式文本中。唯各级法院在案件审理中,确实经常遇到情事变更原则之适用问题。足见情事变更原则之适用在合同履行过程中乃势所必然。当发生情事变更时,对于受有较大损失的一方,应当允许其基于情事变更原则主张就原契约规定给予适当调整,以求契约履行之公平合理。但《民法典》第533条规定"合同成立后,合同的基础条件发生了当事人在订立合同时无法预见的、不属于商业风险的重大变化,继续履行合同对于当事人一方明显不公平的,受不利影响的当事人可以与对方重新协商;在合理期限内协商不成的,当事人可以请求人民法院或者仲裁机构变更或者解除合同。人民法院或者仲裁机构应当结合案件的实际情况,根据公平原则变更或者解除合同"。由此终于确立了情事变更原则的"法律"地位。

上述司法需求在建设工程合同司法实务中更加迫切,但关于这方面的研究在我国大陆比较薄弱,只有为数不多的几篇论文涉及这一问题,以笔者所见民法学者中,仅有崔建远教授在其著作中明确提到可将情事变更原则适用于施工合同。[②] 我国大陆司法实务中,虽然承包商主张适用情事变更原则来调整工程合同的案件不在少数,但法院明确依据情事变更原则调整建设工程的判决非常少见。但是同样的问题在我国台湾地区有关的司法判决也层出不穷。

1.2 研究的对象

工程实践中,建设工程施工合同的契约内容通常由发包方自行拟定或者委托设计单位拟定,因此通常契约的内容多以保护业主即发包方的权益为

[①] 王彦虎、王小明:《"情事变更"在工程索赔中的应用》,载《四川水力发电》2012年第31卷第2期,第190页。

[②] 崔建远:《合同法》,北京大学出版社2012年版,第516页。

主,亦可能试图合法地规避工程合同履行过程中可能遭遇之风险损失乃至排除情事变更原则之适用,以致造成契约之订定欠缺公平与合理性。而负责公共工程建设的政府采购机关为转移应负之责,可以凭借单方拟定契约条款之方便与行政权力之优势,将大多数风险转嫁给承包商来承担,并订定多种免责条款。但是不公平或不完备的契约内容,业主虽可以保障自己的权益,避免承担风险,却可能因此造成工程成本提高,工程履行困难,增加了工程纠纷、诉讼的可能性,反而使得工程无法顺利推进。长此以往可能导致承包商为应对市场的激烈竞争而低价抢标,以致偷工减料、变更设计、牺牲工程品质或宣告倒闭一走了之,造成难以收拾的局面。由此可知,过于自我保护之结果,将可能使契约违背公平、合理与正义的原则,以致如遇争议诉讼时,可能成为败诉的一方。因此,采用公平契约,合理分担契约风险,妥善平衡双方权利义务关系,方能促进工程和谐进行,减少争议与相关当事人的争讼,并取得最佳的工程品质。

因为建设工程施工合同较一般的承揽合同有诸多不同,① 其标的额一般较高、履约期间较长、受区域环境影响较大,同时在施工各个阶段中亦有可能涉及诸多不同领域的关联厂商。比如就建筑工程而言,影响工程进度顺利进行的内外因素当然颇多,许多并非可归责于承包厂商,也不能归责于发包方,而是由于关联厂商之延误所造成。此时承包商是否可向发包方请求补偿工期展延期间所增加之费用呢?又假如工期展延已超出一般工程惯例所能预见之程度时,承包方是否可主张情事变更原则请求法院增加给付,即适当调整契约之内容,再依该调整后之契约向发包方请求给付相应增加之费用。

工程实务上所谓情事变更原则之请求,早已遍布各种工程争议案例类型中,然而针对个案究竟能否适用情事变更原则,在司法判决实务的结果中和法院之间立场迥异,使得契约当事人对于提出情事变更原则之适用产生先期预测的困难。而探究适用情事变更原则之根本,多在于司法判决实务上对其

---

① 陈宗坤:《情事变更原则适用于我国公共工程仲裁判断之探讨》,高雄大学法律学系研究所2009年硕士学位论文,第61—77页。

情事变更原则适用要件以及法律效果之厘清与确认。特别是关于情事变更原则之情事的概念，是否应不限于客观不可抗力之事实，或是否应当进而包含缔约基础变动之认知以及通常事变的事实，如关联厂商之延误导致工期展延，是否可以求偿等，以确保契约当事人可借由情事变更原则之适用，以启动契约内容之调整机制避免承包商承担显失公平、不可预见且超出原先预期之风险，以落实诚实信用与公平原则。

基于此，笔者将本文的研究对象确定为情事变更原则在建设工程施工合同中的适用性。相关的问题可以分解为以下几个子课题：

1. 建设工程施工合同的基本内容、基本特点及适用情事变更原则之必要性。

2. 施工合同中适用情事变更原则的要件分析，结合施工合同的特点探讨情事变更原则适用时需要考量的因素。

3. 情事变更原则适用的具体化，即通过类型化的方式确立施工合同中可能适用情事变更原则的主要案型。

4. 通过比较法研究方法，具体研究我国和德国等在现行法、司法实践以及学说中关于这一问题的现状，在比较分析法中追求真知。

5. 通过海峡两岸大量的案例分析研判，从司法裁判中寻找情事变更原则适用于施工合同的基本规律，归纳主要的争点，提出合理化的解决方案。

6. 详细论证施工合同中情事变更原则与其他合同履行障碍之关联性。

1.3　文献综述及研究现状

如上所述，2009 年 2 月 9 日最高人民法院通过了原《合同法解释二》，该解释第 26 条确立情事变更原则，填补了我国一个重要的法律漏洞。2021 年 1 月 1 日生效的《中华人民共和国民法典》[①] 第 533 条重申了情事变更原则。事实上在此之前有关情事变更原则已经有了不少研究。

---

① 以下简称《民法典》。

1.3.1 我国情事变更原则之基础研究

情事变更原则之基础性研究很多，成果丰硕，出现了很多高水平的论文。① 此外也出现专门研究情事变更原则的学术著作。② 这些重要的学术成果所关注的问题包括但不限于：

1. 关于情事变更原则之概念。

2. 历史沿革及学说史梳理，重点研究德国法上的交易基础障碍理论、英美法上的合同受挫制度、日本法上的情事变更制度、我国的情事变更原则发展及适用等。

3. 现行立法比较，主要涉及《德国民法典》中的交易基础障碍制度（第313条）、《日本民法典》中的零星规定、《美国契约法第二次重述》中的合同落空规则（第265条）、《联合国国际货物销售合同公约》（CISG）中的免责条款（第79条）、《国际商事合同通则》（PICC）中的艰难情势（第6.2.2－6.2.3条）以及不可抗力规则（第7.1.7条）、《欧洲合同法原则》（PECL）中的情事变更（第6.111条）以及《欧洲私法的原则、定义与示范规则：欧洲示范民法典草案》（DCFR）中的情事变更（第Ⅲ－110条）。

4. 情事变更原则的构成要件，一般认为该要件包括合同已经成立生效、合同履行完毕前情事发生重大变化，该变化是当事人双方在签订合同时事先不能预见、无法防免、无法克服的，且当事人对该情事变更均不可归责、由于该情事变化使得合同继续履行对一方当事人显失公平或者没有意义或者合同构成履行不能。

5. 情事变更原则适用的法律效果，一般认为其效果包括三种。其一，双方当事人负有再交涉义务；其二，应首先尽量通过变更合同维持原合同效力；其三，在无法达成变更协议、履行不能或者履行没有意义时可以将合同解除。

6. 与不可抗力、不能履行、商业风险、附条件、违约责任等周边制度的

---

① 参见文后参考文献中文论文部分。
② 主要有吴学义：《情事变更原则与货币价值之变动》，商务印书馆1944年版；张照东：《情事变更制度比较研究》，中国书籍出版社2001年版。

区分。

7. 总结司法实务经验，为使得该原则之适用更具有可操作性，对该原则之适用进行类型化的整理，注重重要案型的累积，目前的典型案型一般包括通货膨胀、金融危机、自然灾害、革命暴动、法令变化、汇率调整、货币贬值等。

1.3.2 我国工程领域适用情事变更原则之研究

对于情事变更原则在建设工程施工合同中的适用，我国大陆研究明显不足，相关的学术论文及著作明显薄弱，大部分的论文还是围绕着情事变更原则的一般理论展开，没有真正地和施工合同中的相关问题进行结合。[①]

此外，一些从事建筑私法实务工作的律师、法官、工程师出版了一些案例分析的书籍，部分章节涉及情事变更原则在施工合同中的运用。[②] 还有一些硕士研究生以此作为毕业论文选题。[③]

笔者全面阅读了我国大陆上述学术成果，发现目前我国大陆对于施工合同中情事变更原则的适用研究还处于比较基础的水平，有以下几个特点：

1. 论文数量不少，但是高质量的论文不多，主流法律刊物和主流学者对这一问题缺乏关注，目前还没有以此作为选题的博士学位论文，这与我国大陆建筑私法的不发达息息相关。

2. 多数研究过于粗线条，缺乏精细化，如上述几篇硕士毕业论文篇幅都不超过50页。

3. 研究的案型单一，往往局限于建材价格上涨这一种情形，对于其他案型缺乏关注，或者根本没有讨论，类型化、具体化的工作任重道远。

[①] 参见文后参考文献中文论文部分。

[②] 这些书籍主要有江帆主编：《最新建设工程施工合同疑难案例精解》，法律出版社2013年版；张广兄：《建设工程合同纠纷诉讼指引与实务解答》，法律出版社2013年版；郭丁铭、肖芳：《建设工程施工合同法律实务精解与百案评析》，中国法制出版社2012年版；施建辉等主编：《工程上的民法问题研究——第一届海峡两岸工程法学研讨会实录与论文集》，东南大学出版社2010年版；《建设工程合同纠纷》，法律出版社2010年版；浙江东辰律师事务所编：《建设工程合同法律问题释疑》，浙江大学出版社2005年版。

[③] 参见文后参考文献学位论文部分。

4. 理论联系实际时隔靴搔痒，多数论文还是两张皮，大部分篇幅都在介绍情事变更原则的概念、理论沿革、构成要件、比较法研究等，真正结合施工合同进行研究的极少。

5. 对情事变更原则的基本理论掌握不够，很多论文存在基础知识的硬伤。

6. 缺乏对实务案例的整理分析，理论梳理时想当然的成分较多，当然这与目前司法实践中对于情事变更原则的适用采取极其谨慎乃至保守的态度有关。

7. 缺乏比较法的分析论证，国际化程度较低，或者直接采取拿来主义，如有论文就主张我国应当承认主观情事变更。

8. 上述研究成果还显示我国在工程法这一交叉领域基础薄弱，缺乏既懂工程又懂法学的复合型人才。

9. 对于情事变更与不可抗力、商业风险的关联性缺乏正确认识，大多停留在比较基础的认识水平上。

但值得注意的是，工程法研究在我国大陆也开始受到重视，部分学者和高校甚至开设了工程法研究课程或专门研究机构，相关的研究成果也开始出现。其中东南大学依托其强大的工科优势和法学特色学科，于2008年成立了"东南大学工程法研究所"。该所集合了法学院、土木工程学院和建筑学院等院系的具有综合背景知识的科研力量，以法学研究作为主线，配合相关专业知识，试图解决工程施工中的诸多难题，开创了法学人才培养、法学教育与研究的新模式，2009年秋第一届海峡两岸工程法学研讨会在该校举行，其有关论文收集于《工程法上的民法问题研究——第一届海峡两岸工程法学研讨会实录与论文集》当中，其中黄立教授以施工合同中的情事变更问题作了主题演讲并提交了论文，引起广泛关注。

1.3.3 我国台湾地区的研究现状

我国台湾地区工程法学十分发达，对于工程学和法学的交叉研究十分重视。2005年8月一些律师、工程师、监理师、学者成立了台湾工程法学会，使我国台湾地区工程法学的研究走上了快车道。而情事变更原则在工程领域的适用尤其受到重视，仲裁和司法实务中此类案件众多，情事变更原则频繁

民法典背景下情事变更原则之逻辑构成与司法展开——以两岸建设工程实务为分析场景

被作为调整施工合同的基础。基层法院法官对于适用情事变更原则也积累了相当丰富和成熟的经验，进而在适用该原则时形成了多样化的案型，情事变更原则的具体化和类型化工作非常到位。与此同时，也有大量的与此有关的学术论文。[①]

我国台湾地区有不少研究生学位论文以此作为研究课题。[②] 另外，不少学者、律师围绕情事变更原则基本理论和工程施工实务出版了专著。[③]

笔者虽然只是阅读了上述文献中的一大部分，但发现我国台湾地区对这一问题的研究有很高的水平。其一，工程法学发达，不少学者、律师具有法学与工程学的双重背景；其二，法学的精细化研究已到相当程度，开始具体深入研究具体的细节问题以及个别的案型，很多以此作为选题的学位论文容量很大，以笔者阅读者为限，均超过200页；其三，司法实践中情事变更原则的适用率很高，经验丰富，形成了较为完备的案型累积；其四，主流学者极为重视工程法学之发展，例如黄立教授、林诚二教授、杨淑文教授多次撰文阐述情事变更原则在工程领域之适用规律；其五，十分重视对案件的收集、整理、评析，大多数论文尤其是学位论文是围绕着特定案型的判决书展开的；其六，几乎对每一种案型都已经展开具体充分的讨论，比如在物价波动、异常工地状况、异常天候、法令变化、界面冲突、居民抗争、用地取得等各种案型中能否适用情事变更原则往往在司法实务和学说理论中存在肯定说与否定说；其七，学术研究和司法实务之互动频繁，判决常引用学者之观点作为辅助说理依据，而学者也借助最新的判决来检验学说之正确性；其八，研究的国际化程度较高，大多数学位论文都对德国工程法、英美法、日本法中的相关问题进行了比较研究。

[①] 参见文后参考文献中文论文部分。
[②] 参见文后参考文献学位论文部分。
[③] 比如林诚二：《民法理论与问题研究》（情事变更原则之理论与实际——债法之比较研究），中国政法大学出版社2000年版；林诚二：《民法问题与实例研究》（情事变更原则之再探讨），法律出版社2008年版；彭凤至：《情事变更原则之研究——中、德立法、判例、学说之比较》，五南图书出版公司1986年版；洪国钦、陈宗坤、曾俊智：《情事变更原则与公共工程之理论与实务——兼论仲裁与判决之分析》，元照出版有限公司2010年版；古嘉谆、陈希佳、吴诗敏：《工程法律实务研析》，北京大学出版社2011年版。

1.4 立法及实务现状

1.4.1 我国情事变更原则立法及其在工程领域中之适用

1.4.1.1 情事变更原则的立法化

我国原《合同法》中没有规定情事变更原则，但各类文件资料中却有显示。

对于原《经济合同法》第 27 条第 1 款第 4 项的规定，[1] 有观点认为是关于情事变更原则的明确体现，[2] 也有学者持反对见解。[3] 不过，1993 年原《经济合同法》修订时该规定被删除。

1986 年 7 月生效的《涉外经济合同法》也没有规定情事变更原则。

对于《联合国国际货物销售合同公约》（CISG）第 79 条第 1 项之规定，[4] 学者认为此规定不仅包括不可抗力规则也包括对于情事变更原则的规定，因此在处理涉外合同纠纷时在情事变更的问题上并不是无法可依。[5]

有学者研究认为最高人民法院 1986 年颁布的《关于审理农村承包合同纠纷案件若干问题的意见》第 4 条、第 7 条虽无情事变更之名，却有其实。[6]

---

[1] 该项规定：一方当事人虽无过失但无法防止的外因，致使经济合同无法履行……允许变更或解除合同。

[2] 梁慧星：《合同法上的情事变更问题》，载《法学研究》1988 年第 6 期；耀振华：《情事变更原则的适用》，载《法学研究》1992 年第 4 期；彭诚信：《情事变更原则的探讨》，载《法学》1993 年第 3 期。

[3] 张淳：《对情事变更原则的进一步研究》，载《南京大学学报》1999 年第 1 期。

[4] 该项规定：当事人对不履行义务，不负责任，如果他能证明此种不履行义务，是由于某种非他所能控制的障碍，而且对于这种障碍，没有理由预期他在订立合同时能考虑到或能避免或克服它或它的后果。该条官方原文表述为：A party is not liable for a failure to perform any of his obligation if he proves that the failure was due to an impediment beyond hic control and that he could not reasonably be expected to have taken the impediment into account at the time of the conclusion of the contract or to have avoided on overcome it or its consequences.

[5] 张照东：《情事变更制度比较研究》，中国书籍出版社 2001 年版，第 39 页。

[6] 《意见》第 4 条规定："出现下列情况之一的，应当允许变更或者解除承包合同……（二）订立承包合同依据的计划变更或者取消的；（三）因国家税收、价格等政策的调整，致使收益情况发生较大变化的……"第 7 条第 1 款规定："审理因承包指标过高或过低而发生的纠纷案件，应对承包指标的高低作具体分析，主要审查指标是否符合客观实际。承包指标一般可根据承包前三至五年平均产量（或产值）并考虑合理增产比例予以确定。"第 7 条第 4 款规定："对于承包指标的调整，双方当事人协商不成的，由法院依法判决。"

民法典背景下情事变更原则之逻辑构成与司法展开——以两岸建设工程实务为分析场景

1987年生效的原《民法通则》没有将情事变更原则作为一般条款进行规定。尽管该法第4条规定的公平原则及诚信原则作为基本原则，在处理个案时可以作为漏洞填补的依据。① 但就司法实践看，很少有直接以诚信原则作为处理情事变更的法律依据的判决。

一般认为1987年11月施行的《技术合同法》第24条的规定体现了情事变更原则的基本法理。②

因武汉市煤气公司诉重庆检测仪表装配线技术转让合同、煤气表散件购销合同违约纠纷案，③ 最高人民法院又在1992年第27号函中首次明确了该原则。④

在1993年《全国经济审判工作座谈会纪要》（法发〔1993〕8号）中再次明确规定了情事变更原则的适用要件。⑤

1995年施行的《劳动法》第26条的规定显然是情事变更原则在劳动法领域中的具体化。⑥

1999年3月15日通过的原《合同法》废止了之前的原《经济合同法》《涉外经济合同法》和《技术合同法》。不过在原《合同法》立法过程中，

---

① 梁慧星：《诚实信用原则与漏洞补充》，载《法学研究》1994年第2期。

② 该条规定：发生下列情况之一，致使技术合同的履行成为不必要或不可能的，当事人一方有权通知另一方解除合同：……（三）作为技术开发合同标的的技术已经由他人公开。

③ 在该合同签订时，生产煤气表的主要原料铝锭的国家定价为4400元至4600元，铝外壳的售价每套23.085元。到了合同履行时，每吨铝锭的价格上调到16000元，铝外壳的售价相应地上调到41元。当事人于订立合同时根本无从预见到此种价格的重大波动。

④ 该函的基本内容为："本案由两个独立的合同组成。……就本案购销煤气表散件合同而言，在合同履行过程中，由于发生了当事人无法预见和防止的情事变更，即生产煤气表的主要原材料铝锭的价格，由签订合同时国家定价为每吨4400元至4600元，上调到每吨16000元，铝外壳的价格也相应由每套23.085元上调到41元，如要求重庆检测仪表厂仍按原合同约定的价格供给煤气表散件，显失公平。对于双方由此而产生的纠纷，你院可依照《中华人民共和国经济合同法》第二十七条第一款第四项之规定，根据本案实际情况，酌情予以公平合理地解决。"

⑤ 根据该纪要，因为不可归责于当事人双方的事由，如果合同的客观基础发生了非当事人事先所能预见的根本性变化，导致据原合同履行明显不公平的，当事人可以申请，按情事变更原则变更或解除合同。由于这一纪要事实上为法院遵采，实际上具有相当于法律的效力。

⑥ 该条规定：有下列情形之一的，用人单位可以解除劳动合同……（三）劳动合同订立时所依据的客观情况发生重大变化，致使原劳动合同无法履行，经当事人协商不能就变更劳动合同达成协议。

尽管 5 个草案中的 4 个草案都曾经拟定了关于情事变更原则的条款,① 可由于争议太大,最终该条款没有被立法机关采纳,当时的反对理由主要是弄不清楚情事变更与商业风险、情事变更与不可抗力的关系。

2005 年 7 月最高人民法院颁布的《关于审理涉及农村土地承包纠纷案件适用法律问题的解释》（法释〔2005〕6 号）第 16 条的规定说明国家农业基本政策的重大调整可以被认为属于情事的重大变更,其虽然明文规定依据公平原则来处理,但事实上蕴含着情事变更原则之法理。②

2007 年 6 月公布的《劳动合同法》第 40 条第 3 款中的"客观情况"实际是指因为不可抗力或存在使劳动合同全部或部分履行不能的意外情况,如自然灾害、企业破产、被合并、企业资产出售等,事实上这些情形都有情事变更原则的适用可能。③

2009 年 2 月 9 日原《合同法解释二》通过,其中第 26 条以司法解释的形式最终确立了"情事变更原则",填补了我国立法关于情事变更原则的法律漏洞。④

由于担心情事变更原则被滥用,最高人民法院对于情事变更原则的司法适用采取了极为谨慎的态度,甚至要求基层法院在适用该原则时要报经高级人民法院核准方可。在 2009 年 4 月颁布的《最高人民法院关于正确适用〈中华人民共和国合同法〉若干问题的解释（二）服务党和国家的工作大局

---

① 1996 年 6 月 7 日"试拟稿"（第三稿）第 55 条、1998 年 8 月 18 日草案第 77 条、1998 年 12 月 21 日"三次审议稿"第 76 条、1999 年 1 月 22 日"四次审议稿"第 76 条。转引自徐中华：《建设工程合同纠纷情势变更原则适用酌定论》,载《法学杂志》2010 年第 S1 期,第 20 页。

② 该条规定：因承包方不收取流转价款或者向对方支付费用的约定产生纠纷,当事人协商变更无法达成一致,且继续履行又显失公平,人民法院可以根据发生变更的客观情况,按照公平原则处理。

③ 该条规定：有下列情形之一的,用人单位提前三十日以书面形式通知劳动者本人或者额外支付劳动者一个月工资后,可以解除劳动合同：……（三）劳动合同订立时所依据的客观情况发生重大变化,致使劳动合同无法履行,经用人单位与劳动者协商,未能就变更劳动合同内容达成协议的。

④ 原《合同法解释二》第 26 条：合同成立以后客观情况发生了当事人在订立合同时无法预见的、非不可抗力造成的不属于商业风险的重大变化,继续履行合同对于一方当事人明显不公平或者不能实现合同目的,当事人请求人民法院变更或者解除合同的,人民法院应当根据公平原则,并结合案件的实际情况确定是否变更或者解除。

民法典背景下情事变更原则之逻辑构成与司法展开——以两岸建设工程实务为分析场景

的通知》（法〔2009〕165号）中对此有明确要求。①

2009年7月发布的《最高人民法院关于当前形势下审理民商事合同纠纷案件若干问题的指导意见》，更明确要求严格履行适用情事变更的相关审核程序。

从上述立法过程，可以看出情事变更原则在我国法制中的确立不是一帆风顺的，中间经过多次反复，甚至立法化后又被废除。情事变更原则虽然已经得到立法体现，但是层级较低，只是体现在司法解释当中。最高人民法院对情事变更原则的适用持非常慎重甚至保守的态度，对该原则的适用采用审核制，事实上不利于该原则的进一步具体化和类型化，不利于法官经验的积累和案型的整理，不利于法治的进步和发展。在理论和实践中，对情事变更和不可抗力以及商业风险的关系仍然存在模糊认识，影响到该原则的适用。

2021年1月1日生效的《民法典》第533条重申了情事变更原则，并且对原《合同法解释二》第26条进行了部分调整，考虑到《民法典》刚刚生效不久，相关的司法判例尚在产生之中，未来司法实践对第533条的适用态度能否更加开放、审核制是否确实地被废止、相关的法律概念能否进一步地在实践中得到明确澄清，都有待进一步检验。

1.4.1.2 情事变更原则的司法适用

如上所述，目前我国基于合同稳定和经济秩序稳定的考虑，对情事变更原则的司法适用采取极其审慎的态度，必要时甚至需要层报上级法院批准。明确肯定情事变更原则适用的典型案型较少，主要有：

1. 买卖合同，尤其是房屋买卖，这类案例的典型判决有：

---

① 相关规定为：为了因应经济形势的发展变化，使审判工作达到法律效果与社会效果的统一，根据民法通则、合同法规定的原则和精神，解释第26条规定：合同成立以后客观情况发生了当事人在订立合同时无法预见的、非不可抗力造成的不属于商业风险的重大变化，继续履行合同对于一方当事人明显不公平或者不能实现合同目的，当事人请求人民法院变更或者解除合同的，人民法院应当根据公平原则，并结合案件的实际情况确定是否变更或解除。对于上述解释条文，各级人民法院务必正确理解、慎重适用。如果根据案件的特殊情况，确需在个案中适用的，应当由高级人民法院审核。必要时应报请最高人民法院审核。

（1）上海国广房地产经营有限公司与黄某香商品房预售合同纠纷上诉案；①

（2）姜某忠等诉顾某忠等房屋买卖合同纠纷案；②

（3）无锡圣恩铜业有限公司与宜兴市华鼎铜业有限公司买卖合同纠纷上诉案；③

（4）杜某伟与黄某增转让合同纠纷上诉案；④

（5）胡某微与浙江天涯实业有限公司房屋买卖合同纠纷上诉案；⑤

（6）浙江天涯实业有限公司诉胡某微房屋买卖合同纠纷案；⑥

（7）李某诉黄某玲房屋买卖合同纠纷案；⑦

（8）许某与王某社买卖合同纠纷上诉案；⑧

（9）刘某领与王某江买卖合同纠纷案；⑨

（10）史某州等诉袁某辉等房屋买卖合同纠纷案；⑩

（11）武汉市煤气公司诉重庆检测仪表厂煤气表装配线技术转让合同、煤气表散件购销合同纠纷案；⑪

（12）长春市对外贸易公司诉长春市朝阳房地产开发公司购销房屋案。⑫

2. 租赁合同，尤其是房屋租赁，这类判决是适用情事变更原则最多的一类，典型判决有：

（1）佛山市顺德区乐从镇腾冲社区资产管理办公室与佛山市顺德区乐从镇广联贸易有限公司房屋租赁合同纠纷上诉案；⑬

---

① 上海市第二中级人民法院（2014）沪二中民二（民）终字第885号。
② 上海市浦东新区人民法院（2014）浦民一（民）初字第5920号。
③ 江苏省无锡市中级人民法院（2014）锡商终字第0060号。
④ 福建省高级人民法院民事判决书（2010）闽民终字第261号。
⑤ 浙江省金华市中级人民法院（2013）浙金民终字第894号。
⑥ 浙江省武义县人民法院（2013）金武民初字第358号。
⑦ 浙江省宁波市镇海区人民法院（2011）浙甬民二终字第692号。
⑧ 陕西省咸阳市中级人民法院（2011）咸民终字第00309号。
⑨ 河南省封丘县人民法院（2011）封民初字第273号。
⑩ 广东省深圳市宝安区人民法院（2010）深宝法民三初字第894号。
⑪ 最高人民法院应用法学研究所编：《人民法院案例选》（总第6辑），人民法院出版社1993年版，第110页。
⑫ 最高人民法院应用法学研究所编：《人民法院案例选》（总第4辑），人民法院出版社1993年版，第390页。
⑬ 广东省佛山市中级人民法院（2014）佛中法民一终字第1505号。

（2）平高集团有限公司与陈某明等租赁合同纠纷案；①

（3）邵某诉安徽宜购农超市场运营管理有限公司房屋租赁合同纠纷案；②

（4）邢台县南石门镇大陈庄村村民委员会诉邢台市私立旭光中学租赁合同纠纷案；③

（5）袁某诉刘某房屋租赁合同纠纷案；④

（6）浙江天涯实业有限公司诉胡某微房屋买卖合同纠纷案；⑤

（7）张某媛与朱某群房屋租赁合同纠纷上诉案；⑥

（8）虞某平诉温州德士汽车出租有限公司车辆租赁合同纠纷案；⑦

（9）贾某东与濮阳市绿城商贸发展有限公司租赁合同纠纷案；⑧

（10）王某峰与任某军等租赁合同纠纷上诉案；⑨

（11）德庆金松建材有限公司等与劳某明等租赁经营合同纠纷一案；⑩

（12）上海华年达塑胶有限公司与上海紫洋实业有限责任公司房屋租赁合同纠纷上诉案；⑪

（13）中国人民解放军甘肃省临洮县人民武装部诉甘肃省临洮县陇闽脱水厂场地、房屋租赁纠纷抗诉案；⑫

（14）铜仁洋汇酒店有限公司与徐某勇租赁合同纠纷上诉案。⑬

3. 劳动合同纠纷

（1）王某燕与拜耳医药保健有限公司劳动合同纠纷上诉案；⑭

---

① 河南省平顶山市中级人民法院（2012）平民二终字第400号。
② 安徽省合肥市包河区人民法院（2014）包民一初字第00091号。
③ 河北省邢台县人民法院（2013）邢民初字第217号。
④ 湖南省宁乡县人民法院（2013）宁民初字第01028号。
⑤ 浙江省武义县人民法院（2013）金武民初字第359号。
⑥ 江苏省南通市中级人民法院（2013）通中民终字第0427号。
⑦ 浙江省温州市鹿城区人民法院（2011）温鹿商初字第2959号。
⑧ 河南省濮阳市华龙区人民法院（2010）华法民初字第3306号。
⑨ 陕西省延安市中级人民法院（2010）延中民终字第00557号。
⑩ 广东省肇庆市中级人民法院（2009）肇中法民商终字第179号。
⑪ 上海市第一中级人民法院（2009）沪一中民二（民）终字第1571号。
⑫ 甘肃省定西市（地区）中级人民法院（1999）定中民再终字第03号。
⑬ 贵州省铜仁地区中级人民法院（2006）铜民初字第273号；（2007）铜中民终字42号。
⑭ 上海市第一中级人民法院（2014）沪一中民三（民）终字第166号。

（2）霍某与广东省佛山市第二建筑工程公司劳动合同纠纷上诉案;①

（3）曾某金与广东省佛山市第二建筑工程公司劳动合同纠纷上诉案;②

（4）何某民与广东省佛山市第二建筑工程公司劳动合同纠纷上诉案;③

（5）凌某章与广东省佛山市第二建筑工程公司劳动合同纠纷上诉案;④

（6）刘某华与广东省佛山市第二建筑工程公司劳动合同纠纷上诉案;⑤

（7）陈某棠与广东省佛山市第二建筑工程公司劳动合同纠纷上诉案;⑥

（8）招某松与广东省佛山市第二建筑工程公司劳动合同纠纷上诉案;⑦

（9）区某河与广东省佛山市第二建筑工程公司劳动合同纠纷上诉案;⑧

（10）招某满与广东省佛山市第二建筑工程公司劳动合同纠纷上诉案。⑨

4. 承包合同，尤其是关于土地承包经营权的纠纷

（1）徐某利诉墩台村经济联合社果树承包合同纠纷案;⑩

（2）原告龙某诉被告某村民小组砖窑厂承包纠纷案;⑪

（3）杨某有等诉封丘县陈桥镇三合村第四村民小组土地承包经营权纠纷案;⑫

（4）尹某敏与黄骅市官庄乡小胡庄村村民委员会土地承包合同纠纷上诉案;⑬

（5）杨某成、徐某江等与卢某明土地承包经营权纠纷案;⑭

---

① 广东省佛山市中级人民法院（2003）佛中法民一终字第1307号。
② 广东省佛山市中级人民法院（2003）佛中法民一终字第1309号。
③ 广东省佛山市中级人民法院（2003）佛中法民一终字第1313号。
④ 广东省佛山市中级人民法院（2003）佛中法民一终字第1312号。
⑤ 广东省佛山市中级人民法院（2003）佛中法民一终字第1315号。
⑥ 广东省佛山市中级人民法院（2003）佛中法民一终字第1305号。
⑦ 广东省佛山市中级人民法院（2003）佛中法民一终字第1308号。
⑧ 广东省佛山市中级人民法院（2003）佛中法民一终字第1310号。
⑨ 广东省佛山市中级人民法院（2003）佛中法民一终字第1311号。
⑩ 韩世远：《情事变更原则研究——以大陆法为主的比较法考察及对我国理论构成的尝试》，载《中外法学》2000年第4期，第443—444页。
⑪ 金骅生：《情事变更原则于两岸工程实务判决适用之研究》，中国文化大学法学院法律学系2011年硕士学位论文，第153页。
⑫ 河南省新乡市中级人民法院（2014）新民五终字第10号。
⑬ 河北省沧州市中级人民法院（2014）沧民终字第1020号。
⑭ 河南省封丘县人民法院（2013）封民初字第01078号。

（6）夏某某等与赵某生农村土地承包合同纠纷上诉案;[①]

（7）南宁市路东养猪场与滕某才土地承包合同纠纷上诉案;[②]

（8）光山县文殊乡王堂村韩中村民组诉韩某年农村土地承包合同纠纷案;[③]

（9）彭某成与乌鲁木齐市柴窝堡林场农业大队等土地承包合同纠纷上诉案;[④]

（10）周甲诉周乙土地承包经营权转包合同纠纷案;[⑤]

（11）王某1诉王某2土地承包经营权转包合同纠纷案。[⑥]

5. 其他合同类型，例如供暖合同、承揽合同、土地使用权转让合同等。

（1）海南省榆亚盐场等与三亚泰坤房地产开发有限公司土地使用权转让合同纠纷上诉案;[⑦]

（2）海南金峰房地产开发有限公司与定安县国土环境资源局等返还预付土地款纠纷上诉案;[⑧]

（3）海南金峰房地产开发有限公司与定安县建设局等国有土地使用权出让纠纷抗诉案;[⑨]

（4）北京市第三建筑工程有限公司与北京市东北旺农场供用热力合同纠纷案;[⑩]

（5）陈某某与朱某某民间借贷纠纷案;[⑪]

（6）海某龙与郑州煤炭工业有限责任公司大平煤矿财产损害赔偿纠纷案;[⑫]

[①] 黑龙江省牡丹江市中级人民法院（2013）牡民终字第171号。
[②] 广西壮族自治区南宁市中级人民法院（2012）南市民二终字第397号。
[③] 河南省光山县人民法院（2011）光民初字第195号。
[④] 新疆维吾尔自治区乌鲁木齐市中级人民法院（2011）乌中民四终字第401号。
[⑤] 浙江省宁波市镇海区人民法院（2011）甬镇民初字第182号。
[⑥] 浙江省宁波市镇海区人民法院（2011）甬镇民初字第181号。
[⑦] 海南省高级人民法院（2006）琼民一终字第43号。
[⑧] 海南省海南中级人民法院（2007）海南民二终字第144号。
[⑨] 海南省高级人民法院（2005）琼民抗字第2号。
[⑩] 北京市第一中级人民法院（2004）一中民终字第9486号。
[⑪] 上海市浦东新区人民法院（2011）浦民一（民）初字第5912号。
[⑫] 河南省郑州市中级人民法院（2010）郑民再终字第311号。

（7）代某举诉重庆市建筑科学研究院房屋拆迁安置补偿合同纠纷案;[1]

（8）贵州安厦房地产开发公司与刘某珍房屋拆迁合同纠纷上诉案;[2]

（9）张某明与耒阳市环境卫生管理处服务合同纠纷上诉案。[3]

1.4.1.3 情事变更原则在工程纠纷中的适用

最早规定情事变更原则可以适用于工程合同的规范性文件是2002年8月最高人民法院发布的《关于审理建设工程合同纠纷案件的暂行意见》，该意见第27条明确规定在建材价格异常波动时，可适用情事变更原则来调整施工合同。[4]

但事实上在工程实践中明确适用情事变更原则来调整施工合同的案件非常少，可也有不少案例确实讨论到该原则的适用问题，以笔者目前掌握的典型案例有：

1. 中国建设银行合江县支行诉合江县城镇建设开发公司委托拆迁安置合同案;[5]

2. 武汉绕城公路建设指挥部与中铁十八局集团第二工程有限公司建设工程施工合同纠纷案;[6]

3. 中建三局建设工程股份有限公司与安徽省友邦混凝土有限公司买卖合同纠纷上诉案;[7]

4. 原告北京城乡一建设工程有限责任公司诉被告吉林市北方建业劳务服务有限责任公司建设工程施工合同纠纷一审民事判决书;[8]

5. 广东新广国际集团有限公司与邓某基、李某朝建设工程施工合同纠纷

---

[1] 重庆市渝中区人民法院（2014）中区法民初字第02296号。
[2] 贵州省贵阳市中级人民法院（2001）筑民二终字第433号。
[3] 湖南省衡阳市中级人民法院（2010）衡中法民二终字第115号。
[4] 该条规定：建设工程合同约定对工程总价或材料实行包干的，如合同有效，工程款应按该约定计算。因情事变更导致建材价格大幅上涨而明显不利于承包人的，承包人可请求增加工程款。但建材涨价属于正常的市场风险范畴，涨价部分应由承包人承担。
[5] 四川省合江县人民法院（1993）合经初字第47号。
[6] 最高人民法院（2007）民一终字第81号。
[7] 合肥市高新区人民法院（2007）合高新民二初字第148号；（2008）合民二终字第6号。
[8] 辽宁省沈阳市中级人民法院（2013）沈中民二初字第52号。

二审民事判决书;①

6. 温州二井建设有限公司与山西蒲县黑龙关宏兴煤业有限公司建设工程施工合同纠纷二审民事判决书;②

7. 原告联盛建工公司诉被告金瑞实业公司调整合同价款纠纷案;③

8. 上海青浦县工程总公司与上海色织三厂工程款纠纷案;④

9. 中建六局与济南某公司建设工程施工合同纠纷案;⑤

10. 广州某水处理公司与茂名某建筑公司建设工程施工合同纠纷案;⑥

11. 仲某金与江苏万象建工集团有限公司等建设工程施工合同纠纷申请案;⑦

12. 山西蒲县黑龙关宏兴煤业有限公司与温州二井建设有限公司建设工程施工合同纠纷上诉案;⑧

13. 原告江西省建工集团公司与被告中共乐清市委党校建设工程合同纠纷案;⑨

14. 中十冶集团有限公司与陕西万祥实业有限公司建设工程合同纠纷案;⑩

15. 湖南某某水电建设有限公司与江华县某某水电有限公司建设工程合同纠纷案;⑪

16. 中交第二公路勘察设计研究院有限公司与中建三局第三建设工程有限责任公司建设工程施工合同纠纷申请再审案;⑫

17. 广东省源天工程公司等与河南省大河筑路有限公司建设工程施工合

---

① 广东省广州市中级人民法院(2013)穗中法民五终字第3382号。
② 浙江省温州市中级人民法院(2013)浙温民终字第1545号。
③ 张广兄:《建设工程合同纠纷诉讼指引与实务解答》,法律出版社2013年版,第311—312页。
④ http://www.jianzhufa.com/news_show.asp?id=359,2015年3月10日登录。
⑤ 吴珊珊:《情事变更制度在建筑施工合同中的适用》,大连海事大学2011年硕士学位论文,第21—22页。
⑥ 吴珊珊:《情事变更制度在建筑施工合同中的适用》,大连海事大学2011年硕士学位论文,第22—23页。
⑦ 吉林省高级人民法院(2014)吉民申字第975号。
⑧ 浙江省温州市中级人民法院(2013)浙温民终字第1545号。
⑨ 浙江省乐清市人民法院(2014)温乐民初字第1154号。
⑩ 陕西省高级人民法院(2013)陕民一终字第00120号。
⑪ 湖南省永州市中级人民法院(2012)永中法民二初字第11号。
⑫ 最高人民法院民事裁定书(2013)民申字第996号。

同纠纷上诉案;①

18. 阜阳市广城置业有限公司与浙江瑞翔建设有限公司建设工程施工合同纠纷上诉案;②

19. 北安市巨源房地产开发有限公司与绥化铁路建筑工程有限公司建设工程施工合同纠纷上诉案;③

20. 徐某阶与黄某焕等建设工程施工合同纠纷上诉案;④

21. 广州花卉博览园与广东省第一建筑工程有限公司建设工程合同纠纷上诉案;⑤

22. 东莞市长安镇房地产开发公司与茂名市电白建筑工程总公司建设工程施工合同纠纷上诉案;⑥

23. 浙江某某有限公司与浙江某某团某某司建设工程分包合同纠纷上诉案;⑦

24. 江苏兴淮建设工程有限公司与上海佳吉快运有限公司等建设工程施工合同纠纷上诉案;⑧

25. 浙江某某开发有限公司与五洋建某某团股某某司建设工程施工合同纠纷案;⑨

26. 伊川县泰运建筑安装有限公司与都某某建设工程施工合同纠纷案;⑩

27. 广东长宏公路工程有限公司与福建省榕源建设工程有限公司建设工程施工合同纠纷上诉案;⑪

28. 佛山市南海区南建勤有建筑工程有限公司与佛山市石湾区建兴五金

---

① 河南省高级人民法院(2013)豫法民二终字第73号。
② 安徽省高级人民法院(2013)皖民四终字第00036号。
③ 黑龙江省高级人民法院(2012)黑民终字第4号。
④ 湖南省益阳市中级人民法院(2011)益法民一终字第91号。
⑤ 广东省高级人民法院(2010)粤高法民一终字第30号。
⑥ 广东省高级人民法院(2009)粤高法民一终字第62号。
⑦ 浙江省绍兴市中级人民法院(2010)浙绍民终字第1101号。
⑧ 上海市第二中级人民法院(2011)沪二中民(民)终字第691号。
⑨ 浙江省高级人民法院(2011)浙民终字第10号。
⑩ 河南省洛阳市中级人民法院(2010)洛民终字第456号。
⑪ 陕西省高级人民法院(2008)陕民一终字第152号。

模具厂等建设工程合同纠纷案;①

29. 湛江市粤西建筑工程公司宜昌分公司诉宜昌东恒嘉生物技术有限公司建设工程施工合同纠纷案。②

上述判决显示了工程领域中适用情事变更原则的几个特点:

1. 适用率较低,事实上在很多施工合同中,承包方都主张适用情事变更原则来调整合同,但是只有极少数获得法院支持;

2. 案件类型较少,不足以类型化,多局限于建材价格飞涨以及政策变动的情形,案型的积累捉襟见肘,情事变更原则的生命力不够,还更多地停留在纸面上的规定;

3. 为避免审核制带来的低效率,不少法院宁愿适用公平原则、诚信原则作为判决依据;

4. 不少法院担心审判风险,采用调解的方式来结案;

5. 对情事变更原则的构成要件以及其与商业风险、不可抗力等的区别认识不清。

如上所述,法院在我国施工合同纠纷中明确适用"情事变更原则"的案件极少。以笔者估计,其原因有以下几点:

1. 遵守约定是合同法的基本要求,情事变更原则适用过于频繁可能会对合同效力的稳定性造成冲击;

2. 对于情事变更与商业风险、不可抗力等范畴的界限不清楚;

3. 对于施工过程中哪些情形可以认定情事发生重大变化没有把握;

4. 最高人民法院对情事变更原则的适用持非常严格乃至保守的态度,有层层报批的要求;③

5. 不少法院在很多案件中采取"偷梁换柱"的手法,以笔者所查阅的

---

① 广东省佛山市中级人民法院(2005)佛中法民五终字第852号。
② 湖北省宜昌市中级人民法院(2004)宜中民初字第00276号。
③ 《最高人民法院关于正确适用〈中华人民共和国合同法〉若干问题的解释(二)服务党和国家的工作大局的通知》要求各级人民法院务必正确理解、慎重适用:严格区分变更的情事与正常的市场商业风险之间的区别,审慎适用情事变更原则;坚持调解优先的原则,积极拓展调解工作领域,不断创新调解方式,将调解工作贯穿到民事诉讼的全过程。如果根据案件的特殊情况,确需在个案中适用的,应当由高级人民法院审核。必要时高级人民法院应报请最高人民法院审核。

范围，不少判决通过适用原《合同法》第 5 条、第 6 条来达到替代原《合同法解释二》第 26 条的目的，或者将原《合同法》第 94 条第 1 项或第 5 项作为裁判基础，或者直接根据所谓公平合理、等价有偿的原则来处理。如在广州花卉博览园与广东省第一建筑工程有限公司建设工程施工合同纠纷上诉案中，[①] 原审法院就认为："工程设计、工程量在实际施工过程中发生了较大的变化……综合考虑本案实际情况，本案如采用'总价包干'结算方式对于广东省一建公司来说显失公平，根据我国民法公平合理、等价有偿原则，本案采用'按实结算'的造价核定方式来确定案涉工程款更为合情合理。"在徐某阶等与黄某焕等建设工程施工合同纠纷上诉案中，[②] 二审法院认为合同签订后建材价格暴涨，按照原合同约定价格计算工程款显失公平，考虑到建材以及人工费上涨情形，由沅江景星寺补偿徐某阶等差价损失 30 万元。

1.4.2 德国工程法上情事变更原则之适用

1.4.2.1 德国建筑私法中 VOB/B 对建设工程施工合同中施工风险的规定

由于在工程施工合同中，债务关系从发生到履行完毕往往要经历相当长的履行期，这种较长时间的债务关系的特性，使得工程合同较容易遭遇各种给付障碍情形，而其复杂性远非一般之长履行期之债务关系所能比拟。主要是因为工程契约中不少权利义务只有在工程履行过程中才发生，比如新的施工技术或政策变化等，使得承包人之详细的权利义务内容需渐次确定，在不少情况下甚至需要重新协商，例如如何克服履行中之意外风险，如何妥善分配意外风险造成的损失。因此仅仅适用《德国民法典》关于承揽合同的规定已经不能满足应对及妥善调整工程合同之复杂性及多变性。1926 年由德国官方及建筑商共同体组成了德国建筑给付招标及契约委员会（Deutschen Vergabe – und Vertragsausschuß für Bauleistung，DVA），为寻求发包方和承包商间利益的平衡，订立了更为符合工程合同特性及需求之合同范本，即"die

---

[①] 广东省高级人民法院（2010）粤高法民一终字第 30 号。
[②] 湖南省益阳市中级人民法院（2011）益法民一终字第 91 号。

民法典背景下情事变更原则之逻辑构成与司法展开——以两岸建设工程实务为分析场景

Vergabe – und Vertragsordnung für Bauleistung, VOB",于 1974 年开始进行修订,其后更经历多达十次修订,现行版本是 2006 年编订颁行的,主要由三大部分组成,其中 VOB/B 部分最为重要,是工程契约的一般契约条件,其全称为 "Allgemeine Vertragsbedingungen für die Ausführung von Bauleistungen"。① 其本质上是一种包含工程契约定型化契约条款之契约范本,VOB/B 的规定与调整对象涵盖了工程合同之履行、报酬、风险分配及工程验收等内容。

因为 VOB/B 并非国家颁布之法律或法规命令,因此其仅仅是一种工程契约之范本,所以兴建工程并非必须按照 VOB/B 之规定不可,原则上 VOB/B 之内容只有在工程合同当事人在合同中明确其适用时方有拘束力。② 但是依据 VOB/A 第 1 条至第 3 条之规定,公共工程合同之发包及招标必须适用 VOB/B 之规定。即将 VOB/B 之规定纳入公共工程建设合同乃是当事人必须承担的一项公法上的义务③。事实上鉴于 VOB/B 乃系针对建设工程施工合同之个性而详设有关规定,比之于《德国民法典》关于承揽合同的规定更加具有针对性和可操作性,因此德国实务上不仅公共工程合同必须纳入 VOB/B 之规定,私人工程合同也多将其纳入合同文本,在 2001 年曾有法院明确表示 VOB/B 应作为法律规范而适用。④

虽然大多数学说及实务见解以为 VOB/B 对于合同内容并无直接之拘束力,但事实上也有可能通过合同解释的方式使 VOB/B 对于案件事实产生影响。例如德国联邦最高法院曾经认为 VOB/B 条款可以视为《德国民法典》第 242 条在工程合同中的具体化规定,其本质上是符合诚实信用原则及交易

---

① Vgl. Englert/Motzke/Wirth, Kommentar zum BGB – Bauvertragsrecht. 1. Aufl., 2007, Werner, Einleitung Rdn. 8 ff.

② Vgl. Kappellamnn/Messerschmidt, VOB Teil A und B, 2007, C. H. Beck München, VOB/B Einleitung Rdn, 38. 但也有学者认为工程合同签订时,必须将 VOB/B 纳入其中,Vgl. Deiter Medicus, Schuldrecht Ⅱ, Besonder Teil, 14. Aufl., 2007, Rdn. 407。

③ Vgl. Mark/Korbion, Basiswissen Privates Baurecht, 2003, C. H. Beck Müchen, Rdn. 210.

④ KG BauR 2001, 1591. Vgl. Kappellamnn/Messerschmidt, VOB Teil A und B, 2007, C. H. Beck München, VOB/B Einleitung Rdn. 39.

惯例的。① 因此，如果当事人之间的合同条款与 VOB/B 之条款有明显冲突，该条款可能被法院宣布为无效。其正当性根据在于 VOB/B 的条款在制定时即考虑到工程合同的特殊个性，且一般是常见的工程领域中惯性做法的总结，正常情况下当事人可以据此预期当事人具体的权利义务以及工程施工中风险负担的分配状况。② 所以 VOB/B 主要是以民法规定为框架，在合同当事人选择以 VOB/B 作为合同内容时，VOB/B 中某些条款可以排斥《德国民法典》中有关承揽合同的规定。若当事人并未合意将 VOB/B 的条款纳入合同，则法院在个案审判时仍得以 VOB/B 之条款来填补合同漏洞或者作为合同解释的依据。当然 VOB/B 既为定型化契约条款，即有《德国民法典》第 308 条第 5 项及第 309 条第 8 项第 2 款禁止性规定之适用。总之，VOB/B 之适用在德国工程实务中是相当普遍的，也更加符合工程合同之目的，比《德国民法典》第 631 条以下之承揽合同更能满足工程实务上的需求，且其规定更加具体深入。

VOB/B 全文共计 18 个条文，内容涵盖了工程合同履约期间之权利义务关系，并延伸至工程瑕疵担保、风险负担、争议处理等。③ 基于本文之写作目的，以下重点介绍 VOB/B 对于工程合同履约过程中的障碍及风险分配的有关规定，因为这部分内容与情事变更原则的适用具有实质关联性。

第 2 条：报酬④

本条首先定义合同报酬，如承包人完成工程任务的数量和类型，则发包人即应付出报酬。若无其他约定，则适用单价合同之约定。若当履行之数量偏离原约定给付 10% 以上时，则必须再为一新价格之调整。假如设计者有变更或者发包人另有特殊要求，则契约双方当事人应另行商定追加款，而且必须在施工前即商定完毕。若当一个总价作为给付报酬被约定时，则报酬维持不变。如已履行的给付已重大地偏离了契约中原预定之给付，且已无法维持

---

① Vgl. Locher, das private Baurecht. C. H. Beck München, 7. Aufl., 2005, S. 65.
② 吴若萍：《公共营建工程契约中迟延完工之问题研究——以不可归责于承揽人为中心》，台湾大学 2008 年硕士学位论文，第 8 页。
③ Vgl. Motze Beck'scher VOB – und Vergaberechts – Kommentar, 2. Aufl., 2008, C. H. Beck München; Kappellamnn/Messerschmidt, VOB Teil A und B, 2007, C. H. Beck München, VOB/B.
④ Günter Janson, Beck'scher Online – Kommentar VOB Teil B, 2009, §2.

原先之总价(《德国民法典》第313条),应赋予当事人请求调整增减给付之权利。对于调整之安排是以价格调查的基础为出发点。若发包人要求另外增加以小时计工资的额外工作,亦需在施工前确定小时工资额。

第6条:施工的障碍或中断[1]

1. 第6条第1项

若承包人在施工时,因外在因素出现障碍而无法继续施工时,则承包人必须尽快以书面通知发包人,并提出不能继续施工的原因。若承包人怠为通知时,则只有在事实及其障碍效果显然早已为定作人知悉时,承包人才有提出对于障碍情况考量的请求权。

2. 第6条第2项

在本条款第1款中明定,承包人在下列情事导致之施工障碍得请求展延工期,竣工日期按中断日期往后顺延:

A 于发包人领域范围所生之情事:包含施工环境之地下涌水、施工环境之土地等因素所导致之施工障碍,亦即施工客体之可施作性应认属发包人领域之情事,由定作人负责;

B 罢工或示威;

C 因不可抗力或其他对于承包人不可避免的情况:如法令变更或其他承包人无法防免的情事等。

第2款则规定,履约期间因天气状况的影响则不视为障碍,因为此一对于施工之影响通常必须在事前被考虑到。唯如承包人于缔约时通常情形显不可预见的中断原因者,则应视为障碍事实,例如地震、大暴雨等天灾,施工无法进行。此时系属不可归责于承包人,应准许承包人得主张延长工期。唯关于天灾之种类应予以特别约定,地震应有等级,多大的地震才不能施工,大暴雨不能施工,也应写明大暴雨持续多长时间才不能施工。

3. 第6条第3项

承包人必须完成依契约约定可以被公平合理要求应完成的工作,以确保

---

[1] Günter Janson, Beck'scher Online - Kommentar VOB Teil B, 2009, §6.

营缮工程的顺利继续。一旦障碍情况被除去时，承包人即须随时和立即恢复施工并向定作人通知之。

4. 第 6 条第 4 项

依据本条规定，承包人为了恢复施工及在一个较通常情形不利天候而发生的迟延，其期限之延长及附加费用之多寡应依据障碍的持续时间计算。

5. 第 6 条第 5 项

如给付并未陷入不可能，但承包人之施工因障碍而中断时，则承包人得请求之报酬，除了依已完成之工作计算外，尚应包括承包人额外支出之费用。

6. 第 6 条第 6 项

若障碍情况系可归责于一方当事人时，他方当事人得就其已支出而发生之损害仍可请求发包人给付，唯于发包人有故意或重大过失时，承包人始得请求所失利益。此外，承包人依据《德国民法典》第 642 条之合理适当的补偿（赔偿）请求权不受影响，只要依据 VOB/B 第 6 条第 1 项第 1 句通知发包人或者依据第 2 句发包人显然已经知道的情况下，即有适用。

7. 第 6 条第 7 项

如停工超过三个月，则任一方当事人得在停工后以书面终止契约。该结算适用本条第 5 项及第 6 项之规定；如承包人就停工系属不可归责，且施工工地之清理费未于发包人应给付之酬金中所包含，则发包人对承包人所支出之清理费仍有给付义务。

第 7 条：危险的承担[①]

在典型的建设工程合同的意义上，承包人负担成功交付建筑物的义务，直到验收完毕，其须确保建筑物没有建筑瑕疵；在交付前，承包人为此一直持续负担着风险（《德国民法典》第 644 条第 1 项第 1 句；VOB/B 第 12 条第 6 项）。风险只有在验收后才由承包人转移至发包人，这就是报酬风险（Vergütungsgefahr），尽管因为中断或者短缺的给付（der Wegfall oder die Ver-

---

① Günther Jansen, Beck'scher Online – Kommentar VOB Teil B, 2009, §7.

schlechterung der Leistung），可能破例地在验收时间点之前就转移给发包人。

在《德国民法典》承揽合同的规范中，按照第 644 条第 1 项第 2 句有这样一个例外被考虑，即发包人陷于受领迟延或是工作之运送符合第 644 条第 2 项。此外，第 645 条第 1 项第 1 句规定了这种案例，工作在受领前由于发包人提供材料之瑕疵或由于一个发包人为了履行所给予之指示毁损灭失、恶化或是已成为不可履行者，且营造业者对于此种无法再为之情况不可归责时。[1] 一个与该句类似的表述体现在 VOB/B 第 7 条第 1 项，其规定："于发包人受领前因为不可抗力、战争、暴乱或其他客观上无法防免的情况而损坏或毁损，则承包人得依据第 6 条第 5 项对于已经履行的给付请求报酬；因前项情形而造成之其他损害，承包人与发包人间均无相互赔偿之义务。"在本条规定下，关于交付前之报酬危险，有着不同于《德国民法典》第 645 条之规范内容，本条的先决条件是客观情事发生重大变化且不可归责于承包方。当由于此种变化使得已经全部或者部分履行之给付毁损或灭失时，依照 VOB/B 第 6 条第 5 项承揽人有报酬请求权。[2] 此项不同于《德国民法典》第 645 条规定之理由乃在于工程合同中承包人所施作之客体通常不在承包人所得管理支配之范围，因此，基于公平原则不令承包人承担交付前因一定客观情况所致之工作物毁损、灭失之报酬风险。因此，若系当来自定作人本身或是由于其升高风险之行为状况下的工作毁损灭失，[3] 则也应有该条之适用。

例如在验收以前，承包人所施作之工作物如因外力、战争、天灾或其他客观上承揽人无法防免或不可归责之等因素而使承揽人已完成的任务（已施工的部分）毁损、灭失者，承包人就已完成之给付得向发包人请求报酬或已支出垫款之偿付，即应由发包人承担这种风险。

对于以上规定德国工程实务界均承认其较能妥善分配建设工程中的各种

---

[1] Vgl. Ingenstau/Korbion/Döring, VOB Kommentar, 16., überarb. Aufl., 2007, Werner, §7Rdn 8ff.

[2] Vgl. Ingenstau/Korbion/Döring, VOB Kommentar, 16., überarb. Aufl., 2007, Werner, §7Rdn 25ff.

[3] Vgl. Ingenstau/Korbion/Döring, VOB Kommentar, 16., überarb. Aufl., 2007, Werner, §7Rdn 15ff.

风险，对于支出费用增加之部分，其于该范本第 2 条明白规定，于单价合同中，若数量已超出原定 10% 者，即得请求调整价格；于总价合同中，若当已被履行的给付严重偏离合同中被预见之给付，以至于总价的维持是不可被期待的，亦得请求调整合同总价。另外，在风险分配范围上，在德国法上是通过划定发包人风险领域范围，即于 VOB/B 第 6 条将较易由发包人掌控之风险归由发包人承担，如第三人迟延事由、施工环境之地下涌水、施工环境之土地等因素所致之施工障碍、罢工或示威、因不可抗力或其他对于承包人不可避免的情况等皆划归为发包方应承担风险之范围，而使得承包人得依据《德国民法典》第 645 条向发包人请求费用补偿，或亦得通过 VOB 第 6 条之规定向发包人请求费用补偿。相比之下，在我国原《合同法》第 16 章 (《民法典》合同编第 18 章) 关于建设工程施工合同的规定中，并没有如此明确的关于风险负担的划分条款，在工程实务中更不可能将上述风险定义为发包人应当承担之风险范围。所以，在没有适当请求权基础但又对承包人显然不公平的情况下，不少工程承包商希望通过主张原《合同法解释二》第 26 条之情事变更原则来调整当事人之间的不公平状况。事实上在德国工程实务中，很少有主张适用《德国民法典》第 313 条来调整合同的案例，甚至有学者以为情事变更原则对于工程实务并无意义，这主要是因为 VOB/B 对工程合同中所能遭遇到的风险之分配已经有了比较明确具体的规定，且其所为之风险分配较为符合公平正义，因此在遭遇客观情事之重大变化时，德国工程实务上的承包商往往主张依据 VOB/B 第 2 条、第 6 条、第 7 条向发包方主张展延工期以及费用补偿，而没有必要通过其民法典第 313 条关于交易基础丧失之规定来寻求救济。

1.4.2.2 德国工程法上情事变更原则适用之要件

在德国学说上，常见之情事变更案例大约可以分为对价关系破裂、货币贬值、给付失去意义、给付困难、价值减损或给付减缓、法令变更、适用目的障碍、德国统一之重建等数种类型。本文重点介绍德国工程法上情事变更原则之适用情况。

在工程合同中，工程合同之工作物之完成或报酬之约定可能因为情事

民法典背景下情事变更原则之逻辑构成与司法展开——以两岸建设工程实务为分析场景

变更原则而致生变化。但是，依据实际经验，得以主张情事变更之情况并不多见，甚至稀有。① 这是因为在工程合同之缔结上，双方当事人必先经过详细缜密之合同磋商，对于情事变更要件中要求所谓一方当事人之缔约想法、期待及动机必须为他方当事人亦同意以此为基础而缔约者，很少情况得谓当事人未为考虑或未得预期者；再者，仍系因为德国工程契约范本（VOB/B）第2条中对于所谓不可预期之情事所产生之报酬增减已有详细规范。②

另外，情事变更原则作为法律一般性原则对于工程合同当然有其适用余地，可是各工程合同的计价方式不同也在一定程度上影响该原则之适用。德国实务上之工程合同中，常见的合同类型包括单价合同（Einheitspreisvertrag）、总价合同（Pauschalvertrag）、计时工资合同（Stundenlohnvertrag）及成本加报酬合同（Selbstkostenerstattungsvertrag）③。其中在 VOB/B 第2条第7项中，对于总价合同之合同基础变更或缺乏有特别规定。根据此条规定，在工程合同中给付与对待给付的对价关系，则对于承包人之报酬估计核算是非常重要的。在《德国民法典》第650条中亦有关于这一点之特殊规定。④

在给付是否遇到困难或者不可预期情事的判断上，最重要的在于数量上的变化是否可以成为合同基础丧失进而需要调整合同的正当化理由。在单价合同中，所谓合同基础丧失原则很少有适用余地，因为单价合同中最终的报酬乃是根据工作量及单价计算而得的，不可预期估量之偏差基本上是价格中立的。换言之，承包人在工程合同中本来就因为材料价格上涨或下跌而存有对于工作成本之获利或损失的可能性，至于为完成一定工作所需之个别工作数量的急遽变化，对于承包人并不会造成任何不可预期之影响。

所以如果仅仅是单纯材料价格之合理范围内之涨跌，当事人并不能主张

---

① Jansen, Beck'scher VOB - und Vergaberechts - Kommentar, 2. Aufl., 2008, C. H. Beck München, Vor §2, Rdn. 158.

② Jansen, Beck'scher VOB - und Vergaberechts - Kommentar, 2. Aufl., 2008, C. H. Beck München, Vor §2, Rdn. 159.

③ 清华大学法学院耿林老师坚持将 Selbstkostenerstattungsvertrag 翻译为"垫资合同"，但参考更多资料以及施工合同的常见类型，笔者认为还是翻译为"成本加酬金合同"更妥。

④ BGH NJW 1981, 1551. Jansen, Beck'scher VOB - und Vergaberechts - Kommentar, 2. Aufl., 2008, C. H. Beck München, Vor §2, Rdn. 161.

情事变更原则之适用，仅在非常少见之例外情况下，承包人才有依据 VOB/B 第 2 条第 3 项规定主张增加报酬之可能性。① 而在总价契约中，一个事实上必须被履行的工作数量如果急遽增加时，因总价契约之计价方式乃系依据一定不变之价格予以承揽工作，因此，该明显不可预期之大量工作增加并不会使承包人可以获得更多的报酬，如果在缔约时承包人无法预期工作数量的急遽增加，对于承包人之利益将造成重大影响，所以在 VOB/B 第 2 条第 7 项中将此种特别之情事变更状况于总价契约中纳入考量。

1.4.2.3　VOB/B 中情事变更原则适用之主要案型

1. 调整总价契约报酬之案型

VOB/B 第 2 条第 7 项规定："当一个总价作为给付报酬被约定时，则报酬保持不可变动。然而当已被履行的给付如此巨大地偏离了契约中被预见之给付，以至于总价的维持是不可被期待的（《德国民法典》第 313 条），则考量到增减费用的调整是可以被选择的。对于调整之安排是以价格调查的基础为出发点。第 4 条、第 5 条、第 6 条的规定也适用于总价契约之约定。当没有其他约定时，则条款第 1 项及第 2 项对于总价也可以适用，第 3 条第 4 项则属于报酬不受影响之状态。"所以在德国工程实务上，主张在缔约时基础情事发生重大变化者，多数为采总价承包方式的工程合同。根据 VOB/B 第 2 条第 7 项之规定，德国工程实务允许在以下案型中适用情事变更原则来调整合同：

（1）计算错误

如果承包人错误估算单价，一般而言计算错误应由计算者自行承担错误之结果，除非计算者本身系属不可归责，才有主张错误而撤销合同之可能。如果承包人因错误而于总数计算时就某项工作漏算或计算错误，而其情形发

---

① VOB/B §2Ⅲ：(1) 当被履行之数量偏离在单价契约下之被列入的给付或部分给付且并未超过所预定范围之 10%，则适用契约的单价（统一价格）。(2) 对于超过预定数量的 10% 时，可以在较多或较少费用的考量下请求一个新的价格。(3) 在一个超过 10% 的预先约定数量时，可请求对于事实上已履行给付之数量或部分给付提高单价，只要承揽人在其他规定的数量中或在其他的方式中为通过数量的提高获得补偿或接受调整。(4) 当其他的给付取决于在单价（统一价格）下被列入的给付或部分给付，为此一个总价被约定时，则一个适当的总价改变可以跟着单价的改变被要求。

包人完全可以预见时，则承包人得依情事变更原则请求调整合同以增加给付。[1]

（2）经济环境发生重大变化

在工程总价合同订约之际，承包人必须先行评估在工程合同履行期间，所需建材价格上涨之一定比例，而将之事先纳入工程价格之考量。但是，当建材价格飙涨远超预期，即有了巨大的价格波动时，则应允许承包人请求增加给付，如1969年之钢材短时间上涨三倍、1973年石油危机导致建材价格疯涨等。[2]

（3）建筑许可之取得与财务计划之风险

若该变更之情事依领域范围理论属于承包人应负责之领域者，则承包人不得请求增加给付，其必须自行负担该增加之费用。但是在德国工程实务上，建筑许可的取得与财务计划书的风险原则上属于定作人范围内之风险。[3]

（4）工地取得及异常地质风险

建筑用地及地质异常风险也应当归属于定作人之领域范围，如不可预期的大量地下涌水或系不可预见的地质特性的认知偏差。[4] 因为建筑用地及地质异常所导致的费用增加，皆须由发包人加以补偿，原则上，发包人在发包工程前就应先对于地质及建筑用地加以考察评估，然而即便该地质是开工前根本无法预见的地质状况，其所导致的结果依然属于发包人应予以承担的风险。所以，如果工程契约条款中约定，完全由承包人承担这一风险者，则该约定有悖于民法第645条之立法原则，而依第307条该约定无效。[5] 而在总价契约中，依据VOB/B第2条第7项规定，发包人亦须承担承包人所使用的原材料，如混凝土、钢材等数量少于契约约定之风险。

---

[1] Jansen, Beck'scher VOB – und Vergaberechts – Kommentar, 2. Aufl., 2008, C. H. Beck München, Vor §2, Rdn. 164 u 165.

[2] Jansen, Beck'scher VOB – und Vergaberechts – Kommentar, 2. Aufl., 2008, C. H. Beck München, Vor §2, Rdn. 167.

[3] Jansen, Beck'scher VOB – und Vergaberechts – Kommentar, 2. Aufl., 2008, C. H. Beck München, Vor §2, Rdn. 168.

[4] BGH NJW 1969, 233. 该案中就认定施作环境之地质有大量涌水之异常状况，致建造成本大量提高时，应属发包人之风险范围，而构成法律行为基础之障碍，即情事变更。

[5] Jansen, Beck'scher VOB – und Vergaberechts – Kommentar, 2. Aufl., 2008, C. H. Beck München, Vor §2, Rdn. 171.

（5）施作数量超过约定数量10%

在总价契约中，承包人必须承担施作数量可能超过约定数量之危险，而发包人必须承担施作数量少于约定数量之风险。但是其所谓之约定数量乃是以双方当事人于缔约时所得预见之基础而达成约定，即当事人应当只就其所约定之价格负履行之责。因此，若施作数量远远超过承包人所得预见之范围者，纵使该契约为总价契约，德国法院也认为超过10%的部分，不应该由承包人负担该增加之费用。[1]

2. 障碍干扰案型

在VOB/B第6条第2项第1款亦指出可得请求展延工期之障碍事由。唯其之处理是否展延工期以及什么类型的障碍才能予以展延工期，关于工期的规定集中在第5条。事实上并非所有的干扰事项都可以展延工期，也并非每个得据以请求展延工期的干扰障碍皆依据第6条第6项建立在承包人之损失赔偿请求权之上。就是说，即便不可归责于发包人，但仍赋予承包人请求展延工期之请求权，此一对比可由同条第2项及第6项规定中看出，第2项无可归责于发包人事由即得请求展延工期，第6项则规定须有可归责于发包人事由始得请求损害赔偿。在第6条第2项中即划分了三种可请求展延工期之不同案型。[2]

（1）第2项第1款a：来自发包人风险领域范围内事由所引起之障碍。

来自发包人风险领域范围内之事由所引起之干扰障碍，将导致工期展延。所谓来自发包人风险领域范围既未在VOB中也未在《德国民法典》中被定义。

合同当事人必须履行其合同义务，此为其首先之属于一方当事人风险领域之范围。因此，契约的付款义务属于发包人风险领域范围的事项，关于此一主给付义务推出发包人依据契约关系更进一步的义务，其与第6条第2项a之关系不过讨论是否其系民法第280条规定之不真正义务违反或曰对己义

---

[1] BGH NZBau 2004, 150; Vgl. Kappellamnn/Messerschimdt, VOB Teil A und B, 2007, C. H. Beck München, VOB/B §2 Rdn. 285.

[2] Vgl. Kappellamnn/Messerschimdt, VOB Teil A und B, 2007, C. H. Beck München, VOB/B §6 Rdn. 17.

务违反，而讨论的重点在于发包人协力行为及其效果。事实上发包人之协力义务可以分为契约约定之协力义务与以工程法规或惯例产生的协力义务两种。

前者是指在合同中约定发包人必须完成一定之行为，否则工程不能施作。在工程实务中常见的例子是工程合同约定，承包人应将施工计划书给发包人，经发包人审查完成；或者承包人将材料之审查报告送交发包人，由发包人完成审查后，承包人才可以开始施工，否则合同约定承包人不能擅自开工。合同如此约定之目的不外乎保证发包人可以对施工过程进行更好的监控，以确保工程品质以及工程之进度。

后者是指法律上基于公益上之需要，规定发包人必须完成一定行为，否则工程不能进行施工；此种协力义务最常见的例子莫过于发包人必须取得政府颁发之施工许可，承包人才可以开始施工。另外，依据工程惯例产生之义务，是指依据工程技术、工程管理以及安排工作项目前后逻辑之要求，发包人应完成一定之行为，否则承包人工作无法完成。比如，承包人进入工地施工前，发包人必须先完成土地之征收，并履行其交付土地给承包人之义务，否则承包人无以施工；发包人须受领工作物，承包人才能完成交付工作物之义务；发包人对于众多关联厂商之工作必须尽力协调，各承包商才能顺利施工；发包人对于不清楚之设计内容必须进行解释、澄清，承包商才能根据释疑后之设计内容进行施作等情形。

除了发包人违反上述之协力义务需要承担风险外，在某些情况下即使发包人不构成协助义务之违反，这些情形也属于发包人之风险领域范围事项，如以下几种：[①] A 发包人计划风险：正确之招标属于发包人之风险领域范围，正确之给付说明也属于发包人之风险范围。如果因为错误之施工图说导致施工费用远远超过原定数额时，尤其是其数量波动范围已经大于10%时，则不论是单价合同还是总价承包合同，均得请求增加给付。B 作为招标文件组成要素的错误提供：建筑基地、地下水状况、施工客体或施工环境没有充分之施工规范或设计规划，或施工说明书与现场不符。C 对于建筑基地之可使

[①] Vgl. Kappellamnn/Messerschimdt, VOB Teil A und B, 2007, C. H. Beck München, VOB/B §6 Rdn. 19.

用性：特别是对于承包人运输之用预先规划的街道之封锁，或与此相类似的案例，如示威活动等。此与《德国民法典》第 645 条法理相似，即发包人较承包人更接近于该问题，对于由此而生的相关迟延应可另外吸收，因此划分为发包人风险领域范围。D 在缔约后因政府法令等变更：主要是事后投资环境发生变更而导致施工成本大幅度提高。上述属于发包人风险领域范围事项所导致的变更或补充给付，承包人除得以 VOB/B 第 6 条第 2 项请求展延工期外，更得依据第 2 条第 8 项规定请求报酬。其原因在于就此等范围内所衍生的问题，发包人一般较承包人更有可能预先规划安排，更接近此一风险范围，因此也必须承担此等风险，所以在第 2 条有关报酬部分即规定承包人得请求衍生之报酬，而这些问题往往会造成工程工期之迟延，所以在第 6 条赋予承包人请求展延工期之请求权，以避免其支付迟延违约金。

（2）第 2 项第 1 款 b：由于罢工或者发包人的企业下或是在直接为发包人工作的企业下一个由发包人所在公会下指示所进行的示威。

（3）第 2 项第 1 款 c：因不可抗力或其他对于承包人不可避免、无法排除的情况下，工期也会因为不可抗力或其他承包人无法排除的事由而被延长。所谓不可抗力或不可避免的情况在 VOB/B 第 7 条第 1 项中即有规定，唯其是通过列举式的事由而非就内容对于不可抗力加以定义。第 7 条第 1 项规定："若全部或部分已履行的给付在验收前因为不可抗力、战争、暴乱或其他客观上不可归责于承包人之不可避免的情况损坏或毁坏，则其有依据第 6 条第 5 项对于已履行的给付请求之权利；对于其他损害则没有相互的赔偿义务存在。"

所以，必须是客观上对于承包人与发包人皆为不可避免之事由，始得适用本条规定。其立论基础乃在于工程合同中承包人所施作之客体通常不在承包人所得管理支配之范围，因此，基于公平原则不能让承包人承担交付前因特定情况所导致之工作物毁损、灭失之报酬风险。

3. 异常天候案型

VOB/B 第 6 条第 2 项第 2 款规定："在履约期间天气状况的影响不视

为障碍，因为此一对于施工之影响通常必须在事前被考虑到。"其根据在于因天气影响而导致工程迟延并非不可避免的事实，因为此一要素通常在缔约时就会被预先考量到缔约基础中。当契约未特别规定时，通常一般的恶劣天气并不会导致工期展延。特别是在招标的情况下，出价者通常都必须将天气影响纳入缔约考虑之中。而且天气情况往往可以通过以往平均数据分析得出，尚非不可避免的情况，通常此一平均数据必须以10年为基准，例如10年来平均降雨量或降雨日数等。因此，在个案中很少有承包人因异常天气而主张展延工期或要求费用补偿。但是如果承包人想在个案中主张剧烈天气状况已达非一般统计计算可知的程度，则德国实务上也认可承包方可基于情事变更原则来调整合同，比如以下这些情形：① （1）大暴雨：暴雨程度在工地所在地是平均20年才会发生的超强度降雨；（2）持续不断的极寒低温天气，如在德国北部1995年和1996年的冬天；② （3）平均降雨量剧变：日降雨量为每平方公尺64厘米，已经远远超过每平方公尺40厘米的平均值。③

1.4.3 我国台湾地区工程领域情事变更原则之适用

1.4.3.1 适用状况

我国台湾地区在工程领域适用情事变更原则的案例则呈增加的趋势。

2000—2007年间，学者统计的高雄、台中及台北地方法院273件工程合同纠纷判决中，针对情事变更原则的总体适用率为21.6%。到2009—2011年间，根据我国台湾地区"最高司法机构"针对工程纠纷诉讼案件实务判决统计之结果，情事变更原则之总体适用率达39%，增长近一倍。虽然以上之分析结果，是以地方法院判决结果总体适用率，与"最高司法机构"工程案件判决结果总体适用率来比较，但由整体分析结果的趋势观之，我国台湾地

---

① Vgl. Kappellamnn/Messerschmidt, VOB Teil A und B, 2007, C. H. Beck München, VOB/B §6 Rdn. 26.

② Motze, Beck'scher VOB – und Vergaberechts – Kommentar, 2. Aufl., 2008, C. H. Beck München, §6 Nr. 2 Rdn. 83.

③ BGH BauR 1973, 317: Vgl.

区法院实务判决适用情事变更原则的比率已大幅提高。

另外，2000—2007年间，工程纠纷中适用情事变更原则主要有两种情形，即物价波动和工程展延，前者的适用率为28.1%，后者的适用率为26.5%。到2009—2011年间，"最高司法机构"涉及工程纠纷的判决中，与情事变更有关之物价波动和工程展延，适用率均有大幅度提高，前者适用率为45%（共计20件适用9件），后者适用率为37.5%（共计24件适用9件）。[①]

基于以上分析，可见我国台湾地区在工程纠纷实务判决中对情事变更原则的适用率有明显提升，也显示无论是司法界还是工程实务界，对于工程实务及工程诉讼中如何适当适用情事变更原则之了解均有大幅度提升。加上近几年不少大学法学专业教育在工程与法学的整合中进步明显，有效地改善并提升了法院判决的专业品质，对工程案件的承包商而言，在契约履行过程中如遇有情事之剧烈变动，亦有较多的案件通过适用情事变更原则，而获得妥当的解决。

在我国台湾地区施工合同纠纷中，承包方经常主张适用情事变更原则来调整合同，常见的请求有展延工期和增加费用补偿两种。因为展延工期直接影响是否构成给付迟延，而工程合同中往往会约定有逾期违约金，所以，如果发包人不为展延工期，则承包人往往会因为给付迟延而支付大笔违约金；对于请求增加费用补偿，承包人也常常主张因不可预料之情事变更，而请求发包人给付其所增加之费用。在台湾地区常见的据以主张适用情事变更原则的案型有如下几种。

1.4.3.2 异常工地状况[②]

对于此种情形能否适用情事变更原则事实上在我国台湾地区也存在对立的观点。

[①] 金骅生：《情事变更原则于两岸工程实务判决适用之研究》，中国文化大学法学院法律学系2011年硕士学位论文，第171—172页。

[②] 相关判决可参考我国台湾地区"高等法院"台中分院民事判决（2000）上更（一）字第20号、台北地方法院民事判决（2001）重诉字1794号、我国台湾地区"高等法院"民事判决（2008）建上字第22号、台北地方法院（2008）建字46号、高雄地方法院民事判决（2007）建字第73号等。

民法典背景下情事变更原则之逻辑构成与司法展开——以两岸建设工程实务为分析场景

肯定说的判决如台湾地区"高等法院"民事判决（2004）上字第88号判决，略谓："上诉人主张：系争钻探报告为上诉人于被上诉人山发公司间合约之一部分，上诉人依此客观基础，出价参与基桩工程之竞标，故上诉人签约后，发现实际地质状况非如钻探报告所示，此乃客观条件之变更，若仍依原计划基础要求上诉人履行，显失公平，是依'民法'第二百二十七条之二之规定，上诉人本得声请法院为增加报酬之判决……所谓情事变更，故多系指客观环境或基础情况之变更，例如物价、币值之涨贬，惟应不限于此，客观情事虽无变化，然当事人于缔约时就该情事无从得悉者，应仍有情事变更原则之适用。"

否定说的判决如台北地方法院民事判决（2004）建字第31号判决，略谓："……而所谓情事变更，非当时所得预料，依其原有效果显失公平者，系指情事遽变，非契约成立时所得预料，依一般观念，认为如依其原有效果显然有失公平者而言。查本件工程系因原告于投标前未能评估工地现场海底岩磐状况致其原所提出之施工方法无法达到施工结果，属可归责于原告之事由所致，如前所述，自无情事变更原则之适用，原告仅以被告事后同意延误工期为由主张，自属无据。"

1.4.3.3 物价上涨[①]

此类案型是我国台湾地区适用情事变更原则予以解决的主要案型，相关判例很多，适用与否重点的考量是物价上涨的幅度能否预见。

在物价上涨幅度巨大时，法院倾向于认定有适用情事变更原则之余地，略谓"此次砂石价格飙涨事件既非两造于立约时所得预料，倘无论砂石供料

[①] 物价上涨是我国台湾地区适用情事变更原则的一个主要类型，相关案例众多。可参考我国台湾地区"高等法院"（2005）重上字第18号判决、桃园地方法院（2003）重诉字第292号判决、台中地方法院（2003）建字第65号判决、高雄地方法院民事判决（2003）重诉字第98号判决、我国台湾地区"高等法院"民事判决（2005）建上字第85号判决、我国台湾地区"高等法院"（2006）建上字第73号判决、南投地方法院（2005）建字第8号判决、我国台湾地区"高等法院"台中分院（2004）建上字第33号判决、我国台湾地区"最高司法机构"民事判决（2007）台上字第2237号判决、我国台湾地区"最高司法机构"（2008）台上字第560号判决、我国台湾地区"最高司法机构"（2007）台上字第569号判决、我国台湾地区"最高司法机构"（2006）台上字第1944号判决、台北地方法院（2002）仲诉字15号判决、我国台湾地区"最高司法机构"（2007）台上字第26号判决、我国台湾地区"高等法院"民事判决（2007）重上字第360号判决。

如何飙涨，均依系争合约约定之单价办理，则不啻令中华工程公司单独承担不可预测之风险，于客观交易秩序及系争合约原有法律效果之发生，亦将有悖诚信及衡平观念，对中华工程公司显失公平，是中华工程公司主张依情事变更原则及诚信原则之规定，请求法院增加基隆港务局应为之给付，应属有据"[1]。

而在没有证据证明价格有较大幅度上涨的场合，法院则否定情事变更原则之适用可能，而以通常事变处理。"上诉人为专业营造厂商，经审慎评估后参与工程之竞标，应具有风险管理之能力，复未提出其确有支出远高于系争合约价格之购买'钢筋以外金属制品'材料之证据，亦未举证证明被上诉人有何'非预期利益之所得'，更未证明有何'依其原有效果显失公平'之情事，尤难以被上诉人未允增加给付，即谓其权利之行使违反公共利益，或以损害他人为主要目的，或未依诚实及信用为之。"[2]

1.4.3.4 地变、天灾[3]

异常天候是我国台湾地区适用情事变更原则的一种重要案型，其重点在于天候异常的程度，是否能够预见等。典型判决略谓：

"两造契约成立后，于八十八年九月二十一日发生规模七点六级大地震，造成土壤液化，影响安全，不得不变更设计，致建筑费用较原工程预算增加百分之七十二，非订约当时所得预料，如按变更设计后预算计算给付，由上诉人单独承受因情事变更而增加设计酬金之不利益，显失公平，适用情事变更原则，得请求减少给付等语，此与认定被上诉人本件系争设计费之请求，亦颇有关联，不能弃之不论。"[4]

"查系争工程合约除于第六条（四）就可能延展工期之原因，分别列明

---

[1] 我国台湾地区"高等法院"（2004）重上字第61号判决。
[2] 我国台湾地区"最高司法机构"（2007）台上字第565号判决。
[3] 相关判决可以参考我国台湾地区"最高司法机构"（2007）台上字第2167号判决、"最高司法机构"（2007）台上字第1047号判决、"最高司法机构"（2004）台上字第1135号判决、我国台湾地区"高等法院"（2009）重上字第44号判决、我国台湾地区"高等法院"（2008）建上字第44号判决、我国台湾地区"高等法院"（2007）建上字第79号判决、我国台湾地区"高等法院"（2004）建上字第19号判决、我国台湾地区"高等法院"（2006）建上字第120号判决、我国台湾地区"高等法院"（2007）建上字第103号判决。
[4] 我国台湾地区"最高司法机构"（2005）台上字第1382号判决。

各种情形加以明文约定外，另于第七条（二）、第十条各就因变更设计增加工作量时之付款办法；工程变更之程序及价款计算办法为约定。似见对于变更工程设计、天灾、意外或非可归责于被上诉人（包括房屋拆迁、土地取得、管线迁移等可能需时甚久始得处理完毕）等情事，均已约明为延展工期时，能否谓为仍属被上诉人于订约时不能预料之情事？原审未说明系争工程进行中发生两造于订约时已预知可能延展工期之工程设计变更及风灾等情事，何以犹得认为系属被上诉人于签订契约时所不能预料之情事变更？径依情事变更原则，命上诉人增加给付，已有判决不备理由之违误。"[1]

1.4.3.5 法令变更[2]

法令政策的变更往往会对作为长期性合同的建设工程合同造成明显影响，法令变更是情事变更原则的一个重要案型。其典型判决略谓：

"上诉人虽又主张无法预期之周休二日政策而延误工程进度，应适用情事变更原则增加给付云云。惟查公务人员周休二日制度系自九十年一月一日起开始实施，非自八十七年开始实施，实施新制之事业单位于'开国纪念日'次日、'革命先烈纪念日'、妇女节及儿童节合并节日、孔子诞辰纪念日、'台湾光复节'等旧制之放假日，皆调整为只纪念不放假，且公营事业单位是否照此办理，由各主管机关自行决定，有公务人员周休二日实施办法及'行政院'人事行政局九十七年休假日一览表……，可资证明。且是否适用新制，上诉人可全权决定，显然不致造成上诉人损失。且上诉人为施工所聘员工是否实施该周休二日之措施，及对其所指工程延宕造成如何实质之影响等，并未见上诉人具体说明且举证以实其说。"[3]

1.4.3.6 工期迟延

因各种原因导致工程迟延，实际工期远超约定工期，此际承包商多主张适用情事变更原则延长工程履行期以避免支付迟延违约金，同时多请求支付因工期迟延所增加之费用。典型判决略谓：

---

[1] 我国台湾地区"最高司法机构"（2008）台上字第1794号判决。
[2] 相关判决如我国台湾地区"最高司法机构"（1999）台上字第3039号判决、"最高司法机构"（1977）台上字第2975号判决、"最高司法机构"（2007）台上字第2167号判决。
[3] 我国台湾地区"高等法院"（2007）建上字第103号判决。

第1章 导　论

"本件系争工程系因曾办理六次变更设计，即被告之他标（空调、水电及共同管道）承包商施工延误，即被告未依约按时实施交通改道，致原告无法依原定时程进场乃发生工期展延计七百零六日之结果，为两造所不争执。而查工期展延七百零六日，几与约定工期七百五十日相同，依一般常情，绝非两造订约时所得预料……至被告所举之系争工程合约第五条第六款约定，因系被告所提出之定型化契约条款，且系免除被告之责任，并规定不管可否归责被告，原告均不得主张因工期改变所受之损失赔偿，显对原告不公平，故依'民法'第二百四十七条之一第一款规定，自属无效（'民法'债编施行法第十七条及'民法'第二百四十七条之一规定参照）……从而兹所应审酌者，厥为原告所得请求之金额究为若干。"[1]

1.4.3.7　关联厂商之行为[2]

因为关联厂商施工不利而引起承包商无法按时进场施工导致施工迟延，此时承包商能否主张情事变更原则之适用，在台湾岛内颇有争议。典型判决略谓：

"因被上诉人延宕空调工程及音乐广播视讯工程发包决标事件等因素，致建筑及水电工程完工日期延至八十年七月二十九日，实际施工期较契约工期增加四百九十天等情，倘属非虚，上诉人建造之工作及负担相对增加，此是否契约成立当时所得预料，尚待详酌。"[3]

"本件上诉人因被上诉人所发包地下道主体工程，未能如期完工交付上诉人进场施工，系可归责于被上诉人之事由，且由两造所签订工程契约书第二十七条、第二十八条之约定，上诉人于签订工程契约书时，对于因可归责于被上诉人之事由，致有发生工期延宕之处，应有所考量，始有该二条之约定。从而，上诉人因被上诉人所发包地下道主体工程，未能如期完工交付上诉人进场施工，致上诉人预计工期延宕，尚难认非上诉人所得预料之情事变更事例。"[4]

---

[1] 台北地方法院（2002）重诉自第1282号民事判决。
[2] 相关案例如台北地方法院（2002）重诉自第1282号判决、我国台湾地区"高等法院"（2007）建上字第103号判决。
[3] 我国台湾地区"最高司法机构"（2002）台上字第1696号判决。
[4] 我国台湾地区"最高司法机构"（2005）台上字第1号判决。

1.4.3.8 民众抗争

民众抗争的情形会造成承包方无法顺利施工，造成窝工、迟延完工、停工等状况，此时承包方能否基于情事变更原则要求延长工期或请求增加工程款，历有争议。典型判决略谓：

"又两造于九十一年十二月十九日就研商系争工程施工期限延长被上诉人请求追加建造及相关费用一事召开会议，会议记录第二点记载：系争工程土木标因民众抗争南引道段出入口位置……系争工程因不可归责于当事人之事由停工而展延工期一倍以上，非两造于立约时所得预料……于客观交易秩序显然有失公平，违背衡平原则。被上诉人主张系争契约成立后，情事变更，非当时所得预料，而依原有效果对被上诉人显失公平，应适用情事变更原则增加其给付，为有理由。"[①]

"依两造签订之系争契约……施工期间复因民众抗争、天候及水土保持争议等情事而继续停工多日……定作人（台电公司）除有给付报酬之义务外，本另有按预定时程提供无障碍工地于承揽人施工之从给付义务……其延误而逾期为开工之通知，自不合债之本旨……该不能如期开工之危险，仍应由规划核四工程之定作人即台电公司负担，始为合理。"[②]

1.5 研究方法

1.5.1 案例的整理、评析、比较

本文着眼通过实务上的判决、裁定，以梳理、寻找、发现情事变更原则适用于工程领域之可能，并企图因此而将司法实务中相关争议予以类型化，以期对将来待决案件能给予有益的指引。因此，笔者广泛收集了我国以及德国的部分判决，尤其是我国台湾地区的判决数量较多，笔者阅读分析过的相关判决就有200余个。笔者针对每一个案型都详细列举出典型的判决书，并根据判决立场的观点区分为肯定说判决与否定说判决；然后归纳总结各个类

---

① 我国台湾地区"最高司法机构"（2008）台上字第928号判决。
② 我国台湾地区"最高司法机构"（2007）台上字第217号判决。

型判决的说理依据，抽出其核心论点和主要论据；接着对两者进行比较分析，肯定其中一端而否定另一端，或者结合我国民法学说尤其是现行法的规定提出自己的意见；最后，基于上述工作，给出明确结论，即对于某种案型能否适用情事变更原则，若能，其根据何在，若不能，其解决方案何在。

1.5.2　比较法研究的方法

情事变更原则于工程领域的适用具有普遍性，这是各国各地区都面临的问题，所谓有比较才有鉴别，笔者在写作过程中刻意采用此种方法。第一，立法比较，即对中国、德国、日本、英国、美国、意大利以及国际示范法关于情事变更原则的基本规定进行比较分析，澄清其构成，解构其要件，分析其立论，比较其异同，以期彻底弄清楚情事变更原则的基础理论问题，比如原《合同法解释二》第 26 条刻意区分情事变更与不可抗力，而《国际货物销售合同公约》（CISG）第 79 条却将两者同时规定于一个条文之中，《民法典》第 533 条也删去了"非不可抗力造成的"之表述，各自的道理何在，哪个更有合理性值得思考；第二，案型比较，在收集案例的基础上，比较各国、各地区在处理这一问题中形成的主要案型，比如德国有主观情事变更这一案型，而我国却没有，对于这些问题的分析能为我国处理这一问题的类型化工作提供借鉴；第三，方案比较，即对于不同的案型各国可能给出不同的处理方案，如对于异常地质状况，德国按照主观情事变更来处理，我国台湾地区也有些学者认为可以借鉴德国的做法，而我国大陆却按照重大误解来处理；对于可归责于发包人的用地取得障碍，我国台湾地区某些法院的判决依然采用情事变更原则来调整合同，而我国大陆却坚持不可归责性是情事变更原则的必备要件；第四，学说比较，各国各地区对于情事变更原则的称谓及理论构成并不相同，研读其构成，比较其脉络，才能钩深探微、有所心得。

1.5.3　历史分析的方法

任何立法、学说乃至诉讼中的"固定见解"都有其形成、发展、成熟及进一步进化的历史脉络，为更好地接近真理，回溯问题的由来、回顾历史的

民法典背景下情事变更原则之逻辑构成与司法展开——以两岸建设工程实务为分析场景

演进往往是最好的方法，情事变更原则及其在工程领域的适用也是如此。在本文写作过程中，笔者梳理了情事变更原则在我国立法上成文化的基本历史，对于其中重要的立法转折以及典型的案件都有介绍，同时对于学说的引进及成熟也有阐述。对这一原则在我国台湾地区及德国的学说史、立法史也有叙述。期望通过这种纵向的脉络来厘清情事变更原则的前世今生，为今日更正确地运用该原则妥善、适当地处理个案纠纷提供有益参考。

1.5.4 方法论的运用

私法不同于公法，后者结构封闭，如刑法上有"罪刑法定"，行政法上有"处罚法定"，税法上有"税收法定"；而前者与此不同，却呈现出开放、包容之态势，崇尚法无明文规定即自由，有"合同自由""婚姻自由""社团自由""遗嘱自由""处分自由"等，信托法律关系更是能与人类之想象力相媲美。盖私法生活千姿百态、纷繁复杂，难以尽收于法定，因此法律解释、漏洞填补、法律续造乃至法官造法都在所难免。在本文中，多次运用法律解释学的手段，如目的解释、文意解释、比较法解释、习惯解释、体系解释、逻辑解释；此外，于存在漏洞之处，也尽量通过类推适用、目的性限缩、目的性扩张等方式予以填补。此般手段在原《合同法解释二》第 26 条规定得过于简略，而司法实务中对于工程领域中适用情事变更原则的案例积累有限的背景下，亦属不得已而为之。[①] 例如在界面冲突场合，如果坚持原《合同法》第 121 条（《民法典》第 593 条），则迟延的承包商就可能要承担迟延违约责任，显失公平。此际应当对该条进行目的性限缩，即将其中的"第三人"仅仅局限于债务人的法定代理人或履行辅助人及其他具有类似关系的人，而通常事变的场合则应当剥离出去。在通常事变的场合债务人应当免责且有情事变更原则之适用可能，但此处存在法律漏洞，似可通过类推适用《民法典》第 590 条赋予通常事变一般性的免责效力，并有情事变更原则之适用可能。

---

① 我国《民法典》已于 2021 年 1 月 1 日生效，与原《合同法解释二》第 26 条相比删除了"不可抗力""不能实现合同目的"等表述，明确了当事人的"重新协商"的权利与义务，增加了"仲裁机构"的角色，整体上更加完整成熟，这种窘境应能大幅度缓解。但是在适用到具体个案时法律解释乃至填补漏洞的作业仍是必不可少的。

第2章

建设工程施工合同的基本理论

2.1 概述

有学者认为:"建设工程施工合同是指发包方(建设单位)和承包方(施工人)为完成商定的施工工期,明确权利和义务的协议。依照施工合同,施工单位必须完成建设单位委托的施工任务,建设单位须按照合同约定提供必要的施工场地以及其他施工条件,并支付施工报酬。"[1]

施工合同的主要内容有:

1. 施工对象,即施工范围,一般合同会附有工程项目一览表以及工程总量,有些合同会细致到具体的工程项目,建筑物的高度、地基深度、结构、层数等。

2. 施工的起止日期,即具体工程的完工期限,当事人可能对整体工程约定一个总的工程期限,也可能对各个工程项目明确各自的完工日期,以便建设方能够掌握工程进度,工期的长短对施工合同当事人双方的权利义务有重大影响。

3. 工程质量,当事人可以约定采取国家的、行业的或者双方约定的其他质量标准,根据《标准化法》第2条第1款第4项规定,对建设工程的设计、施工方法和安全要求需要统一的技术要求,应当制定标准。由此国家对建筑工程、安装工程的质量制定了具体明确的衡量标准,并制定了专门的《技术工程质量监督管理规定》。

4. 交付相关资料,比如工地地质资料、勘察设计资料等,以确保工程按

---

[1] 崔建远主编:《合同法》,法律出版社2021年版,第382页。

预定计划顺利施工。

5. 工程款结算。工程价款的计算方式和付款方式往往因为采用不同的合同形式而有所不同。在一项施工合同中，如何结算，即采用何种结算方式，需要当事人双方进行协商，并在合同中明确约定。工程款的拨付，一般因为款项种类的不同而在时间上有所不同。①预付款，在建设施工合同中，因承包人在开工前往往需要组织施工队伍，购买施工材料，购买或租赁施工设备以为工程开工做足准备，按照工程领域惯例，此时发包方应向承包方支付一定数额的预付款，即使工程还没有开工建设；②进度款，开工后，发包方根据承包方上报的工程价款结算账单、已完工工程报表以及工程日志，按照约定固定予以工程计量并确认签证后按月或者季度支付部分合同价款；③竣工结算款，即在工程竣工后，发包人对工程验收合格，并根据竣工合格证书和已经批准的结算报告，在扣除保修扣留金以后，将其余工程款全部支付；④保修扣留金，在保修期间，承包人需履行保修义务，保修期满，发包人应将剩余的保修金和按照合同约定利率计算的利息一并支付给承包人。

6. 材料和设备的供应责任。一般由发包方提供场地，而由承包方提供建筑资料和建筑设备，即所谓的"包工包料"。如果当事人有相反约定，也可采用"包工不包料"的方式，此时由发包方负责提供建筑材料和有关设备。

7. 验收，对此国家制定了相应的行政法规以及众多的部门规章予以规范，当事人也可以在合同中进一步约定相应的验收方法、步骤及标准。

8. 质量保修范围及保证期间，对于不同类型的工程项目，国家都有关于质量保证期的明确要求。

9. 协作条款，施工合同需要当事人互相配合，彼此协助，即除了主给付义务外，尚有众多的从给付义务以及附随义务，如在施工过程中发包方要提供适合施工的工地、地质勘查资料、设计图纸，对工程及时验收，承包方要通报工程进度、发现异常情况要及时告知等。

2.2 施工合同的基本特点

传统民法中，将施工合同作为承揽合同的一种，我国《民法典》合同编

第 18 章则将建设工程合同作为一种独立的类型,这是因为建设工程施工合同确实具有自己的独特之处。

1. 主体特定

承揽合同的当事人,即委托人和承揽方可以是自然人、法人或其他组织,但是建设工程施工合同的当事人往往有资格限制。在我国,承包方只能是具有相应建筑资质的法人,即各种建筑公司,而不能是自然人。这是因为施工合同涉及的工程量往往巨大,建设周期一般较长,甚至达十余年之久,而且前期投入巨大,建设施工也涉及十分复杂的技术方面的问题,远非自然人可以胜任。[1]承包人没有资质或者超越资质会导致施工合同无效。至于发包方,《民法典》及其司法解释虽然没有明确限制,但实务中也多是法人单位,且发包方一般要经过严格的审批手续才能实施工程施工建设,即在签订正式的施工合同之前发包方必须取得一系列的行政许可,办理必需的证书。国家投资的基础性大型工程项目一般推行项目法人负责制度,至于农村村民为建造自有房屋而进行的施工,应视为承揽合同,不能依据《民法典》关于建设工程施工合同来处理。

2. 意思自治受到严格限制

意思自治是民法的基本原则,表现为合同自由、遗嘱自由、处分自由、法人设立自由,等等。[2]但是由于建设工程施工合同往往涉及公共利益,此类合同从订立到施工和验收都受到主管部门的严格监管,当事人意思自治的范围有严格的限制,法律、行政法规、部门规章规定了数量繁多的强制性和禁止性条款。以合同订立为例,《招标投标法》第 3 条就规定某些工程项目必须经过公开招投标。[3] 2004 年国务院批准的《工程建设项目招标范围和规模标准规定》第 2-7 条对应当进行招投标的工程项目种类和价格做了具体

---

[1] 宋宗宇、温昌煜、曾文革:《建设工程溯源及特点研究》,载《重庆建筑大学学报》2003 年第 5 期。
[2] 张俊浩主编:《民法学原理》,中国政法大学出版社 2000 年版,第 734 页。
[3] 《招标投标法》第 3 条:在中华人民共和国境内进行下列工程建设项目包括项目的勘察、设计、施工、监理以及与工程建设有关的重要设备、材料的采购,必须进行招标:(一)大型基础设施、公用事业等关系社会公共利益、公众安全的项目;(二)全部或者部分使用国有资金投资或者国家融资的项目。

规定。① 如果合同当事人没有按照要求通过招投标程序进行签约，则有关的建设施工合同应当无效。即使该合同已经履行或者已经履行了主要部分，也不能补正合同形式上的瑕疵，当事人不能根据《民法典》第490条主张合同成立生效，即此时有关合同形式的规定是一种效力性的强制性规定，违反该合同签订程序的强制性规定，根据《民法典》第153条，合同应当无效。

3. 合同的标的物具有特殊性

理论上认为承揽合同的标的物往往是动产，而建设施工合同的标的物一定是不动产，即建设工程本身，其具有不可移动且长期存在的特点。

4. 监督管理的严格性

在我国有大量的规范性文件对施工合同进行调整，包括《民法典》《建筑法》以及最高人民法院的司法解释、行政法规、部门规章、地方性法规、地方政府规章，还有数量庞大的各省、市建设行政管理部门作出的规范性文件，这些规范性文件对建设施工合同的立项、用地、施工许可、质量标准、竣工验收、质量保证等各个方面进行了详细的规定，其间存在大量的公法性质的规定，表现为各种禁止性规定。这主要是因为建设施工工程作为不动产，长期存在和发挥效用，事关国计民生和民众生产生活，因此，如上所述，建设工程施工合同中的意思自治受到较多的公法上的限制。②

5. 严格的程序性

建设工程施工合同从签订到履行，表现为严格的程序限制，要经过多个法律步骤。任何建设项目必须首先进行立项，然后制订计划书，接着签订勘察、设计合同，进行图纸的设计、审查，进行公开招投标，最后签订正式的建设施工契约。

6. 履行期一般较长

建设施工合同的工期一般较长，在合同履行过程中当事人的权利义务总量很大，而且会不断产生当事人签订合同当初所没有预期的权利和义务，因

---

① 见《工程建设项目招标范围和规模标准规定》第2条至第7条的规定。
② 李斌：《论建设工程施工承包合同的无效及法律后果》，郑州大学2007年硕士学位论文，第12—13页。

此是非常典型的长期合同，或者称之为继续性合同。在合同因法定或者约定原因而解除时，原则上该解除的效力不能溯及既往。正是由于该类合同的履行期限较长，在履行中很可能会发生当事人缔约时无法预见到的各种类型的履行障碍，比如难以预见的自然灾害、短期内建筑材料的价格暴涨、国家政策的大幅调整、特殊的地质情况、工地周围居民的抗争等，这些情况在其他种类的合同中一般不会遇到，或者不具有法律意义，但是在建设工程施工合同中就经常遇到，并可能会引发能否适用情事变更原则调整或者解除合同的问题。

7. 合同风险的多样性

在工程合同履行过程中所可能遭遇的风险类型多种多样，有可归责于承包方的，有可归责于发包方的，也有两者皆不可归责的。英国学者研究认为工程合同的履约风险有以下几类：（1）工程物理风险，比如地质的物理状况，人为原因导致施工受阻，建材或设备瑕疵，天气原因，工地准备不足，人员、劳动力、原料、时间和资金不充分等；（2）迟延和争议，比如工地被强占、信息提供迟延、施工低效、不可归责于双方的迟延因素；（3）指令和监管，如施工能力不足、低效、施工方法不合理、施工不完整、缺乏沟通、资料信息错误、设计瑕疵、具体要求不明确、变更施工要求等；（4）对人祸财产的损害，比如违反担保、超出控制的不可保事由、事故、大火、洪水等不可保风险、以上风险带来的损失、保险范围的除外事由以及时间限制等；（5）外部因素，如政府关于税收、劳动、安全保证方面的政策或法律变化、有关文件的审批迟延或拒绝、财政限制、战争、民变、骚乱、罢工；（6）报酬风险，如货币贬值、承包方、分包方或发包方破产、利率波动等；（7）诉讼和仲裁，争议解决迟延、不公、因合同记载缺失或不明导致的不确定性、裁决执行困难、制定法变化、法律解释的变化等。[1]

---

[1] John Murdoch, Will Hughes, Construction Contracts Law and Manageement, E&FN SPON, (1st, 1992), p. 15.

2.3 建设工程施工合同的付款方式

按照工程款计算方式的不同,施工合同可分为固定价格合同、可调价格合同、成本加酬金合同。

2.3.1 固定价格合同

固定价格合同称为总价合同或者总包合同,工程总价或特定项目单价在合同约定的风险范围内不能调整,最终结算将依据约定的总价或项目单价进行。因此所谓固定价格就包括单价合同和总价合同。我国《建设工程施工合同(示范文本)》(GF－2013－0201)第12.1款对合同的价格形式的规定中就包括这两种。①

2.3.2 可调价格合同

我国1999年12月24日发布的《建设工程施工合同(示范文本)》(GF－1999－0201)曾经规定了这种价格形式,此种形式中合同价款可根据双方约定的方法调整,在缔结施工合同时,合同当事人必须对调价的方式、范围、标准等进行明确的约定,以免发生争议。引起价款调整的因素包括:法律法规以及政策的变动;建材价格较大幅度波动;一周内因不可归责于承包方的事由造成停水、停电、停气导致工程停工累计8小时以上;双方约定的其他因素。

---

① 该款规定:"单价合同是指合同当事人约定以工程量清单及其综合单价进行合同价格计算、调整和确认的建设工程施工合同,在约定的范围内合同单价不作调整。合同当事人应在专用合同条款中约定综合单价包含的风险范围和风险费用的计算方法,并约定风险范围以外的合同价格的调整方法,其中因市场价格波动引起的调整按第11.1款'市场价格波动引起的调整'约定执行。"而总价合同是:"合同当事人约定以施工图、已标价工程量清单或预算书有关条件进行合同价格计算、调整和确认的建设工程施工合同,在约定的范围内合同价格不作调整。合同当事人应在专用合同条款中约定总价包含的风险范围和风险费用的计算方法,并约定风险范围以外的合同工价格的调整方法,其中因市场价格波动引起的调整按第11.1款'市场价格波动引起的调整'、因法律变化引起的调整按第11.2款'法律变化引起的调整'约定执行。"当然该示范文本也允许施工合同当事人约定其他的计价方式。

2.3.3 成本加酬金合同

根据这种计价方式，工程款由建筑产品的成本和承包人的利润构成，成本包括直接费用、间接费用。此类合同中，工程成本按照现行计价依据及约定的方法计算，酬金按工程成本乘以特定的费率计算，从而最终确定工程款数额。[①]

2.3.4 价格方式与情事变更原则的适用

如上所述，固定价格计价方式从形式上看似简单明了，但是对当事人双方都蕴藏着极大的履行风险。以价格波动为例，由于合同总价固定，如果在履约过程中，钢铁水泥等生产资料价格发生了难以预计的巨幅上涨，则这一市场风险必须由承包方来承担，其不但可能会使承包方血本无归，甚至可能使承包方破产倒闭；如果发生价格大幅下调，则发包方要承担风险。所以在这种合同中，当事人双方对能否或应否适用情事变更原则争议颇多。

而可调价合同可以随行就市，根据具体情况调整合同价款，因此即使发生当事人缔约时难以预计到的风险，当事人仍然可以按照约定的方法来相应地调整价格，恢复利益的均衡。这种类型的合同中一般没有情事变更原则的适用余地。

成本加酬金合同一般也不能适用情事变更原则来调整合同。

对于能否根据情事变更原则来调整固定价格合同，早在原《合同法解释二》出台之前一些部门已经进行了广泛和深入的讨论。2008年11月25日，由北京仲裁委员会主办的"建材价格异动引发争议的预防与解决"研讨会上，对于在固定价格合同中必要时要调整工程价格这一点上大家基本达成一致，但对于调整的基础则认识有所不同，有学者认为根据在于情事变更原则，也有学者认为根据在于显失公平制度，还有学者认为根据在于公平及诚实信用原则。[②] VOB/B施工条件[③]第2条第7款第1项第2句则明确规定，

[①] 王建东、陈旭琴：《合同法》，浙江大学出版社2008年版，第434页。

[②] http://www.sgjsj.gov.cn/sgwebims/Front/Message/ViewMessage.aspx?MessageID=75113&ColumnID=309，2015年1月10日登录。

[③] 关于VOB/B下文有详细介绍。

民法典背景下情事变更原则之逻辑构成与司法展开——以两岸建设工程实务为分析场景

在总价合同下,存在《德国民法典》第313条交易基础障碍制度的适用余地,其前提在于提出主张的一方除此没有其他法律上和合同上的救济手段。

以上争论固然各有所据,但在目前《民法典》第533条已经对于情事变更原则有明确规定的法制背景下,应当认为在固定价格工程合同履行中,如果约定的价格确定方式不足以对建材价格飙涨引起的风险进行合理分配时,承包方当然可以主张适用情事变更原则来调整工程款。崔建远教授即认为:"市场价格波动太大,严格固守固定价格、包死价的约定,对于承包人过于苛刻,显失公平。于此场合,若符合情事变更原则适用的条件,就应当允许承包人援用情事变更原则,主张适当增加合同价格,乃至主张解除合同。"①

2.4 施工合同中常见的风险类型

工程合同履行过程中可能遭受各种风险类型,社会的或自然的,可预料的或不可预料的,可承受的或不可承受的,可归责的或不可归责的。而事实上情事变更原则只是对其中的部分场合有适用的余地。于分析情事变更在施工合同中之适用前,有必要详细了解在建设工程合同可能遭受到的风险类型,明确其特征以及法律效果和处理机制。

2.4.1 我国的相关规定

2.4.1.1 《民法典》及相关司法解释的有关规定

事实上,我国《民法典》及相关司法解释,对于建设工程合同中的典型的风险负担并没有规定,其所规定的往往是可归责于一方当事人的风险负担及其分配规则,表现为债务不履行责任。

1. 可归责于发包人的风险负担

因发包人给付义务不履行或履行不当导致的风险负担,当然由发包人承担,这主要体现在《民法典》第803条和《最高人民法院关于审理建设工程施工合同纠纷案件适用法律问题的解释》(以下简称法释〔2004〕14号)第

---

① 崔建远:《合同法》,北京大学出版社2012年版,第516页。

9条的规定。[①]

如果由于发包人的原因导致工程停建、缓建，发包人应承担相应的责任，《民法典》第804条和法释〔2004〕14号第12条对此有所体现。[②]

2. 可归责于承包人的风险负担

因施工人的原因导致工程质量不合格，则其必须返工修理，集中规定在《民法典》第801条和法释〔2004〕14号第8条。[③]

3. 不可归责于双方当事人的风险负担

《民法典》并没有针对建设工程合同规定典型的不可归责于发包人和承包人的风险负担，但是在总则部分规定有适用于所有合同类型的风险负担规则。

首先，不可抗力归责，《民法典》第180条、第590条赋予不可抗力以免责效力，[④] 第563条则赋予当事人双方以合同解除权。[⑤]

[①] 《民法典》第803条：发包人未按照约定的时间和要求提供原材料、设备、场地、资金、技术资料的，承包人可以顺延工程日期，并有权请求赔偿停工、窝工等损失。《最高人民法院关于审理建设工程施工合同纠纷案件适用法律问题的解释》第9条：发包人具有下列情形之一，致使承包人无法施工，且在催告的合理期限内仍未履行相应义务，承包人请求解除建设工程施工合同的，应予支持：（一）未按约定支付工程价款的；（二）提供的主要建筑材料、建筑构配件和设备不符合强制性标准的；（三）不履行合同约定的协助义务的。

[②] 《民法典》第804条：因发包人的原因致使工程中途停建、缓建的，发包人应当采取措施弥补或者减少损失，赔偿承包人因此造成的停工、窝工、倒运、机械设备调迁、材料和构件积压等损失和实际费用。《最高人民法院关于审理建设工程施工合同纠纷案件适用法律问题的解释》第12条：发包人具有下列情形之一，造成建设工程质量缺陷，应当承担过错责任：（一）提供的设计有缺陷；（二）提供或者指定购买的建筑材料、建筑构配件、设备不符合强制性规定；（三）直接指定分包人分包专业工程。

[③] 《民法典》第801条：因施工人的原因致使建设工程质量不符合约定的，发包人有权请求施工人在合理期限内无偿修理或者返工、改建。经过修理或者返工、改建后，造成逾期交付的，施工人应当承担违约责任。《最高人民法院关于审理建设工程施工合同纠纷案件适用法律问题的解释》第8条：承包人具有下列情形之一，发包人请求解除建设工程施工合同的，应予支持：（一）明确表示或者以行为表明不履行合同主要义务的；（二）合同约定的期限内没有完工，且在发包人催告的合理期限内仍未完工的；（三）已经完工的建设工程质量不合格，并拒绝修复的；（四）将承包的建设工程非法转包、违法分包的。

[④] 《民法典》第180条：因不可抗力不能履行民事义务的，不承担民事责任。法律另有规定的，依照其规定。不可抗力是不能预见、不能避免且不能克服的客观情况。第590条：当事人一方因不可抗力不能履行合同的，根据不可抗力的影响，部分或者全部免除责任，但是法律另有规定的除外。因不可抗力不能履行合同的，应当及时通知对方，以减轻可能给对方造成的损失，并应当在合理期限内提供证明。当事人迟延履行后发生不可抗力的，不免除其违约责任。

[⑤] 《民法典》第563条：有下列情形之一的，当事人可以解除合同：（一）因不可抗力致使不能实现合同目的；（二）在履行期限届满前，当事人一方明确表示或者以自己的行为表明不履行主要债务；（三）当事人一方迟延履行主要债务，经催告后在合理期限内仍未履行；（四）当事人一方迟延履行债务或者有其他违约行为致使不能实现合同目的；（五）法律规定的其他情形。以持续履行的债务为内容的不定期合同，当事人可以随时解除合同，但是应当在合理期限之前通知对方。

其次，在工程合同中经常用到的，当然也可能被错误适用的是《民法典》第593条，①在工程合同遭遇界面冲突、居民抗争甚至政策变更时，不少法院判令承包方基于此条向发包方承担违约责任，此种处理方法的不合理之处后文有详细分析。

最后，《民法典》第533条规定了情事变更原则，②但是由于担心情事变更原则的滥用会对合同稳定性乃至经济生活的稳定造成较大冲击，最高人民法院对之前原《合同法解释二》第26条的适用采取非常谨慎的态度，建立了审核制。这种审核制度使得基层法院在确实需要适用情事变更原则时，为了避免麻烦转而去寻求其他请求权基础，比如公平原则、诚实信用原则之类，甚至干脆继续维持合同，结果是在我国工程合同审判实务中明确适用该原则作为裁判依据的少之又少。以笔者看来这显然不利于司法资源的有效利用，不利于基层法院的成长，不利于法律的进步，更不利于在工程争议中个案的妥当解决。

2.4.1.2 《建设工程施工合同（示范文本）》的相关规定③

为对建设施工活动进行有效指导，妥善保护施工合同当事人之间的关系，我国住房和城乡建设部、原国家工商行政管理总局制定了《建设工程施工合同（示范文本）》（GF－2013－0201）（以下简称《示范文本》）。《示范文本》主要包括三个部分，本文需要重点关注的是该文本对于施工过程中风险分配的规定，《示范文本》对风险分配的规定主要有：

1. 第17条对不可抗力的确认、通知及法律后果进行了详细具体的规定。

---

① 《民法典》第593条："当事人一方因第三人的原因造成违约的，应当依法向对方承担违约责任。当事人一方和第三人之间的纠纷，依照法律规定或者按照约定处理。"

② 值得注意的是，最高人民法院《关于当前形势下审理民商事合同纠纷案件若干问题的指导意见》（法发〔2009〕40号）以及《关于正确适用〈中华人民共和国合同法〉若干问题的解释（二）服务党和国家工作大局的通知》（法发〔2009〕165号）针对原《合同法解释二》第26条所使用的字眼是"情势变更"，而传统民法领域则使用的是"情事变更"。究其实质应没有区别，本文从传统用法。

③ 住房和城乡建设部、国家工商行政管理总局《建设工程施工合同（示范文本）》（GF－2013－0201）。

2. 第7.6款规定了不利物质条件。

3. 第7.7款规定了异常恶劣的气候条件。

4. 《示范文本》第11.1款特别关注了市场价格波动引起的风险。

5. 《示范文本》第11.2款规定针对法律变化引起的风险。

2.4.2 FIDIC新红皮书的相关规定

FIDIC（Fédération Internationale Des Ingénieurs Conseils）即国际工程顾问联盟，1999年FIDIC对其发行多年的契约范本进行了调整，其中FIDIC新红皮书（即标准施工契约 the conditions of contract of construction）对工程领域中的风险类型及其承担机制进行了全面规定。

新红皮书的主要内容共计20条,[①] 包括第1条一般规定（General Provisions）、第2条业主（The Employer）、第3条工程师（The Engineer）、第4条承包商（The Contractor）、第5条指定分包商（Nominated Subcontractors）、第6条职员与劳工（Staff and Labour）、第7条工程设备、材料和工艺（Plant, Materials and Workmanship）、第8条开工、延误及暂停（Commencement, Delays and Suspension）、第9条竣工验收（Tests on Completion）、第10条业主的接受（Employer's Taking Over）、第11条缺陷责任（Defects Liability）、第12条计量与估价（Measurement and Evaluation）、第13条变更与调整（Variations and Adjustments）、第14条合同价格与支付（Contract Price and Payment）、第15条业主提出终止（Termination by Employer）、第16条承包商提出暂停与终止（Suspension and Termination by Contractor）、第17条风险与责任（Risk and Responsibility）、第18条保险（Insurance）、第19条不可抗力（Force Majeure）、第20条索赔、争端与仲裁（Claims, Disputes and Arbitration）。这些条文中关于风险分配的规定集中在第8条、第17条、第19条之中，又可以分为两大类。

[①] 张水波、何伯森：《FIDIC新版合同条件导读与解析》，中国建筑工业出版社2003年版，第1—176页。

2.4.2.1 发包人承担之工程风险

施工过程中，发包人所应承担之风险有三种类型：

1. 展延工期之风险，主要集中在第 8.4 款、第 20.1 款、第 17.1 款。[①]

2. 业主之风险，集中规定在第 17.3 款。[②] 该款中除了第（6）、第（7）是属于可归责于业主之事由外，其他之风险项目，系属于不可归责于双方当事人之风险，FIDIC 契约范本都将其规定为由业主承担之风险。第（8）可以说是兜底条款，将一切有经验之承包商所无法合理预见或防止之自然力作用所造成之风险，都归属于业主承担。上述分配由业主承担之风险，其发生之效果规定在第 17.4 条中。如承包商因而造成工程迟延或费用支出时，承包商得依第 8.4 款"工期展延"的规定请求展延工期，并得依据第 20.1 款请求业主支付填补损失或损害之费用支出，如系第 17.3 款第（6）或第（7）之情形时，并得请求费用之合理利润。

[①] FIDIC 第 8.4 款规定："若由于以下原因，致使达到第 10.1 款的竣工受到或将受到延误的程度，承包方有权按照第 20.1 款'承包商索赔'的规定提出延长竣工时间：（1）变更（除非已根据第 13.3 款变更程序的规定商定调整了竣工时间）；（2）根据本条件某款，有权获得延长工期的权利；（3）异常不利的气候条件；（4）由于流行病或政府行为造成可用人员或货物的不可预见之短缺，或（5）由于雇主、雇主人员或在现场的雇主的其他承包商造成或引起的任何延误、妨碍或阻碍。如果承包商认为其有权提出展延工期，应按照第 20.1 款'承包商索赔'的规定向工程司发出通知。工程司每次得按照第 20.1 款确定展延天数。"第 17.1 款规定："若业主及其人员之渎职、恶意行为或违约行为导致了人身伤亡和发生疾病，以及第 18.3 款'人身伤亡和财产损害保险'中规定之例外责任事件，则业主应保证，不让承包商及其一切相关人员承担这类事件导致之索赔、损失以及相关开支。"

[②] FICIC 第 17.3 款规定："业主之风险包括下列各项：（1）战争以及敌对行为等；（2）工程所在国内部起义、恐怖活动、革命等内部战争或动乱；（3）非承包商（包括其分包商）人员造成的骚乱和混乱；（4）军火和其他爆炸性材料，放射性造成的离子辐射或污染造成的威胁，但承包商使用此类物质导致的情况除外；（5）飞机以及其他飞行器造成的压力波；（6）业主占有或使用部分永久工程（合同明文规定的除外）；（7）业主方负责的工程设计；（8）一个有经验的承包商也无法合理预见并采取措施来防范的自然力的作用。"本款规定的 8 项业主的风险，大致可以分为：政治风险，包括（1）、（2）；社会风险，即（3）；污染及外力风险，包括（4）、（5）、（6）；业主行为风险，包括（6）、（7）。

第 2 章　建设工程施工合同的基本理论

3. 不可抗力，集中体现在第 19.1 款中。[①]

2.4.2.2　承包方承担之工程风险

施工过程中承包方之风险集中规定在两个条款中，其中第 17.1 款规定的大部分风险属于契约要求承包商投保，因此此类事件发生，一般可由保险公司获得补偿，但对于保险没有涵盖或涵盖不足者，则由责任方自行负担。[②] 第 17.2 款规定了承包商的工程照管义务及其风险负担。[③] 第 17.4 款规定业主承担风险时承包方的通知义务，若其怠于通知，则可能导致索赔权利丧失。[④]

2.4.3　《德国民法典》关于工程合同风险类型之规定

在德国法上，一般学说亦多认为工程合同之本质乃为承包商为业主完成一定之工作，由业主给付承揽报酬，契约标的为一定工作之完成，因此工程

[①] FIDIC 第 19.1 款规定：不可抗力系指某种特殊事件或情况：(1) 一方无法控制的；(2) 该方在签订契约前，不能对之进行合理防备的；(3) 发生后，该方无法合理避免或克服的；(4) 不主要归因于另一方的。只要满足上述 (1) 至 (4) 之条件，不可抗力可包括但不限于下列事由：(1) 战争、敌对（无论宣战与否）、入侵或外敌行动；(2) 叛乱、恐怖主义、革命、暴动、军事政变或篡夺政权或内战；(3) 承包商人员、承包商和分包商的其他雇员以外的人造成之骚动、喧闹、混乱、罢工或停工；(4) 由于国内发生之战争用军火、爆炸性材料、离子辐射或放射性作业的污染，但可归责于承包商使用此种军火、爆炸、辐射或放射性作业之情形除外；(5) 自然灾害，如地震、台风、飓风或火山活动等。如果承包商因根据第 19.2 款规定发出通知的不可抗力，妨碍其履行契约规定的任何义务，使其遭受工期延误或（和）招致费用增加，承包商应有权根据第 20.1 款"承包商索赔"的规定要求，定作人予以展延工期，且给予费用之补偿。

[②] FIDIC 第 17.1 款规定：(1) 在承包商之设计及施工过程中，如果出现任何人员之伤亡或疾病，承包商保证，不让业主及其一切相关人员承担这类事件导致之索赔、损失以及相关开支，但如果这类事件是业主及其人员之渎职、恶意行为或违约行为造成的，则承包商对他们将不予保障。(2) 在承包商之设计和施工过程中，若由承包商及其人员之渎职、恶意行为或违约行为致使任何不动产和私人财产（工程本身除外）遭受损害，则承包商应保障不让业主及其一切相关人员承担这类事件导致之索赔、损失以及相关开支。

[③] FIDIC 第 17.2 款规定：(1) 从开工到接受证书之签发，承包商对于工程之照管负全部责任；(2) 接受证书签发后，照管责任已转给业主方，但承包商仍须负责扫尾工作之照管；(3) 承包商照管工程期间，若工程、物品以及承包商之文件发生损失，除业主风险导致之原因外，一律由承包商自行承担；(4) 若在签发接受证书后，承包商之行为导致损失，承包商应为该损失负责；(5) 对于签发接受证书后发生之损失，若该损失是接受证书签发之前承包商负责之原因所致，则承包商仍须对该损失负责。

[④] FIDIC 第 17.4 款规定：如果发生业主风险，导致工程、物品或承包商之文件受到损害，承包商应立即通知工程司，并按工程司之要求予以修复和补救。

合同适用 BGB 关于承揽合同之规定。① 以下简单介绍德国民法中承揽契约法与风险分配有关之重要规定：

1. 报酬

定作人之主给付义务为支付约定之报酬（《德国民法典》第631条第1项），第632条也有相应规定，即通常的报酬被视为默示约定，其数额依定价和习惯来决定。然而，在工作物的范围事先没有得到确定之情形下，承揽人常常会对自己预期的价格作出说明。这种并不可靠的费用估计将使承揽人负有下列义务，亦即在发现费用将会超出原先预计时，应马上向定作人进行通知（《德国民法典》第650条第2项），因为若在此种情形下，费用对于定作人将会超乎其预期成本时，定作人得随时终止契约。② 然而若承揽人违反此一通知义务时，定作人并非径行支付工作物之交易价值，而应适用关于强迫得利之相关规定。③

2. 一定工作之完成

承揽人给付的内容，常被称为应当通过劳务或提供劳务促成之结果。④ 盖依承揽人之给付行为中虽包含劳务，但其只有在发生成果之后始完成履行，且由于对待给付只有在履行给付义务之情况下才能够取得，因此，承揽人承担的风险远大于同为劳务给付型契约的雇佣契约之债务人，因为纵使承揽人已经完成自己之债务，但若未提出一定之结果，也无法取得承揽报酬。⑤ 此等情形在工程合同中更加明显。如果承包商差不多完工之建筑物因意外而毁损灭失，对于承包商已给付之劳动与所耗费之材料，通常情形下连向业主请求部分报酬的权利都没有，其原因即在于工作的成果即竣工并交付，尚未出现。⑥

3. 交付

由于交付对于承揽人之权利关系重大，即仅于交付后承揽人始得向定作人请求承揽报酬，所以，承揽人得依《德国民法典》第640条第1项规定向

---

① Vgl. Nicklisch, Herausgeber, Bauverträge, 1984.
② Vgl. Dieter Medicus, Schuldrecht Ⅱ, Besonderer Teil, 14. Aufl., 2007, Rdn. 378.
③ Vgl. Köhler, NJW, 1983. 1633.
④ Vgl. Dieter Medicus, Schuldrecht Ⅱ, Besonderer Teil, 14. Aufl., 2007, Rdn. 361.
⑤ Vgl. Staudinger/Frank Peters, Neu. Aufl., 2003, Vorben zu §631 ff Rdn. 19ff.
⑥ Vgl. Staudinger/Frank Peters, Neu. Aufl., 2003, Vorben zu §644 ff Rdn. 20ff.

定作人请求给付，亦可以诉请履行，[1] 若定作人不于承揽人指定之适当期间内受领，逾期则视同交付。但根据《德国民法典》第641a条之规定，在其他情形下，报酬请求权亦在交付前即已经到期，和交付拟制一样，这些规定是要保护承揽人，以避免定作人通过各种借口延迟付款。[2]

4. 危险负担[3]

由于报酬请求权随验收（或完成，《德国民法典》第644条）始届清偿期，故承揽人在定作人受领前承担价金危险，这是正确的（《德国民法典》第644条第1项第1句）。但这不适用于所谓的物之危险（《德国民法典》第644条第1项第3句），即对于定作人交付的材料之意外灭失或者意外减损，承揽人不负责任，然而亦不得请求报酬。[4] 然而，承揽编也有与买卖编相类似的规定，即在一定情况下，价金危险在此之前已移转于定作人，这就是依《德国民法典》第644条第1项第2句在定作人受领迟延的情形及同条第2项通过送交工作物产生的送交承揽契约之情形。

5. 定作人的协力义务及其领域范围事项

为使承揽人能够顺利完成其所承诺之工作成果，定作人必须给予必要之协助，此即定作人之协力义务，此种情形在工程合同中也非常常见。例如，业主必须将得到批准的建设规划许可交付给承包商。对于这种业主之协力义务，承包商通常并不享有请求业主履行之请求权。[5] 因此，业主若不给予协助，承包商也不能通过《德国民法典》第280条及第281条取得替代给付之损害赔偿请求权。但此种不作为或可以认定为债权人迟延，[6] 因此根据《德

---

[1] BGHZ, 132, 96.

[2] Vgl. Dieter Medicus, Schuldrecht Ⅱ, Besonderer Teil, 14. Aufl., 2007, Rdn. 379.

[3] Vgl. Staudinger/Frank Peters, Neu. Aufl., 2003, Vorben zu §644 ff Rdn. 1ff.

[4] Vgl. Staudinger/Frank Peters, Neu. Aufl., 2003, Vorben zu §644 ff Rdn. 13ff.

[5] Vgl. Dieter Medicus, Schuldrecht Ⅱ, Besonderer Teil, 14. Aufl., 2007, Rdn. 381. 关于此项协力义务，德国通说认为并非真正之给付义务，而仅属于债权人之对己义务（Gläubigerobliegenheit），故定作人不为协力义务，应非属债务人给付义务之迟延，纵使有所违反，也无法强制履行或请求损害赔偿。唯承揽人施之客体或所需完成之工作如建筑物或其他工作物，而定作人不为一定之协力义务，定作人违反时，承揽人可依不完全给付请求损害赔偿。杨淑文：《工程契约之危险承担与情事变更原则》，台湾工程法学会2006年4月研讨会论文，第7页。

[6] Vgl. Dieter Medicus, Schuldrecht Ⅱ, Besonderer Teil, 14. Aufl., 2007, Rdn. 381.

民法典背景下情事变更原则之逻辑构成与司法展开——以两岸建设工程实务为分析场景

国民法典》第323条第6项第2种情形和第326条第2项第1句第2种情形，至少是在承揽给付于债权人迟延期间成为不能之情形下，定作人必须支付约定的报酬。

另外，承揽契约法中还赋予承揽人其他权利，根据《德国民法典》第642条，在定作人陷于受领迟延的情况下，承揽人可以请求适当之损害赔偿，该赔偿额是依据定作人迟延时间及约定之报酬额计算之。此项赔偿实质上已经超出《德国民法典》第304条负担的费用偿还。因为定作人在没有过错的情况下，也可以陷于受领迟延。唯定作人必须给付损害赔偿，即必须给承揽人提供劳动力之报酬，这与《德国民法典》第615条雇佣契约之情形相似。①在定作人陷于受领迟延之情形下，在指定期间并附终止催告之后，承揽人可以终止承揽契约，②依据《德国民法典》第645条第1项第2句，承揽人可以请求与所给付劳务相应之部分报酬，即使这部分工作对于定作人而言是无法使用者，也不例外。

与在一般承揽契约中的情形不同，在定作人违反工程契约中之协力义务时，德国实务界以及学说多认为定作人可归责时，应认定为定作人构成债务不履行，承揽人得向定作人请求损害赔偿。在德国债法修正前，德国通说既认为工程契约中之协力义务虽然不是契约之主给付义务，但也绝非仅仅是对己义务，而应认定为从给付义务或附随义务，此种看法与一般传统承揽契约中之协力义务不同，于可归责于定作人之事由致使违反该协力义务者，承包商得依据不完全给付请求损害赔偿；而于德国债法修正后，因工程契约中之协力义务违反，多将导致承包商受有损害，已与一般对己义务的违反效果迥异，因此依据诚信原则下所发展出之对于他方契约当事人财产、权利、利益之保护照顾义务，应认定作人系违反债之义务，而得使承揽人依据债务不履行（德国法之义务违反，我国法之不完全给付）请求损害赔偿。

---

① Vgl. Englert/Motzke/Wirth, Kommentar zum BGB – Bauvertragsrecht, 1. Aufl., 2007, Werner, § 642 Rdn. 47 ff.

② 《德国民法典》第643条：承揽人在第642条的情况下，有权向定作人指定补充实施行为的适当期间，并表示到期间届满时为止如不实施该行为就通知终止合同。到期间届满时为止，不补充实施该行为的，合同视为被废止。

第 2 章　建设工程施工合同的基本理论

而《德国民法典》第 645 条第 1 项第 1 句处理的则是给付不能的一种特殊情形。表现为在可归责于定作人范围之事由所导致之工作物的灭失、减损或者无法实现。作为此种事由，法律列举了由定作人交付的材料或由定作人所给付之指示。而所谓材料之瑕疵，包含与工作完成所需或相关、辅助之物质。在德国联邦法院 BGH 60.10 之判决中，即认工程契约中，定作人所提供建造房屋之土地，或其他建筑材料均属此项之"材料"。而定作人之指示则限于与工作之完成本质上有关联性之工作内容之指示或描述。

此外，德国学说根据其他类似于《德国民法典》第 645 条所规定之案型，发展出所谓定作人领域之危险不应有承揽人承担之"领域理论"（Aphäretheorie），这种理论在 VOB/B 之第 6 条第 2 项有集中体现，其意思是承揽人原则上仅需对其劳务施作之风险负责，如承揽人的给付因存在于定作人领域范围之危险事由或可归责于定作人行为之事由，而致工作物毁损、灭失或无法完成，则应考量准用《德国民法典》第 645 条之公平原则，不应由承揽人承担报酬之危险，承揽人仍得向定作人请求已服务之报酬或垫款之偿还。[1] 又根据《德国民法典》第 645 条第 1 项第 1 句，价金危险不应当由承揽人承担，而是应当由定作人负担部分报酬。若该给付不能事由系可归责于定作人者，则除了依据《德国民法典》第 645 条第 1 项第 1 句规定外，定作人尚须依《德国民法典》第 645 条第 2 项、第 323 条第 6 项第 2 句或第 326 条第 2 项或第 280 条以下负担全部的报酬，唯定作人仍得扣除承揽人所节省的或可以节省之费用。[2]

6. 其他

依据《德国民法典》第 649 条，定作人在工作物完成之前可以随时终止契约，其立法旨意乃在于不得违背定作人之意志而将工作物强加于其身上。然而这种情形下，定作人通常必须支付全部的报酬，至于工作物之完成程度则在所不问。

当然如上所述，VOB/B 针对建设工程合同的特点，规定了更加具有针

---

[1] BGHZ 136, 303 "Schürmannbau": fehlender Hochwasserschutz für eine Baustelle.
[2] Vgl. Dieter Medicus, Schuldrecht II, Besonderer Teil, 14. Aufl., 2007, Rdn. 382.

对性的风险负担规则，较为妥善地在发包方和承包方之间分配了风险，这些规定集中体现在 VOB/B 第6条、第7条，具体内容上文 1.4.2.1 中已有详细介绍，此处不赘。

2.5 情事变更原则在施工合同中适用性的初步分析

2.5.1 概述

民法理论上之情事变更原则，为契约或非契约所发生之债，于债成立后至履行完毕之前，发生法律效力要件下之基础或环境的重大变化，如战争、通货膨胀等情事变化，因不可归责于当事人之事由，致使发生合同当事人无法预料之结果，如仍坚持贯彻原定法律效力，则显失公平而违背诚实信用原则，此时受有不利益的当事人可主张变更合同内容，如主张增减给付或解除合同。

在 2010 年 4 月 18 日"情势变更制度在建筑施工合同中的运用"学术研讨会暨建筑房地产法律实务研究所成立大会上，最高人民法院冯小光法官认为建设施工合同的特点决定了适用情事变更原则的必要性。其一，建筑施工行业是一个薄利行业，2000 年的利润是 1.9%，2009 年也仅仅是 3% 多一点，而且人工成本占工程造价比例较大，若在施工期间遭遇建材、人工费用的涨价，由此带来的损失是承包商无法承受的；[1] 其二，现在工程领域中基本上是发包方居于优势地位，承包方为了拿到工程往往低价投标，利润低廉，再遇到建材价格上涨等情况则处境更加恶劣；其三，工程施工合同规模较大，合同履行期要远远超过其他类型的合同，且涉及的利益关联方较多，在遇到重大情事变更时，很有必要通过适用情事变更原则来调整各方当事人利益关系，使承包方不至于承担过大的风险负担。[2]

2.5.2 情事变更原则的现行法规定

债务合同与纯粹生活层面的约定不同，其根本特点在于能够根据该合同

---

[1] 张继承：《论情势变更原则在建设工程合同中的适用》，载《华南理工大学学报》2012 年第 14 卷第 4 期，第 42 页。

[2] http://www.stcourts.gov.cn/newsinfo.asp?cxid=3972，2015 年 3 月 1 日登录。

第2章 建设工程施工合同的基本理论

产生法律上的请求权，该请求权具有强制执行力。当债务人于合同生效后改变了主意，因而不想继续履行其签订的合同时，这种法律强制便有了用武之地，在我国对方当事人可以根据原《合同法》第110条要求其继续履行。但是往往当事人改变主意并不是恶意为之，而是因为缔约后的客观环境发生了重大变化，或者是债务人在承担合同义务时就对形势作出了错误的判断，以至于其后来认为继续履行原合同内容不仅无从取得预期利益，更会使其遭受重大损失，这时若合同结果对一方当事人显失公平，则受有不利益的一方当事人可主张适用情事变更原则。当然必须强调的是，如果情况稍有变化即适用情事变更原则，则会使得该原则的适用过于泛滥，对建设工程施工合同的稳定性乃至社会经济的稳定性造成巨大冲击，因此情事变更原则的适用必须谨慎为之，防止过犹不及。所以各国、各地区对于情事变更原则之立法表述往往十分严谨，附有严格的构成要件要求。

  德国法上，在私法自治、合同自由的理念下，只有在当事人没有预料到风险，因此也不可能对未来之风险作出明确约定时，才应该考察是否存有法律上之规定，否则即适用双方当事人于合同上的明确约定。所以当合同产生异议时，首先必须对合同进行解释查明，合同当事人是否于缔约时确实对于该情事变更没有预见到或者该情况确实属于罕见者，只有在合同当事人全然不能预见且履行原合同约定显失公平的情况下，才能有情事变更原则适用之可能。必须强调的是，所谓不能预见不仅仅指对于该外在情事的变更不能预见，还应当包括对于该外界情事变更所导致的损害程度的不可预见。在工程合同中常出现所谓的"排除条款、弃权条款"等，发包方一般于合同中事先拟定排除异常天候或异常地质所导致的风险。若果真出现此等异常状况，是否即完全排除情事变更原则的适用可能。笔者以为纵然合同中约定有这些排除条款，但是对合同当事人是否可预见该异常情况所导致的损害之程度仍然应当予以考虑。或许是几十年不遇之特大暴雨且持续数月之久，造成工期延误数百余天，又或许地质之异常状况非一般之专业人士所能预料，按照原计划施工将使承包方面临破产倒闭，此时，合同中排除条款、弃权条款等仍无法完全排除承包方主张依据情事变更原则调整合同之权利。关于此点，下文有详细论述。

如前所述，我国原《合同法解释二》第26条明确规定了情事变更原则的适用要件和法律效果，《民法典》第533条予以重申和必要完善。我国台湾地区"民法"第227条之2第1项也有类似规定。① 对于该规定之立法意义，其立法理由书也有明确记载。② 据此，若法律关系成立后，因可归责于当事人之事由致情事变更，当不允许该当事人依情事变更原则主张权利。按情事变更若可归责于当事人，往往当事人非有故意既有过失，自无保护之必要，自应依据原有法律行为之效果履行义务。③ 亦即，如因可归责之事由致他方受有损害者，则仅生债务不履行负损害赔偿之问题，而非属所称之情事变更，自无情事变更原则之适用。通常情况下，在施工合同等长期合同中，发包方和承包方往往订立有所谓"经济条款"（Wirtschaftsklauseln），约定双方当事人负有义务，使得契约内容与变化后的情形相适应，而一般情况下当事人定有此等条款时，就没有必要通过法律上规定的情事变更原则予以调整合同了。④

2.5.3 工程领域中情事变更原则的特点

由于公共工程契约履行争议中，承包方于遭遇工地异常状况后，通常即希望引用情事变更原则，向发包方请求契约变更，并要求展延工期或就新增契约项目额外支出费用的补偿。⑤ 然而，如何得以认定承包商所提出之状况，是否具有情事变更原则之适用可能，虽然是相似的案件，但是不同的法院其认定与判决的结果可能会有所不同，但最终的裁判基本上仍系透过法院的价值判断，并依据诚实信用原则而为公平的裁量。"依原有效果显失公平"是

---

① 该项规定：合同成立后，情事变更，非当时所得预料，而依其原有效果显失公平者，当事人得声请法院增减其给付或变更其他原有之效果。

② 立法理由之内容："情事变更即客观之事实发生改变，当无因可归责于当事人之事由所引起之事例。如系不可归责于当事人之事由致情事变更，即指其情事变更非因可归责于当事人之事由所致者而言。是故凡契约成立后，发生了重大之情事变更，非缔约当时所得预料，而依其原有效果显失公平者，当事人得声请法院增减其给付或变更其他原有之效果。"

③ 林诚二：《民法理论与问题研究》，中国政法大学出版社2000年版，第40页。

④ Vgl. Dieter Medicus, Allgemeiner Teil des BGB, 9. Auf, 9. 2006, Rdn. 857.

⑤ 洪国钦、陈宗坤、曾俊智：《情势变更原则与公共工程之理论与实务——兼论仲裁与裁判之分析》，元照出版有限公司2010年版，第125—129页。

否成立，在实务判决结果之整理比较中，通常可发现相似的案件会有不同的判决结果。因此对于情事变更原则在工程纠纷实务判决中适用与否之探究，其主要目的即在探求得以调和契约双方权利义务私法上之方法，纵使当事人于契约成立时已有明示或约定不适用情事变更原则者，此契约条文是否就可以排除情事变更原则之适用？进而法院可否依职权而适用情事变更原则而为公平分配风险及不可预见损失。亦即，发生了非订约当初所得预料之巨变，实务上应综合社会经济情况、一般观念及其他客观情势加以综合判断，倘变动已经超出当事人可预料之范围，如汶川大地震之发生，应即非无情事变更原则适用之余地。以笔者所掌握之资料，实务判决中，主要围绕以下四个方面来分析于施工合同中有无情事变更原则适用的可能。

2.5.3.1 有无期待可能性

在私法领域中，苛求契约当事人履行无期待可能性之义务，非但属于强人所难，也违背社会之基本公平正义，不符合诚实信用原则。故依情事变更原则，对于因不可预见之情事变更所导致之义务内容变动，如系超出一般合理可承受范围者，应认为如对负担义务者强制苛求其必须履行，则必将产生显然不公平之情况，实难以被接受。故如能够使契约义务原定内容得以适当调整，而使之恢复可被接受之状态，则应属上上策。更值得注意的是无期待可能性之判断标准，因为它是具有可变动性的，会随着社会政治经济状况之发展、当事人当时所遭遇之情况及具体案件之演变内容而有所差异。在工程施工合同签订后，发包方却因土地无法顺利征收（如地铁工程用地原住户拒绝搬迁、政府征收农地遭遇农民抗争等）或预定施工场地供水等管线无法立即断水迁移，造成工程进度迟延以至承包方被迫展延工期等。工程承包商如提出工期展延及相关人员、管理费用之求偿，业主是否应予以补偿，当然其最终的裁决结果，仍须凭借法官的智慧及经验，依实施情况作出最适当的判决。

2.5.3.2 牺牲界限

情事变更原则之适用，即契约中受有不利益之一方，因情事变更所造成之损失将对其极不公平，故应予以救济。以公共工程建设为例，一般公共工程建设契约都或多或少地对于危险的负担有所分配，以区分出该契约关系中义务与责任之应承担范围。当情事变更发生时，损害产生，若系在契约所预见之范围内，当为当事人原即预见将可能有，亦为可接受之牺牲。然而，如损失确已超出一般承包厂商可预期或可接受之范围，亦逾越了其所能牺牲的界限，则是否可适用情事变更原则来加以救济，仍应就个案来进行考量并由法院做适当的斟酌。

事实上这也意味着，工程契约履行纠纷中，情事变更原则之适用更应当谨慎，目前许多国家之实务见解趋向保守，我国对合同纠纷中适用情事变更原则也有严格的限制。其原因除有各自内部因素的考量外，当然也源自情事变更原则是契约严守原则的例外，而对于契约之安定性或法的安定性有巨大的冲击。故只有在情事变更所导致的损害超越了可接受之牺牲界限时，方得考虑放弃法之安定性，而追求法律之实质公平。在这里问题的关键是，在施工合同中，如何判断于情事发生重大变更时当事人一方是否已达牺牲之界限，其主要的考量因素有哪些。

2.5.3.3 契约外之风险分配

风险分配往往由当事人双方在合同中有所约定，当然对于某些有名合同，法律也往往有模范式规定。情事变更原则适用的一个重要结果就是希望将情事变更发生后所衍生之危险结果，公平地分配给契约当事人，此亦属于关于风险分配的法律规定。就契约关系而言，可依契约中对于风险分配之规定，来评估该情事变更之风险是否被契约所涵盖，并就契约风险分配之架构作为决定其法律效果之参考。亦即，情事变更原则，依法律对于情事变更之危险所做的风险分配与契约风险分配由当事人自行合意决定分配之方式有所不同。情事变更原则系针对契约所约定外之风险，由法院依公平原则决定风险分配之方式，也可以说是契约外的风险分配。因此，情事变更原则之要件，需情事变更的发生非当事人订立契约当时所得以预料者为限，故情事变更原则系分配契约规范外之风险。[①]

[①] 萧伟松：《论营建工程迟延与情势变更原则之适用》，东吴大学法学院法律专业硕士班2001年硕士学位论文，第10—29页。

在工程实务中，当事人一般约定有保险条款，即对于特定之风险由保险公司承担相应的损失，以此减轻承包方的风险负担，但保险项目之外之风险通常多由承包商一方来负担，如我国台湾地区"最高行政机关"公共工程委员会2010年12月28日发布的工程采购契约范本第13条就有类似规定。[①]如此做法是否符合风险负担之衡平原则，值得检讨。例如，一般的建设工程在施工前通常会通过地质钻探的工作，检测工地现场的土层分布情况，并据以作为细部设计的参考基础，而发包方也会提供相关的工地状况资料给承包商，或由承包商至工地现场勘查，以计算成本及评估施工风险。但是，若于施工途中承包商才发现，工地现场之物理状况与原先探查且预期之情形有显著之差异，而且此种状况在投标及订约过程中，经由工地探查检视或资料研究判断是无法发现的，此即为"异常工地状况"（Differing Site Condition）；如地表下土层（岩层）深度的分布及种类、地下水位或有机物质（如垃圾、废弃物等）存在位置等。此应非属于可归责于双方当事人之事由，故应如何调整分配风险即成为问题所在，由于有法院判决认为此处地质状况变化或存有废弃物的情形早已存在于工地现场，应非属于"客观情事变更"，故在适用情事变更原则时存有争论。[②] 后文会有继续分析。

2.5.3.4 补充性

情事变更原则系为针对契约中不可预见之情事变更所招致之损失，来做公平之处理。因此，情事变更原则之适用，亦须在法无规定、契约无规定、契约当事人亦无法预见之情况下方有适用之余地，故情事变更原则实蕴含着最后之规范功能，此即为情事变更原则之补充性。

首先，这意味着合同约定的优先性。英美法上与此大致相当的合同受挫制度也是如此，如果当事人事先对有关意外事件存在防范性约定，则一般没

[①] 该条规定："……（五）保险单或保险契约规定不保事项，其风险及可能之赔偿由厂商负担。但符合第4条第10款规定由机关负担之必要费用之情形，不在此限。（六）厂商向保险人索赔所费时间，不得据以请求延长履约期限。（七）厂商未依本契约规定办理保险，致保险范围不足或未能自保险人获得足额理赔者，其损失或损害赔偿，由厂商负担……"

[②] 李金松：《营建工程契约风险分配之研究——以公共工程为中心》，中正大学法律学研究所2004年硕士学位论文，第28—39页。

民法典背景下情事变更原则之逻辑构成与司法展开——以两岸建设工程实务为分析场景

有情事变更原则之适用余地（The doctrine of frustration is designed to cover the case where the paries have not made provision for a change in circumstance.）。[1] 当事人可以在合同中对重要情况的自始欠缺或嗣后丧失采取预防措施，所以必须确定合同是否在特定的障碍方面附有合同解除条件（《民法典》第158条）或者约定了单方解除权（《民法典》第562条第2款）。交易基础只能是在当事人没有明示或默示约定为合同内容的情况，[2] 只要存在此类约定，原则上就不能适用《民法典》第533条。

在我国与此相关的典型案例是广州花卉博览园与广东省第一建筑工程有限公司建设工程施工合同纠纷上诉案，[3] 该案中法院认为"本案《建设工程施工合同》已明确约定了设计变更、施工量增减工程合同价款的调整依据和结算原则，涉案工程设计变更和施工量增减均不属于本案当事人在订立合同时无法预见的情况，不符合……情事变更原则"。

其次，特别法规定优先适用，只有在法律没有特别规定时，交易基础障碍制度或曰情事变更原则才能适用，比如《德国民法典》第312条、第490条、第519条、第527条、第528条、第530条、第593条、第594e条、第650条、第650j条、第723条、第775条及第779条等都属于特殊规定，应当优先于第313条适用。[4] VOB/B第2条第7款第1项第2句虽然明确规定，"在总价合同下，可以适用《德国民法典》第313条来调整合同"，但是必须满足一个前提："提出主张的一方除此没有其他法律上和合同上的救济手段。"《德国民法典》第119条及以下条文规定的因错误而发生的撤销作为特别法的规定也优先于交易基础障碍的规定。当然关于能否适用于共同错误有些争议。如果当事人双方发生了同样的错误，则偶然地取决于谁先表示了撤销。但是撤销人根据第122条的规定负有损害赔偿义务，对方当事人从合同的消灭中获益却无此义务。为避免这种结果出现，在《债法现代化》生效之

---

[1] John Cartwright, Contract Law: An Introduction to the English Law of Contract for the Civil Lawyer, Oxford and Portland, Oregon 2007, p. 238.
[2] BGHZ 90, 60 (74); BGH, HJW 1983, 2034 (2036).
[3] 广东省高级人民法院（2010）粤高法民一终字第30号。
[4] Vgl. Palandt/Heimrich, SchuldRModr, §313Rn. 13.

第 2 章　建设工程施工合同的基本理论

前人们就认为第 119 条及以下条文仅适用于单方错误。对于共同错误，交易基础障碍的规定可以适用。[①] 这种观点体现在第 313 条第 2 款。综合而言，情事变更原则为契约严守原则之例外，其系基于诚实信用原则之上位概念，而借以维持其间法律关系之实质公平性。唯情事变更原则之要件多为抽象之规定，因此，在工程施工个案中，法院予以判断时仍须依诚实信用原则，而为公平之裁量。

在施工合同履行过程中，发生情事变更的情形不在少数。然而不同的情事变更问题，解决的方式并不一致，当不宜以普遍的原则来规范，而应在个案中，考量当事人契约之约定，再来探究是否有情事变更原则的适用。学者已有就工程进行中可能发生情事变更之情况的类型化进行努力，并就各种类型之情事变更问题加以分析，足见建设工程施工合同中可能适用情事变更原则的情形复杂，需认真探讨。

这种复杂性的原因之一在于工程施工合同与一般之承揽合同多有不同，比如工程合同的标的额一般较大、履约期间较长、当事人所负担之附随义务种类较多、工程契约中承包人不能完全独立、[②] 涉及很多不同领域的厂商、受施工地区天气影响较大、工程成本往往无法预先精确确定等，[③] 这些特点常常导致工程施工合同中发生许多当事人缔约时无法预料的风险，[④] 当事人尤其是承包方希望通过适用情事变更原则对原约定的合同内容加以调整，其最常见的主张有两种：基于情事变更原则请求展延工期、基于情事变更原则请求费用补偿。

对于展延工期方面，因为施工合同往往履行期较长，在合同履行期间往往遭遇各种不确定因素，且履行期越长，遭遇的概率越大，所谓"夜长梦

[①] Vgl. BGHZ 25, 390 (392); Brox, BGB AT, Rn. 426f; Larenz/Wolf, BGB AT, §38 Rn. 5; Palandt/Heinrichs, §242, 149.

[②] 吴若萍：《公共营建工程契约中迟延完工之问题研究——以不可归责于承揽人为中心》，台湾大学 2008 年硕士学位论文，第 22—25 页。

[③] 萧伟松：《论营建工程迟延与情事变更原则之适用》，东吴大学法律研究所 2001 年硕士学位论文，第 6 页。

[④] 古嘉谆：《工程法第三讲：工程契约之病》（上），载《月旦法学教室》2008 年第 67 期，第 75—76 页。

民法典背景下情事变更原则之逻辑构成与司法展开——以两岸建设工程实务为分析场景

多"。且很多风险是当事人于缔约当时所无法预见的,因而合同内容在施工过程中发生变动乃是常有之事;而因为专业分工的问题常常会有很多个承包商参与一项工程之建设,各有分工,彼此协调配合方能确保工程顺利进行,如期完工,否则就会产生所谓"界面冲突"的问题,即当一个承包商出现施工延误时往往会影响到其他相关承包商的施工进度,[①]进而使得整个工程的施工进展发生延误。一旦工程迟延,承包商按照合同约定可能要支付迟延违约金,由于该违约金往往是按迟延日数计算的,所以该迟延违约金之数额往往较大。为了避免支付该违约金,承包商往往主张情事变更原则之适用,请求发包方展延工期。

承包商基于情事变更原则所提出的第二个常见主张是要求增加费用补偿或提高施工报酬,其经常和展延工期之请求相伴相生。也就是说,工期展延势必会导致承包商支出费用的增加。此时,承包商能否向业主请求增加费用补偿或只能自己消化吸收该新增之费用是施工实务中常见之重要问题。而发包方也经常于合同中单方面拟定排除条款,即承包商任何情况下都不得主张费用补偿,此时承包商能否要求适用情事变更原则增加施工报酬确是重要问题。另外即使费用增加并非因为工期展延,但是在施工过程中由于无法精确计算成本,且由于地质异常、物价波动等因素也往往会导致承包商承担不可预测之施工成本大幅增加之风险,这种成本大幅增加的风险甚至会导致承包商在施工过程中或工程完工时面临破产倒闭的境地。此种情形,承包商也多主张适用情事变更原则,调整合同报酬,适当分担风险,当然是否只要超出既定成本即可主张适用情事变更原则,以及超出既定成本多少才能适用情事变更原则是值得认真研究的问题。

---

① 罗明通:《公平合理原则与不可归责于两造之工期延宕之补充》,载《月旦法学杂志》2002年第91期,第251页。

第 3 章

施工合同中情事变更原则之适用要件分析

情事变更原则在现行工程实务上，已经成为一般工程承包商于遭遇工程履约纠纷时，作为向发包单位请求契约变更、展延工期或者请求补偿费用等诉求之依据。[1] 即发包方与承包方于合同订立后，工程进行期间如发生了情事变更，若仍依原契约之规定使其发生原有之效力，则可能造成一方当事人承受过大之损失（通常承包厂商一方居多），显然有悖于诚实信用原则，则其法律行为应有相当之变更才能符合诚信原则。当然，对于情事变更原则之适用，应采取对原有契约稳定性冲击最小的方式为当，实务运作上，也应当尽力维持原有法律关系，使其能继续存在，才能符合实际之需要。唯首要的工作是对情事变更原则在工程实务中运用时的要件进行分析考量，以杜绝可能的滥用，同时避免在真正需要适用情事变更原则时对不利方当事人救济不足。

3.1 时间点：施工合同成立之后履行完毕之前

学者认为情事变更原则之适用精神，主要应在于以变更契约原定之给付为目的，而变更给付又以是否公平为考量基础，则必须以已经成立的契约为基础，如契约未成立或者已经消灭，则不符合该构成要件，其后之事实是否变更或是否公平均在所不论。因此必须符合契约成立后消灭前这一时间要件。[2]

---

[1] 曾俊智：《情势变更原则在政府工程采购契约履约争议处理之研究》，高雄大学法律系研究所 2009 年硕士学位论文，第 156 页。
[2] 陈坤成：《情事变更原则在营建工程之探讨》（一），载《现代营建》2003 年第 281 期，第 61—77 页。

民法典背景下情事变更原则之逻辑构成与司法展开——以两岸建设工程实务为分析场景

3.1.1 契约成立后

当事人互相意思表示一致者,无论其为明示还是默示契约,即为成立。当事人对于必要之点,意思一致,而对于非必要之点,未经表示意思者,推定其契约成立。关于非必要之点,当事人意思表示不一致时,法院应依其事件之性质定之。建设施工合同成立时点之判断,一般应以民法规定为其基础,但何时才为施工合同成立之时点,则应按照工程之性质而定。若属私人建设工程之承包,则成立之时点,为免日后争议时之举证困难,惯例上均以双方签订契约完成为时点;而根据《招标投标法》第 3 条,某些工程项目必须进行公开招投标,否则签订的合同无效。[①] 于公开招标时,若当场宣布得标之承包商,则要约即得到承诺,而符合契约成立之要件。若因减价后标价仍超过低价,须作保留处理时,则以承诺决标通知到达投标人时为时点;于约定期限内签约核章为时点。故若于开标场所当众宣布决标时,则契约即已成立,该时点后所发生之情事变更,应均有情事变更原则之适用。我国法律要求签订书面合同时该施工合同方能成立生效,《招标投标法》第 46 条对于签约时间有明确要求。[②]

这里的问题还有如果在施工合同履行前,已经发生情事变更,比如物价已经开始大幅上涨,但是承包方不知或虽知而不予主张,仍依原有约定完成债务之履行,此时有无情事变更原则之适用。德国最高法院曾判定如果合同履行中果真发生情事变更,当事人在明知的情况下,仍然坚持履行合同,并使得合同最终履行完毕,则可以认为该当事人放弃了情事变更原则的适用。[③] 我国则有学者认为,合同当事人虽然可以放弃情事变更原则的适用,但是若仅仅根据债务人继续履行合同就推定其主观上已经放弃了情事变更原则的适

---

① 《招标投标法》第 3 条:"在中华人民共和国境内进行下列工程建设项目包括项目的勘察、设计、施工、监理以及与工程建设有关的重要设备、材料等的采购,必须进行招标:(一) 大型基础设施、公用事业等关系社会公共利益、公众安全的项目;(二) 全部或者部分使用国有资金投资或者国家融资的项目;(三) 使用国际组织或者外国政府贷款、援助资金的项目……"

② 《招标投标法》第 46 条:"招标人和中标人应当自中标通知书发出之日起三十日内,按照招标文件和中标人的投标文件订立书面合同……"

③ 德国 1923 年 1 月 6 日判例 R. G. Z. S. 11 - 14。

用则过于武断。① 笔者以为，有必要进行类型化的分析。

如果承包方不知道合同履行前已有情事之变更，且没有重大过失，在此情况下履行了自己的义务。则可以根据错误理论，即我国法上的重大误解制度来变更或撤销合同，如果给发包方造成损失，则由其承担缔约过失责任。其请求权基础在于《民法典》第54条、第157条。

如果承包方履约前明知或因重大过失不知建材物价已有大幅度上涨，却依然按照约定履行施工合同，则可以认定承包方已经放弃适用情事变更原则来调整合同。我国法院的典型判决是北京城乡一建设工程有限责任公司诉吉林市北方建业劳务服务有限责任公司建设工程施工合同纠纷案。② 该案中法院就认为吉林劳务公司请求基于情事变更原则要求北京城乡公司支付更多工程款的诉求不能成立，因为双方在订立合同时建筑市场的人工费已经开始上涨，吉林劳务公司对此完全知情，但没有提出异议，因此不得以情事变更原则为基础请求调整工程款。

3.1.2 何谓工程合同履行完毕

一般情况下，依债务本旨，向债权人或其他有受领权人为清偿，经其受领者，债之关系消灭。如依据工作之性质，无须交付者，以工作完成时视为交付。但是建设施工合同具有特殊性，除须办理交付外，交付前尚需对承包商所完成之工程加以验收查验，且该完成之建筑必须符合约定设计图纸所希望之品质。亦即，工程建设内容之受领系以验收合格为重点，而受领只是形式上来完成法定程序，对此《民法典》第799条有明文规定，③ 即在未完成验收合格程序之前，双方契约关系尚未消灭，此期间所发生之情事变更，即有情事变更原则适用之可能。

---

① 吴学义：《事情变更原则与货币价值之变动》，商务印书馆1944年版，第35页。
② 辽宁省沈阳市中级人民法院（2013）沈中民二初字第52号判决。
③ 《民法典》第799条：建设工程竣工后，发包人应当根据施工图纸及说明书、国家颁发的施工验收规范和质量检验标准及时进行验收。验收合格的，发包人应当按照约定支付价款，并接收该建设工程。建设工程竣工经验收合格后，方可交付使用；未经验收或者验收不合格的，不得交付使用。

3.1.3 履行完毕后情事变更能否适用情事变更原则

原则上情事变更应当发生在合同履行完毕之前，方有情事变更原则之适用。合同履行后客观情事即使发生巨大变更，对当事人之间的合同权利和义务也没有任何影响，因为合同已经因为履行而消灭。[①] 我国台湾地区"最高司法机构"（1982）台再字第166号判决中谓："共有物之分割，经分割之形成判决确定者，即生共有关系终止及共有人各自取得其分得部分所有权之效力，再审被告因确定判决而取得分得部分之所有权，自不因其后地价调整而获不当得利，其依确定判决给付再审原告之补偿金，既已依法提存而生求偿之效力，再审原告亦不得以嗣后地价调整而援用情事变更原则，请求增加给付。"我国台湾地区"最高司法机构"（1982）台上字第32号判决略谓："被上诉人因确定判决而取得分得部分土地之补偿金，既已依法提存而生清偿之效力，上诉人亦不得以嗣后地价调整以情事变更为由请求增加给付。"

可见司法实务中对此一般没有争议，可是德国法上确实出现过合同履行完毕后依然适用情事变更原则的判决，即著名的药店案。[②] 在这个案件中，国家法令政策变化这种情事变更确实发生在该药店经营许可买卖合同履行完毕以后，但是法院却依然认定有交易基础丧失法则之适用余地。所以有学者认为情事变更原则之适用与否与合同履行完毕没有关系，即使合同已经履行完毕，若事后发生的重大情事变更依然能够使得原合同一方当事人遭受巨大的不公平，则当事人依然可以主张适用情事变更原则。若把该原则之适用仅仅局限于合同履行完毕后，则能够适用该原则的将只有一些长期性、继续性合同了，这会导致一些一时性的合同中受到不利影响的当事人没有妥当的救

[①] 吴诗敏：《情事变更原则》，载《工程法律事务研析》（一）（寰瀛法律事务专书系列），元照出版有限公司2005年版，第172页。

[②] 其案情为A药店希望开设分店，但是依据原来的法律，每一个药店在营业之前都要取得药业经营许可（Apothekenkonzession），而申请该许可费时费力。于是甲药店便直接购买了一个药业经营许可。在A购买了该许可并开设了分店后，国家通过法律规定，药店可以自由开设分店，无须另外获得许可。这就使A药店所购买的药业经营许可失去了原来的价值。法院按情事变更原则支持了当事人解除合同的主张。

济途径。① 梅迪库斯教授也认为合同是否已经履行完毕以及是如何履行完毕的，并不具有法律上的重要意义，也不影响交易基础理论的适用，认为在合同已履行完毕的情况下不能适用情事变更原则的观点是没有道理的；② 也有学者认为履行完毕的合同不能适用情事变更原则的根据在于拟制的当事人的意思，即若合同已经履行完毕，应当视为当事人已经放弃了情事变更原则的适用。③

对此，笔者以为，原则上应当坚持通说，即合同履行完毕后发生的情事变更，此时原则上应当由受不利影响的一方负担风险，否则将使得已经履行完毕的合同有推倒重来的危险，合同履行完毕后发生的后续法律关系的稳定性也会被破坏，对社会生活的安定不利；如果当事人在情事变更后一段时间内都没有主张权利，则基于"失权期间"理论，应当认定受不利影响的当事人丧失了适用情事变更原则调整合同的机会。在建设工程这种长期性合同中，更应当坚持传统观点，严格维护《民法典》第533条对情事变更发生时间点的限制。

3.1.4　情事变更与履行迟延

对于债务人迟延过程中的情事变更，《德国民法典》第287条有明确规定。④ 因此原则上迟延履行期间，即使发生了情事变更，债务人也不能据此免责，必须承担由此产生的一切损失，除非即使按时履行债务也不能避免这种损失。在德国法上这被称为"假设因果关系"（hypothetische Kausalität），其在刑法学上的关注点是当事人的主观恶意，原则上假设因果关系不影响刑事犯罪者的刑事责任。而民法上假设因果关系的侧重点是在损失补偿上，如承包人迟延施工期间发生泥石流将在建房屋冲垮，则承包人不能免责，而必

---

① 〔德〕卡斯腾·海尔斯特尔、许德风：《情事变更原则研究》，载《中外法学》2004年第4期，第406页。
② 〔德〕迪特尔·梅迪库斯：《德国民法总论》，邵建东译，法律出版社2001年版，第660页。
③ 李永军：《合同法》，法律出版社2007年版，第563—564页。
④ 《德国民法典》第287条：债务人应对发生在迟延期间的意外负责，除非即使按时履行，该意外仍会发生。

须承担赔偿责任。可是如果即使按时施工也不能避免此种损失，则其可以免责。

对此，林诚二教授认为有必要进行类型化。①

第一，若情事变更与给付迟延有直接因果关系，即情事变更导致债务人给付迟延，则因为不可归责于债务人之原因致使履行迟延，债务人不应负责，我国台湾地区"民法"第230条定有明文。因此债务人既然不负迟延责任，若情事变更后，履行给付显失公平，则债务人当然可以主张情事变更原则之适用来调整合同。比如在工程合同履行中由于泥石流暴发，致使刚挖掘的地基被掩埋，承包人无法按时打桩灌浆，施工迟延，此时其当然无须承担违约责任。但问题是，承包方必须将地基重新清理干净，如果该工作使得施工成本有明显增加，以至于发包方按原约定给付工程款对承包方显失公平，则承包方当然可以主张适用情事变更原则来调整合同。

第二，在两者没有因果关系的情况下，即债务人因可归责于自己的原因履行迟延，迟延期间发生情事变更的场合，则当然不应当有情事变更原则的适用。因为：（1）情事变更原则适用的目的在于恢复合同当事人之间的利益均衡，只有围绕这一目的才有该原则之适用必要；（2）给付迟延可归责于债务人，债务人应当为此付出代价；（3）我国台湾地区"民法"第231条第2项之但书有明文规定。② 此条规定在债务人履行迟延场合已经尽力排除了其不应当承担的风险。笔者倒是认为，在履行迟延场合，债务人具有可归责性，根本不符合情事变更原则之适用要件。

在大陆地区工程领域，于承包人履行迟延期间发生情事重大变更的场合，可以此假设因果关系理论来处理，其请求权基础在于类推适用《民法典》第590条第2款规定。亦即在建设工程承包人迟延履行期间发生重大情事变更，即使导致按照原合同约定继续履行合同对该承包人极其不公平，该承包人也必须按照原合同继续履行或者承担其他形式的违约责任。但如果其能证明，纵使其不存在履行迟延的情形，风险损失依然会发生，则有情事变

---

① 林诚二：《民法理论与问题研究》，中国政法大学出版社2000年版，第39页。
② 该但书规定：债务人证明纵不迟延给付，而仍不免发生损害者，不在此限。

更原则之适用可能性。

这样处理的根据还在于情事变更原则的适用要件之一是该情事变更不能归责于合同当事人,则履行迟延场合,由于一方当事人履行迟延,在此期间发生的重大情事变更一般认为系可归责于该方当事人的,为此迟延履行方必须承担债务不履行责任。除非迟延履行方能够举证推翻这种推论,即证明其迟延履行与随后发生的情事变更没有因果关系,或者说即使没有履行迟延发生也照样会发生情事变更带来的风险损失,这样就可以说明其对于情事变更事由不具有可归责性,从而也就可以主张适用情事变更原则来调整合同,比如主张展延工期或要求增加费用之补偿。而实际工程实务中,承包方一般很难举证推翻这种推定,即法院判定在施工迟延场合,承包方具有可归责性,因而无情事变更原则之适用可能。

实务中对此假设因果关系的最直接的判断标准就是时间。比如双方约定承包方应当于2014年10月30日完工,可是由于承包方工人返乡收割庄稼,自2014年7月初开始就处于停工状态,发包方屡次催促无果。工程实际完工时间是2015年4月30日。如果在2015年1月至2月建材价格飞涨,则不能适用情事变更原则来调整合同,因为如果其及时完工则施工成本就不会因为建材价格飙涨而受影响。如果该物价飙涨的情形发生在2014年10月,则承包商可以主张即使按时完工仍会遭遇该物价飙涨之客观情事变更,此时其可以主张适用情事变更原则。

3.2 客观情事发生重大变化

3.2.1 客观情事为何物

何谓"情事",有学者认为:"情事系指一切为法律行为成立基础或环境之客观事实。"[①] 而所谓"情事变更之事实",如突发战争、灾害、暴动、

[①] 曾婉雯:《工程契约中之契约调整权——以情事变更原则为中心》,政治大学法律研究所2010年硕士学位论文,第97页。

民法典背景下情事变更原则之逻辑构成与司法展开——以两岸建设工程实务为分析场景

罢工等客观事实,不包括主观事实。[①] 所谓"变更",系指法律关系成立时之情事在客观上发生了变动,如果仅仅是当事人主观之情事发生变动,如因生病等而影响了履约能力者,应非所谓之情事变更。[②] 假如不存在此等情事,当事人就不会作出此等法律行为或者会以其他内容来作出法律行为。不论经济因素还是非经济因素,都可以成为情事,比如当事人的资产状况、权利义务之比例关系、货币购买力等。然而在施工合同纠纷的实务案例中,往往涉及是否可包含相对事变:如受委托监理单位因承包商经由业主同意后展延工期,导致受委托监理单位也必须配合延长监造服务期限,此即当事人主观缔约基础丧失之情形。

类似地,英美法中合同受挫制度的适用情形较典型者有三:(1)作为合同标的物的物灭失,导致合同履行不能,典型者如 Taylor v. Caldwell(1863)案;(2)特定事实发生使得合同目的无法实现,如 Krell v. Henry(1903)案中,因国王 Edward Ⅶ 生病,加冕典礼取消,使得租赁合同受挫;(3)国家行为使得合同继续履行成为非法,如在著名的 Fibrosa Spolka Akcyja v. Friaburn Lawson Coombe Barbour Ltd(1943)AC32 案中,在预定的机器运出之前,德国占领了波兰的格丁尼亚港(Gdynia),而与交战中的敌国进行贸易被认定为非法。[③]

学者多认为,情事是作为法律行为成立之基础或环境之客观事实。[④] 就合同签订时之基础情况,当时明知或确信该行为基础之有关情况必将继续存在或发生,因而没有在合同中约定;或一方当事人主张作为行为基础的事实

[①] 林诚二:《民法理论与问题研究》,中国政法大学出版社2000年版,第62页。
[②] 洪国钦:《一般情事变更原则与我国实务判决适用之情形》,高雄大学法律系研究所2008年硕士学位论文,第122—123页。
[③] John Adriaanse, Constructiong Contract Law: The Essentials, Palgrave Macmillan, 2005, pp. 171—172.
[④] 王洪、张伟:《情势变更规则适用要件的探究——以法释〔2009〕5号第26条为中心的解释论》,载《云南民族大学学报》2014年第31卷第1期,第144页;王彦虎、王小明:《"情势变更"在工程索赔中的应用》,载《四川水力发电》2012年第31卷第2期,第190页;邱学安:《论情事变更》,载《西南政法大学学报》2002年第4卷第3期,第107页;彭诚信:《"情事变更原则"的探讨》,载《法学》1993年第3期,第24页。

第3章 施工合同中情事变更原则之适用要件分析

为对方当事人所承认时,这一行为基础即为情事。[①] 所以情事变更原则是于法律关系发生,作为其基础或环境之情事,于该法律效力完结之前,因为不可归责于双方当事人的原因,致发生当初不可预料之变更。倘若继续坚持原法律行为的效力,则显失公平且有悖于诚信原则,此时受有不利益的一方得变更原法律行为的效力。[②] 司法实务也多认为情事变更是指法律行为成立当时为其行为的基础或环境发生变动,如物价或汇率的涨跌等,[③] 我国台湾地区"最高司法机构"(2005)台上字第1号判决略谓:"查'民法'第二百二十七条之二、民事诉讼法第三百九十七条所规定之情事变更,纯属客观之事实,无因可归责于当事人事由所引起之事例而言。"我国台湾地区司法实务大多见解是根据"行为之环境或基础之情况"直接描述,认为从基础情况的根本意义上看,情事变更之"情事"应仅指客观之情事,主观之情事似乎不应包括在内。早期实务见解援引情事变更原则所欲解决的问题不外乎物价飙涨或通货膨胀引发的问题,如今则有多种类型可予以适用。[④]

而建设施工合同的特点在于,因为合同履行期较长,受气候、人为、经济等因素的影响较大,再加上隐藏于土地内部的特殊地质变化等因素,更加重了履行期间之风险,如要按契约签订时点之条件执行,而不出现情事变更,实属苛求。故从其作业模式,无论是主观还是客观因素分析,工程实务上情事变更之来源可区分为自然、人为、经济与其他四种因素。[⑤]

自然因素,以工程作业实务而言,自然的因素往往以不可抗力居多,可区分为工程基地外与工程基地内之不可抗力,如台风、飓风、暴风雪、洪水、暴雨、火山喷发、恶劣天候、海啸、交通中断、瘟疫等;而工程基地内则以地震、火灾等为主。

人为因素则指因外在人力所造成之事变为主,如战争、放射性污染、政

[①] 黄茂荣:《债法总论》(第2册),2002年9月作者自版,第433页。
[②] 侯庆辰:《民法情事变更原则之研究》,载《法学专刊》2003年第191期,第111页。
[③] 我国台湾地区"最高司法机构"(2000)台上字第1529号判决。
[④] 参见我国台湾地区"最高司法机构"(2005)台上字第254号判决、(2004)台上字第2247号判决、(2006)台上字第1607号判决、(2005)第898号判决。
[⑤] 陈坤成:《情势变更原则在营建工程之探讨》(一),载《现代营建》2003年第281期,第61—77页。

民法典背景下情事变更原则之逻辑构成与司法展开——以两岸建设工程实务为分析场景

变、暴动等,而内在人力所造成之情形,如包围施工区、外力破坏构造物或毁坏设备以及发包方工程用地征收程序冗长无法按时提供施工场所等。

经济因素系指外在之经济环境变动,超出了工程承包人可掌控之范围,如物价飙涨、汇率大幅波动、币值大幅贬值、发包人指定设备或材料短缺或停止供应等。也有研究以经济型因素(如通货膨胀、物价上涨、能源危机)与非经济型因素(如天灾、第三人的妨碍行为、法令变更、罢工等)作为区分。① 但需要注意的是,这些因素一般需要综合考虑,比如仅仅是物价上涨往往难以构成情事变更,仅仅于其上涨幅度巨大时方可,各国普遍对此采极其谨慎的态度。

在建设工程合同履行过程中常见的影响合同履行的因素主要包括成本增加和技术发展。(1)成本增加,但是因为计算失误、承包人内部管理不善导致的成本增加是不能适用情事变更原则来调整合同的。因为情事变更原则的适用要件之一就是不可归责于双方当事人,所以如果开发商或承包商具有可归责事由,则当然没有情事变更原则之适用余地。(2)技术发展,这种情形在建设施工合同中时有发生,比如承包商承诺按照 A 技术进行长期施工,但是施工过程中,工程界已经研发出更高质量、成本更低的施工方法 B 技术,承包商如果按照 B 技术施工将大大降低施工成本,且能够达到同样好甚至更好的施工效果。如果该承包商改用 B 技术施工,则发包方可主张适用情事变更原则适当调整施工报酬。

其他因素是指非上述范围内,但会影响契约履行者,如施工区内土地下方地质状况与业主提供之钻探报告不符合、须配合界面施工之其他关联厂商迟延工程进度、公权力之介入影响、发包人刻意隐瞒影响施工作业进行之其他事实等。

对于此等工程领域之情事变更,我国有学者认为大致有以下类型:(1)国家法律、政策的重大变化及公权力的行使;② (2)物价飙涨;(3)外国货币

---

① 陈宗坤:《情势变更原则适用于我国公共工程仲裁判断之探讨》,高雄大学法律系研究所 2009 年硕士学位论文,第 117—118 页。
② 河南省洛阳市中级人民法院(2010)洛民终字第 456 号。

第3章 施工合同中情事变更原则之适用要件分析

币值的大幅变化;(4)国际市场的重大变化。[1]

黄立教授则有不同的类型化主张。其认为工程合同中缔约时无法预料而可能适用情事变更原则之类型,大致有三类:(1)不可抗力事由,其典型包括异常天候状况、[2] 民众抗争、[3] 物价波动,对于物价波动能否适用情事变更原则司法实务中存在肯定说与否定说;[4] (2)通常事变,包括界面厂商之迟延和土地征收机关迟延,[5] 对于前者能否适用情事变更原则调整合同,司法实务同样存在肯定说和否定说;[6] (3)异常工地状况,此种情形能否适用情事变更原则在台湾地区存有争议,法院有肯定与否定两种判决,[7] 但台湾工程会在调解实务上仍认为此种情形,得适用情事变更原则。[8]

此三类情形及其包括的主要案型下文将有比较详细具体的分析。但笔者以为黄立教授的上述分类起码有以下几点应当引起我们的注意:(1)原《合同法解释二》第26条区分了情事变更与不可抗力,黄立教授之观点却与此立法旨意判然相反,《民法典》第533条取消了这种区分;(2)民众抗争何以不列入通常事变;(3)我国大陆对于通常事变缺乏规定,构成一法律漏洞,能否赋予其免责效力且适用情事变更原则,值得深入思考;(4)界面冲突场合能否适用《民法典》第593条来调整,如果能如此的话,则当无情事变更原则之适用余地,究竟何者为当;(5)异常工地状况在民法上属于双方错误,在德国其可适用交易基础障碍来调整当无异议,因《德国民法典》第

---

[1] 宋胜利:《论情事变更原则在建筑工程承包合同中的具体适用》,载《河南政法》2003年第1期,第157页。

[2] 我国台湾地区"高等法院"(2001)台上更(一)字第171号判决。

[3] 我国台湾地区"高等法院"(2003)重上字第619号判决。

[4] 肯定说如我国台湾地区"最高司法机构"(2006)台上字第1944号判决;否定说如我国台湾地区"最高司法机构"(2009)台上字第361号判决。

[5] 我国台湾地区"最高司法机构"(2006)台上字第2383号判决。

[6] 肯定说如我国台湾地区"最高司法机构"(2007)台上字第482号判决;否定说如我国台湾地区"最高司法机构"(2005)台上字第1号判决。

[7] 否定说如我国台湾地区"高等法院"台南分院(2004)上字第16号判决、台北地方法院(2001)重诉字第1794号判决;肯定说如我国台湾地区"高等法院"(2004)上字第88号判决。

[8] 黄立:《台湾工程承揽契约中情事变更之适用问题》,载施建辉、叶树理、黄喆编:《工程上的民法问题研究——第一届海峡两岸工程法学会研讨会实录与论文集》,东南大学出版社2010年版,第74—80页。

313条第2款即指此种类型。然我国台湾地区"民法"第227条之2中的情事仅指客观情事,并不包括所谓主观情事,何以其依然适用情事变更原则来处理此问题。在我国法律上此种问题之解决之道又从何处找寻。笔者以为,以上这些问题牵涉甚广,需深入比较海峡两岸之相关立法及司法实务,在下文论述中,笔者会特意关注这些问题,以求于乱花迷眼之际,寻得于施工合同中正确适用情事变更原则之路径。

3.2.2 大交易基础与小交易基础

德国法上对于客观情况之重大变化,有所谓"大交易基础"和"小交易基础"之分,① 这种分类对于建设工程领域情事变更原则的适用性研究也是一种有意义的分析工具。前者是指交易基础障碍(即我国法上的情事变更)是因为政治、经济或者社会关系(战争、通货膨胀、革命、自然灾害等)的根本性变化。但是发生问题的事件必须直接地对合同关系产生了重大影响,如导致等值障碍或者导致给付标的的适用性终结。也就是说,一般的经济与社会框架条件由于事件的发生而改变是不足够的。② 比如V与K订立了一份原油买卖合同,由于中东战事导致油价不可预见地飞涨。因此约定的购买价格与V为购买原油必须筹集的资金已经不再成比例了。再比如V与K订立了一份往伊朗供应啤酒的合同,在伊朗伊斯兰革命后K不能再在伊朗卖啤酒了。③ 而事实上交易基础障碍大多建立在(并且通常也仅仅)对各具体合同重要的情事的改变或者认识的基础之上(小交易基础)。比如A将某工程发包给承包商B,施工期间B的建筑资质被吊销;或者V与K订立的一个房屋建设合同,在施工不久,市政府将该片土地规划为非建设用地,工程建设无法继续进行。④

在建设工程施工合同履行过程中固然经常遇到大交易基础变动引发的情

---

① 〔德〕迪尔克·罗歇尔德斯:《德国债法总论》,沈小军、张金海译,中国人民大学出版社2014年版,第280页。
② Vgl. Palandt/Grüneberg §313 Rn. 5.
③ Vgl. BGH, NJW 1984, 1746.
④ Vgl. BGH, NJW 1972, 152(153).

事变更，比如恶劣天气、法令变更、战争、社会动乱、金融危机、通货膨胀等，但是事实上更多的是小交易基础引发的情事变更，即往往是小范围的情况发生根本性变化，使得合同的权利义务失去均衡，比如界面冲突、居民抗争、工地异常地质、特定建筑材料价格的飙涨等情形。事实上不少学者及法院坚持所谓情事仅仅指大的交易基础，而不包括小的交易基础，是没有道理的，只要满足情事变更原则的要件要求，均可适用情事变更原则。

3.2.3 案例类型

3.2.3.1 概述

客观情事的根本性变化或曰客观交易基础（obyektive Geschäftsgrundlage）丧失，合同如果继续按原约定履行，该契约的本来意义就完全丧失了。其主要有两种案型，即等值障碍和目的不达。

3.2.3.2 等值障碍

所谓等值障碍，即事实上或者法律上情事的嗣后变化可能导致给付与对待给付的比例关系遭到严重破坏。[1] 该给付与对待给付至少在当事人主观上，应当具有对等价值，这是双务合同的本质所在，所以，当情事变更导致等价关系发生变化，一方根本不可能将另一方的给付看作相对于自己给付的等价物时，双务合同便丧失了其本来意义和性质，契约的基础丧失。

拉伦茨教授认为仅仅等价关系的破坏尚不足够，其破坏程度必须达到：因发生交易上任何人也不能预见的事件，作为等价性给付交换的合同意义已经完全丧失。另外，不均衡状况仅仅显著还不足够，必须达到十分严重的程度。但是由于不能确切地计算这种破坏程度，为使之具体化，法官必须进行个案裁量。[2] 但是对于纯粹的投机行为，一般不应当考虑其等价关系的后发性破坏，这是不言自明的。

在我国司法实践中，这种类型的情事变更有以下几个典型的子类型：

---

[1] Vgl. Larenz, Schuldrenrecht Ⅰ, §21 Ⅱ; Medicus, Bürgerliches Recht, Rn. 161.

[2] Larenz: Geschäftsgrundlage und Vertragserfüllung (1963, S. 89 - 91)，日本译本，第129—132页。转引自孙美兰：《情事变动与契约理论》，法律出版社2004年版，第103页。

民法典背景下情事变更原则之逻辑构成与司法展开——以两岸建设工程实务为分析场景

(1) 法律、政策改变;①(2) 市场环境变化;(3) 不可抗力。在建设工程领域则主要表现为因为建筑材料价格飞涨、异常天候、异常地质等原因导致建筑成本巨幅上涨与约定的工程款严重不成比例,这违背给付与对待给付应符合等值性的一般正义思想。但传统民法坚持主观等值性,即给付与对待给付的适当比例关系应当取决于私法自治。因此原《合同法解释二》第26条及《民法典》第533条适用于建设工程领域时,必须以建设成本和工程款的等值性出现了重大且不可预见的比例失调为前提。等值障碍这一案例类型的缘起是通货膨胀时期的货币贬值。但是因货币贬值而发生的交易基础障碍只能在通货膨胀造成给付与对待给付处于极其不平等的关系时才能认定。购买力的正常波动仍未足够。德国法上著名的"织袜纺纱厂"案即属于此类。②

英美法上也存在所谓"Doctrine of Impracticability",依美国法学会出版之《合同法汇编》第680条,凡合同订立后发生与当事人所预期者不同且致使合同之实现有极端困难或需付出巨大努力之情形,则例外地允许债务人免除给付义务。如当事人签订合同建造运河,后来发现运河土地坚硬,岩石结构复杂,如此从物理上讲仅仅是增加了履约成本,客观上并无履行不能。但若强制当事人继续履行,则非变更合同内容、增加履约报酬无以为之。但此种情形仅限于履行极端困难或需费过巨的场合。③

由于货币贬值而发生等值障碍的案型往往在长期合同中更有意义,如建设工程合同、长期租赁合同、抚养合同等。④ 此外,实物给付贬值的风险原则上由债权人承担。但是如果贬值超过了典型的合同风险,似乎也有情事变

---

① 参见商之都有限责任公司诉安徽金商都商贸有限责任公司等商标许可使用合同纠纷案,安徽省合肥市中级人民法院 (2004) 合民三初字第84号民事判决书。
② 该案 (RGZ 103, 328) 案情: V与K在1919年5月21日以60万帝国马克的价格订立织袜纺纱厂的买卖合同。纺纱厂应于1920年1月1日移转。价款应分两期每期30万帝国马克于1920年1月1日和1921年1月1日支付。1919年5月21日至1920年1月1日,通货膨胀导致货币的购买力下降了80%。1920年1月1日K仍然要求对方支付第一期价款并转让纺纱厂。与此相对,V认为,由于变化的情况合同已经"消灭"。帝国法院在本判决中首次承认,货币贬值引发的给付与对待给付关系的变化可以成立"情事变更抗辩"。但是它同时指出,V并不因此必然享有解除整个合同的权利。相反,应当首先尝试改变内容以维持合同。
③ 林诚二:《民法理论与问题研究》,中国政法大学出版社2000年版,第43—44页。
④ Vgl. BGHZ128, 320 (329).

更原则的适用余地。德国法上的药店经营许可证案件即属此类。[①] 一般而言给付困难的风险原则上由债务人承担。但是，这种重大的等值障碍也可能由于重大而无法预见的、超越可苛求性界限的成本增加所产生。不过，给付困难的原因不属于债务人风险领域的其他情况也是可以考虑的。比如在德国法上以固定价格建筑房屋时建筑成本的显著增加是因为业主向建筑企业提交了有关地质条件的不正确材料。[②]

3.2.3.3 目的不达

关于目的不达，一般是指债务人虽然还能够产生给付效果，但是，由于变化了的境况给付对债权人不再有利益时，即存在目的不达的情况。不过需要注意的是，给付的适用性属于债权人的风险领域。只有当对方当事人知道或者应当知道使用目的并且使之成为自己的目的，以致请求履行合同可能违反禁止矛盾行为的禁令时，使用可能性才成为交易之基础。[③] 目的不达的典型案件是"狂欢节"案件。[④]

要构成目的不达，必须是契约的目的根本性不达，契约目的之达成仅仅发生一时性困难，尚不足够。不只是一方当事人的目的不达就够了，必须是共同的客观目的不达。但如何判断何为合同之客观目的比较困难。拉伦茨教授认为，于双务合同中，双方当事人的首要目的是获得对待给付，这一目的在该契约性质上显露无遗。除了该第一目的外，当事人可能还有与第一目的有关之第二目的、第三目的等。买主打算为某一目的使用购买物，这类一方当事人目的，即使为对方当事人明知，相对方也不受影响，除非是相对方认

[①] 该案（BGH, NJW 1960, 91）案情：药房老板A打算退休，将经营药店的许可证卖给了一位同行B。买卖合同订立后药剂师被赋予从业自由，许可证因此变得毫无价值。

[②] BGH, NJW 1969, 233.

[③] Larenz, Schuldrecht Ⅰ, §21 Ⅱ.

[④] 案件（OLG Karlsruhe, NJW 1992, 3176）案情：狂欢节团体V打算在1991年举办狂欢节活动。因此它委托了一个伴舞乐队在两个晚上有偿地进行音乐活动。海湾战争爆发后，考虑到民众的情形状况这些活动必须被取消。卡尔斯鲁厄高等法院否定了音乐工作者们依据BGB第631条、第649条第2句请求报酬的权利。这里的依据是，活动取消的原因属于双方当事人的风险领域。因此，音乐工作者们根据诚实信用原则本来必须同意，只有当公共意见允许活动举办时，合同才有效力。

民法典背景下情事变更原则之逻辑构成与司法展开——以两岸建设工程实务为分析场景

可该目的对契约给付的重要性，并且在考虑这一点后确定反给付额的例外情况。[①]

在德国法上与此相关的典型案例是"钻床买卖案"。[②] 该案中法院认为，尽管无论是被告的订单还是原告接受信函都未表示，被告订单的效力取决于货物是否有可能被运送到东德，但是，由于双方都当然地认为钻床能运送到东德，所以该运输已经成为合同的交易基础。然而法律行为并非无效，而是应当根据BGB第242条对契约进行调整，使其适应现实情况。因此，被告应当支付已经生产的钻床价款，但是其余未生产钻床的价款支付义务则予以免除。[③]

笔者认为这种目的障碍有时意味着履行无意义，尽管工程的继续施工并完成在技术上不存在任何障碍。比如政府颁布旧城改造计划，老城区的市民要统一搬迁至新城区，则老城区关于建造一个大型电影院的合同就可能需要调整甚至解除，因为人流量严重不足可能使得电影院即使建成对发包方也没有利益。

在德国法上还存在共同认识错误的案型，但是如下文分析，在我国如果发包方和承包方存在共同错误，一般可以根据《民法典》第147条来撤销合同，而不必求助于《民法典》第533条。

3.2.4 工程领域的通常事变与情事变更

3.2.4.1 通常事变之概念

这里有一个重要问题值得探讨，即所谓"通常事变"能否适用情事变更原则予以调整？事变是指因非故意或过失而引起的情况变化，[④] 广义的事变包括不可抗力在内，分为普通事变和特殊事变。前者是指债务人已经尽其应尽的注意义务，而仍不能免除意外的发生，但如果再特别地予以注意即可以

[①] Larenz: Geschäftsgrundlage und Vertragserfüllung (1963, S. 89-91)，日本译本，第148—151页。转引自孙美兰：《情事变动与契约理论》，法律出版社2004年版，第104页。

[②] 该案中被告在西柏林做生意，向原告订购了600个钻床，原告知道这些钻床要用于东德的矿井。原告接受订购并开始生产时，柏林已经实行了封锁。原告要求依约支付货款。被告称，当时他不可能再在东德卖掉这些钻床了。

[③] BGH MDR 1953, 282.

[④] 黄立：《民法债编总论》，元照出版有限公司2006年版，第451—452页。

避免，因此并非绝对不能阻止之事由，而普通事变往往是由于第三人的行为导致的，① 因此与当事人的过失无关，也常称为"通常事变"，在工程合同中常见的就是第三人引起的施工障碍。② 而所谓的不可抗力是指外部产生、异乎寻常的事件，纵使当事人尽最大努力也无法避免的事变，又称之为特别事变或绝对事变。

3.2.4.2 通常事变场合能否适用情事变更原则

学者多认为绝对事变属于情事变更原则的适用范围，因为情事变更原则适用的重点在于排除显失公平之结果，且往往是在无其他救济办法时才予以适用。问题是情事变更原则是不是只能适用于绝对事变，而对于相对事变就没有适用余地呢？有学者认为对于通常事变不应适用情事变更原则，而应向第三人主张损害赔偿谋求救济。③ 林诚二教授认为，情事变更原则之适用，仅以绝对事变为限，情事变更原则之适用具有补充性，如果存在法定或约定的其他救济途径，则无该原则之适用。例如债务人之标的物，虽受第三人毁损，但尚得依法请求第三人损害赔偿，若法律上救济之途未尽，自无援用此一原则之必要。④

而这一问题之所以在工程施工合同中具有重要性，其根本原因在于在工程施工中经常发生民众抗争、关联厂商迟延等情况，属于典型的通常事变。除非将及时交付工地以及协调关联厂商作为发包方的给付义务，而由承包商向发包方请求赔偿损害，否则可能发生承包商对于第三人并不存在任何有法律依据的损害赔偿请求权的状况。因为承包商和其他的关联承包商并没有合同关系，和他们有合同关系的恰恰是发包方，承包商自然不得向关联承包商

---

① 林诚二：《民法债编总论》（下），瑞兴图书出版社2003年版，第36页。
② 吴若萍：《公共营建工程契约中迟延完工之问题研究——以不可归责于承揽人为中心》，台湾大学2008年硕士学位论文，第189页。
③ 林诚二：《情事变更原则之再探讨》，载《台湾本土法学杂志》2000年第12期，第63页；萧伟松：《论营建工程迟延与情事变更原则之适用》，东吴大学法律研究所2001年硕士学位论文，第108页；刘春堂：《民法债编通则（一）契约法总论》，三民书局股份有限公司2001年版，第154页；姚志明：《一般情事变更原则于给付工程款案例之适用——兼评"最高法院"九十四年台上字第八九八号判决》，载《月旦法学杂志》2008年第156期，第265—266页。
④ 林诚二：《民法理论与问题研究》，中国政法大学出版社2000年版，第40页。

民法典背景下情事变更原则之逻辑构成与司法展开——以两岸建设工程实务为分析场景

主张违约损害赔偿；或者纵然关联承包商有故意或过失，但是承包商不能及时进场施工所受损失仅仅为债权受到侵害的纯经济上之损失，除非符合故意以违背善良风俗之方法加损害于他人，否则承包商将无处求偿。

德国法工程法律实务中通过规定发包方风险范围来解决这一问题。即将第三人风险划为发包方应承担风险之范围，而使得承包方得依据 BGB 第 645 条向发包方请求费用补偿，或者通过 VOB/B 第 6 条之规定向发包方请求费用补偿。但在我国法律中并无直接的类似规定，且在工程实务中由于发包方的强势地位很难通过约定将这些情况划定为发包方应承担的风险范围。所以工程实务中承包方经常主张适用情事变更原则来展延工期并请求对增加费用的补偿。否则有关的不利结果就由承包商全部承担，对其显然有失公平。

英美工程法中如果因为第三人的原因影响了施工的进行或者使得施工成本增加，则有合同受挫制度的适用余地，其典型案件是 Codelfa Construction Proprietary Ltd v. State Rail Authority of New South Wales 案，[①] 该案中，承包方负责建造一条地下铁路，在施工进行中，第三方获得政府颁发的防止噪声扰民的禁令，要求承包方不得在晚上和周日施工。法院认为该禁令使得合同履行发生了根本性的变化（radically different），因而合同受挫。[②] 若以我国民法概念分析，第三方取得禁令从而得以限制承包方之施工时间，应可归属于通常事变之情形。

3.2.4.3 我国台湾地区的实践

而在工程司法实务中，针对关联厂商迟延导致的承包商施工迟延及其他通常事变场合能否适用情事变更原则，有肯定说与否定说。

我国台湾地区"最高司法机构"曾肯定于此情形可以适用情事变更原则来调整合同乃至要求发包方补偿增加之费用。我国台湾地区"最高司法机构"（2007）台上字第 482 号判决略谓："按契约成立，情事变更……民法第二百二十七条之二第一项定有明文；又依民法债编施行法第十五条规定，于

[①] See Codelfa Construction Proprietary Ltd v. State Rail Authority of New South Wales (1982) CLR 33.
[②] See John Adriaanse, Construction Contract Law: The Essentials (1st, 2005), Palgrave Macmillan, p. 174.

第3章 施工合同中情事变更原则之适用要件分析

民法债编修正施行前发生之债，亦适用之。查上诉人所承揽之系争空调工程即系配合土木工程之进度始得施作，而负责土木工程之允建公司因施工进度落后及停工而迟延以至于上诉人无法于八十七年十月之预定完工日前完成全部工程，且安装之机器未能及时办理试车及验收，迨至九十三年三月二十三日始完成验收，为原审所确定之事实。准此而言，允建公司因其施工延滞而致上诉人所承揽之工程不得不延长履行期间达一千余日，似此情形，要非上诉人于缔约时所得预期，而工期延长将导致成本增加及资金运用之积压而造成财务损失，如仍依正常工期所签订之契约给付工程款，对上诉人自非公平。"

此外针对第三人非法占用合法弃土场的行为，我国台湾地区"最高司法机构"也认为在当事人之间有情事变更原则之适用。我国台湾地区"最高司法机构"（2005）台上字第898号判决略谓："查'民法'第二百二十七条之二所称情事变更，系指债之关系成立后，其成立当时之环境或基础有所变动而言。系争工程契约订立后，是否原已存在合理运程内之合法弃土场嗣均已不存在，订约当时之环境或基础已有变动情事，攸关有无情事变更原则之适用。原审就此未调查审认，徒以系争工程中，北部地区所有合法弃土场均遭有心人士垄断，弃土证明运作失序，即认本件得适用情事变更原则，尚嫌速断。次查因情事变更而增、减其给付或变更其他原有之效果，应斟酌当事人因情事变更，一方所受之损失，他方所得不预期之利益，及其他实际情形，为公平之裁量。本件尚有情事变更原则之适用，其变更既非当时所得预料，而依其原有效果显失公平，则友仁公司将弃土运至秦程公司弃土场所须之挖方、弃方费用及差额运费，如确属必要之费用，自应就其全部依上开情形为公平之裁量。"

否定见解则认为关联厂商施工迟延导致承包方迟延开工或完工，乃是特定当事人之间的问题，整个社会的经济情事并没有变更，因此不得适用情事变更原则。我国台湾地区高雄法院（2001）仲诉字第1号判决略谓："又如系第三人之行为导致依原法律行为约定履行有不公平之情事，即无情事变更原则适用。因此，本件被告所主张台电施工界面及工期延长，乃特定当事人间之问题，客观的社会情事并未变更，显然与情事变更原则不符……"

但以笔者所阅读的台湾地区有关工程合同纠纷的判决，总的趋势是法院倾向于认可在通常事变情形也有情事变更原则的适用，以调整双方当事人之间失衡之权利义务关系，此种适用集中体现在界面冲突、居民抗争等案型中。

3.2.4.4　通常事变场合情事变更原则的适用性

这一问题的争论目前没有结果，如果考虑到我国《民法典》第577条规定的无过错责任原则以及第593条规定的为第三人承担违约责任，问题可能更加复杂而呈现出不同的解决路径。第一种方案是在居民抗争、界面冲突场合坚持《民法典》第577条的严格违约责任，由承包方向发包方承担违约责任；第二种方案是承包方根据《民法典》第593条向发包方承担违约责任，然后由承包方向关联厂商或抗争居民索赔；第三种方案是坚持承包商没有可归责性，因此在通常事变场合（居民抗争、界面冲突等）承包商无须承担违约责任。另外，只要满足情事变更原则的适用条件，则承包商就可以主张适用情事变更原则来调整合同。

笔者赞同上述第三种方案，即在工程领域中的通常事变场合，比如界面冲突、居民抗争等，应当允许承包方根据《民法典》第533条主张适用情事变更原则。理由有如下数端：

1. 于界面冲突、居民抗争场合，承包方对于工程迟延没有过错，也没有其他可归责性，如果严格坚持《民法典》第577条所规定的严格责任，则承包人必须缴纳迟延违约金，且必须承担因工程迟延而增加的费用支出，如此处理对承包人显失公平。

2. 根据《民法典》第593条要求承包人承担违约责任也一样不能成立，因为第593条中的第三人应当进行目的性限缩，即应仅指债务人的代理人、履行辅助人、材料供应商、合伙人、共有人、上级机关等，这些人须与债务人具有某种法律关系，存在某种法律接触，不能是积极侵害债权的第三人。此处履行辅助人的标准应当坚持"干涉可能性"的标准，即只有债务人对其行为具有干涉可能性的第三人才是债务人的履行辅助人，此时因为该第三人的行为导致违约才有适用《民法典》第593条的可能。无论是界面冲突场

第3章 施工合同中情事变更原则之适用要件分析

合,还是居民抗争场合,造成工程迟延的关联厂商或者附近居民显然不是承包商的法定代理人或履行辅助人,承包商不应为其行为负责,所以此时根据第593条要求承包商承担违约责任没有道理。

3. 适用第593条会使得承包商无从获得救济。一方面,承包商和关联承包商或附近居民没有合同关系,无从追究其违约责任;另一方面,也难以主张侵权责任,因为在居民抗争场合,该居民往往不是特定的,而是一个群体,诉讼难度很大,证明侵权行为和损失的关系很难,在界面冲突场合也是如此。况且债权理论上不能成为侵权行为的作用对象,法律对纯粹经济损失的救济限制严格。

4. 通常事变在本质上与不可抗力具有同质性,都是合同当事人支配范围外的客观事变,都能对合同的履行造成影响,所不同者,乃程度而已。因此在很多传统民法典以及国际示范法条中,均赋予通常事变以免责效力。在我国则存在法律漏洞,笔者以为可以类推适用《民法典》第577条,赋予界面冲突以及居民抗争场合承包人之免责效果。

5. 在界面冲突、居民抗争等通常事变场合,承包方不但不具有可归责性,而且对该事变于缔约时也不能预见,如果导致工期过分迟延并因此增加施工成本过巨,使得继续坚持原施工合同效力对承包商显失公平,则完全符合情事变更原则的适用条件。

6. 事实上我国司法实务中确实存在此种情形适用情事变更原则的案件,在上海中院审理的一个技术开发合同中,因为第三人表示不再需要该技术致使合同履行已没有必要,此时当事人要求根据情事变更原则解除合同。[①]

但这样处理过于迂回曲折,在解释学、方法论的运用层面对法官提出了较高的要求,且立法论的色彩较浓厚,可能会在司法操作中遇到问题,最具有现实性的处理方案大概仍然是在界面冲突等场合认定发包方违反其协助义务(从给付义务的一种),从而成立违约责任,并以此为承包方提供救济。关于这一问题,在下文对于界面冲突问题的分析中将有更加详细的论述。

---

① 参见上海交通大学诉上海航天设备制造总厂技术开发合同纠纷案,上海市第一中级人民法院(2007)沪一中民五(知)初字第386号民事判决书。

3.2.5 施工合同中"主观情事"变更的处理

3.2.5.1 概述

建设工程合同中存在发包方和承包方双方共同错误的案型，其典型是双方对施工场地之地质情况认识错误。比如双方在合同中约定了很少的排水专用费用，因为双方都认为地下水位很深，在挖掘地基时不会有大量地下水涌出，但实际情况是当时的地下水位很浅，导致施工时需要大量抽取地下水，承包人为此花费了较大费用。此时承包人能否主张情事变更原则的适用成为一个问题。

3.2.5.2 德国法上的主观交易基础

在德国存在主观交易基础的概念。所谓主观交易基础即在合同订立之时即已经存在的对方当事人能够认识并且没有提出异议的一方当事人的想法，或者双方当事人的共同想法，法律效果正式建立在这些想法之上。[①] 这种预想或期待可以是针对某种情事的存在或发生所为，但必须是确定的预想或期待。该预想或期待的影响必须要达到以下程度：双方当事人如果知道自己的预想或期待不正确，最初就不会订立该合同，或者会以不同的内容来订立合同。仅仅对契约一方的意思决定有影响的预想或期待，对方虽然明知且没有提出异议，也不构成交易基础。在当事人就对意思形成具有重要意义的情事发生共同错误时，适用 BGB 第 313 条第 2 款的规定。主观行为基础描述的是意思表示形成前的思维过程，处在动机的形成阶段，因而，在法律上主观行为基础是与动机错误的理论以及意思欠缺的法理相联系的，主观行为基础障碍所出现的主要问题就是共同的"动机错误"。在这里该情事也不得属于一方当事人的风险领域，信守不作变更的合同对一方当事人而言是不可苛求的。

而对于动机错误，《德国民法典》采取的主张是：原则上不加以考虑。对于买卖标的物性质发生共同错误的情况，由于判例及学说一直优先适用瑕

[①] BGHZ 120, 230 (236).

第3章 施工合同中情事变更原则之适用要件分析

瑕疵担保责任的规定（BGB§434），所以，共同的动机错误作为主观交易基础欠缺的实际问题在于，对于标的物性质之外，契约缔结中的重要情事发生错误，尤其是双方共同认定的计算基础发生错误。[①]

与此相关的典型案例是球员转会案（BGH，NJW1976，565）：德甲俱乐部A与德甲俱乐部B 6月签订了将职业球员L由A俱乐部转让给B俱乐部的合同。在合同中B负担向A支付40万欧元的转会费。8月初证实，L在俱乐部A的一场德甲比赛中为确保对方球队获胜收受了贿赂。L因此被德国足协（DFB）禁赛。B因此拒绝支付40万欧元。联邦最高法院以交易基础障碍为由拒绝了A支付转会费的请求权。联邦最高法院论证道，由于操纵比赛L在合同订立之时即客观地已经不能参加德甲联赛了。依据此见解，当事人在合同订立时对当时的境况发生了共同错误。也就是说存在《德国民法典》第313条第2款所规定的情况。

存在争议的一个问题是该种共同错误能否用 BGB§119 来解决，或者说第119条能否优先于第313条适用。[②] 事实上如果双方当事人发生了同样的错误，则偶然地取决于谁先表示了撤销。但是撤销人根据第122条的规定负有损害赔偿义务，对方当事人从合同的消灭中获益却无此义务。为了避免这种不当结果出现，在《债法现代化法》生效之前人们就认为第119条及以下条文仅适用于单方错误。对于共同错误，应当适用第313条第2款来解决。[③] 该款主要的目的案型为：1. 合同当事人对于共同认定的计算基础和和解基础发生认识错误；2. 合同当事人对于据以缔结合同的事件，或者对于将来履行合同的情事关系的持续存在，发生错误期待。[④]

3.2.5.3 我国台湾地区的实践

在我国台湾地区，情事变更之"情事"是否包含此等主观情事，存有争

[①] 孙美兰：《情事变动与契约理论》，法律出版社2004年版，第101页。
[②] 〔德〕卡斯腾·海尔斯特尔、许德风：《情事变更原则研究》，载《中外法学》2004年第4期，第399页。
[③] Vgl. BT‑Drucks. 10/1040 S. 176; Muthers, in Henssler/v. Westphalen, §313 Rn. 10, 22; a. A. Huber, in Huber/Faust, Schuldrechtsmodernisierung, Rn. 9/8.
[④] 王利明：《违约责任论》，中国政法大学出版社2003年版，第415页。

议。此种争议主要围绕异常工地状况展开。多数法院坚持情事变更之"情事"仅仅指客观情事，而不包括主观情事。因为在异常地质情况下，其实地质真实状况于工程合同缔结之初就已经存在，不过当事人对其认识错误而已，且这种错误认识在合同生效后履行中才被发现与实际不符，因此严格意义上不存在"情事之变更"。

有个别法院承认异常地质情况下也可以适用情事变更原则，即认为主观情事是"情事"之一种。我国台湾地区"高等法院"（2004）上字第88号判决略谓："所谓情事变更，固多系指客观环境或基础情况之变更，例如物价、币值之涨贬，惟不限于此，客观情事虽无变化，然当事人于缔约时就该情事均无从得悉者，应仍有情事变更原则之适用。"亦有学者认为："……这一价格决定基础之变更，在客观事实之变更情形与主观共同认识之变更二者并无不同。"① 以笔者所掌握之我国台湾地区的判决，发现一些法院一方面坚持情事变更仅限于客观情事，但又于异常工地状况的情形认可有情事变更原则之适用，自相矛盾，至为明显。

3.2.5.4 我国法律的出路

有学者认为在施工合同缔结时，若双方对基础情况判断错误，在我国现行法制下很难得到救济，并提出在建设施工合同中，当合同当事人对重要事项出现共同的认识错误时，可以根据诚实信用原则来调整合同。②

笔者则以为在我国工程领域则不存在这种首鼠两端的困境。因为我国《民法典》第147条规定了重大误解制度。一方面，重大误解所包括的范围很大，根据《最高人民法院关于贯彻执行〈中华人民共和国民法通则〉若干问题的意见（试行）》（以下简称原《民通意见》）第71条有明文规定。另一方面，我国民法主流学说认为所谓"重大误解"并不仅仅是表意人的表示错误，而且还包括意思表示受领人的理解错误。③ 所以在我国施工合同领

---

① 张南薰：《情事变更原则在公共工程上之应用》，政治大学法律研究所2007年硕士学位论文，第101页。
② 黄喆：《情势变更原则在建设工程合同中的适用——德国建筑私法实践及其对我国的启示》，载《法律科学》2013年第5期，第100页。
③ 梁慧星：《民法总论》，法律出版社2011年版，第180页。

域，施工合同当事人共同的动机错误，典型的如对地质状况的认识错误，可以由重大误解制度加以调整，没必要基于《民法典》第533条适用情事变更原则。① 此时如果承包商因为地质状况认识错误而支出了较多的建筑成本，则其可以根据《民法典》第147条请求人民法院或仲裁机构撤销该建设工程合同，并可根据《民法典》第543条变更合同，从经济效果上看，如此处理似乎与基于情事变更原则请求法院调整合同并无不同。在承包方要求撤销施工合同时，该合同当然自始无效，可是承包方可以根据《最高人民法院关于审理建设工程施工合同纠纷案件适用法律问题的解释》第2条之规定要求已完成工作之报酬。② 总之，在我国，工程合同中异常地质的问题属于合同效力的作用范畴，而不是合同障碍的领域，这一点与《德国民法典》明显不同，即前者情事变更原则仅适用于客观情事，而后者则同时适用于主观情事变更（共同动机错误）。

3.3　施工合同中情事变更之不可预见性分析

情事变更必须非施工合同成立当时所得预料者，这里所谓"当时"依工程实务而言，即指工程契约成立之时刻，其后之情事变更须为当事人订立契约时始料未及，或客观上无法预料之性质，方有情事变更原则之适用。双方当事人假如对于此情事之变更得以预见，就不会缔结契约或者就不会以此内容缔约契约。此处提及一个情况，在此情况下假设的原因过程已经被考量到，即契约当事人之假设的意愿被通过合同解释加以考量。③ 换言之，得否预见决定了情事变更中之风险界限，因为如果风险属于可预见者，则当事人对于该风险必然早有安排，而无须再通过情事变更原则来调整合同保障其权益。但在建设工程领域，仍有些问题亟须澄清。

---

① 韩世远：《情事变更原则研究：以大陆法为主的比较考察及对我国理论构成的尝试》，载《中外法学》2000年第4期，第450页。
② 该解释已被2020年12月29日发布的《最高人民法院关于废止部分司法解释及相关规范性文件的决定》废止。该解释第2条：建设工程施工合同无效，但建设工程竣工验收合格，承包人请求参照合同约定支付工程价款的，应予支持。
③ Vgl. Brox, Allgemeines Schuldrecht, 31. Aufl., 2006, §27, Rdn. 7.

3.3.1 可否预见与可否承受

3.3.1.1 可预见且不可承受的风险

契约成立当时，契约内容中已有调价之约定，唯其后之变更影响已经超出了当事人原约定或所能忍受之范围时，是否适用？我国台湾地区"最高司法机构"（2011）台上字第1347号判决略谓："……系争契约第4条第7项记载：'本工程不依物价指数调整变动办理契约价金之调整，承包商（即被上诉人）应自行将可能之物价波动因素纳入标价考量。'两造已预见缔约后工程进行期间将发生物价变动情事，被上诉人并将之纳入投标考量后，才与上诉人签订系争契约，明确约定不依物价指数调整工程款。果然，上诉人抗辩被上诉人已经抛弃建筑材料物价于订约后上涨而得请求增加给付之权利，似非全然无据。原审就此未详加研究，遂以上开约定未排除适用情事变更原则，认被上诉人得依物价指数请求调增给付工程款，不无可议。上诉论旨，指摘原判决败诉部分违背法令，求予废弃，非无理由。故由上述判决要旨所见，显不认为有该原则之适用。"

此判决之观点在于，承包商既然是工程领域之专业人士，且对于此领域中之未来风险在合同中有所规定，则当然属于可预见之风险。此时无须考虑该风险之影响力，即无论承包商能否承受该等风险，只要其属于可预见之风险，即当然排除情事变更原则之适用。笔者以为，可否预见与可否承受是对于风险的两个不同的观察维度，其间可能会有不同的组合方式。

3.3.1.2 风险之类型化——可预见的风险与不可预见的风险

由于人类生活经验和智慧理性的局限，对于社会交往乃至商业往来中的风险的预见程度总是有限的，有些在可预见的范围，有些则超出了这一范围。前者为可预见的风险，后者为不可预见的风险。

对于可预见的风险，人们可以根据生活经验事先采取防范措施，比如购买商业保险分散风险，甚至于在对于防范措施没有信心时，不进入相关领域，不从事相关行为，以此来规避风险。但是一旦进入了相关领域，从事了相关行为，则本着行为自主、风险自负的原则必须承担相应的风

第3章 施工合同中情事变更原则之适用要件分析

险损失。[①] 尤其某些典型的射幸合同，比如赌博、抽奖、彩票、保险。另外对于市场属性活泼、价值属性不稳定的风险投资，由于投资者显然知道其中蕴含的巨大市场风险，因此而造成的风险损失也必须由当事人自己承担，比如证券、股票、期货等。《意大利民法典》第1467条、第1468条规定在债务人因不可归责的原因使得债务履行负担极端沉重时，债务人可以要求变更乃至解除合同，但是其第1469条却规定："前述数条的规定，于依其性质或者当事人的意思的射幸合同不适用。"《关于当前形势下审理民商事合同纠纷案件若干问题的指导意见》也规定："对于涉及石油、焦炭、期货等风险投资型金融产品标的物的合同，更要慎重适用情事变更原则。"这些风险源于合同属性，属于可预见的风险。

不可预见的风险，则人们无从做好防范准备，也无从事先明确约定，如果其不利结果由某个当事人承担，显然是结果主义的归责办法，有失公允，所以原则上对于不可预见的风险应当妥当分配该风险损失，这种非配手段之一就是适用情事变更原则来调整合同。

对于此种分类，《意大利民法典》第1637条规定："承租人，得以明示的约款，负担通常的偶然事故的风险。其所谓偶然事故，是考虑其场所及其他一切情况，推定当事人可以预料的通常发生的事故。使承租人负担非通常的偶然事故的特约，无效。"学者认为该法典对意外事故做了"一般意外事件"和"特殊意外事件"的区分，前者属于可预见的风险类型，可以约定；后者则是理智的人无法预见的风险，不可以约定。事实上《阿根廷民法典》第1557条也有类似规定，其将意外事故区分为普通事故与特殊事故。[②] 如此规定可以对施工合同中某些纠纷提供借鉴，尤其是发包方在施工合同中规定"合同生效后，无论发生何种情况，均不能调整合同价款"之类的条款，如果依据此类型可以断定如此规定应当无效，不能据此认为承包人已对施工合同中可能遭遇的所有风险类型有了预见。

[①] 王闯：《当前人民法院审理商事合同案件适用法律若干问题》，载《法律适用》2009年第9期，第5页。

[②] 陈帮锋：《论意外事故与不可抗力的趋同》，载《清华法学》2010年第4期，第173页。

3.3.1.3 风险之类型化——可承受的风险与不可承受的风险

风险有大有小，其带来的损失也有轻有重。以此为标准，可以将风险区分为可承受的风险和不可承受的风险。[①] 可承受的风险描述的是风险在特定当事人的可承受范围之内的情形。比如 VOB/B §6 Ⅱ 第1款（1）就将施工环境之地下涌水、土地地质以及其他施工客体之可施作性认为是发包人风险领域范围内之情事，由发包人负责；后者是指如果风险由某一当事人承担则过于苛刻，或者使其遭受生存毁灭，或者依据社会一般观念来看显失公平，因此《民法典》第 590 条规定，发生不可抗力时，债务人免责。《民法典》第 533 条规定于情事变更场合，债务人可以请求法院变更或解除合同。

在《意大利民法典》中即明确区分可承受的风险与不可承受的风险，并赋予其不同的法律救济途径，后者称为负担过重，前者则为通常的危险范围。根据该法第 1467 条出现负担过重的情形，债务人可请求解除合同；而在通常的危险范围场合，债务人不得请求解除合同。[②]

3.3.1.4 类型之交叉组合及其效果

从上述两种分类中，可以对风险之类型进行重新排列组合，有四种结构：[③]（1）可预见且可承受的风险；（2）不可预见但可承受的风险；（3）可预见但不可承受的风险；（4）不可预见也不可承受的风险。

对于第一种类型，当事人明知道有风险而从事相关行为，且风险损失也在其可承受范围之内，属于典型的商业风险，当然应当由其自己承受相关风险损失，此时必须坚持"约定必守"的合同原则。

对于第四种类型，则完全符合情事变更原则的适用条件，在我国可以基于《民法典》第 533 条请求变更乃至解除合同，妥善分担风险。

第二种类型则稍显麻烦，一方面对于不可预见的风险一般不应该由债务

---

① 韩世远：《情事变更若干问题研究》，载《中外法学》2014 年第 3 期，第 663—664 页。
② 《意大利民法典》第 1467 条：于继续的或定期的履行或者延期的履行的契约，当事人一方的给付因非常而且不得预见的事件的发生其负担称为极其沉重场合，负担此种给付的当事人，得以第 1458 条所定的效果请求将契约解除。解除，于后发的负担过程进入契约通常的危险范围场合，不得请求。
③ 韩世远：《情事变更若干问题研究》，载《中外法学》2014 年第 3 期，第 664 页。

第3章 施工合同中情事变更原则之适用要件分析

人承担风险损失,否则有失公平;另一方面此种情况似乎也不能适用情事变更原则予以处理,因为情事变更原则的适用要求客观情况发生"重大变化"以至于继续坚持原合同效力显失公平,既然风险属于可承受的范围,则很难说客观情况发生了"重大变化",所以不符合情事变更原则的适用要件。笔者认为此时应当坚持合同效力,即这种风险由受不利影响的一方承担。比如在工程施工过程中,一辆失控的卡车将工地的围墙撞倒,此种风险很难预见,但是损失不大,承包方必须按照原合同约定继续履行。

第三种类型中,往往是当事人虽然已经预见到了风险的类型,比如价格波动或异常天候,但是对于这种风险的剧烈程度以及其带来的损失的大小没有预见。比如承包方在签订工程合同时预见到由于工期较长,可能会出现建材价格上涨的情况,甚至在合同中对此有所约定。但是如果建材价格上涨幅度巨大,承包方必须付出原来代价的数倍才能继续施工,此种风险显然是承包方难以承受的,若坚持按照原工程合同履行,可能会使该承包方破产倒闭。此时固守"约定必守"的合同原则而排斥情事变更原则的适用显然有失公允。对此,笔者赞同韩世远教授的观点,即认定特定情事在缔约时是可预见的需同时满足两个条件:一是当事人已经预见到风险的类型(比如价格波动),二是也必须同时预见到风险的剧烈程度(正常或异常)。[①] 我国台湾地区亦有学者认为,在工程合同上,"非于缔约时所得预料",是指承包方于缔约当时所未能预见的风险,也包括承包商于缔约时虽可预见该风险,但是无法采取合理措施以防止损失或损害发生者而言。所以如果承包商可预见每年夏天台湾地区都将有台风侵袭,但对于台风之强度、对工程所造成之影响、损害无法事先预见并于契约中加以防范,亦属于法律行为当时无法预料者。[②]

这样处理的障碍在于原《合同法解释二》第 26 条的文字表述,即其要求情事变更原则的适用要件之一就是"当事人在订立合同时无法预见的……重大变化",《民法典》第 533 条也要求"发生了当事人在订立合同时无法预见的……重大变化"。而此处则是"可预见"的风险类型,如何协调?笔

[①] 韩世远:《合同法总则》,法律出版社 2011 年版,第 386 页。
[②] 杨淑文:《工期展延之争端与履约调解》,载《月旦法学杂志》2007 年第 143 期,第 140 页。

民法典背景下情事变更原则之逻辑构成与司法展开——以两岸建设工程实务为分析场景

者以为对于"无法预见"应进行目的性扩张和类型化处理。如果对于风险是否存在能否发生根本没有预见，也没有预见的可能性，固然属于"无法预见"；如果预见到风险的类型，即某种风险，如异常天候、价格波动等可能会发生，但是没有预见到这种类型风险的剧烈程度、损失大小，依然可归属于"无法预见"。如此处理，就可以将此种可预见风险类型，但是结果无法承受（没有预见到风险剧烈程度）的客观情况的变化纳入情事变更原则的适用范围。即对于可否预见，不但有质的要求（风险的类型），也有量的要求（风险的剧烈程度）。[①] 如此，上述我国台湾地区"最高司法机构"（2011）台上字第1347号判决颇有可指摘之处。

在我国判决中比较典型的是茂名市电白建筑工程总公司与东莞市长安镇房地产开发公司建设工程施工合同纠纷案，[②] 该案中原告电白建筑公司以工期延误期间建材价格异常上涨为由，要求长安房产公司补充差价。被告长安房产公司辩称：电白建筑公司作为专业承包商应预知到建材涨价的风险，因而2003年4月底以后建材涨价应当属电白建筑公司经营之商业风险范围，不应由长安房产公司承担风险所带来的损失。一审法院则认为，广东省建设厅粤建价函〔2003〕351号《关于调整钢材结算价格指导性意见的通知》内容显示，在电白建筑公司施工期间，的确存在钢材价格大幅度上涨的情况，而且上涨的幅度巨大，显已超出商业风险的范畴，该上涨幅度是一般企业和投标人所无法事先预测的，因此长安房产公司应适当增补电白建筑公司建材差价。

至此，可以看出情事变更原则的适用固然要求多个要件，但是似乎其各个要件的权重并不相同，可否预见的权重较低，而可否承受的权重较高，究其原因，乃在于情事变更原则事实上多从结果着眼——风险损失较小时往往不考虑该原则的适用，常视为商业风险，风险损失较大让一方承担显失公平时则会积极考虑适用该原则，即使该风险类型可预见也不排斥有该原则之适

[①] 萧伟松：《论营建工程迟延与情事变更原则之适用》，东吴大学法律研究所2001年硕士学位论文，第96页。

[②] 广东省东莞市中级人民法院（2006）东中法民二初字第160号。

用余地。

英美法上也有类似观点，即认为如果仅能预见某意外的发生可能会对履行产生一定的影响，而实际产生的影响从范围上说与预想的完全不同，这也尚不足以排除契约受挫制度的适用。"The Eugenia"关于苏伊士运河的判例，当事人双方也曾预料到苏伊士运河可能关闭，并且谈论过如何分摊该风险，可是未能就此达成一致意见，又不想放弃生意不做，毕竟运河关闭也不是经常发生的，所以就没有在契约中对如何分担风险作出规定。对于"缔约时苏伊士运河被关闭的可预见性可以排除契约受挫制度的适用"这一点，Lord Denning似乎也持反对观点，他认为"契约受挫制度常常被认为仅在新的情事未被预见的情况下适用，好像不可预见性是一个必不可少的要素。但实际上并非如此。契约受挫唯一必不可少的是，双方当事人没有将如何处理意外情事的发生规定于契约中"。[①] 笔者以为，完全否定不可预见性的要件地位固然显得过激，但是很明显应当对"不可预见性"采取更加灵活的解释态度，实际上就是要更多地强调情事变更在结果上的表现，必要时可以弱化"不可预见性"作为情事变更原则适用要件的作用。

3.3.2 预见之判断标准

3.3.2.1 客观标准抑或主观标准

契约成立时，若因当事人之能力未能预料，但大多数从事该行业者均可预料时，是否适用？对此，实务认为应从一般客观之标准判断之，如承包人实际上虽未能预料，但客观上工程建设领域中之承包人均可预料者，则显系承包人自己之过失，而不适用。因此，所谓"客观"可预料者，应达到何种程度？判断标准如何？显然难有一致之标准，实务上仍系由法院依个案事实斟酌裁定为多。笔者以为对于可预见之标准应当坚持客观与主观结合，以客观标准为原则、主观标准为例外。

所谓客观标准是指同一工程领域中相同资质水平和施工经验的承包商如

[①] ［1964］2 q. b. at p. 239. 转引自孙美兰：《情事变动与契约理论》，法律出版社2004年版，第43—44页。

果都能够事先预测到施工过程将发生特定的风险，则此种风险即为可预测的风险，如果个案中的承包人实际上没有预见，则为有过失，具有可归责性，应当由其承担有关的不利后果。这是判断是否具有可预见性的基本原则。

主观标准则需要具体考察个案中承包商的个性特征，如果承包商属于工程领域的新手，施工经验单薄，则其预见能力便低于该领域的平均水平，即对于其他承包商某特定风险属于可预见的，而对于该承包商可能就属于不可预见的；反过来，如果个案中承包商的经验非常丰富，其预见能力要超过该领域中承包商的平均水平，则对其要求就要适当提高，对于其他承包商来说不可预见的风险，对于该承包商来说可能就属于可预见的风险。

在个案中应当综合考量客观标准与主观标准，结合各种相关情况进行判断。因此可以说某风险是否可以预见往往不是一种抽象判断，而是个案裁判的结果。

3.3.2.2 单方预见抑或双方预见

在施工合同中，若情事变更为发包方和承包方都未曾预见，当然有情事变更原则之适用余地。但若仅仅发包方有所预见，而承包方对于特定情事变更没有预见且没有任何过失，则如果该情事变更使得合同履行对承包方显失公平，承包方可否主张适用情事变更原则来调整施工合同？

笔者以为对此应当类型化分析：

第一，如果合同属于一般性合同，即不具有投机性、射幸性，比如本文所研究的施工合同，则此时已经预见之当事人，如发包方，往往系乘作为相对人的承包方之未能预料而希望得到不当利益，则此时应对善意而未能预见之承包方予以保护，即应允许其主张情事变更原则之适用。

第二，若交易之标的物属于投机射幸者，比如股票交易，则相对人纵使主观上没有预见且没有过失，但该交易本身具有典型的投机性，当事人也应当明了股票情事之变更，性质上极不确定，竟仍冒险为该股票交易，则一切暴利固由其本人享受，而相对的一切风险也应当由其本人承担。[1]

---

[1] V. A. Grifith:《英美法总论》，姚淇清译，正中书局1963年版，第17—18页。

3.3.3　可否约定排除

学者研究契约当事人可否将特定的情事变更，于订立施工合同时明文限制或剥夺承包商依据情事变更原则请求调整契约之权利，例如于施工合同中约定"在施工过程中，无论因何种意外事故导致工期迟延或者施工成本增加，施工方均不能要求调价"。这种条款能否排除情事变更原则在该施工合同中之适用值得研究。

前述工程契约中明文限制或剥夺工程承包商，依据情事变更原则请求调整契约之权利义务，在工程实务中并不少见。而法院判决实务一般对于契约中"弃权条款"之预先约定，通常承认对承包商之展延工期、物价指数调整及变更设计项目契约单价之约定等，但是该弃权条款是否已明示排除情事变更原则之适用，则并未可知。我国台湾地区"最高司法机构"（2009）台上字第765号民事判决略谓："系争弃权条款，似未明示排除情事变更原则之适用。上诉人据此主张系争工程因九二一大地震而展延一百三十天，受邻标施工影响而展延八十一天。总共经核准展延二百零二天，占系争工程原订工期（一千零九十六个日历天）五分之一强，已超出一般有经验承包商投标时所得预料及承担之合理风险范围，其于缔约时无法预测工程将迟延二百零二天。如依系争弃权事项履行，显失公平等语，自属重要之攻击防御方法。原审未于判决理由项下说明其取舍意见，复未斟酌系争工程合约签订之际，承包商是否得以预料九二一大地震等事变之发生，及展延之工期，可能达原订工期五分之一强等情事。遂以两造间已有弃权事项之约定，即谓上诉人不得再依情事变更原则，请求被上诉人补偿（增加给付），而为不利于上诉人之判决。是否允当？亦非无疑。"故排除承包商以情事变更为由要求调整或变更契约内容的约定，肯定该约定完全有效的判决实属罕见，事实上该约定为一格式条款，且往往存在限制或者剥夺承包方主要权利的情形，根据原《合同法》第40条的规定，其效力存在明显问题，笔者以为凭借此类条款一概否定或排除情事变更原则在施工合同中的运用，确属无效。

民法典背景下情事变更原则之逻辑构成与司法展开——以两岸建设工程实务为分析场景

这样处理的道理还在于，若依风险分配之原则，在缔约当时若承包商对于相关之施工风险有所预料，且应属于商业上之一般风险，本应由承包商自负其责，或以投保的方式降低或分散风险。但是，如属于不可预见之风险，却以合同条款抽象地约定相关损失完全归由承包商承担，是否即可视为承包商于缔约时即有所"预见"，不无疑虑。其实是否得以预见或预见的范围如何，应该是依一般之工程技术、工程经验、承包商之专业技术能力以及工程惯例而定。也就是说，一位有经验的工程师或一家有经验的建筑厂商依通常状况能够合理预见的范围，才属于可预见，并非谓一旦有此约定，即认定不论损失范围或数量有多大，均应属于承包商可得预见之范围。所以，其所得以预见之范围，不应只是风险事故发生可能性之预见，尚应包括损失范围的预见。即，此种预见不仅应满足"质"的要求，也必须满足"量"的要求，而任何超出以上所能预见范围之风险项目或者损失范围，均应非属于承包商所得预见。若契约之中仍以免责条款方式排除承包商主张情事变更原则之权利，应认属于违反契约公平合理原则，而有显失公平之虞，若确属真实，当由法院依据诚实信用原则肯定情事变更原则之适用，而为增减给付或变更其他合同中原有之效果，始为妥当。

在英美法上也存在类似观点，即如果合同仅仅对某一类型的意外事件进行了约定，并不能视为其对每一个此种类型的意外事件均有预见（The fact that the contract deals with events of the same general nature as the alleged frustration event does not mean that the clause deals with every event in that class.）。典型的例子是 Metropolitan Water Board v. Dick, Kerr and Co [1918] AC119。在该案中施工方为发包方建设一座水库，工期为六年，施工合同约定无论什么原因导致何种施工障碍，施工方只能要求展延工期，不能要求补偿损失。施工期间，政府命令承包方停止工作并将施工企业出售。法院认为此种政府行为不可预见，合同约定的条款并不能包括此种情形。[①]

[①] Ewan McKendrick, Contract Law, Law Press · China, 2003, p.309.

3.4 继续履行对合同一方当事人显失公平或不能实现合同目的

3.4.1 概述

我国原《合同法解释二》第 26 条将情事变更对于合同履行的影响之文字表述为"继续履行合同对于一方当事人明显不公平或者不能实现合同目的",即只有情事变更达到使合同继续履行显失公平或者合同目的压根不能实现时,才有情事变更原则的适用余地。所以情事变更对于合同的影响分为两种:(1)继续履行合同显失公平;(2)合同目的不能实现。①

所谓依原有效果显失公平者,系指若依原签订工程契约之规定内容履行时,与原订契约之相对差价所得比较,当事人显受极大之不利益,甚难期待当事人仍能信守契约而履行约定。而所谓不能实现合同目的,应当包括合同继续履行不能之情形,此外合同纵然在客观上可以继续履行,但是其继续履行对当事人已经没有经济价值的情形应当也包括在内。但显失公平及合同目的不能实现二词,究属不确定之法律概念,如何判断或审定,才符合当事人或社会大众可接受之标准值得研究。

3.4.2 继续履行显失公平

3.4.2.1 概述

显失公平即所谓继续原有合同的效力对于债务人而言不可承受。原《合同法解释二》第 26 条及《民法典》第 533 条所规定的"明显不公平"和《德国民法典》中第 313 条所规定的不可承受性(Umzumutbarkeit)在基本价值追求上是相通的。只是后者重在强调合同继续履行对债务人来说是无法忍受的,重点在债务人一侧,而显失公平则着重于合同当事人双方的利益对比,意在通过调整手段恢复当事人之间的利益均衡。

有学者认为应视个案之状况,参酌当时客观外在环境以为断;也有认为

---

① 《民法典》第 533 条删除了"或者不能实现合同目的"的表述,只保留了第一种情形。

民法典背景下情事变更原则之逻辑构成与司法展开——以两岸建设工程实务为分析场景

理论上必须衡量在客观交易秩序上，是否有悖于诚实信用原则及衡平标准。为此有学者作出了类型化的努力，即将"显失公平"进一步分类为：法律发生重大困难、权利义务不对等、目的不达、共同错误以及不可期待性等几种类型。①

关于此部分之论述，一般仍围绕在抽象或不确定之法律概念内，法院虽有权按客观事实调查之真伪依"自由心证"而为裁判，但自由心证仍受经验法则、逻辑或伦理法则之限制，亦即判决实务中仍系法院依个案事实审定为主，并非任意裁判。因此，若有翔实统计数据及明确证据作为参考基准，则对于契约当事人显具有期待之可能性，除得以促进诉讼效力外，亦符合诉讼经济之原则。当契约一方当事人或双方当事人对于契约缔结时之状态有所认识时，即不愿订立该契约或是只愿订立其他内容之契约，构成显失公平。②

3.4.2.2 实务上的判断标准

依目前我国台湾地区公共工程采购，多以下述方式作为衡量增减给付之参考标准，即我国台湾地区公共工程委员会制定之工程采购契约范本第3条第2项，其对采购契约总额结算给付之部分规定了一些较为具体的数字标准供当事人参考。③

我国《建设工程施工合同（示范文本）》（GF-2013-0201）第11条在规定施工合同价格调整时，也规定了5%的调价标准，即以基准价格为准涨跌超过5%时，当事人可以要求调价。④ 相较于我国台湾地区，我国大陆认

---

① 黄立：《台湾工程承揽契约中情事变更之适用问题》，载施建辉等编：《工程上的民法问题研究——第一届海峡两岸工程法学研讨会实录与论文集》，东南大学出版社2010年版，第6页。
② 姚志明：《一般情势变更原则于给付工程款案例之适用——兼评"最高法院"九十四年台上字第八九八号判决》，载《月旦法学杂志》2008年第156期，第267页。
③ 该条规定："（一）工程之个别项目实做数量较契约所定数量增加达5%以上时，其逾5%之部分，依原契约单价以契约变更增减契约价金。未达5%者，契约价金不予增减。（二）工程之个别项目实作数量较契约所定数量增加达30%以上时，其逾30%之部分，应以契约变更合理调整契约单价及计算契约价金。（三）工程之个别项目实作数量较契约所定数量减少达30%以上时，依原契约单价计算契约价金显不合理者，应就不合理之部分以契约变更合理调整实作数量部分之契约单价及计算契约价金。"
④ 该条规定：材料、工程设备价格变化的价款调整按照发包人提供的基准价格，按以下风险范围规定执行：①承包人在已标价工程量清单或预算书中载明材料单价低于基准价格的；②除专用合同条款另有约定外，合同履行期间材料单价涨幅以基准价格为基础超过5%时，或材料单价跌幅以已标价工程量清单或预算书中载明材料单价为基础超过5%时，其超过部分属实调整……

第3章 施工合同中情事变更原则之适用要件分析

定情事变更致使合同继续履行显失公平的门槛似乎较低。

事实上对于继续履行合同是否显失公平,或者说是否已经超过了承包方的承受能力并没有明确标准,需要进行个案衡量。以中铁十八局集团第二工程公司诉武汉绕城公路建设指挥部工程款纠纷案件为例,[①] 施工期间建材价格大幅上涨,就发包人是否应当适当补偿建材上涨差价问题,一审湖北省高级人民法院认为应适用情事变更原则,因为此时价格上涨的幅度"超过了施工单位的承受能力",作为缔约基础的建材价格发生了根本变化,坚持原合同对承包人显失公平。而最高人民法院却认为建材价格上涨的幅度并未使当事人之间的权利义务严重失衡,言下之意是坚持原合同内容并非对承包人显失公平。[②]

而德国法上曾经发展出所谓"经济废墟"以及"生存毁灭"之判断标准,认为必须是继续履行合同使得一方当事人陷于破产倒闭,方可认为合同继续履行显失公平。这种观点受到德国最高法院的批评,其认为"生存毁灭之抗辩导致富有的债务人和没钱的债务人的区别对待,而这并非令人信服的区别标准。因为任何债务人都必须做好面对破产的准备。因此决定性的标准应当是,因未能预见的异常情事变动引起的给付与对待给付之间不对等,即对价关系遭到破坏。给付与对待给付对等性的根本动摇可以导致:根据诚信原则,债权人不能期待债务人按原来的约定履行"。[③] 事实上,如果债务人因履行债务而成为经济上的废墟,则通常情况下也意味着对价关系遭到破坏,合同继续履行显失公平。但有时虽然没有达到生存毁灭之程度,如果价值关系发生了重大改变,以至于债务人的给付及其所获得的对价给付之间,几乎看不出依据双务契约的本质而必须具备的对价关系,显然也构成给付的无期待可能性。德国最高法院第二民事法庭在 RGZ 103,177(1921)货物供应

[①] 最高人民法院(2007)民一终字第81号民事判决书。
[②] 黄喆:《情势变更原则在建设工程合同中的适用——德国建筑私法实践及其对我国的启示》,载《法律科学》2013年第5期,第93—94页。
[③] 孙美兰:《情事变动与契约理论》,法律出版社2004年版,第125页。

民法典背景下情事变更原则之逻辑构成与司法展开——以两岸建设工程实务为分析场景

案的判决中,[①] 就认为生存毁灭或经济废墟的标准并不妥当,而应当以给付与对待给付之间的对价关系是否遭到破坏作为显失公平的判断标准。

英美工程法上对此也有严格限制,认为如果意外事件只是使得施工合同的履行变得更加困难或者成本更加高昂则尚不足以使合同受挫。在 Davis Contractor Ltd v. Fareham Urban District Council (1996) AC696 一案中,因为熟练工人不足以及建筑材料匮乏,使得工期明显延迟,施工成本也随之增加。但 Lord Radcliffe 却拒绝了合同受挫制度的适用,其认为合同继续履行并没有构成明显不公。[②]

林诚二教授认为在判断是否构成所谓"显失公平"时,应当进行个案衡量,参酌当时社会环境进行判断。因为当事人缔结合同时,其对一般基础事实发生轻微变动应当早有心理准备。因此在个案中应当详细考量以下因素以为判断:(1) 特定情事的发生使得合同利害关系发生根本性变化,若不适用情事变更原则将严重影响交易安全;(2) 情事变更原则的适用目的在于妥善协调当事人双方的利害关系,而不是重新将风险损害加到另一方头上;(3) 特定情事之发生所导致之不公平结果须存在于当事人之间,若仅仅对第三方而言不公平,则并无适用该原则之必要;(4) 特定情事之发生与不公平结果之间须具有因果关系;(5) 判断是否显失公平应以债务人应履行其义务之时作为判断基础。[③]

梁慧星教授则认为判断是否显失公平应注意以下几点:(1) 应以诚信原则和公平原则作为衡量标准;(2) 情事变更的结果至少对合同当事人一方而言是显失公平的;(3) 显失公平的结果必须十分明显,以至于若不予纠正则有害交易安全;(4) 主张适用该原则的一方须举证证明其因特定情事之发生

---

① RGZ 103, 177 (1921) 货物供应案的基本案情是:原告于1918年向被告订购10公吨铁丝,因缔约后通货膨胀日益严重,致使被告从原告所获得的给付和被告向原告提供的给付之间的对价关系完全无法看出,被告因而拒绝履行。原告向被告提出债务不履行损害赔偿请求,被告则主张情事不变条款抗辩。德国最高法院认定对价遭到破坏,从而构成给付无期待可能性,合同工限于经济不能。

② John Adriaanse, Construction Contract Law: The Essentials, Palgrave Macmillan, 2005, pp. 172 - 173.

③ 林诚二:《民法理论与问题研究》,中国政法大学出版社2000年版,第41页。

第3章 施工合同中情事变更原则之适用要件分析

承受了巨大的损失。[1]

笔者以为显失公平作为一般条款或曰不确定概念，无法给出具体且有针对性的判断标准，毋宁必须通过个案衡量进行判断，综合考量各种周边因素，比如施工方的损失、增加施工成本的幅度、价格涨跌的情形、工期迟延的日数、发包方节省的费用支出或得到的利益大小、继续施工的难度等，上述两位教授的观点作为个案衡量和判断的指导意见在个案衡量时是值得参考的。

3.4.2.3 原《合同法解释二》第26条之与原《合同法》第54条

以往有些法院在审理涉及情事变更的一些案例时，错误地适用原《合同法》第54条所规定的显失公平制度来处理问题，虽然原《合同法》没有对什么情况构成显失公平进行进一步具体解释，但事实上原《民通意见》第72条对此已进行了具体化，尤其注重了对主观方面的要求。[2] 但学者认为显失公平作为合同效力制度，其关注的核心在于客观的交易秩序和交易安全。[3] 而原《合同法解释二》第26条中的"显失公平"是指若坚持既定合同内容，将有悖于诚实信用原则和公平之理念，所以该要件必须依据个案以及斟酌当时之相关情况综合判断。[4] 也就是说因该情事变更，使双方在义务上极端不成比例，即此种干扰极为重大，以至于坚持原合同约定对债务人来说过于苛刻。[5] 在民法典生效后，原《合同法解释二》第26条中"对于当事人明显不公平或者不能实现合同目的"被压缩为《民法典》第533条的"对于当事人一方明显不公"，删除了"不能实现合同目的"。一方面可以解释为限制了情事变更的适用情形，即只适用于"明显不公平"的情形，对于

---

[1] 裘宇清：《论情势变更原则在建设工程合同纠纷中的适用》，载《技术经济与管理研究》2008年第4期，第67页。

[2] 参见长春市对外经济贸易公司诉长春市朝阳房地产开发公司购销房屋因情势变更而引起的价款纠纷案，载《人民法院案例选》（总第4辑），法律出版社1993年版，第127页。

[3] 学者认为原《民法通则》第59条及原《合同法》第54条所规定的显失公平并不要求主观要件，均可构成显失公平。梁慧星：《民法总论》，法律出版社2011年版，第202页；关于此处单一要件说和二重要件说的讨论可参见韩世远：《合同法总论》，法律出版社2011年版，第200—202页。

[4] 林诚二：《情事变更原则之再探讨》，载《台湾本土法学杂志》2000年第12期，第63页。

[5] 黄立：《民法债编总论》，元照出版有限公司2006年版，第87页。

"不能实现合同目的"的情形，则直接求助于合同解除制度（《民法典》第563条）。另一方面可以采用举轻以明重的逻辑来解释，即既然"明显不公平"都可以依照第533条请求法院或者仲裁机构变更或解除合同，则"不能实现合同目的"的情形，当然更可以如此。两种解释具有所据，在法律适用效果上差别不大。

3.4.2.4 显失公平与商业风险

商业风险一般也会对合同当事人利益的均衡造成一定影响，但是这种影响仅仅局限在一定范围之内，即存在于合同当事人可预见且可承受的范围之内，因此这种由商业风险带来的对利害关系的影响一般不构成显失公平，也没有情事变更原则的适用余地。但是若此种风险带来的损失巨大，远远超过通常之商业风险所能致损的范围，且对于受影响之一方当事人是无法承受的，此种场合，则足以构成继续履行合同对于一方当事人来说显失公平，有情事变更原则的适用可能。可见商业风险与情事变更事实上并没有明确的分界，或者说一旦商业风险导致了显失公平的结果，则可以认为该种风险不可预见且不可承受，进而可以通过适用情事变更原则来调整合同，恢复利益均衡。当然，受到影响的一方对此应负担较重的举证责任，否则原则上都按商业风险处理。

例如，在仲某金与江苏万象建工集团有限公司等建设工程施工合同纠纷申请案中，① 法院就认为虽然吉林省住房和城乡建设厅吉建造（2011）18号文件规定在情事变更时确实可以调整人工费，但是在本案中仲某金没能提供证据证明人工费上涨的幅度较大，也不能证明该涨幅已经超过了一般的商业风险且系仲某金无法预料，所以其主张适用情事变更原则调整人工费没有根据，此种情形应按照商业风险来处理。

对于这一问题下文关于情事变更和其他履行障碍之关联部分中还有详细分析。

3.4.3 不能实现合同目的

原《合同法解释二》第26条规定的"不能实现合同目的"，究竟应当

---

① 吉林省高级人民法院（2014）吉民申字第975号裁定书。

如何解释？作为情事变更对合同影响的情形之一必须予以详细分析。

3.4.3.1 不能实现合同目的的类型化

在前述分析情事变更原则的适用要件时，曾经对典型的"情事变更"的情形予以类型化，即大致有等值障碍和目的障碍。这里的等值障碍大致相当于原《合同法解释二》第26条中描述的"继续履行合同对一方当事人显失公平"，而"目的障碍"则大致等于第26条描述的"不能实现合同目的"。

而以笔者看来，所谓不能实现合同目的其实有进一步类型化的必要，即包括两种类型，一是客观上的合同继续履行不能，即履行不能；二是虽然继续履行没有任何障碍，但是履行对债权人没有任何意义，即目的落空。[①]

3.4.3.2 履行不能

如上所述，情事变更的内容虽然是客观的，但是其判断标准是主观的，即客观情事的重大变化往往与当事人缔约时的基本假定背离。在英美法上，法院传统地以履行不能为由免除允诺人履行义务乃至适用契约受挫理论，其所涉及的基本假定大致有三类：第一，双方假设公权力不会干涉或阻止合同履行；第二，双方假设在人身性债务中必需的债务人在履行期不会死亡，也不会丧失行为能力；第三，双方假定履约所必要的某物将一直存在，这样契约履行才能进行。事实上几乎所有美国法院判决构成契约受挫的判例都可归入这三种传统类型。[②]

在客观情事变化与上述假定不符，导致事实上履行不能的情形往往表现为以下案型：某特定物毁损；人身债务的债务人死亡或丧失履行能力；特定的物或人对于契约履行来说是不可获得的；履行方法不能；非法。

在工程合同中，由于情事变更导致合同无法继续履行的情形也很常见，比如新法令禁止在特定区域内开放新的房地产；强烈地震使得工地丧失；发包商破产倒闭，无力继续支付工程款等。在此等情形下，显然构成原《合同法解释二》第26条所谓的"合同目的无法实现"，发包方或承包方可以主张适用情事变更原则解除合同。英美法上的典型案例是 Wong Lai Ying v. Chinachem

---

① See G. H. Treitel, The Law of Contract (6th, 1983), Stevens & Business, p. 653.
② 孙美兰：《情事变动与契约理论》，法律出版社2004年版，第35页。

Co Ltd（1979）案，合同涉及多套公寓楼的建造和买卖，其中第22条约定若发生意外情形可以展延工期，或卖方可以解除合同，合同履行期间发生山体滑坡，使得工地被摧毁，无法进行施工。法院认为山体滑坡是不可预见且无法为当事人控制的事由，该事由使得合同进一步履行变得不确定，并与合同既定的履行性质有根本的区别，不能将该合同第22条理解为对所有不可预见的自然灾害都有所预见，因此合同受挫。①

3.4.3.3 目的落空

目的落空是英美法上的术语，但显然也属于原《合同法解释二》第26条中"合同目的无法实现"的情形之一。从某种意义上说，目的落空是契约在商业上履行不现实（Commercial Impracticability）的一种变形。② 在契约履行并没有变得不可能这一点上，履行不能与目的落空两者是一致的。履行不能被认为在以下情况下援用：当货物、服务或其他设备的供应方声称履行他自身的允诺对他来说已经变得难以承受了，所以他不再承担提供货物或服务等义务。而目的落空则意味着虽然合同完全可以继续履行，但是因为意外情事的发生，这种履行及其结果对于原来的受益方已经没有任何意义，其所追求的合同目的已经不能通过合同的继续履行来实现。

在英国最早确立合同目的落空规则的是 Krell v. Henry 案件，③ 该案中，国王爱德华七世加冕典礼的取消并没有使任何一方当事人的履行不能实现，既不妨碍 Krell 让 Henry 使用他的房间，也不妨碍 Henry 向 Krell 支付租金，而是使 Henry 一方完全丧失了他从对方履行中能够获得的利益。即，加冕典礼的取消使 Henry 对 Krell 房间的利用事实上毫无价值。法院裁定"加冕典礼是本案契约的基础，加冕典礼的取消使契约的履行失去了意义"，Henry 与 Krell 之间的契约目的落空。这显然对作为接受服务一方的 Henry 有利。可是目的落空规则的危险之处在于，它可以被一方当事人因合同对他来说已经变得很不划算而轻易地援用，以此来规避正常的商业风险。所以英国法院很不情愿适用目的落空规

---

① See John Adriaanse, Construction Contract Law: The Essentails (1st, 2005), Palgrave Macmillan, p.173.

② See G. H. Treitel, The Law of Contract (6th, 1983), Stevens & Business, p.665.

③ See E. Allan Farnsworth, Contract (3rd, 1999), New York: Aspen Law&Business, p.653.

则来处理合同遭遇的意外状况,在 Amalgamated Investment & Property Co. Ltd. v. John Walker & Son Ltd. 一案中,[1] 当原本要重建的楼房被列为特殊建筑或历史名胜,使得重建工作变得更困难甚至不可能,为重建购买的材料也丧失了其大部分(90%)价值时,为重建购买材料所缔结的契约并不因此而受挫。

美国法上也存在目的落空的案型,尽管美国统一商法典中没有明确,但是在其两次合同法重述中这一规则都有规定。[2] 据《美国合同法(第二次)重述》,如果当时要适用合同目的落空规则,则必须证明因为意外事故的发生合同的目的已经彻底地无法实现。此处,必须满足两个条件:第一,法官要全面且综合地考察合同的目的。如果合同目的虽然不能以当事人设想的方式实现,但完全可以以其他的方式来实现,则尚不能适用合同目的落空的规则。第二,合同目的落空必须是彻底的,仅仅是原本期待有利可图的交易结果却亏本的事实,不足以构成目的落空。在 Swift Canadian Co. v. Banet 一案中,[3] 一个美国的买主向加拿大卖主购买一批羊皮,货物在多伦多交付。后来美国颁布了更严格的进口规定。买主计划的羊皮进口因此受到妨碍。法院驳回了买主以目的落空为由而得免责的主张。尽管合同本身表明了买主将羊皮运往费城的意图,法院却更广泛地看待该合同的目的。Goodrich 法官说"买主可以自由地将货物运往世界上的其他地方"。法院将买主的缔约目的看作对这批羊皮作任何商业上的处理,故而裁定该目的没有实质性地落空,尽管他获利的希望破灭了。由此可见,美国法上,法院在目的落空规则适用上的态度是极其谨慎的,往往很不情愿以此为据使当事人免责。对此英美法上的经典表述为"只有在合同履行的性质发生根本性改变时才有合同受挫制度的适用可能"(Frustration can be invoked only where the supervening event radically or fundamentally changes the nature of performance.)。[4]

---

[1] [1977] 1 W. L. R. 164.

[2] Restatement § 288;Restatement § 265:契约缔结后,由于发生了缔约时作为其基本前提条件而预计不会发生的特殊情事,一方当事人的主要缔约目的实质性地受挫,且该方当事人对此没有过错的,该方当事人尚未履行的义务得以免除。当事人另有约定或从环境可以作出相反判断的除外。

[3] 224 F. 2D 36 (3D Cir. 1955).

[4] Ewan McKendrick, Contract Law, Law Press·China, 2003, p. 302.

民法典背景下情事变更原则之逻辑构成与司法展开——以两岸建设工程实务为分析场景

德国法上也存在此种案型，不过在早期是将其作为"履行不能"处理的，典型的是加油站出租案。① 德国最高法院认为，这类出租屋仅适合做加油站的使用方式，由于不可归责于承租人之重大事由而不能为之时，即构成不可归责于双方当事人的履行不能，发生的损害，应由出租人承担。②

笔者认为在建设工程领域也有该种案型之存在余地，其应当被视为原《合同法解释二》第26条中"不能实现合同目的"的情况之一。不过在适用时应当严格限制，防止发包方或承包方以此为由逃避失败的交易，规避正常的商业风险。尤其要把握以下几点：第一，工程完工后将用于特定目的，且该目的为发包方和承包方明知和认可，该目的对合同签订和履行具有重要性；第二，客观情事发生变化，但是不影响施工合同的继续履行；第三，这种客观情事的变化使得工程旨在实现的特定目的无法实现；第四，这种既定目的的无法实现使得如果合同继续履行则对于当事人（多数情况下是发包人）失去意义，即其不太有可能通过其他方式去合理地利用该工程。

3.4.3.4 "不能实现合同目的"时当事人的解除权

根据原《合同法解释二》第26条规定，情事变更的效果有两种：显失公平和目的障碍。可能的救济方式也有两种：变更合同和解除合同。

合同履行显失公平时，合同依然存在履行的可能性，因此此时受不利影响的承包人可以主张变更工程施工合同。如果在诉讼中双方对于变更合同无法达成协议，则可以退而求其次主张解除合同。所以，显失公平时的救济方式有两种：变更合同、解除合同。考虑到鼓励交易的要求，以及继续维持合同对双方当事人都有利，这两种救济方式不应当交由承包方选择，而是应当先提出变更请求，在无法达成变更协议时，方可请求解除合同。

在目的障碍时，情形有所不同。不论是履行不能还是合同目的落空，工

---

① 该案中，在"一战"爆发前，被告将其拥有的一个加油站出租给原告经营；但是"一战"爆发后，政府扣押了市面上所有的汽油，限制其流通。而加油站的设备仅能用于汽油买卖，没有办法以其他办法加以利用。
② 彭凤至：《情事变更原则之研究——中、德立法、判例、学说之比较》，五南图书出版公司1986年版，第117—118页。

第3章 施工合同中情事变更原则之适用要件分析

程合同本身已经没有通过变更继续存续的可能,因此受不利影响的发包方或承包方只能请求解除合同,法院没有太多的裁量余地。可能就是因为这个原因《民法典》第533条删除了原《合同法解释二》第26条"不能实现合同目的"的表述,而完全把这种情形纳入了《民法典》第563条之中。

但问题是,在合同法中,不仅原《合同法解释二》第26条有"……不能实现合同目的,当事人请求人民法院……解除合同……"这样的表述,原《合同法》第94条和《民法典》第563条也有类似表述,[①] 而笔者以为这两个条文完全可能构成竞合,其根据在于情事变更和不可抗力之间存在广阔的交叉地带,虽然原《合同法解释二》第26条将情事变更刻意地界定为"非不可抗力造成的……重大变化",但这也无法否定二者的关联性。

第一,不可抗力和情事变更作为客观情况,都是在当事人支配范围之外的,都是不可预见、不能抗拒的,二者在属性上都属于合同范畴外的因素。

第二,原《合同法》第180条第2款规定,不可抗力这种客观情况对合同履行的影响事实上有强弱之别,大致有三种情形:(1)不可抗力对合同影响不大;(2)不可抗力对合同造成较大影响,使得合同履行极其艰难,继续履行对一方当事人显失公平;(3)不可抗力对合同造成巨大影响,使合同目的不能实现(包括不能履行和目的落空)。在第一种情形,必须坚持约定必守的原则,继续履行合同。在第二种情形,则完全满足情事变更原则的适用条件,受不利影响的一方可以根据《民法典》第533条请求法院变更或解除合同。第三种情况则较为复杂,一方面满足《民法典》第563条第1项的要求,当事人可以根据第96条通知解除合同;另一方面也完全满足《民法典》第533条的要求,当事人可以请求法院解除合同。[②]

笔者以为,在上述第三种情况下,之所以会出现两个条文的竞合,是与我国原《合同法解释二》第26条的立法政策取向息息相关的。因为传统民法一般将情事变更原则适用于合同履行非常困难、继续履行显失公平的情

---

① 原《合同法》第94条:有下列情形之一的,当事人可以解除合同:(一)因不可抗力致使不能实现合同目的……

② 正是因为情事变更与不可抗力的区别仅仅在于程度上,而非在于本质上,《民法典》第533条删除了原《合同法解释二》第26条"非不可抗力造成的"的表述,更加客观、理性,契合实践。

民法典背景下情事变更原则之逻辑构成与司法展开——以两岸建设工程实务为分析场景

况,这也是学者着重强调的与不可抗力规则的重大区别,因为后者在传统民法上仅仅在合同完全不能履行或者目的落空时才发挥作用。这样两者就根据客观情况变动对合同履行的影响程度不同而予以明确区分开来。可是我国原《合同法解释二》却采取了与传统不同的立法政策,其不仅将合同继续履行显失公平的情形纳入情事变更原则的调整范围,而且还把客观情况变化致使合同目的不能实现的情况纳入进来,而后者传统上属于不可抗力规则的"势力范围"。如此立法政策,就造成了情事变更原则与不可抗力规则的"地盘争夺"。

笔者以为在这种情况下,可能的解决方案有二:一是由当事人选择根据原《合同法》第 94 条第 1 项和第 96 条通知解除合同或者原《合同法解释二》第 26 条通过诉讼来解除合同;二是不允许当事人选择适用,而必须将其中之一优先适用。笔者赞同第二种方案,理由如下:

(1) 我国最高人民法院对于情事变更原则的适用采十分慎重的态度,不仅要求基于该原则请求调整合同的当事人必须通过诉讼的方式进行,而且还要求报经高级人民法院甚至最高人民法院审核,① 第二种方案与此种司法政策吻合。

(2) 原《合同法》第 94 条属于对合同解除的一个一般性规定,而原《合同法解释二》第 26 条仅仅是针对情事变更场合解除合同的一个具体性规定,可以将后者理解成特别法,把前者理解成一般法。

(3) 如果选择方案一,则原《合同法》对于情事变更原则适用时设计的诉讼程序就失去用武之地。

(4) 方案一表面上看起来只要根据原《合同法》第 96 条通知就可以将合同解除,事实上还有财产返还、损害赔偿、损益相抵等很多后续问题要解决,甚至于合同的目的到时是否不能实现也要重新厘清,这些问题的复杂性远非仅仅通知解除就可以了结的。反而不如通过诉讼程序解除,因为后者由法院提出一揽子的解决方案,会使问题解决得更加顺畅而且合理。

---

① 参见最高人民法院《关于正确适用〈中华人民共和国合同法〉若干问题的解释(二)服务党和国家的工作大局的通知》(法〔2009〕165 号)。

上述第四个理由在建设工程合同中更加突出，因为其属于长期性合同，参与人员较多，资金量较大，权利义务关系复杂，于该类合同中，无疑采取第二种方案是最佳选择。

但是笔者上述见解面临的诘难也很明显，即如果采上述方案二，则原《合同法》第 94 条第 1 项的实质内容就几乎被掏空，即其原来的"势力范围"几乎完全被原《合同法解释二》第 26 条所"侵占"，第 94 条第 1 项几乎被废弃而形同具文。这里存在规范矛盾，[①] 能被依竞合理论圆满解决的矛盾一般称为"可化解的规范矛盾"（der auflösbare Normwiderspruch），比如我国台湾地区"民法"第 353 条的规定会引起权利瑕疵担保与一般债务不履行规定间关于应否以"可归责于债务人"为要件的规范冲突，其解决方案在于将第 353 条关于权利瑕疵担保规定之适用范围目的性限缩至自始的权利瑕疵；反之，则为"不可化解的规范矛盾"（der unauflösbare Normwiderspruch），如我国台湾地区"民法"第 422 条之一与民法租赁节关于房屋基地租赁的相关规定之间便存在这种矛盾。如果该规范矛盾不能化解，则该规范矛盾所涉及的法条就会相互把对方废除，此种情形就是所谓的"碰撞漏洞"（eine Kollisionslücke）。[②]

这种状况的出现一方面与立法技术的不完善有关，另一方面只能通过法律解释学的方法来调和两者的关系，相比废弃原《合同法解释二》第 26 条，废弃原《合同法》第 94 条第 1 项的"副作用"更小一些。至于后者几乎完全丧失立法意义，也是没有办法的事。正是基于这个考虑，《民法典》第 533 条删除了"不能实现合同目的"这样，彻底解决了在该问题上法律适用的困扰。

3.4.4　法定或约定的风险分配对不可期待性的排除

3.4.4.1　概述

在判定坚持原建设工程合同效力是否对承包方不可期待（显失公平或目的障碍）时，应当考虑发包方和承包方于缔约时约定的或者法定的风险分配

[①] 黄茂荣：《法学方法与现代民法》，法律出版社 2007 年版，第 345—346 页。
[②] 黄茂荣：《法学方法与现代民法》，法律出版社 2007 年版，第 396—402 页。

的特别意义。① 如果发生问题的情事属于遭受不利的一方的风险领域，就应当否定不可期待性。②

3.4.4.2 约定的风险分配的排除效果

VOB/B §6 Ⅱ 第1款规定：承揽人在下列情事所导致之施工障碍得请求展延工期，竣工日期按中断日期往后顺延：于定作人领域范围所生之情事……这些情事包含施工环境之地下涌水、施工环境之土地等因素所致之施工障碍，亦即施工客体之可施作性应认属定作人领域之情事，由定作人负责。因此首先要研究的是，一方当事人是否明示或默示地承担了交易基础欠缺或丧失的风险。③ 默示的风险承担，比如发包人和承包人在建设工程合同中约定了固定价格，因此即使将来合同履行过程中建设成本显著上涨原则上承包方也不能根据 BGB §313 来调整合同。④ 比如建筑商 U 对业主 B 承担了以 50 万欧元的固定价格建造一座房屋的任务。因为天气条件所产生的问题使得建筑成本显著增加。由于遵守固定价格是建筑企业的风险范围。因此 U 没有 BGB §313 第 2 款规定的合同调整请求权。

3.4.4.3 法定的风险分配的排除效果

法定的风险分配也可以排除该处的不可苛求性，比如根据《民法典》第784条、第808条，承包商应妥善保管发包商提供的建筑材料、设备等，因为意外事故毁损灭失，需承担由此造成的损失，承包方不得基于《民法典》第533条主张调整合同。此外作为对待给付（金钱给付）的债权人还需要承担货币贬值的风险。对待给付的债务人需要对其支付能力承担责任。比如 K 从 V 那里购买了一个行列式住宅。其后不久因为无法预见的原因 K 失去了工作。他的银行因此拒绝再提供资助。则 K 不能根据 BGB §313 第 3 款的规定解除合同。支付能力属于他的风险领域，作为实物给付的债权人还要承担给付标的能否像预期的那样使用的风险。⑤ 比如，K 从 V 那里购买了待建地块，

---

① Vgl. Köhler, Festgabe BGH Ⅰ (2000), S. 295 (301 ff.).
② Medicus, Bürgerliches Recht, Rn. 164ff,; BGH, NJW 1992, 2690f. m. w. N.
③ BGH, NJW 1981, 2405 (2406).
④ BGHZ 123, 236 (253); Palandt/Grüneberg §313 Rn. 20.
⑤ Vgl. AnwKomm – Krebs §313 Rn. 46; Jauernig/Stadler §313 Rn. 22.

与当事人想象的相反，负责的乡镇代表大会决议暂时不为所涉地块制订建筑计划，则 K 不享有 BGB§313 第 1 款规定的降低购买价格的请求权。地块有可能不能作为建筑用地使用是 K 在合同订立时知道的。因此，防范这一风险是他自己的事。① 不过，所有这些风险分配也只是在特定的界限内有效。如果界限被逾越了，则可以考虑因为交易基础障碍而调整或解除合同。

3.5 不可归责的要件分析

3.5.1 是否必须不可归责

3.5.1.1 我国大陆的立场

对于情事变更原则之适用要件，有研究认为即使可归责于债务人之事由致使给付迟延，仍有情事变更原则之适用；② 因为情事变更应仅适用于绝对事变，由于此际法律上已无其他救济途径，不适用情事变更原则，将会产生不公平之结果。至于可归责于第三人所生之状态（学说有谓之相对事变）则不予适用，因此时当事人与第三人之间存有侵权或违约责任请求权可兹救济，故不应适用情事变更原则。③

根据原《合同法解释二》第 26 条对情事变更原则的文字表述，可知合同履行中适用情事变更原则的要件有客观情况（基础条件）发生变化、该情况（基础条件）变化不属于商业风险和不可抗力、该情况（基础条件）变化巨大、继续履行显失公平或不能实现合同目的。而《民法典》第 533 条删除了"不可抗力""不能实现合同目的"的表述，起码在文字表述中并没有明确规定，换句话说，该情事变更是否必须是不可归责于当事人的事由引起的？如果是，则一部分可归责于当事人的事由就不能适用情事变更原则来调整合同；如果不是，则意味着某些即使可以归责于当事人的事由，仍然得以适用情事变更原则。

我国大陆多数学者认为，在工程领域必须是不可归责的事由方可能适用

---

① BGHZ 74, 370 (374); vgl. auch OLG Rostock, NJW-RR 1995, 1104.
② 彭诚信：《"情事变更原则"的探讨》，载《法学》1993 年第 3 期。
③ 林诚二：《民法问题与实例解析》，法律出版社 2008 年版，第 64 页。

情事变更原则来调整合同。① 如果由于可归责于一方当事人的事由导致合同的周边情况发生重大变化，合同履行显失公平或显然没有意义，则根据自己责任原则，应当由可归责的一方当事人承担该风险，如果给对方当事人造成了损失也应当承担违约责任。英国法上与此相应的合同受挫制度也要求情事变更不能归责于任何一方当事人，否则构成所谓的"自己引发的挫折"（Self-induced Frustration），② 此际通常成立违约责任。③

3.5.1.2 我国台湾地区的争论

在我国台湾地区的工程领域，对于是否必须要求不可归责作为适用要件则有不同看法。我国台湾地区"民事诉讼法"在第397条对于情事变更原则有明确规定，其条文表述明确要求"因不可归责于当事人之事由"才能适用情事变更原则。但是在我国台湾地区现行"民法"第227条之2却没有该要件之规定。对于这种变化，有两种解释。不少学者认为该情事仅限于不可归责时方能适用情事变更原则，即认为若当事人有可归责之事由则没有保护之必要，应由合同当事人依其原法律效果履行义务并承担危险，而无适用情事变更原则之必要。④ 或者认为"民法"第227条之2虽未如"民事诉讼法"

---

① 崔建远：《合同法》，北京大学出版社2012年版，第115页；韩世远：《合同法总论》，法律出版社2011年版，第387页；崔建远：《债法总论》，法律出版社2013年版，第60页；王利明、崔建远：《合同法新论·总则》，中国政法大学出版社2000年版，第323页；魏振瀛主编：《民法》，北京大学出版社2000年版，第314页；韩世远：《履行障碍法的体系》，法律出版社2006年版，第55页；韩强：《情势变更原则的类型化研究》，载《法学研究》2010年第4期；〔德〕卡斯腾·海尔斯特、许德风：《情事变更原则研究》，载《中外法学》2004年第4期；韩世远：《情事变更原则研究》，载《中外法学》2000年第4期；张淳：《对情势变更原则的进一步研究》，载《南京大学学报》1999年第1期；杨振山：《试论我国民法确立"情势变更原则"的必要性》，载《中国法学》1990年第5期；梁慧星：《合同法上的情事变更问题》，载《法学研究》1988年第6期；彭诚信：《"情事变更原则"的探讨》，载《法学》1993年第3期。

② Ewan McKendrick, Contract Law, Law Press·China, 2003, p.310.

③ John Cartwright, Contract Law: An Introductiong to the English Law of Contract for the Civil Lawyer, Oxford and Portland, Oregon, 2007, p.239.

④ 郑玉波：《民法债编总论》，三民书局股份有限公司1996年版，第330页；姚志明：《一般情事变更原则于给付工程款案例之适用——兼评最高法院九十四台上字第八九八号判决》，载《月旦法学杂志》2008年第156期，第266页。

第397条设有明文,然探求立法者的内心真意,[①] 并不是要废弃这项构成要件,其理由在于情事变更之"情事"纯粹是一种客观之存在,本质上是不可能归责于任何一方当事人的。[②] 删除的原因在于"不可归责于当事人"乃是不言自明的构成要件之一,无须明确规定,所以,"不可归责于当事人"仍然是情事变更原则的适用要件之一。其关键论据在于"债法"修订时本条之修订说明。[③] 多数学者认为此法条虽然没有明文规定,但其适用仍以"不可归责于双方当事人"为必要,[④] 此类学说可以归纳为"不可归责要件说"。另一种观点则认为既然新法删除了"不可归责于当事人"这一要件,就意味着即使可以归责于当事人的事由也可能适用情事变更原则,即"不可归责于当事人"不再是情事变更原则的适用要件,此可称为"不可归责非要件说"。[⑤]

3.5.1.3　我国台湾地区之司法实务

1. 不可归责要件说之裁决

我国台湾地区司法实务见解多认为不可归责于当事人是情事变更原则的适用前提之一,若情事变更可归责于当事人,则无情事变更原则之适用必要。其典型判决略谓:

"查'民法'第二百二十七条之二、民事诉讼法第三百九十七条……本件上诉人因被上诉人所发包地下道主体工程,未能如期完工交付上诉人进场施工,系可归责于被上诉人之事由,且由两造所签订工程契约书第二十七

[①] 关于词典变更之立法理由书文字表述为"情事变更,纯属客观之事实,当无可归责于当事人之事由所引起之事例,故民事诉讼法第三百九十七条规定'因不可归责于当事人之事由'等文字无赘列之必要"。

[②] 林诚二:《情事变更原则之再探讨》,载《台湾本土法学杂志》2000年第12期,第68页;刘春堂:《民法债编通则(一)契约法总论》,三民出版有限公司2001年版,第154—155页。

[③] 本条之修订理由为:又情事变更,纯属客观之事实,当无因可归责于当事人之事由所引起之事例,故"民事诉讼法"第397条"因不可归责于当事人之事由"等文字无赘列之必要。

[④] 黄立:《台湾工程承揽契约中情事变更之适用问题》,载施建辉:《工程法上的民法问题研究——第一届海峡两岸工程法学研讨会实录与论文集》,东南大学出版社2010年版,第74页;林诚二:《民法债编 总论——体系化解说》,中国人民大学出版社2003年版,第312—313页;邱聪智:《新订民法债编通则》(下),中国人民大学出版社2004年版,第259页;黄茂荣:《债法总论》,中国政法大学出版社2003年版,第230页;林诚二:《民法问题与实例解析》,法律出版社2008年版,第64页;林诚二:《民法理论与问题研究》,中国政法大学出版社2000年版,第40页。

[⑤] 洪国钦、陈宗坤、曾俊智:《情事变更原则与公共工程之理论与实务——兼论仲裁与判决之分析》,元照出版有限公司2010年版,第319页。

民法典背景下情事变更原则之逻辑构成与司法展开——以两岸建设工程实务为分析场景

条、第二十八条之约定，上诉人于签订工程契约书时，对于因可归责于被上诉人之事由，致有发生工期延宕之虞，应有所考量，始有该二条之约定。"①

我国台湾地区"高等法院"（2005）保险上字第 49 号判决略谓："八十八年四月二十一日增订之'民法'第二百二十七条之二第一项规定：契约成立后……系按修正前民事诉讼法第三百九十七条立法体例而增订，即所谓情事变更原则……如于法律行为成立后，因可归责于当事人一方之事由，致他方受有损害，仅生债务不履行负损害赔偿责任之问题，非属该条所称之情事变更，自无该条规定之适用。"

2. 不可归责非要件说之裁判

也有个别裁判坚持不可归责于双方当事人并不是情事变更原则之适用要件，纵使可归责于一方当事人仍不妨碍情事变更原则之适用。其典型裁决略谓：

"惟相对人（定作人）罔顾实际工程需要，于出入口设计变更方案尚未完工前，即命令声请人（承揽人）限期拆移道路中央带围篱，使声请人就系争工程部分开口之围篱面积减缩，声请人于签约时无法预见系争工程位在道路中央之开口，会在无围篱架设之情况下进行投料、施作工程，更无法预料某工程配合道安会报决议中央围篱带围篱拆除之执行，当属不合理地运用权力修改、限制声请人业经核对之工地区域，此种情事变更已超出声请人订约时所能合理预见之范畴，自非声请人于签约时所能预料……按所谓不可归责于当事人之事由，依法理言，应指不可归责于主张显失公平之人即足，而非指不可归责于被主张之人，查本件出入口变更设计，既应于八十五年七月一日以前定案，而相对人于该变更设计尚未定案前，即命令声请人限期拆移中央围篱，自应认为是项情事变更系不可归责于声请人之事由。基上而论，声请人主张本件仲裁有情事变更事实存在，核属可采。"②

3.5.1.4 可归责于第三方时得否适用情事变更原则

我国台湾地区司法实务中还有一种争论，即如果引发情事变更之事由不

---

① 我国台湾地区"最高司法机构"（2005）台上字第 1 号判决。
② 我国台湾地区仲裁协会（1998）商仲麟声仁字第 70 号仲裁判断。

可归责于工程合同之当事人，但是可归责于合同当事人之外的第三人，此时受有不利益的合同当事人能否主张适用情事变更原则来调整合同。

持肯定观点之判决略谓："查'民法'第二百二十七条之二所称情事变更，系指债之关系成立后，其成立当时之环境或基础有所变动而言。系争工程契约订立后，是否原已存在合理运程内之合法弃土场嗣均已不存在，订约当时之环境或基础已有变动情事，攸关有无情事变更原则之适用。原审就此未调查审认，徒以系争工程中，北部地区所有合法弃土场均遭有心人士垄断，弃土证明运作失序，即认本件得适用情事变更原则，尚嫌速断。"①

认为只要情事变更之情事是属于不可归责于当事人之事由即可，即使有可归责于其他人之事由仍然可以适用情事变更原则。

反对的观点则认为不但可归责于当事人任何一方时不能适用情事变更原则来调整合同，即使可归责于合同当事人之外的第三人时，也不能适用情事变更原则。典型判决略谓："又如系第三人之行为导致依原法律行为约定履行有不公平之情事，即无情事变更原则适用。因此，本件被告所主张台电施工界面及工期延长，乃特定当事人间之问题，客观的社会情事并未变更，显然与情事变更原则不符……"②

3.5.2 理论分析

3.5.2.1 可否预见与可否归责

我国学说及工程实践中的多数意见认为，情事变更原则必须建立在不可归责于双方合同当事人基础之上。可是德国法上的见解与此不同，德国教科书与注释书上对于交易基础的丧失或缺乏的构成要件中并没有讨论是否必须是不可归责于当事人之事由，法条上也没有明文规定，而仅仅是通过"可否预见"这一要件加以认定有无情事变更原则之适用。所以在讨论是否需要"不可归责"这样的要件时，必须弄清楚可归责的事由究竟是什么？是当事人之行为导致发生情事改变或是因当事人之过失导致未发现该已存在之情

---

① 我国台湾地区"最高司法机构"（2005）台上字第898号判决。
② 我国台湾地区高雄法院（2001）仲诉字第1号判断。

民法典背景下情事变更原则之逻辑构成与司法展开——以两岸建设工程实务为分析场景

事？或者把错误认知下的情事纳入缔约基础之中而认为是可归责事由？

我国台湾地区工程实务及学者多认为情事变更原则仅限于不可归责于双方当事人之事由，其基本考虑仍然是法律体系下的风险分配。属于交易基础的内容不可能是合同之内容，因为交易基础应该是外在环境的产物，如果是由一方当事人可归责的行为引发，则在法律体系中已经有其他的法律规范予以调整，并合理分配风险，比如债务不履行、侵权行为、缔约过失责任等规定有损害赔偿请求权，而情事变更原则适用的前提是没有其他法定或者约定的救济途径可以合理分担风险并避免利益失衡。比如承包方答应以固定价格为发包人建造房屋，原则上就承担了建材价格上涨的风险，反之，如约定根据实际产生的费用结算，则不承担涨价的风险。这表明当事人可以通过约定来明确风险分担机制。只有在当事人没有预料到风险，因此也不能对风险作出事先约定时，才应当考察是否存在法律上有关的风险分担的规定。例如，在承揽合同中，依据《德国民法典》第649条规定，虽然定作人在工作物对他来说已无用处的情况下可以终止合同，但通常其仍然必须支付全部的工程价款。所以这些法定的关于风险分配的规定原则上适用于当事人事先没有预见到有关障碍或者作出了错误设想的情形。[①] 因此原则上在没有法定或约定风险分配机制的情况下，才需要通过诚信原则、情事变更原则等上位原则来妥善分配不可预见之风险，但有观点认为这并不意味着可归责于合同当事人一方或双方的事由就不能适用情事变更原则。严格来讲，"不可预见"与"不可归责"是不同之概念。也就是说客观情事变更乃是为了应对出现了当事人不可预见的风险，主观情事变更所欲保护者则是由于对于现在或未来情况做出不正确之判断，并非一定是错误，纯粹的未予以考虑也是，且也具备履行之不可期待性，而可否归责是因为当事人需要对自己的行为负责，故法律上往往加之以损害赔偿责任，在合同上则通过诚信原则发展出的违反照顾他方权利、财产、利益之义务需承担损害赔偿责任，两者彼此并不冲突，仅仅是法律适用关系上的不同。即使可归责于合同当事人一方但是在法律规定

---

① Vgl. Dieter Medicus, Allgemeiner Teil des BGB, 9. Aufl., 2006, Rdn. 863.

无法作出合理风险分配的情况下，仍不应当然排除情事变更原则的适用。再者，可归责的情形之一是债务人由于过失导致未能及时发现该已存在之情事或者将错误认知的情事纳入缔约的基础。此种动机错误之类型，如同错误理论一般，《德国民法典》第119条以下并不排除该错误是肇因于当事人之过失，当事人皆得撤销之，只不过承担的损害赔偿的内容不同而已。而在规定双方动机错误的《德国民法典》第313条第2项，也并未排除可归责于当事人之过失不知错误者，仅仅是在调整合同时予以考虑，大概是因为其构成要件是"可否预见"，而不是"可否归责"。而此要件比可否归责更加严格，即外在情事必须剧烈改变致当事人不可预见，因为假如所有情形都可解释为情事变更，则合同之可信赖性将丧失殆尽，事实上在德国工程实务中，甚少案例可以被认为是不可预见的，因此适用《德国民法典》第313条调整合同并非常态。[①]

3.5.2.2 可否归责与不可合理期待性

情事变更原则适用的要件之一是合同的继续履行变得不可期待。这里所谓的不可期待是指继续维持原合同内容是无法容忍的且已经超出了牺牲界限及风险界限的范围，[②] 依据诚信原则不能期待当事人继续履行合同。而所谓超过牺牲界限之视角是指，虽然债务人基于自己责任原则对于应当归责于己的给付困难负责，但是不应当使其负担其预期之外的给付，而所谓可得预期的范围应该就是指其依给付不能所处的地位。

德国有学者认为，如果是不可归责于双方之事由，可主张免除给付义务；若是可归责于一方当事人，尚需负担损害赔偿。如果债务人欲主张适用情事变更原则调整合同，也应当参照其所应负损害赔偿之范围以调整合同内容。因为情事变更原则对于调整合同给付义务内容并非全有或全无之概念，即并非仅得免除给付或不得免除给付两个选项，而是有多种调整方式。反之，如果情事变更是因可归责于债权人之事由所致，债务人本得依据债务不

---

① 曾婉雯：《工程契约中契约调整权——以情事变更原则为中心》，政治大学法律学研究所2010年硕士学位论文，第104页。

② Vgl. Larenz/Wolf, Allgemeiner Teil des bürgerlichen Rechts, 9. Aufl., 2004, §38, Rdn. 35ff.

民法典背景下情事变更原则之逻辑构成与司法展开——以两岸建设工程实务为分析场景

履行相关规定请求赔偿，但如果其想主张适用情事变更原则，也不因情事可归责于他方当事人而不得予以主张，但需要注意情事变更原则的适用顺序应后于债务不履行的相关规定，且其构成要件严格，并非所有客观情况的变化都可主张。所以，纵使情事变更可归责于合同一方当事人，也不妨碍情事变更原则的适用。①

3.5.2.3 施工合同中"可否归责"对情事变更原则适用性的影响

在工程实务中，如因他方或他方履行辅助人之行为而导致之不利益，也属于缔约基础之变更时，比如关联承包商之行为，或发包方违反契约约定之指示、协力义务，或规划设计之不完善导致施工图纸、施工规划不清楚、不一致，因而衍生费用。承包方的救济途径不外乎两个：一是主张发包方构成违约责任，要求其赔偿损失；二是主张适用情事变更原则调整合同价款，补偿其损失。但在司法实践中，法院或者以发包方之义务仅为协力义务，是对己义务之一种，因此承包商不得主张违约损害赔偿；或者又认为此种情形是可归责于业主的，因此不得适用情事变更原则，致使承包商索赔无路。我国有学者认为，在缔结合同时主观认识错误类型的情事变更，如果优先适用错误之相关规定，将因错误规定要件严苛且效果仅有撤销意思表示而使契约自始不存在之效力，对于双方当事人而言并非最妥善之处理，所以，或可主张不应单单认为情事变更原则为补充原则，而应从宽认为情事变更原则得与其他请求权一并形成请求权竞合。②

如上所述，德国民法中错误撤销及第 313 条第 2 项的规定，并非限于不可归责于当事人之过失者始得解除或请求调整合同，而我国有学者认为坚持不可归责的构成要件其实并没有充分的理由；而且学说和实务界仍然局限于德国旧债法对义务的分类，将其分为主给付义务、从给付义务、附随义务等，限缩了债务不履行之相关适用范围，而德国 2012 年债法改革却明确抛

---

① 转引自曾婉雯：《工程契约中契约调整权——以情事变更原则为中心》，政治大学法律学研究所 2010 年硕士学位论文，第 105—106 页。

② 曾婉雯：《工程契约中契约调整权——以情事变更原则为中心》，政治大学法律学研究所 2010 年硕士学位论文，第 106 页。

第3章 施工合同中情事变更原则之适用要件分析

弃了如此细碎的分类，采用了"义务违反"的概念，[①] 即只要义务违反就可以主张损害赔偿，且将合同义务的认定扩大为只要违反依诚实信用原则而生的照顾他方权利、财产、利益之义务，他方当事人皆得请求损害赔偿。如上述例子，虽然将他方或他方履行辅助人之必要行为定性为协力义务，但是当违反该义务之后导致债务人受有损害或不利益时，则因违反了基于诚信原则而产生的照顾他方权利、财产、利益之义务，而得有不完全给付之适用。或者说，只要属于发包方领域事项而发包方不作为将导致承包商受有损害或不利益者，则应当将之认定为契约义务的违反，使得承包商得依据不完全给付相关规定请求损害赔偿。如此是否必然再有情事变更原则适用之需要，则或已不再重要。如上所述，情事变更原则之适用应系补充性规定，且适用条件严格，如果能够通过其他法律规定，则没有必要再适用情事变更原则。

支持"不可归责"乃要件之一的另一个理由在于在一方当事人可归责时，若允许当事人得借由情事变更原则来主张，可能产生对对方当事人严重不公平之情况，比如在可归责于承包方的给付迟延情形，如果在迟延期间发生建筑材料价格飞涨的情况，则应当类推适用《民法典》第590条第2款后半段处理，如果允许承包方主张适用情事变更原则，则与实质公平相左，且与第590条之立法意旨相悖，所以可以认为情事变更原则仅限于不可归责于双方之事由。我国一些学者认为，此等见解固非无理，然如前所述，情事变更还需要考量如依据合同原定效果是否显失公平，就上述例子而言，可认为其上涨情事由可归责于债务人承担并无显失公平，应排除情事变更原则之适用，但若是于计算错误而他方也有所期待时，所发生之重大不利益，纵一方当事人无从依错误之规定撤销合同，仍应认为受不利影响之当事人得主张情事变更。因此，如是自己行为造成不利益，当然应由自己承担不利后果，即使不符合显失公平之要件，仍应考量过失之轻重与损害范围内之比例原则，

[①] 《德国民法典》第280条［因义务违反而发生的损害赔偿］：（1）债务人违反因债务关系而发生的义务的，债权人可以请求赔偿因此而发生的损害。债务人无须对义务之违反负责任的，不适用前句的规定……

来判断有无情事变更原则之适用，非以不可归责为情事变更原则之要件而排除之。

3.5.3 笔者的思考

笔者上文中所引述判决、裁定以及我国台湾地区学者之讨论共涉及两个问题：其一，若存在可归责于合同一方当事人之事由，可否适用情事变更原则来调整乃至解除施工合同，台湾工程司法实践中显然有两种声音；其二，在不可归责于当事人但可归责于第三方时，能否有情事变更原则之适用。

3.5.3.1 不可归责要件说的证成

对于第一个问题，在我国大陆，笔者坚持传统观点，即不可归责要件说，在情事变更可归责于发包方或承包方任何一方时，均没有情事变更原则之适用余地。其理由有以下数端：

1. 原《合同法解释二》第26条虽未明文规定必须要不可归责于合同当事人，但如前文所述，不可归责作为情事变更原则的要件一直是我国立法机关所坚持的要件之一，主流学说也坚持此种观点。我国《民法典》第533条也重申了不可归责的构成要件，因为第533条要求必须是"合同的基础条件"发生了当事人在订立合同时无法预见的、不属于商业风险的重大变化，这里的"基础条件"显然指向客观的外部情形，与原《合同法解释二》第26条的"客观情况"意思一致，而与当事人的"可归责性"无涉。

2. 基于责任自负原则，若承包商违反义务以致发生情事变更，则其责任自负一般没有问题。不要件说所强调的是，若情事变更可归责于发包方时，承包方作为受害方依然可以主张适用情事变更原则。笔者难以苟同，因为这样处理会使情事变更原则和违约责任之间的界限非常模糊，考虑到情事变更原则仅仅是一种例外，而且其适用具有补充性，即在有债务不履行规则及其他风险负担规则能够妥善救济受有不利方的损害的情况下，应当限制情事变更原则适用，否则将造成该原则适用过于频繁乃至导致滥用，并模糊功能和使命不同的各民法制度之间的界限。

3. 情事变更原则之适用必须满足不可预见性要件，而在可归责于一方当事人之义务违反场合，后者有违约行为，构成违约责任。而合同履行中可能发生违约，乃至可能的违约行为大致有几种，可能造成多大损害，事实上都是可预见的。《民法典》第584条就确立了违约责任的可预见规则。①

4. 我国台湾地区之所以有学者坚持在可归责于一方当事人时，依然可以适用情事变更原则，其根本原因在于发包人协力义务（协助义务）违反的性质。因为不少学者及法院认为，即使发包人违反协力义务，比如未及时提供工地供承包方施工、提供地质资料不真实、没有及时排除居民抗争、没有及时完成征地、没有妥善协调关联承包商等，也仅仅是不真正义务的违反，不构成违约责任，因此承包人不得据此主张违约损害赔偿；另外，传统情事变更理论又坚持不可归责性，既然发包人可归责，当然也没有情事变更原则之适用。如此一来，则承包人一方面不能主张违约损害赔偿，另一方面又不能主张适用情事变更原则，所谓"叫天天不应，叫地地不灵"，显失公平。为予以救济，必须寻找合适的路径，部分学者的药方就是抛弃不可归责于当事人这一要件，以使得情事变更原则的适用更加方便。

笔者则认为，此方乃本末倒置，问题的根本在于如何界定发包方之协力义务。此义务违反不仅不利益于发包方本人，而且对承包方利益有损，显然不仅仅是不真正义务；根据《民法典》第778条、第803条、第804条、第808条，发包人违反协助义务时，承包人还可以解除合同、要求赔偿损害，因此可以认为该义务为一种从给付义务或者附随义务。事实上我国台湾地区"民法"第507条也有类似规定。② 关于协力义务性质之分析，在下文工地取得障碍及界面冲突的分析中将有更加详细的展开；如上述学者所言，事实上德国民法自债法改革以来，已经并不严格区分主给付义务、从给付义务、附随义务等概念，而是将违反这些义务的法律后果统一规定在其民法典第280

---

① 《民法典》第584条：当事人一方不履行合同义务或者履行合同义务不符合约定，造成对方损失的，损失赔偿额应当相当于因违约所造成的损失，包括合同履行后可以获得的利益；但是，不得超过违约一方订立合同时预见到或者应当预见到的因违约可能造成的损失。
② 我国台湾地区"民法"第507条：工作需定作人之行为始能完成者，而定作人不为其行为时，承揽人得定相当期限，催告定作人为之。定作人不于前项期限内为其行为者，承揽人得解除契约，并得请求赔偿因契约解除而生之损害。

条，并创造"义务违反"之概念（Pflichtverletzung），即只要义务违反，就要承担债务不履行之后果；事实上也有不少学者认为发包人不为协力义务构成债务不履行，承包人得主张违约责任。①

因此，在发包人违反协助义务且可归责之际，承包人自可基于《民法典》第778条、第803条、第804条主张解除施工合同及请求损害赔偿，而无情事变更原则之适用余地。

5. 上述学者支持不要件说的另一个理由是我国台湾地区"民法"对于错误制度的适用要求极其严格，必须表意人自己不存在过失，因此在异常地质状况的情形下，承包人往往无法据此来维护权益。况且根据我国台湾地区"民法"第88条，②承包人只能主张撤销合同，而非变更，此种处理未必是承包人所真正期待的，也未必符合其经济利益，法院因此才在某些工地状况异常的情况下适用情事变更原则来维护承包人的合法权益。笔者以为，在我国大陆则不存在此种"不得已"，因为我国原《合同法》中的重大误解与我国台湾地区的错误制度有所不同，③ 一则并不要求表意者必须本身没有过失；二则我国法上的重大误解，不仅包括传统民法中的错误情形，还包括误解的情形，即双方共同错误也可以纳入其中；三则表意者不但可以请求撤销合同，也可以请求变更合同，即给予当事人更多选择余地。所以对于异常地质状况的情形，完全可以根据重大误解制度来处理，不过过失方只需承担缔约过失责任而已，并无情事变更原则之适用余地。

6. 坚持要件说的一个反对意见可能在于违约责任是否能给予承包方以充分救济。以违约责任最主要的承担方式损害赔偿为例，如上所述，根据《民法典》第584条关于损害赔偿范围之规定可知违约损害赔偿受可预见规则的

---

① 邱聪智：《新订债法各论》，中国人民大学出版社2006年版，第81页；戴修瓚：《民法债编各论》（上册），三民书局股份有限公司1964年版，第181页；蔡章麟：《民法债编各论》（下），1959年作者自版，第139页。

② 我国台湾地区"民法"第88条第1款：意思表示之内容有错误，或表意人若知其事情即不为意思表示者，表意人得将其意思表示撤销之。但以期错误或不知事情，非由表意人自己之过失者为限。

③ 原《合同法》第54条：下列合同，当事人一方有权请求人民法院或者仲裁机构变更或者撤销：（一）因重大误解订立的……

第3章 施工合同中情事变更原则之适用要件分析

限制。若情事变更可归责于发包方，比如发包方没有及时取得工地交付给承包方施工，其间建材价格飞涨，使得原来的施工成本大大增加。此际，承包方若主张违约损害赔偿，则只能要求发包方赔偿该期间通常之水费、电费、机具折旧费、管理费、人工费等，但对于因建材价格飙涨带来的施工成本增加则无法要求赔偿或补偿，因为后者并不属于发包方订立合同时预见到或应当预见到的因违反合同可能造成的损失，因此这部分损失必然由承包方承担，如此处理确实显失公平。但笔者以为，此不能成为支持非要件说的理由，因为在坚持要件说的前提下依然可以妥善解决此问题。即如果在发包人违约期间，如没有履行协助义务致使工期迟延期间发生情事变更，则此时可类推适用《民法典》第590条第1款后半段之规定，即发包人迟延履行期间发生情事变更，则发包人对于由此带来的损失依然要承担违约损害赔偿责任。[①] 日本通说及判例也否定了此种情形情事变更原则的适用性。

此外，学说和部分立法认为如违约方能证明即使不发生迟延履行，也会发生不可抗力并致履行不能，即能证明所谓"假想因果关系"之存在，仍然可以免责，我国台湾地区"民法"第231条也有类似规定，[②] 对情事变更应等同评价。[③]

笔者以为，如此处理另一种解读是：虽然通常情况下违约损害赔偿的范围应当受到《民法典》第584条可预见规则之限制，但在债务人迟延履行且发生情事变更、不可抗力的场合，则例外地放弃此种要求，即对于因情事变更、不可抗力造成的损失，即使违约方在缔约时无法预见，也一样纳入损害赔偿之范围内，违约方不得根据可预见规则推脱责任而将此等风险损失转嫁于守约方承担。

因此，无论哪一种解读，都可以得出一个结论，即在情事变更可归责于

[①] 张坦：《论对情势变更原则的限制》，载《河北法学》1996年第5期；韩世远：《情事变更原则研究》，载《中外法学》2000年第4期。

[②] 该条规定：债务人迟延，债权人得请求其赔偿因迟延而生之损害。前项债务人，在迟延中，对于因不可抗力而生之损害，亦应负责。但债务人证明纵不迟延给付，而仍不免发生损害者，不在此限。

[③] 韩世远：《合同法总论》，法律出版社2011年版，第388页。

民法典背景下情事变更原则之逻辑构成与司法展开——以两岸建设工程实务为分析场景

一方当事人时，对方当事人依据违约损害赔偿即可获得充分救济，此际损害赔偿的范围不受可预见归责的限制。情事变更原则作为一种补充性及例外性的救济手段，在我国大陆司法中其适用受到严格的限制，司法部门对其适用持非常谨慎乃至保守的态度。综合考虑，此际应无情事变更原则之适用可能。

综合以上六点理由，笔者认为在施工合同中，若承包方具有可归责事由，则其不得主张适用情事变更原则，反而需要向发包方承担违约责任；若发包方具有可归责事由，则承包方也只能向发包方主张违约责任，不得主张适用情事变更原则。即"不可归责于双方当事人"是情事变更原则之适用要件之一，不可或缺，或曰可归责一方当事人与情事变更原则之适用是彼此排斥而无法共存的。

我国台湾地区之所以认为即使可归责于发包方，承包方仍得主张情事变更原则之适用，其"苦衷"一方面在于对于发包人协力义务性质之界定错误，另一方面在于其错误制度适用要求过于严苛。若能将发包人之协力义务正确界定为从给付义务或者附随义务，则发包人协力义务违反当然构成债务不履行，承包方可以要求赔偿损失乃至解除合同以获得充分救济。因此，我国台湾地区仲裁协会（1998）商仲麟声仁字第70号仲裁判断之"按所谓不可归责于当事人之事由，依法理言，应指不可归责于主张显失公平之人即足，而非指不可归责于被主张之人"等语显非正确；此外若能缓解错误制度的适用要件，即不将其严格限制于表意人无过失的情形，并将共同错误纳入其中，则在异常地质状况的情形下，即可以通过扩大后的错误制度来解决，而不必将其纳入所谓主观情事，进而破坏情事变更原则中"情事"的内在统一性，造成自相矛盾、自我否定。

3.5.3.2 可归责于第三人场合情事变更原则之适用性

如上所述，若情事变更可归责于合同当事人一方，固无情事变更原则之适用性可言，然若该等情事变更系可归责于合同当事人之外的第三人时又当如何，有无情事变更原则之适用可能？如上文所述，学说及工程司法实践中都存在两种立场：一种观点认为，情事变更仅仅适用于绝对事变，对于相对事变（通常事变）不能适用，因为此种场合债务人可对第三人主张违约责任

第3章 施工合同中情事变更原则之适用要件分析

或侵权责任以寻求救济；另一种观点认为，在可归责于第三人之情形债务人仍然可以主张情事变更原则之适用，而无须向债权人承担违约责任。

笔者以为，对此问题应进行类型化的分析：

1. 若该第三人是债务人之法定代理人或履行辅助人，则如果债务人不履行债务或不及时履行债务是因为该第三人的原因，债务人必须承担债务不履行责任，而不得主张适用情事变更原则，其责任基础在于《民法典》第593条。[①] 工程领域中，比如砂石供应商因故没能及时供应砂石，导致承包商无法按时施工，导致工期迟延，则此时承包商不得主张适用情事变更原则，而应当向发包人承担违约责任。其理由在于：承包人从使用第三人履行债务中获得利益，当然也要承担相应风险；承包人对其履行辅助人如砂石供应商虽不以支配、控制为必要，但存在干涉之可能；承包人相对于发包人更能防止此种风险发生；承包人即使向发包人承担了违约责任，其损失也可根据双方约定向砂石供应商讨回。

2. 若承包商对于第三人根本没有干涉之可能性，比如因为关联承包商施工不力导致承包商工程迟延，或者因为周边居民抗争导致承包商无法按期完工等。此种场合即所谓"通常事变"。如此等情事变更不可归责于发包方，而工期展延期间过长，使得施工成本大大增加，以至于坚持原施工合同之效力显失公平，笔者认为此际应有情事变更原则之适用。其道理在于：承包商没有故意、过失或其他可归责事由；此种风险损失非承包商缔约时所得预料；要承包方为关联承包商之不当行为买单显失公平，因为前者对后者没有干涉可能性，后者也不是前者的履行辅助人；承包商向关联承包商或抗争居民追偿困难甚至无法追偿，不满足《民法典》第593条后半句，若再不能主张适用情事变更原则，则显非合理。

关于可归责于第三人时情事变更原则（尤其是通常事变场合）的适用问题，下文还有更加详细的分析。

[①] 《民法典》第593条：当事人一方因第三人的原因造成违约的，应当依法向对方承担违约责任。当事人一方和第三人之间的纠纷，依照法律规定或者按照约定处理。

3.6 施工合同中的格式条款对情事变更原则适用的影响

3.6.1 概述

格式条款一般由合同一方当事人事先拟定,如此有助于创新新型交易形态,[①] 格式条款的使用确实有助于交易迅捷。但是能够预先拟定格式条款的一方,往往是在合同签订之际具有优势地位的一方,因此该优势的一方往往利用这种交易地位的不均衡,仅仅考量自己之利益而拟定侵害相对人权利之条款。所以对于格式条款不能放任企业经营者无条件仅考虑其自身利益而拟定,必须为适当的管制。管制格式条款的方法,一是由相关的行政机关介入,以制定格式合同范本、应记载事项及不得记载事项的方式,促使企业经营者使用适当之格式合同,即于事前对格式合同的内容预作管制;二是要赋予法院于具体个案中审查定型化契约的权利,使不当的格式条款受法院宣告而失去效力。

而建设工程合同在一般情况下经济价值较高,在施工过程中或完工时,经常会发生各种争议。所以工程合同往往包括繁多的合同条款,这些条款往往由发包方事先拟定,其中包含许多维持或强化发包方优势地位的考虑,尤其是经常通过这种单方面的格式条款排除合同履行过程中情事变更原则的适用,以此将合同履行过程中的全部风险转由承包方承担,这是工程合同中情事变更原则适用时的常见障碍之一,即发包方往往主张双方对于可能引发情事变更原则适用的特定风险已经有所安排——由承包方全部承担,且承包方在明知道存在该类条款的情况下依然同意签订合同。此种约定能否有效?能否排除情事变更原则的适用,是工程领域中的常见争议之一。

因为民法中本来有许多关于风险分配及合同变更的规定,但是基于合同

[①] 杨淑文:《民法与社会交易形态之变迁——以消费者为权利主体?》,2004 年 12 月国家讲座课程,第 10 页;转引自曾婉雯:《工程契约中契约调整权——以情事变更原则为中心》,政治大学法律学研究所 2010 年硕士学位论文,第 121 页。

自由的考虑，多数法律的任意性规定可以由当事人的约定排除，可是该种排除性条款能否一概有效，似乎尚有可疑之处。如果基于诚实信用原则考量，发包方单独拟定的有关条款，排除自己责任，单方面加重承包方责任，排除承包方的重要权利，以至于风险分担显失公平，似乎应在《民法典》第496条、第497条、第498条的调整范围内，即该格式条款可能因为显失公平而被宣布无效。此外我国《消费者权益保护法》第26条对此也有规定。① 当然考虑到工程施工合同的特殊性，国内对于能否适用以上条款来规制工程施工合同中的格式条款，尤其是《消费者权益保护法》第26条有没有参照适用的余地，还是存在不少争议的。

3.6.2 现行法对格式条款的规制

在当事人签订合同之际，根据《民法典》第471条之规定，形式上可以看到双方当事人基于要约与承诺成立合同。但是由于合同当事人在磋商合同内容时，通常会争取最有利于自己的合同条款，因此只有双方具有比较对等的斡旋磋商地位时，才能进行真正意义上的缔约谈判。② 因此在合同磋商过程中，如果一方当事人具有经济上或咨讯上的强势地位，则对等磋商的原则就被破坏，强势的一方当事人极有可能仅顾及自己的利益而无视对方的利益。此时成立的合同徒有合同之名而无合同之实，实际上是优势一方通过合法化形式侵害对方当事人之自我决定权，显然与合同正义的原则违背。但是在使用格式条款的场合，该条款的拟定方往往掌握着更多的交易资讯，甚至在市场上居于垄断地位，因此一般交易相对人如果要与之签订合同，往往只能被动地接受该种格式合同，极少有讨价还价的余地。实际生活中弱势一方的利益因此被罔顾，其契约之自由绝对权被剥夺而改由他方

---

① 《消费者权益保护法》第26条：经营者在经营活动中使用格式条款的，应当以显著方式提请消费者注意商品或者服务的数量和质量、价款或者费用、履行期限和方式、安全注意事项和风险警示、售后服务、民事责任等与消费者有重大利害关系的内容，并按照消费者的要求予以说明。经营者不得以格式条款、通知、声明、店堂告示等方式，作出排除或者限制消费者权利、减轻或者免除经营者责任、加重消费者责任等对消费者不公平、不合理的规定，不得利用格式条款并借助技术手段强制交易。格式条款、通知、声明、店堂告示等含有前款所列内容的，其内容无效。

② Larenz/Wolf, Allgemeiner Teil des bürgerlichen Rechts, 9. Aufl., 2004, §42, Rdn. 2ff.

民法典背景下情事变更原则之逻辑构成与司法展开——以两岸建设工程实务为分析场景

当事人片面强制性规定合同内容，与合同自由之真谛亦不符合，因此确有规范之必要。[1]

德国法关于格式合同规制的发展路径与此类似，即格式合同的单方拟定最初也被视为符合私法自治，与契约自由之原则吻合，立法、行政等不得干预。德国帝国法院时代往往从不甚明确的合同条款予以解释适用，以期能够寻找到尽量兼顾双方当事人的处理办法，但是格式条款往往是由一方当事人聘请的法律专业人士拟定的，而且经常对于该类合同中之常见责任与风险类型均予以排除或转嫁给他方当事人，因此通过合同解释寻求合同正义的努力空间很小。到1956年德国联邦最高法院才以诚信原则为基准来衡量格式合同的效力问题。经过判例的发展累积，逐渐形成以格式条款是否终局地、彻底地破坏了任意规定所内含的公平意旨来判断该类条款是否是无效的裁判上的见解，并在1967年制定了《定型化约款规制法》来调整格式条款的争议问题，全面改变了合同法领域对于合同自由的基础认知，不再认为对格式条款的规制侵犯了条款拟定方的合同自由，反而认为这种做法加强了对真正意义上的合同自由的保护，或者说，格式条款拟定方并不享有完全不受限制的合同自由。

根据我国《民法典》第496条的规定可知格式条款有两个特征：一是格式条款往往由经营者一方预先拟定；二是其目的在于以此合同与不特定当事人从事内容相似的交易。一方当事人与对方当事人订立的合同，必须符合该两个特征时，才考虑适用《民法典》或《消费者权益保护法》的有关规定。但是我国台湾地区对于格式合同的第二个特征存有争议，其"消费者保护法"第2条第7款中的"订立同类契约"大致相当于"重复使用"这个特征，学说多认为此举实系画地为牢、作茧自缚。

德国关于格式合同的规定集中在《德国民法典》第310条第3项第2款，其规定："预先拟定之一般交易条款，即使提供一次性使用之条款，因消费者对于预先拟定之契约内容无法影响，仍适用本法第305条a、306条、

---

[1] 杨淑文：《主债权扩展条款之无效与异常——"最高法院"91年台上字2336号判决评析》，载《月旦法学杂志》2005年第122期，第204页。

307 条至 309 条及《德国民法施行法》第 29 条 a。"可见格式条款之认定更应该着重于单方面拟定而相对人无从施加影响的特征，至于该合同是否会重复适用于同类交易并非问题的重点。① 但是我国理论界却认为只有能够反复适用于同类交易者才是格式条款，使得一部分本来应当根据原《合同法》《消费者权益保护法》的格式条款没有得到适当的规制，造成不少违反诚信原则、公平正义的合同条款能够继续生效进而对一方当事人造成严重不公。

3.6.3 工程施工合同是否属于格式合同

我国《消费者权益保护法》第 2 条和第 3 条分别规定了消费者和经营者的概念。② 在工程合同中，发包方和承包方的关系显然不同于一般的消费者与经营者的关系，因此工程合同中格式条款的调整不能以《消费者权益保护法》第 26 条为依据，我国台湾地区学者也是此种立场。③《民法典》第 496 条、第 497 条、第 498 条相对应的条文集中在我国台湾地区"民法"第 247 条之 1 的规定，④ 该条文表述中"用于同类契约之条款"大致与《民法典》第 496 条"为了重复使用"的文字表述相当。虽然工程合同中的格式条款不能适用消费者保护的相关法律，但是似乎并不能排除民法有关规定的适用，即是说《民法典》第 496 条、第 497 条、第 498 条或我国台湾地区"民法"第 247 条之 1 似乎仍有适用余地。如我国台湾地区"最高司法机构"（2003）

---

① 王泽鉴：《债法原理》（第 1 册），1999 年作者自版，第 99 页。
② 《消费者权益保护法》第 2 条：消费者为生活消费需要购买、使用商品或者接受服务，其权益受本法保护；本法未作规定的，受其他有关法律、法规保护。第 3 条：经营者为消费者提供其生产、销售的商品或者提供服务，应当遵守本法；本法未作规定的，应当遵守其他有关法律、法规。
③ 杨淑文：《定型化契约之管制》，收录于《消费者保护法与民法之分与合》，（2007）国科会研究计划书，第 1 页；转引自曾婉雯：《工程契约中之契约调整权——以情事变更原则为中心》，政治大学法律研究所 2010 年硕士学位论文，第 125 页。
④ 该条规定：依照当事人一方预订用于同类契约之条款而订定之契约，为左列各款之约定，按其情形显失公平者，该部分约定无效……

民法典背景下情事变更原则之逻辑构成与司法展开——以两岸建设工程实务为分析场景

台上字第1395号裁定就持此种观点。① 但是也有部分法院认为工程合同并不属于格式合同的一种，其主要理由有三：②（1）承包方具有工程领域的专业知识和一定经济实力，并非在经济上或专业上居于弱势地位者；③（2）工程合同并不是一方预定用于同类合同之合同条款，不具有反复使用性；④（3）工程合同并非与不特定多数人订立的合同。⑤

实际上，如上所述，认定工程合同是否属于格式合同，应考察其是否为"一方当事人预先拟定，而相对人并无从影响该合同者"，因为格式合同规制理论正是在于保护当事人之间的实质意义上的合同自由，即其得依其自由意志决定合同内容，如此才有信守合同的义务。至于该合同是否用于同类交易、是否与不特定多数人签订，并非重点。对于工程合同，如果是经过双方当事人认真磋商确定合同内容，当然非格式合同；而实际上大部分合同内容是由工程发包方事先拟定好的，在国家机关作为发包方时更是如此，而承包商投标时仅能够决定底价，即仅得决定报酬之多少，而对于其他合同内容丝毫没有置喙的余地。此时，该类工程合同应属于格式合同，有《民法典》第496条、第497条、第498条之适用。

---

① 该判决略谓："'消费者'，系指以消费为目的，而为交易、使用商品或接受服务者而言。消费者与企业经营者间就商品或服务所发生之法律关系，称之为'消费关系'。本件两造所订立之工程合约系属承揽契约关系，并无消费者关系存在。按依照当事人一方预订用于同类契约之条款而订定之契约，为加重他方当事人责任之约定，按其情形显失公平者，该部分约定无效，故为民法第二七四条之一第二款所明定。惟八十八年四月二十一日民法债编增订该条规定之立法理由，乃鉴于我国国情及工商发展之状况，经济上强者所预定之契约条款，他方每无磋商变更之余地，为使社会大众普遍知法、守法，防止契约自由之滥用及维护交易之公平，而列举四款有关他方当事人利害之约定，为原则上之规定，明定'附合契约'之意义，及各款约定按其情形显失公平者，其约定为无效。"

② 吴若萍：《公共营建工程契约中迟延完工之问题研究——以不可归责于承揽人为中心》，台湾大学2008年硕士学位论文，第51—53页。

③ 参照我国台湾地区"最高司法机构"（2005）台上字第1号判决、（2003）台上字第785号判决、（2004）台上字第2470号判决。

④ 参照我国台湾地区"高等法院"（2006）建上字第18号判决、（2004）重上字第362号判决、（2005）重上字第153号判决、（2002）重上更（一）字第129号判决。

⑤ 参照我国台湾地区"高等法院"台南分院（2001）重上更（一）字第6号判决、我国台湾地区"最高司法机构"（2003）台上字第1395号判决、我国台湾地区"高等法院"（2006）建上字第18号判决、我国台湾地区"高等法院"台中分院（2005）建上更（一）字第1号判决。

3.6.4　施工合同中的典型格式条款——概括性放弃权利条款

在工程合同中，发包方为了将可能导致任何费用增加的风险控制在特定范围内或打算将所有不可预见的风险全部转移给承包方，经常在工程合同中加入排除承包商任何损害赔偿请求权或增加合同报酬请求权之免责条款，尤其是不管客观情况发生任何变更，也不能基于情事变更原则主张调整给付或要求费用补偿。对于不可归责于承包商的事由所导致的损失，发包方往往单方面约定不承担任何补偿责任或者仅允许承包方可以申请延期而不得主张调整合同报酬或请求额外费用之补偿，或者单方面规定发包方对于费用补偿与否以及费用补偿额度有最终之决定权。

例如，我国台湾地区"内政部"营建署和所属各机关工程采购合同第27条第4项就有此类规定。① 该合同范本第21条还规定："（一）本条所称灾害，系指下列因天灾或人力不可抗拒因素发生之事故，所肇致施工期间的一切损失，均应由乙方负责处理。山崩、地震、海啸、火山爆发、台风、豪雨、冰雹、水灾、土石流、土崩、地层滑动、雷击等造成之意外灾害，并以各级主管机关或气象局所发布为准。核生化事故或放射性污染，达法规认定灾害标准者，或经政府主管机关核示者。其他经甲方认定确系人力不可抗拒之因素发生者。（二）验收前遇台风、地震、豪雨、洪水等不可抗力灾害，乙方应在灾害发生后，按保险单规定向保险公司申请赔偿，并尽速通知甲方会勘。其经会勘属实，并确认乙方善尽防范之责，甲方得按实际需要展延履约期限。"②

在我国大陆工程合同中也经常会有类似约定，常见的有以下几种表述：

"承包商不得因前述事件所引起之工作延误或工作紊乱提出索赔。"

---

① 该项规定：因非可归责于乙方之事由，如签订契约之次日起，逾六个月未能开工，或开工后无法继续施工而停工，其连续停工时间达六个月仍无法复工者，经乙方向甲方要求解除或终止契约，并得下列项目提出相关证明文件向甲方合适求偿。但经甲方以书面征询乙方同意继续履约者，嗣后回复开工，乙方不得据以请求赔偿。

② 吴若萍：《公共营建工程契约中迟延完工之问题研究——以不可归责于承揽人为中心》，台湾大学2008年硕士学位论文，第157页。

民法典背景下情事变更原则之逻辑构成与司法展开——以两岸建设工程实务为分析场景

"如承包商欲请求特定费用补偿,应当于有关事件发生之七日内,将其意愿以书面形式通知发包方,逾期则一律视为放弃此等权利请求。"

"承包商不论以任何理由展延工期,如发包方已经以书面形式通知核准其延长之请求,则应视为对承包商所遭受之任何实际、可能或延续之损失,已做全部而圆满之补偿。承包商必须放弃对该一事件再提出要求之权利。"

无论是单方面否定承包商之任何请求权,或仅给予承包商展延工期而不予补偿或赔偿之权利,在性质上此等条款都可归属于以格式条款之方式要求承包商不得对于展延工期所产生的额外费用提出赔偿或补偿之要求,即使在客观情事重大变更,满足情事变更原则的适用要件时,承包商也不得主张适用情事变更原则以求增加合同报酬。如此做法是否适当?此等格式条款能否绝对排除情事变更原则的适用?承包方的合理利益诉求能否因此等单方面的格式条款而被弃之不顾?司法审判中对于该类格式合同的效力存在对立的观点。

一种观点认为此类合同条款当然有效,尤其是在早期的司法实践中,大多基于私法自治、合同自由原则,避免过度介入当事人之间的合同关系,法院对于格式条款管制理论的运用比较保守,很少宣布该类格式条款无效。[1] 在多数类似案件中,即使承包方根据格式合同的有关规定(如原《合同法》第 39 条、第 40 条、第 41 条)提出此等概括弃权条款应为无效之主张时,法院也多采该类条款有效之见解。其原因不外乎工程合同并非典型的格式合同,或者承包商完全可以选择不与该格式合同的拟定方(发包方)签订工程合同,所以当事人双方存在真正的合意,应当坚持契约严守原则,拒绝承包商增加费用之请求。[2] 典型判决略谓:

"……次查上诉人主张两造所签订之系争工程合约中施工说明书总则第三条第二项虽载有如非承包商之责任而影响工程之进行时,仅得按实际情形免计工期,不得提出赔偿要求之弃权条款,惟此为被上诉人缔约时所明知,

---

[1] 可以参见我国台湾地区早期判决,如我国台湾地区"高等法院"(2000)重上字第 478 号判决、台湾地区"高等法院"花莲分院(2004)重上字更(一)字第 16 号判决等。

[2] 吴若萍:《公共营建工程中迟延完工之问题研究——以不可归责于承揽人为中心》,台湾大学法律研究所 2008 年硕士学位论文,第 159 页。

该弃权条款，应属有效。……足认被上诉人于缔约时已知悉提供土地将有迟延之情事，而有预先免除伊提供土地迟延之责任等语，似非全然无据，此攸关上诉人得否主张该弃权条款并无'民法'第二百四十七条之一第一、三款规定显失公平之情事，自属重要之攻击防御方法，惟原审弃置不论，且未于判决理由下说明其取舍意见，即遽认上开弃权条款显失公平，应属无效，被上诉人得请求上诉人赔偿损失，进而为上诉人不利之判决，亦有可议。"①

"次查本件被上诉人系医疗机构，以从事医疗为其业务；上诉人系以承包工程、营缮工程为其经营业务，系全国具知名度之营造业者。以被上诉人就所定作之系争工程，发包予上诉人承揽而言，系偶尔为之，应（非）属消费者之一方；上诉人系属工商企业之一方，以其所经营业务与被上诉人签订工程契约书，对于契约内容是否显失公平，知之甚稔。……尚难认系被上诉人一方预订契约之条款，即非属'民法'第二百四十七条之一所规定之附合契约，已臻明确，自无消费者保护法、公平交易法规定之适用。"②

另一种观点则认为此类概括性弃权条款属于典型的格式条款，应当根据格式条款的有关规定进行审查，违反此类规定的应当被宣告无效，以保护承包方在必要时主张适用情事变更原则的权利。我国台湾地区不少法院就认为该概括性弃权条款使交易双方所负担之风险显然不对等，系属剥夺承包方重要权利的不当条款，应当根据我国台湾地区"民法"第247条之1（相当于《民法典》第497条）宣告无效。

如台北地方法院（2006）建字第67号判决略谓："……次查本件系争二件工程延展工期原因并不可归责于原告，而其他计如变更设计及取得路权等有部分可归责于被告，同时依上开约定，仍应由原告提出申请展延工期后，再由被告核定、同意展延，更进一步要求原告须放弃一切补偿之权利；同时原告面对此种工程因时间因素大幅增加费用之风险又远超过原告之预期，显然两造对于此等契约条款约定系处于不对等地位，即原告对展延工期部分并无自主权、无平等商议可能，更被迫要求放弃补偿权利，是本院认为上开附

---

① 我国台湾地区"最高司法机构"（2009）台上字第278号判决。
② 我国台湾地区"最高司法机构"（2005）台上字第1号判决。

合契约规定之条款显失公平，揆诸上开规定，对原告言应为无效。"[①]

而我国台湾地区"公平交易委员会"也曾经于1997年做成"内政部"（86）公2字第8606226之005号函，该函对上述概括性弃权条款之效力的见解为："类此规定，是否违反公平交易法，仍须视具体个案而定，惟如有可归责于主办机关，却使交易双方所负之风险显不对等，而超过承包商可预期之完工风险，明显减损营缮工程效能竞争，倘又不能就同一情事要求补偿，将涉有显失公平之虞。"

还有部分实务见解对于概括性弃权条款并非采取全然有效或无效之认定，而系透过"有经验之承揽人是否得合理预见"之标准。如果延展工期的情形，已非任何有经验的承包商可合理预期时，仍当认定该概括性弃权条款无效而有情事变更原则的适用可能，或者是肯定免责条款的效力，但是就非承包商可合理预见的范围内的风险损失仍然可以适用情事变更原则。

如上所述，建筑行业属于典型的微利行业，如果情事变更原则可通过格式条款排除，在出现情事变更时，合同目的将无法实现，施工企业会出现较大亏损，为了避免亏损，承包方可能会在材料使用、施工方法等方面采取一些违法行为来降低成本，以至于偷工减料，使得工程质量存在隐患，对于发包方不利；另外，人工成本在施工成本中占较大比例，如施工企业因情事变更而巨额亏损，大量农民工的劳动价值无法体现，不利于社会稳定。所以通过格式条款排除情事变更原则之适用对于确保工程质量、平衡双方关系、保护建筑工人的劳动权利都是不利的。[②]

笔者认为对于工程合同中此等预先拟定的概括性弃权条款必要时应认定为无效，因为在民法的任意性规定中往往含有特定的立法意旨，是立法者考

[①] 相关见解可参阅台北地方法院（2005）建字第277号判决、我国台湾地区"高等法院"花莲分院（2006）建上更（一）字第21号判决、我国台湾地区"高等法院"（2006）建上字第4号判决。其他类似见解虽然未直接宣告该类概括性弃权条款无效，但法院并不否认在合同存在此等概括性弃全条款的情况下承包商仍然得以情事变更原则为根据主张延期费用，如我国台湾地区"最高司法机构"（2008）台上字第678号判决、（2006）台上字第2383号判决、（2006）台上字第930号判决、（2000）台上字第1402号判决等。

[②] 崔玉清：《建设工程合同履行中情势变更原则的适用》，载《政法论坛》2014年第1期，第178页。

虑到典型交易情形所涉及的双方当事人利益而设定的妥当的利益与风险分担机制，为规范当事人间之权利与义务的最低限度，虽然当事人可以通过约定而改变法律的任意性规定，但此等改变如果抵触该立法意旨的核心价值判断，则其效力应当存疑。如果以单方预先拟定的格式合同规定他方必须放弃重大权利方可能签约，应当认定为无效。特别是在可归责于发包人（多数为发包方违反协力义务）时，承包方本可以根据民法的规定请求损害赔偿，而发包人却以该概括性弃权条款作为挡箭牌，将显然可归责于发包方之损失转嫁给承包商，显失公平。即使在不可归责于发包方时，承包方对于不可预见的情事变更，往往很难与发包方达成一致以免除其迟延履行责任。但是合同之风险分配原则上应当基于当事人合意，而当事人意思当然应以可预见之风险为限，如此才可能对特定风险之分配作出真正意思表示，而不能因为合同中有对某一风险的事先规定，即不论风险程度如何，一律当成可预见之风险。①

3.6.5　施工合同中的典型格式条款——物价调整条款

3.6.5.1　概述

国内施工合同常因物价调整发生争议，故许多工程合同中常有约定物价调整条款，常见的有两种情形：一是合同明定物价调整款，约定不办理物调，但因物价巨幅波动，承包人请求办理物价调整者；二是合同明定物价调整合同，约定有物价调整机制，但因物价巨幅波动，造成承包人实际所受成本损失已经远远超过依约所得请求之物调款，而向发包人请求追加给付物价调整款者。②

国内可搜寻到之工程合同范本中，大多范本中有物价调整条款，将物价上涨因素列入合同中加以考量。如在某甲公司诉某乙丽水市金丽温高速公路

---

① 萧伟松：《论营建工程迟延与情事变更原则之适用》，东吴大学法律研究所2001年硕士学位论文，第96页。
② 颜玉明：《公共工程契约物价调整机制之过去与未来——从工程采购契约范本2008年4月25日至修订谈起》，载《月旦民商法》2008年第20期，第95页。

民法典背景下情事变更原则之逻辑构成与司法展开——以两岸建设工程实务为分析场景

丽青段建设指挥部建设工程施工合同纠纷案中，[①] 发包方就事先规定："本合同在合同执行期间，不进行价格调整；投标人在报价时，应考虑价格浮动的因素。"

我国《建设工程施工合同（示范文本）》（GF-2013-0201）第11.1规定若出现市场价格的明显波动，则可以据此调整合同，并明确了此种情形有三种调价方式可供选择。第11.2则规定了法律变化引起的调整，尤其强调如果是因为承包方的原因导致施工迟延，在迟延期间出现法令政策的调整，则由此产生的损失和工期延误都由承包方负责。但是工程实务中仍有一些合同对物价调整没有约定，或者合同中明确排除物价调整，因而产生一个基本问题：此际物价上涨得否适用情事变更原则对合同予以调整，或许乃因为一般人可得之工程合同范本仍属较为容易受到公评的对象，因此其相关规定必须较一般实际上使用之工程合同范本符合公平正义，故于合同范本中多列入物价调整条款，唯一旦物价上涨之幅度远超过当事人预期之范围者，是否仍得适用情事变更原则调整合同，工程实务中多有争议。

3.6.5.2 合同明定不办理物调

发包方于施工合同中明确规定，不办理物价调整，但是因物价上涨幅度过巨，承包人请求办理物价调整，有无理由？

1. 肯定说

司法实践中，有些法院认为纵使有不办理物调之明确约定，于物价上涨幅度过大时，依然有情事变更原则之适用可能。其典型判决略谓：

"系争契约第13条第1项第3款固载明：'物价指数调整：工程进行期间，如遇物价波动时不予调整'等语，然此约定应系指一般情况之涨落，原告固无因此而要求增加给付工程款之权利，然于两造签订系争契约之后，因情事变更致钢铁及营建物价大幅上涨，且非原告于订约当时所能预见，倘仍依系争约款不予调整，不啻令原告单独承担不可预测之风险，于客观交易秩序及系争契约原有法律效果之发生，将有悖于诚信及衡平观念，对原告有显

[①] 浙江省丽水市中级人民法院（2011）浙丽民终字第10号。

第3章 施工合同中情事变更原则之适用要件分析

失公平之情事。综上,于两造签订系争契约之后,情事变更致钢铁及营建物价大幅上涨,且非原告于订约当时所能预见,系争工程款之给付应有'民法'第二二七条之二第一项情事变更原则之适用。"[1]

"虽两造合约第11条约定:'无论供料涨落与否,均按合理单价办理',然此规定,在一般情况之工料涨落,承揽人固无因此而要求增加给付之权利,然如因情事变更,既非缔约当时所能预见,自不因有上开约定,而使承揽人失去依据情事变更原则为增加给付之权利。是上诉人抗辩称被上诉人于签约后自得与供应商预约各种工料,以免因施工期间过长,导致物料涨价或缺货,此系被上诉人可预见之事云云,显系苛以他人逾其能力范围所及之义务,即不足为凭。其以两造合约第11条约款,抗辩被上诉人不得再主张情事变更原则亦不可采。"[2]

在上述某甲公司诉某乙丽水市金丽温高速公路丽青段建设指挥部建设工程施工合同纠纷案中,法院就认为既然"本合同约定在合同执行期间,不进行价格调整;投标人在报价时,应考虑价格浮动的因素。则从合同的约定来看,案涉合同属于固定单价合同,不论是何种原因导致工程量发生变化,除非合同双方当事人就变更工程的单价或总额价进行变更协商一致,否则工程细目单价均不调整"。[3]

2. 否定说

也有法院坚持否定说,认为既然合同明示排除物调,则承包人当不得再基于情事变更原则来调整物价,否则即与合同自由之基本原则相抵触。其典型判决略谓:

"上开物价指数条款之约定文字,似已明白表示两造于缔约时已预见缔约后工程进行期间物价可能发生之变动,并同意于物价波动时不调整工程款。乃原审竟舍此契约已表示之当事人真意,而谓尚难认为系争工程开标及两造签订系争契约时,被上诉人即得预料往后钢铁及营建物价将大幅上涨云

---

[1] 我国台湾地区南投地方法院(2005)建字第8号判决。
[2] 我国台湾地区"高等法院"台中分院(2004)建上字第33号判决。
[3] 浙江省丽水市中级人民法院(2011)浙丽民终字第10号。

民法典背景下情事变更原则之逻辑构成与司法展开——以两岸建设工程实务为分析场景

云,据以认系争工程之给付有"民法"第二二七条之二第一项情事变更原则规定之适用,因此为上诉人败诉之判决,自有可议。"①

"公共工程委员会已于2003年4月30日发布'因应国内钢筋价格变动之物价调整处理原则',上诉人为营造业者,并非经济上之弱者,明知工程原物料价格有上涨情事,仍于2003年11月25日以低于底标之新台币三千九百二十八万元标取系争工期一百五十个工作天之工程,又签署附有'本工程不考虑因物价上涨而调整工程款计价'之契约,则系争自2003年11月24日开工日起,至2004年10月11日完工日止之工程,于工程期间因营建物价上涨趋势之风险,即非上诉人所不得预料,自无情事变更原则之适用。"②

3.6.5.3 合同中明定物价调整条款

发包方在合同中明确规定物价调整条款,约定有物价调整机制,但是因物价涨幅过大,造成承包人实际所受之成本损失远超依约所得请求之物调款,此际承包方能否基于情事变更原则而主张调整物价。司法实践中亦有不同之立场。

1. 肯定说

该说认为即使合同中明确规定了物价调整条款,但是如果承包人据此所得之物调款不足以弥补其风险损失,则依然有主张情事变更原则以调整合同的必要。其典型判决略谓:

"上开砂石价格飙涨情事既非两造于立约当时所得预料,倘无论砂石供料如何飙涨,均依系争合约约定之单价办理,则不啻令被上诉人单独承担不可预测之风险,于客观交易秩序及系争合约原有法律效果之发生,亦将有悖诚信及衡平观念,对被上诉人显失公平,被上诉人依情事变更原则及诚信原则之规定,自得请求法院增加上诉人应为之给付。……故基于衡平、合理及风险分摊考量,原合约是否含有物调办法,均以适用本方案调整或补偿较宜堪认被上诉人主张因此次砂石价格飙涨而适用情事变更原则,核与系争合约

---

① 我国台湾地区"最高司法机构"(2007)台上字第2237号判决。
② 我国台湾地区"最高司法机构"(2008)台上字第560号判决。

有无物价指数调整之约定无涉,亦非互相排斥适用。"①

"……公共工程施工期间甚长,涉及人员、机具、材料乃至工作项目众多,殊无可能事前以契约规范所有事项,是以当任何上开各项目个别费用之成本支出超出当事人缔约当时所能预见之风险发生时,则属情事变更原则规范之对象,而本件工程施工后发生土方砂石禁采联管事件,即属当事人缔约当时不能预见之情形,而有赖情事变更原则,以合理公平调整双方当事人之权利义务……"②

2. 否定说

该说认为既然当事人在施工合同中对物调机制有明确规定,则当然应当据此办理,而无情事变更原则的适用余地。其典型判决略谓:

"查两造签订系争合约时,已于系争条款约定,工程进行期间,如遇物价波动,得依'行政院'主计处公布之台湾省营造工程物价指数,就跌幅超过5%部分,调整工程……可见两造于法律行为成立时,即预见施工期间可能有材料物件波动之情事发生,且对之应如何调整给付,已有约定,征诸前述说明,即无'民法'第二二七条之二第一项情事变更原则之适用。上诉人虽谓,本件纵认有约定物价总指数,但对于各分项指数剧烈变动之情形,仍非两造所得预料且有不可预测性,故仍有情事变更原则之适用云云。但查,系争工程之所有项目均为上诉人所施作,乃上诉人自承,而依系争工程历次估验内容,除金属类外,尚有劳务、工资、砂石、砖瓦、玻璃等,有历次估验清单记录、会堪记录表等可稽,是两造为平均上开各分项物价指数涨跌之功能,而选择以总指数作为调整之基准,显已预见各分项指数均可能有涨跌之情事发生,自无许上诉人事后再以金属或钢筋之物价波动状况与缔约时所预期者不同为由,主张有情事变更原则之适用。"③

3.6.5.4 具体评析

对于物价指数调整条款与情事变更原则适用之牵连性,笔者有以下几点

---

① 我国台湾地区"最高司法机构"(2006)台上字第1944号判决。
② 台北地方法院(2002)仲诉字第15号判决。
③ 我国台湾地区"高等法院"民事判决(2007)重上字第360号判决。

民法典背景下情事变更原则之逻辑构成与司法展开——以两岸建设工程实务为分析场景

看法：

1. 如果施工合同未约定任何物价调整条款，则此时应当有情事变更原则的适用可能。司法实务中多以承包人有其专业能够控制风险而排除情事变更原则之适用，但笔者以为仍应当以通常的有经验之承包商的预见能力作为判断标准，不能一味强调承包商为专业人士即将不可预见的所有风险都由承包人承担，否则将使承包人承担其预期外之风险，而失去施工合同之等价有偿性，与公平原则与诚信原则显然违背。或谓承包人可以通过保险的方式来转嫁风险，但是保险风险的大小与保险费呈正比例之关系，而保险费也来自工程款，因此为确保合同之等价性，不宜将全部风险均转由承包方承担，仍应考量承包商于缔结合同时能否预见风险而为思考为妥。

2. 如果契约明定物价调整条款，且物调款明确规定不办理物调，即完全排除情事变更之约款，实务上有认为此时基于契约自由原则，而双方既已约定排除不办理物调，则可谓双方已预见风险而由自己承担，应认其约款有效，而排除情事变更原则之适用。但亦有认为若风险已逾双方当事人所得预见范围，则依诚信原则仍有情事变更原则之适用，笔者以为本着合同自由原则，当事人本得就缔约时尚未发生之情事而预定其合同之权利义务，唯如当发包方以格式条款约定承包方承担全部之风险时，应当依照《民法典》第497条认定该完全排除情事变更原则适用之条款无效。

3. 如果当事人已经约定有物价调整机制，但是因物价上浮幅度过大，造成承包人实际所受之成本损失远逾依约所得之物调款，而向发包人请求追加物价调整款者，实务上有认为不得请求情事变更之原因在于双方当事人即可预见其危险而加以约定，自不符合情事变更之原则，而排除其适用。但笔者以为该条款性质仅是就已经预见或可得预见之风险加以安排，就无法合理预见之情事变更，即非契约条款之内容所能规范之范围，否定之见解未考虑到该条款能否对其缔约当时根本不能预见之风险加以约定，而径自认为只要有所约定即可以认定有所预见，其逻辑推论实为倒果为因，因此笔者以为嗣后发生之情事变更，如逾越当事人缔约时所能预见之风险范围或程度，则纵使已有物价调整机制，但在该机制作用范围之外仍有情事变更原则之适用余地。

3.6.6 施工合同中的格式条款——协助义务违反承包人不得要求赔偿（补偿）

3.6.6.1 概述

结合《民法典》第778条和第808条可知在施工合同中，为使施工顺利进行以至完工，发包人同样负有协助义务，在发包人不为协助义务且可归责时，承包人可主张债务不履行责任；在发包人不为协助义务且不可归责于双方时，承包人有可能主张情事变更原则来调整合同。但实务中，以单方格式条款来免除发包人上开责任者，不在少数，该类型格式条款的经典表述为"承包商不论以任何原因申请延长工期，如工程司以书面通知核准其延长之请求，则应视为对承包商所遭受之任何实际、可能或延续之损失，已作全部而圆满之补偿，承包商需放弃对该一事件再提出要求之权利"。

该免责条款除非无效，否则当然对当事人双方有拘束力。免责条款除了免除发包人损害赔偿之责任外，依据部分司法实务之见解甚至可能排除情事变更原则之适用。典型判决略谓：

"如于法律行为成立时，即预见情事将有变更，双方对之应如何调整给付，有所约定者，自无该法条规定（情事变更原则）之适用。因此，如果双方就工期延长、无法如期开工，以及不可归责于承包人之事由而停工，有约定当然从约定。依此种见解，此际当然无情事变更原则之适用余地。"[1]

但是免责条款之效力应受到法律之检验，不得以免责条款毫无限制地分配合同风险，避免合同自由遭到滥用，否则该条款应可根据《民法典》第497条被宣布为无效，因此有必要进行类型化的分析。当发包人违反协助义务有故意或重大过失时，发包人如以免责条款单方面规定承包人不得请求任何赔偿，此等免责条款违反《民法典》第506条（我国台湾地区"民法"第222条）之规定，应为无效。发包人非因故意或重大过失违反协助义务时，该免责条款之效力如何？大致的看法有三种：(1) 该定型化之免责条款因违反《民法典》

---

[1] 我国台湾地区"最高司法机构"（2004）台上字第1277号判决。

第497条（我国台湾地区"民法"第247条之1）原则上无效；（2）免责条款虽然有效，但是如果符合情事变更原则之要件则仍然有《民法典》第533条之适用可能；（3）免责条款有效，应予适用。以下重点针对这三种看法分组讨论。

3.6.6.2 免责条款无效

这种观点认为，承包人本依情事变更原则得请求调整给付或依债务不履行之规定请求损害赔偿，如定型化契约条款约定承包人抛弃权利，使承包人承担难以预见之风险时，则该条款将违反公平合理原则、《民法典》第497条而无效，我国台湾地区判决该类免责条款无效的请求权基础是我国台湾地区"民法"第247条之1，其典型裁决略谓：

"本件系争合约一般规范8.4（7）弃权事项中约定：'承包商不论以任何原因申请延长工期，如工程司以书面通知核准其延长之请求，则应视为对承包商所遭受之任何实际、可能或延续之损失，已作全部而圆满之补偿，承包商需放弃对该一事件再提出要求之权利。'以上约定，承包商不论是否可归责于己之事由，不论遭受何种损失，一旦工程司对其核给工期，承包商均需放弃权利，此种约定显将使承包商承担难以预见之风险，衡酌前揭政府采购法第六条第二项（公平合理原则，现为第六条第一项）及公平会函文之意旨，自属显失公平，且系争合约一般规范复系相对人预定用于同类工程合约之条款而订定之契约，揆诸首揭'民法'修正条文第二四七条之一规定之意旨，系争合约一般规范8.4（7）之规定应无适用之余地。"[①]

"……如因被上诉人之原因所致之迟延，依'民法'第二百三十一条规定，被上诉人本须负损害赔偿责任，然被上诉人却执施工补充说明书第十六条之约定据以免责，该条约定，自显系片面解除被上诉人之违约责任，并限制上诉人请求赔偿之权利，显失公平！且此条款系被上诉人一方预定用于同类契约者，其片面保障被上诉人，尤失公平……应符合'民法'第二百四十七条之一规定而无效。"[②]

[①] 我国台湾地区（1999）商仲麟仁字第65号仲裁判断书，转引自罗明通：《论工期展延费用之风险分配（下）——从"不可归责于承包商"之角度谈起》，载《营建知讯》2002年第233期，第62—63页。

[②] 我国台湾地区"高等法院"台中分院（2002）重上字第87号判决。

第3章　施工合同中情事变更原则之适用要件分析

"……原告（承揽人）既因展延工期而有增加成本及费用，则如仍限制其仅得依契约约定给付，自显失公平，故原告请求被告（发包人）就其因所增加施工成本及费用部分，于合约约定外，再为增加给付，揆诸上开规定，洵属有据，应予准许。至被告所举之系争工程合约第五条第六款约定，因系被告所提出之定型化契约条款，且系免除被告之责任，并规定不论可否归责被告，原告均不得主张因工期改变所受之损失赔偿，显对原告不公平，故依'民法'第二百四十条之一第一款规定，自属无效。"①

3.6.6.3　免责条款有效，但仍有情事变更原则之适用

此种看法认为，免责条款虽为有效，但因贯彻条款之约定，将使得承包人无止境承担因迟延增加之成本，依其效果显失公平，符合情事变更原则之要件，承揽人可依情事变更原则调整给付。典型裁判略谓：

"参诸现行工程实务，一般作法系以六个月（一百八十天）为定作人处理界面可能发生之迟延期间，故在两造工程合约签订之后，因不可归责于承包商之事由，客观之迟延状况超出合约完工期限六个月部分，如非承商缔约时所得预料，如令承商仅能依原有合约金额请求，自有失公平，故该超出部分应有情事变更原则之适用，合约金额应受公平合理之调整。"②

"仲裁庭认为本件合约中，虽相对人关于展延工期部分，定有免除己方契约责任、使声请人抛弃权利或限制权利行使之条款，惟系争合约一般条款第97.4条、第97.5条亦定有工期延展时，可依物价指数调整工程款之规定；第48.2条亦定有不可归责于承揽人之停工达一百八十三天以上，承揽人之契约终止权，故系争合约已预留防免声请人损害扩大之条款，尚无不公平之处……查本件工期展延达一二八六天，为原定合约工期之二倍强，客观上应非声请人缔约当时所得预见，故仲裁庭认为超出合约原定完工期限一八三天之部分，应准许声请人请求公平调整合约价格，始为公平合理。"③

---

① 台北地方法院（2002）重诉字第1282号判决。
② 李宗德：《情事变更原则于公共工程合约风险分担约款之适用》，载王志奥编：《仲裁案例选辑Ⅲ》，我国台湾地区商务仲裁协会1999年版，第122、140页。
③ 陈峰富：《情事变更原则于公共工程合约风险分担约款之适用》，载王志奥编：《仲裁案例选辑Ⅰ》，我国台湾地区商务仲裁协会2000年版，第197、212页。

也有人以双方无免责条款之合意而否定免责条款之适用，与上述结论虽同，但论点不同。其认为在当事人双方于缔约当时无预见可能性之情事变更而言，应非契约条款之内容所能包含，故不应推定合同当事人就无预见可能性之情事变更也有免除损害赔偿请求权之合意存在，在合理预见范围以外之迟延，应无该免责条款之适用，债务人非得不能主张情事变更原则之适用。[1] 实务见解例如一公共工程争议处理委员会调解案例，略谓："审诸本案迟延进场既非可归责于申请厂商，则系争契约虽均有不予补偿之约定，然此项免责条款之约定是否即如主办机关所言，不论迟延多久均有其适用，且申请厂商也必因而抛弃任何求偿权，实不无疑问。何况参酌一般工程惯例，任何工程施作往往会因其他关联厂商之施工迟延，而有所延误，然而，就主办机关所为之前述约定，一般有经验投标厂商，当知因此一迟延而应由厂商承担损失，会在一定合理范围内，是则如超过一般有经验厂商所能想象范围之迟延，是否能仍视为得标厂商已合意承受全部损失，尤有可议。"[2]

3.6.6.4 免责条款有效因而不能适用情事变更原则

上述两种见解的立场否定免责条款的效力或限制其适用范围，反之，也有观点认为此等免责条款系基于当事人真实意思表示，当然有效。承包人不得为任何请求，包括不得主张基于情事变更原则请求调整合同。其典型裁决略谓：

"上诉人等系享誉国际之优良工程公司，兴建巨大工程应有不计其数之经验，工程合约约定内容，是否公平，亦应知之甚稔，签订契约时自应详为斟酌，非得事后再以所谓'定型化契约、显失公平'等为主张或抗辩之事由，否则，将有悖私法契约自由原则，更有碍法治之进步……尚难认本件合约系属定型化契约。"[3] 此处法院显然认为承包人为有经验之专业建筑商，签订合同时应知道合同内容是否公平并应慎重考虑是否投标、签约，不应于合

---

[1] 张南薰：《情事变更原则在公共工程上之应用》，政治大学法律研究所2000年硕士学位论文，第123页。

[2] 转引自张南薰：《情事变更原则在公共工程上之应用》，政治大学法律研究所2000年硕士学位论文，第122—123页。

[3] 我国台湾地区"高等法院"(2000) 重上字478号判决。

同生效后再主张免责条款显失公平。

"……故'非可归责于上诉人之事由致停工超过六个月'之情形一旦发生，上诉人本可在'终止合约'及'依原契约继续施工'两者间做出选择，上诉人如认其透过人员、材料、机械之妥善调度（弹性调整），尚不致产生损害（成本增加），或其损害可以控制在一定范围之内，且容忍该损害仍较终止合约为有利，自可选择'依原契约继续施工'以获取预期中之工程利益；反之，则可选择'终止合约'并请求损害赔偿。据此，本院认为适用系争工程合约之前述约定，亦无'显失公平'之情形，上诉人主张依据情事变更原则请求被上诉人增加给付，更属无据。"[1] 该判决中，法院显然认为合同关于防免承包人损害扩大的约定，并非显失公平，当然有效。

3.6.6.5 本文观点

综上，部分案例对于免责条款，采取"有经验之承包商是否得合理预见"之标准，如该工期展延之情形，已非有经验之承包商得合理预见时，应认为此等免责条款无效而应回归法律之任意性规定，或是肯定免责条款之效力，但就非承包商可合理预见之范围仍得适用情事变更原则。因为合同对风险之分配乃基于当事人之意思，而当事人之意思客观上应以可预见之风险为界限，如此才是对风险进行合同分配之真正意思，不能说因为合同对于某一风险有所规定，就认定不论风险程度如何，一律作为可预见之风险来处理。[2]

笔者赞同这一观点，认为确应对于免责条款之效力范围加以限制。在可归责于发包人而违反协助义务时，承包人本来可依据《民法典》第803条要求损害赔偿，发包人以格式条款免除该赔偿责任，将可归责于己之损失转嫁于承包人，显失公平，因此该免责条款违反《民法典》第497条应当无效，承包人之权利救济应回归民法之救济性规定。

在非可归责于发包人之情形，承包人对于不可预见之情事变更，并无法与发包人合意免除迟延责任。因为承包人于缔约时会评估计算其所承担之风

---

[1] 我国台湾地区"高等法院"花莲分院（2004）重上更一字第16号判决。
[2] 萧伟松：《论营建工程迟延与情事变更原则之适用》，东吴大学法律研究所2001年硕士学位论文，第96页。

民法典背景下情事变更原则之逻辑构成与司法展开——以两岸建设工程实务为分析场景

险,并将这些风险以保险、提高工程报酬等方式转移分散,如果说承包人不论有无预见,均含有承担合同约定之风险之意,承包人将无法评估风险进而决定工程报酬,与事实不符。因为只有在承包人可预见范围内之风险,承包人才能进行妥善、适当之评估。所以,对于根本无法合理预见之风险,事实上无法通过免责条款予以分配,即此时仍然有情事变更原则之适用余地。即使退一步,认为免责条款对于合同风险均可予以分配,该免责条款将使承包人承担无法合理预见之风险,如为格式条款,亦可能因为显失公平而无效。

至于免责条款是否因发包人承担工期延长之时间损失,承包人承担工程延长之金钱或财物损失,而认为无显失公平之情形?按非可归责于承包人之延误,承包人不负损害赔偿责任,发包人核准展延工期即在于使承包人不负逾期完工赔偿责任,唯此并非在法律规定之外给予承包人利益,不能因此就认为此等条款已经顾及承包人之利益而无显失公平之情形。

第4章

情事变更原则之适用
——工期迟延时请求展延工期

如果在工程合同订立后，对于合同履行具有决定性的客观情况发生了巨大的变化，以至于根据社会发展以及当事人间关系的现状，不能合理期待当事人中的一方履行合同，则依据诚信原则合同内容应作出相应调整，而不应强迫当事人中的一方继续履行合同内容，即应当有情事变更原则的适用。通常，在经济企业之间订立的长期合同中，往往都订有经济条款（Wirtschaftsklauseln），约定当事人负有义务，将合同内容与变化后的形势相协调，而通常当合同当事人间订有此类条款时，就没有适用情事变更原则来调整合同的必要了。德国法上，在合同自由的信念下，只有在当事人没有预料到风险，也不可能对风险作出明确规定时，才应该考察是否存有法律上之规定，否则只需遵循合同当事人之约定即可。所以，通常必须首先通过合同解释予以查明，当事人是否确实对该客观情况之变化没有预见且继续履行显失公平，在作出肯定回答的场合才有情事变更原则适用之可能。如前所述，这里的可否预见不仅是对于该外在情事的变更不可预见，更包含了对于该外在变化所引发之损害程度及范围的不可预见。

在建设工程合同中经常遇见所谓的"索赔弃权条款"或"排除条款"，例如排除天候或异常地质所致之风险，是否即全部不得适用情事变更原则。如上所述，笔者以为严格来说，即使合同中有此类明确约定，仍应对当事人可否预见该损害范围及程度予以考虑，或者是特大暴雨，又或者是地质之异常并非一般专业人士所得事先查知。此时，通过合同单方拟定的所谓"排除

民法典背景下情事变更原则之逻辑构成与司法展开——以两岸建设工程实务为分析场景

条款"仍无法排除当事人依据情事变更原则请求调整合同的权利。

此外,建设工程合同的标的额一般较大,合同履行期较长,当事人所负担之从义务及附随义务较多,工程合同中承包人只具有较低程度之独立性,[1]涉及诸多不同领域的建筑商,而且工程施工合同受工地现场天气及市场环境影响较大,很难在施工之初就能准确确定工程费用。这些都使得建设工程合同在履行过程中极有可能遭遇各种意外风险,很多情况下这些风险都被归结于工程之承包方。为此承包方经常主张在意外风险发生时适用情事变更原则来调整合同,这种调整主要有两种方式:请求展延工期与请求增加费用补偿。

在请求展延工期方面,主要是因为工程合同履约期限较长,其可能遭遇各种不确定风险的概率很大,并且缔约双方往往未能事先预见,[2] 契约不能顺利推进的可能性也较大;而且因为专业分工导致厂商众多,也往往会引发界面冲突,其中某一个承包商之施工延误往往会导致后续承包商无法按时进场施工,从而影响工程之进度。[3] 如此承包人可能无法按时完工,从而可能会承担支付违约金及赔偿损害之违约责任,而工程实务中迟延违约金往往以日计罚,其数额往往巨大,于承包人并无可归责事由时如此处理显然对承包人显失公平。承包人的防御手段即在于主张适用情事变更原则来展延工期,一方面使得工程合同的履行不陷于履行迟延从而无须承担迟延违约责任,另一方面又为后续之工程建设争取充分之工期。

在请求增加费用补偿方面,也经常会伴随请求展延工期而发生。一般情况下,工程工期延长往往会伴随着承包人费用支出的增加。对于该部分增加之费用,其处理方式无外乎以下几种:请求发包方增加,或承包商自行吸收,或发包方于合同中单方面排除该补偿责任。在最后一种情形中,承包方

---

[1] 吴若萍:《公共营建工程契约中迟延完工之问题研究——以不可归责于承揽人为中心》,台湾大学2008年硕士学位论文,第22—25页。

[2] 古嘉谆:《工程法第三讲:工程契约之病》(上),载《月旦法学教室》2008年第67期,第75—76页。

[3] 罗明通:《公平合理原则与不可归责于两造之工期延宕之补偿》,载《月旦法学杂志》2002年第91期,第251页。

第 4 章 情事变更原则之适用——工期迟延时请求展延工期

能否主张情事变更原则之适用，从而要求进行费用调整至关重要；即使费用并非因为工期延长而增加，也可能因为其他原因而增加工程费用支出，比如赶工、成本计算错误、地质异常、物价大涨等因素，如此种种情形若都由承包商承担增加之费用，可能会导致承包商难以继续履行合同，或者承包工程建成不久承包商却被宣告破产倒闭。因此承包商主张适用情事变更原则请求调整工程费用之案件增加，但是何种情况下才能适用情事变更原则，实务中多有争议，往往存在对立的判决。

如上所述，工期展延往往伴随着工程费用之增加，但工程费用之增加也可能有其他原因，因此请求展延工期和请求调整工程费用并无必然关联，两者之适用条件和风险分配也不相同。本文以下部分主要围绕请求展延工期与请求调整费用两部分展开，通过情事变更原则在工程实务中的运用，分析哪些情况可以请求展延工期，哪些情况可以请求调整费用，并分析在不得适用时或除适用情事变更原则外，是否尚有其他的请求权基础可以提供救济。

4.1 基于情事变更原则请求展延工期

4.1.1 概述

工程实务中对工期的计算一般有三种方式：工作天、日历天、限期完工。工作天是指工地实际能工作之天数，因此不能进行或无法进行正常施工之天数要排除在外，如约定"自开工日起 300 工作天内竣工"。一般情况下以下情形所经历的时间不计入工作天：（1）不可归责于承包商之事由，例如因用地取得、拆迁管线、交通管制，因发包人办理变更设计、供应之材料或机具未及时运达工地，致全部工作无法施工或要径作业不能进行者。（2）因气候因素，须经发包方人员认可者。法定节假日、法定投票选举日等。[①] 日历天是指工程自规定之开工日起，按历法连续计算其应完工之天数，[②] 如约

[①] 可参考我国台湾地区"内政部"1990 年 6 月 15 日台内字第 794622 号函第 4 条。
[②] 陈建宇：《政府采购异议、申诉、调解实务》，永然文化出版公司 2009 年版，第 250 页。

民法典背景下情事变更原则之逻辑构成与司法展开——以两岸建设工程实务为分析场景

定"自开工日起500日历天竣工"。限期施工是指双方当事人约定系争工程必须于限定的工期时长内竣工,如约定"自开工日起至2014年10月10日前竣工"。通常情况下建设工程承包方之完工期限、开工时间甚至是否约定个别里程碑,则由发包方斟酌建筑师或设计公司于考察其他类似工程之工期与具体工程之工地地质、施工技术而单方面决定。①

工程实践中常采用的工期计算基础方式为"要径法",其指利用要径概念规划的施工网状图,是以O表示时间点,以→表示作业项目并联结各个时间点所形成的网络。但工程施工中往往有多种作业路径可以达成施工目标,其中施工所需时间最长的即完成系争工程的关键路径,此即为"要径"。②如果选择所需要的施工时间较短的路径,其所需要的施工时间较要径短少的天数即为其"浮时"。除非要径上的工项受到迟延事由之影响而逾越其可容忍的浮时日数,浮时用尽后,该工作也会转变为整体工作的要径工作。③因此仅在要径工作发生迟延情形时,才会影响总工期的延宕。以下图为例:A−B−C所需之工作天至多为19天是为要径,而D作业则有7日之作业浮时。④

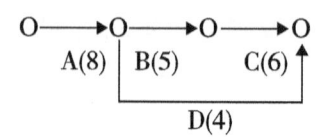

```
      O ——→ O ——→ O ——→ O
      | A(8) | B(5) | C(6) ↑
                    D(4)
```

施工合同可能会将工程中数个不同之组成部分分别规定工期,称为"里程碑",其目的在于更好地把控工程之施工进度,可是合同上的迟延履行责任仍然以最后之完工日期为起算点,因此里程碑一般不具有法律上的意义,除非订有"保证里程碑",否则不能判断各个具体工项是否发生工期迟延之

---

① 杨淑文:《工程展延之争议与履约调解》,载《月旦法学杂志》2007年第143期,第131页。
② 吴若萍:《公共营建工程契约中迟延完工之问题研究——以不可归责于承揽人为中心》,台湾大学2008年硕士学位论文,第82—83页。
③ 颜玉明:《营建工程契约进度及工期问题之探讨》,载《月旦法学杂志》2006年第129期,第35页。
④ 该表格转引自曾婉雯:《工程契约中之契约调整权——以情事变更原则为中心》,政治大学法律研究所2010年硕士学位论文,第159页。

事由。台北地方法院（2003）重诉字第 9 号判决是一个典型案例。[①] 此处对于延展工期之精神应以工作天或日历天计算之，或有争议。但是因为特定障碍事由影响工作进程，导致工程无法如期进行，故展延日数的主要目的应当在于使承包商得于可工作之日数内，完成其工作，以避免迟延责任，因此应当以工地实际能工作之天数，亦即工作天作为展延工期之计算标准。

4.1.2　FIDIC 和 VOB/B 关于工期展延之规范

1. FIDIC 新红皮书之规定

从 FIDIC 新红皮书的规范构造加以研究，在其 1999 年刊行的新红皮书（the New Red Book）中，关于延展工期的规定分散于全文各个部分。但是大致上仍是以第 8.4 条和第 19.4 条作为规范中心。首先在第 8.4 条"展延工期"的规范中，列举了以下几种承包商可据以请求展延工期的事由：[②]

（a）工程变更（除非已根据第 13.3 条变更契约商定对竣工时间作出调整）或其他契约中包括的任何工作数量增加；

（b）承包商根据本契约所载明有权获得延长工期之事项；

（c）异常不利的气候状况；

（d）由于传染病或其他政府行为导致人力或材料不可预见的短缺；

（e）任何由业主、业主之人员或现场中业主的其他承包商所致之任何延误、干扰或阻碍。

对于第 19.4 条"不可抗力的结果"的规定中，则笼统地承认若承包方已经根据合同之要求向业主发出通知，则可以在任何不可抗力的情况下，请求业主延展工期。而所谓的不可抗力事件则于第 19.1 条中有比较抽象的规

[①]　该判决略谓："承揽契约系以一定工作之完成为契约之要素，是除非系争工程有工程实务上所谓之'保证里程碑日期'（Guaranteed Milestone Date），借以分阶段管制工程进度，因此可能藉由该保证里程碑日期判断个该分项工程之施作是否发生工期延误之情事外，系争工程是否发生工期延误之情事，自应以承揽工程之完工是否逾越契约所定工期为其判断之依据，根本无庸亦无从判断各该具体分项工程之施作是否发生工期延误之情事，自更无就各该具体分项工程之施作主张'工期延误'之可能。"

[②]　张水波、何伯森：《FIDIC 新版合同条件导读与解析》，中国建筑工业出版社 2003 年版，第 80—81 页。

定，学者认为 FIDIC 的不可抗力事件须满足以下四个特征：

（a）超出一方当事人所能控制者；

（b）于缔约前该方无法合理防范；

（c）事件发生时，该方无法合理避免或克服；

（d）非由另一方之事由造成。

所以，凡是承包商所无法预见，而且无法合理控制之事件，均包含在该概念之范畴中，然若系因发包方单方面引发之事件则不属于。此外，尚有其他具体的可请求展延工期事由分散地规定在其他条款之中，比如第 8.5 条因政府行为之介入、第 4.24 条发现化石等埋藏物、第 1.9 条工程师延误提供施工有关图纸等。学者认为，这些规定的规范理由在于工程合同的独特性和风险负担理论，所以如果是发包方的过错导致工期的迟延，或是外部情况的异常变化导致工期的延误都应当允许承包商主张展延工期。总的来说，FIDIC 条款对于承包商提出展延工期的请求采取了比较宽松的态度，基本上只要不是承包商自己的过错导致施工合同履行迟延，则承包商都可以主张展延工期。而这一点主要是源于原来的红皮书中"亲承包商"（pro-contractor）的传统。

2. 德国 VOB/B 的有关规定

德国 VOB/B 合同中关于工期展延之规定集中在第 6 条，VOB/B 第 6 条的标题是合同履行的障碍（Behinderung und Unterbrechung der Ausfürung），其中第 2 项第 1 款所采取的规范模式与前揭之 FIDIC 条款相同，该条也列举了承包方可请求工期延展的主要事由。

第 6 条第 2 项第 1 款明确规定，在下列情形中承包方可以请求发包方延展工期：[1]

（a）定作人领域所生之情事：包含施工环境之地下涌水、施工环境之土地等因素所致之施工障碍，亦即施工客体之可施作性应认定属定作人领域之情事，由定作人负责；

（b）罢工或示威；

---

[1] Günther Jansen, Beck'scher Online - Kommentar VOB Teil B, 2009, §6.

第4章 情事变更原则之适用——工期迟延时请求展延工期

(c) 因不可抗力或其他对于承包方不可避免的情况下，如法令变更或其他承包方无法防免之情事等。

在第2款则明确规定，在履约期间天气状况的影响不视为障碍，因为此等事由对于施工之影响必须在事前被考量到。但是承包方在签订合同时通常情形显然不可预见的阻断事由，则应被视为障碍事实，例如地震、大暴雨等天灾，施工无法继续，因为不能归责于承包方，所以延长工期是合理的。当然，对于天灾也必须有所限制，地震也应考虑地震级别，多大的地震才会导致施工不能继续，多大的暴雨才能致使施工极端困难，应当查明暴雨持续的时间。在第6条第4项则规定，为了恢复施工以及在一个较为不利气候施工可能发生的迟延，期限的延长和附加费用之多寡将根据履行障碍持续的时间来计算。

从VOB/B第6条所规定的承包人可以主张展延工期之事由看，其主要包括发包人领域所生事项，也就是说除了承揽人须承担的技术上的风险外，其他应由发包人负担风险的事项，比如发包人应履行之义务、发包人或其代表所为之指示或者发包人对于系争迟延原因具有故意、过失等情形，抑或施工工地之可施作性的风险等，均属于这一条款中所称的"发包人之风险范围"。

在(c)概括条款中所谓的因不可抗力或其他对于承包方不可避免的情况下，比如法令变更或其他承包方无法防免的情况，德国学者认为在解释上是指依具有一般经验与理智的承包商所无法预见，而且凭借经济上可能的最严格的注意（äußerster Sorgfalt ohne Gefährdung des wirtschaftlichen Erfolgs des Unternehmers），仍然无法避免其后果的发生。这就进一步说明，本款的必要但非充分条件是，这个事由是承揽人无须负责（vertreten）的，或者说这些是不可归责于承包方之事由。[①]

这里有一个值得注意的问题，即在第2款中已经明确规定将天候因素排除在可得展延工期事项之外，但是其并非代表只要是与天候相关因素都不能作为展延工期的事由。事实上，应当注意在VOB/B第11条明文规定，业主应当在工期的规划上考虑到许多合同履行中可能遭遇的障碍，并将之列入设

---

① Vgl. Hosrt Kuß, Vergabe - und Vertragsordung für Bauleistungen（VOB）Teil A und B Kommentar, 4. Aufl. 2002, München , S. 766.

定工期长度应当考虑的诸多因素当中，在解释上自应包含可能的天候状况在内，尤其是双方在合同签订前即可合理预见的事项。①

工程实务上所使用之日历天的概念，多因为天候不佳致使无法施工的状况是属于平常情况，如同德国工程实务中须考量夏天雨水日数与冬天雪天日数，在我国司法实务中也应考虑台风、冰雹、豪雨等无法施工的情形，因此当事人在签订合同时，必须根据气象局发布之天候资料考虑施工日数，而不能完全不予考虑。因此原则上天候因素不论在 VOB/B 中还是在我国工程实务中一般不作为可请求延展工期的理由，但是在工期规划方式的要求下，仍应当兼顾承包商之利益，给予适度的调整，若遭遇超出无法施工日数的平均值，亦非不得请求发包方展延工期。

因此从 VOB/B 第 6 条及相关条文的规定可以认定，VOB/B 在工期延展的问题上，主要是以承包方是否具有可归责事由作为判断根据的，而承包人到底是否可归责，又应以其对造成工程迟延之事由是否可合理预见并可以合理方法加以避免来认定，以此来判断承包方是否可请求展延工期，弥补自己的债务履行迟延责任。

4.1.3　工期迟延之实务运作

1. 工期约定方式与免予计算工期之情形

我国台北市政府工程采购契约范本第 13 条规定，工期之约定有三种方式：（1）自开工日起至（　）年（　）月（　）日前竣工；（2）自开工日起（　）工作天；（3）自开工日起（　）日历天内竣工。该条第 2 项亦规定："除契约另有规定外，以日历天或工作天计算工期者，下列期日约定免计工期，但其有相互重叠者只计其一：一、'开国纪念日'、劳动节、'国庆日'及'和平纪念日'，各一日。二、民俗节日春节自农历除夕起七日、民俗扫墓节一日、端午节一日、中秋节一日。三、工程所在地选举投票日一日。四、星期六及星期日。"除上述免计工期之条款外，第 14 条亦约定：

---

① Vgl. Kappellamnn/Messerschmit, VOB Teil A und B, 2007, C. H. Beck München, VOB/A §11.

第4章 情事变更原则之适用——工期迟延时请求展延工期

"工程遇有障碍因素或变更设计致无法全面施工时，乙方得提出相关检讨资料，依'台北市政府所属各机关兴办工程因障碍因素无法全面施工展延工期审核注意事项'之规定，向甲方申请展延工期。依契约应由甲方供给之机具、材料而未能及时供给时，乙方得向甲方申请延展工期。天然灾害或不可抗力，或不可归责于乙方事由，致无法施工或增加工作者，乙方得提出相关资料，向甲方申请展延工期。前三项展延之工期，其事由未达半日者，以半日记；逾半日未达一日者以一日计。其与前条之约定免计工期有重叠者，则只计其一。"

我国台湾地区公共工程委员会颁布之采购契约要项第43项、第44项分别就期限之约定与计算设有明文规定。①

2. 免责条款

实务上于订立工程合同时，发包方为避免双方事后对于是否迟延各执一词，并为了杜绝事后争议及承包商提出相关协调之请求，发包方一般会在合同中订入工期展延条款。但工期展延与否常常与承包商是否履行迟延相关，也涉及迟延违约金的计算。另外还要考虑到，如果工期展延的话，承包商的施工成本必然增加，此时承包商能否基于情事变更原则向发包方请求增加费用补偿。为了防止承包方的这些主张得以发生，发包方多于合同中事先拟定免责条款，借以确保自己对于是否展期以及延期天数拥有最终的决定权，同时往往规定即使发包方同意展期，承包方也不得主张费用增加之补偿。由于发包方具有单方面之决定权，无论迟延事由是否归责于承包方，发包方可能只给予承包方较短时间之工程展延天数，或者根本就不同意工期展延。②

---

① 第43项规定："履约期限之订定，得为下列方式之一，由机关载明于契约：（一）自决标日、签约日或机关通知之次日起一定期间内完成契约规定之事项。（二）于预先订明之期限前完成契约规定之事项。（三）自厂商收到机关之信用状、预付款或其他类似情形之次日起一定期间内完成契约规定之事项。（四）就履约各重要阶段或分批供应之部分分别订明其期限。（五）其他约定方式。"第44项规定："履约期间之计算，除契约另有规定者外，得以下列方式之一，由机关载明于契约。（一）以限期完成者。星期例假日、'国定假日'或其他休息日均应计入。（二）以日历天计入。星期例假日、'国定假日'或其他休息日，是否计入，应于契约中明定。（三）以工作天计者。星期例假日、'国定假日'或其他休息日，均应不计入。前项履约期间，因不可抗力或有不可归责于厂商之事由者，得延长之；其事由未达半日者，以半日计；逾半日未达一日者，以一日计。"

② 吴若萍：《公共营建工程契约中迟延完工之问题研究——以不可归责于承揽人为中心》，台湾大学2008年硕士学位论文，第115页。

民法典背景下情事变更原则之逻辑构成与司法展开——以两岸建设工程实务为分析场景

对于此等单方面拟定之格式条款，笔者认为，首先，根据《民法典》第590条以及我国台湾地区"民法"第230条规定，因不可归责于债务人之事由导致未能及时给付者，债务人不承担迟延责任，因为法律上依利益衡量、价值判断所为之风险分配，债务人负担迟延责任的前提是债务人对于迟延事由有可归责性，多表现为债务人对于履行迟延具有故意或过失。而该格式条款的规定对是否具有可归责性不予考虑，令债务人对于不可归责于自己之事由甚至不可抗力也要承担债务迟延责任，显然与其所排除不予适用之任意规定之立法意旨自相矛盾。

其次，将违约与否完全交由发包方决定，使得当事人事先根本无法预知其所需之注意义务程度以及可能产生之责任范围，而且显然属于加重对方义务，免除自己责任，根据《民法典》第497条或我国台湾地区"民法"第247条第1项应当认定为无效。[1]

再次，施工合同中经常规定承包方必须于展延工期事由发生时起一定时间内通知发包方发生迟延之具体事由，并且须在通知后一定期间内提交书面证明资料，作为展延工期之依据，逾期通知或提交证明材料则视为承包方放弃展延工期之请求权。此等约定对于承包商显然过于苛刻，逾期即等于放弃不考虑承包商可能在实际操作中遇到的通知障碍或资料提供障碍，实际上接近于间接剥夺承包商之展延工期请求权，此等约定显失公平，承包商可依据《民法典》第151条撤销该条款或者直接依据第497条主张其无效。[2]

最后，发包方通过该种程序要求承包人必须迅速提出申请，否则将失去请求权，这种做法会产生一个问题，即发包方可否通过这种程序性规定剥夺承包方实体的权利？因为依利益衡量来看，应当考虑承包方没有及时申请是否有可宽宥之理由，以及发包方是否确有重要之理由应予保护。而该种约定的目的显然在于发包方能够更好地控制与掌握工程之施工进度，所以，当发包方因为可归责于自己的事由导致工程延期时却推脱不知，或承包方无直接证

---

[1] 吴若萍：《公共营建工程契约中迟延完工之问题研究——以不可归责于承揽人为中心》，台湾大学2008年硕士学位论文，第118页。

[2] 林诚二：《政府采购契约消灭时效条款》，载《月旦法学教室》2007年第21期，第12—13页。

第4章 情事变更原则之适用——工期迟延时请求展延工期

据及时证明工程迟延可归责于发包方，则发包方的利益就受到保护而根本无须承担任何风险。可见，仅以承包方未及时申请而拒绝延展工期，等于将相关之风险完全转嫁于承包方，该种权利行使方式显然有悖于诚实信用原则。[1]

而根据 VOB/B 第 6 条第 1 项之规定，若承包方认为自己在按规定履行之给付因外界原因出现障碍无法继续施工时，则承包方必须尽速以书面形式通知发包方，并提出不能继续施工之原因。若承包人怠于通知时，则只有在事实及障碍效果显然早已经为发包方所知悉时，承包方才得以请求发包方对障碍事由予以考虑。[2] 该条之基本意旨在于经常发生因时间经过而无法举证之情形，所以承包方必须尽快将迟延事由通知发包方，双方勘察后做成记录，否则时间经过后，承包人无法举证工期延误是属于不可归责于自己之事由，则应付债务履行迟延责任。[3]

4.1.4 工程延误之类型——以能否归责于承包人为标准

工期之展延，于工程司法实务中，依据是否可归责于承包商大致可以分为两类，即"可归责之延误"（Non-excused Delay 或 Inexcusable Delay）及"不可归责之延误"（Excusable Delay）。

可归责之延误是指承包商对工程延误负有责任，此际承包商有时虽然可以请求展延工期，但也必须承担展延所产生之风险及费用损失，并需要根据合同约定承担迟延履行责任，如交付迟延违约金。实务中常见的承包商可归责之延误，主要有以下情形：（1）承包商欠缺施工经验，无法有效管控工程进度；（2）承包商施工与财务规划不当；（3）承包商与关联厂商之界面协调不佳；（4）分包商执行不力或管理不善；（5）材料或机具设备供给、安装延误；（6）施工错误导致必须重做或修改。

不可归责之延误是指因承包商无法合理控制或预料防范之因素或可归责于

---

[1] 王泽鉴：《民法总则在实务上的最新发展（五）——"最高法院"90 及 91 年度若干判决的评释》，载《台湾本土法学杂志》2004 年第 57 期，第 63—65 页。
[2] Vgl. Günther Jansen, Beck'scher Online-Kommentar VOB Teil B, 2009, §6.
[3] 陈玉洁：《工程契约变更之争议问题研究》，政治大学法律研究所 2005 年硕士学位论文，第 147—148 页。

民法典背景下情事变更原则之逻辑构成与司法展开——以两岸建设工程实务为分析场景

发包方所致者，此际承包商除可请求展延工期外，有时尚可请求业主给予适当之补偿。① 司法实务中常见的承包商不可归责之延误有以下情形：（1）工程设计规划不当，需要修改；（2）发包方迟延交付土地；（3）发包方、设计单位或监理单位相关资料、文书、表格之提供或审核，有不合理之迟延；（4）发包方在作出特定指示时有不合理之迟延；（5）发包方变更工程设计；（6）因不可抗力导致无法施工；（7）发包方所提供之图纸与工地现状不符；（8）因恶劣天候，依约可不计工期；（9）因不可抗力因素或事变，造成材料或机具设备无法如期运抵工地；（10）不可抗力之灾害所引起之工程损坏及修复；（11）发包方不当指示所造成之延误；（12）发包方指示不足；（13）由于业主没有进行合理协助，导致必须从国外聘请的技术人员及劳工因签证延误而无法入境，且无法于施工当地聘请相同技术人员及劳工；（14）非有经验之承包商得预见或预防之风险；（15）其他非可归责于承包商之延误。②

依民法理论，给付确定有期限者，债务人自期限届满时起，负迟延责任，但是债务人如果能举证证明其未为给付是因不可归责于自己的事由，则债务人不负担债务迟延履行之责任。因此如果属于可归责于承包商之事由导致工程迟延，则承包商自应当承担履行迟延之违约责任。而且如果因此等事由致使工程逾期完工或者未定期限时超过相当期间方才完工，则发包方得请求减少报酬或请求赔偿因迟延而生之损害，如果约定了特定期间还可以主张解除合同并请求债务不履行之损害赔偿。这种情况无工程展延之适用，本文重点探讨者，乃是不可归责于承包商之工程迟延的情形。

一般而言如果属于不可归责于承包商之事由致工程迟延，且符合工期展延之条件，承包商可请求发包商将工期延期，以免除其遵期义务、避免支付迟延违约金。③ 工期展延之要件包括：须符合工期展延之原因；承包商遭遇

---

① 颜玉明：《营建工程契约进度及工期问题之探讨》，载《月旦法学杂志》2006年第129期，第44—45页。

② 林鼎钧：《工期展延及补偿之请求》（寰瀛法律事务所丛书系列），元照出版有限公司2005年版，第250—252页。

③ 谢家佳：《公共工程工期展延争议法律问题之研究》，台北大学法律研究所2008年硕士学位论文，第76页。

签订合同当时不可预见之事变；承包商已尽防免工程迟延之最大注意义务；施工迟延已经严重影响工程之要径工作。如果双方同意为工期之展延，则属于竣工期限之合意变更，但如果定作人不同意，必要时承包人可主张适用情事变更原则，免除违约责任并要求工期之延长。

4.2 承包人可提出展延工期之主要事由

学者之研究亦对法院实务判决中针对可提出工期展延之认定提出详细之类型，[①] 于工程实务中经常遇到的有如下几种：（1）异常天候，即指超乎当事人于缔约时作为缔约基础之天候状况，其为一种相对概念，而可能随着工期计算方式或各种工程特性而有所不同，一般如台风、海啸、豪雨等。（2）无法取得工程用地：有认为基于业主有提供适当之场所供承包商施工之义务，其必须尽力防止民众抗争之发生，仅在业主纵使尽力防止亦无法避免民众抗争时，方属于不可抗力之情形，否则即属于可归责于发包方之事由导致无法施工。唯此是否可归责于发包人之事由致工程迟延，法院则通常视个案案情而论。（3）界面厂商之迟延：有认为应由发包人负担协调各类承包商之进度，并将此视为发包人之协力义务；也有认为应将其他承包商视为发包方之履行辅助人，而由发包方就其他承包商之故意或过失负责。也有法院认为若工程契约中明订应由承包商自行承担风险，则一般不得谓为系属可归责于发包方之事由。（4）异常工地状况：于展延工期之争议上，若遇有异常工地状况并已报发包方知悉，依一般经验法则业主多会给予工期延展……而实际最大之争点乃在于因异常工地状况所衍生之费用增加之风险应由何方负担。

4.2.1 异常天候

如前所述，异常天候是指超出当事人于签订合同当时作为缔约基础之天候状况，是一个相对性概念，可能随着工期计算方式或者各种工程特征有所不同，一般如台风、豪雨。因为地震而影响施工之安全性以及地震之等级也

---

① 曾婉雯：《工程契约中契约调整权——以情势变更原则为中心》，政治大学法律学研究所 2010 年硕士学位论文，第 5—25 页，第 165—168 页。

民法典背景下情事变更原则之逻辑构成与司法展开——以两岸建设工程实务为分析场景

应属于这里应当考虑之因素。一般来说异常天候要满足两个条件：一是相较于该地区过去一段时间内之天候状况，确与过去情况有所不同；二是此项差异尚须实际对工程进度或要径工作产生影响。[①] 如我国台湾地区"最高司法机构"（2007）台上字第2167号判决，原判决称："海象恶劣停工七百八十五天，期间较长，然衡以大栋公司知悉台湾地处亚热带，核四工程施工地点为海域，易受海浪影响，难认该部分停工系其未能预料之情，大栋公司主张有情事变更原则之适用，台电公司应为给付云云，仍不足取。"而"最高司法机构"则认为："衡诸台湾属亚热带海岛型气候，因天候不佳致海象恶劣而无法施工者，纵事所恒见，但因此导致长达七百八十五天之停工日数，是否仍属两造于缔约时可预见之常态范围？"

由此案件可以看出对于异常天候所引发之工程迟延能否主张适用情事变更原则请求展延工期在司法实务中是存在分歧的。否定见解认为天候状况本为缔约时必须考量之因素，比如我国台湾地区既为亚热带气候必定多雨多台风，四周环海必定受海浪影响，这些属于显然可以预见之事由，因此不能适用情事变更原则，不得要求展延工期；而我国台湾地区"最高司法机构"（2007）台上字第2167号判决却清楚表明，即使事先可得知台湾地区多雨多台风，但是如果此等事由所导致之损害范围已经超出一般平均标准，则不能说当事人于缔约时已经预见或可得预见。也就是说，当事人虽然预料到施工期间必定会遭遇台风或大雨，但却无法预料到该恶劣天候的损害程度。例如2009年8月8日之莫拉克台风，虽然每年都有台风，而且每有台风都会造成损害，但是莫拉克台风所带来的降雨量是20年来的最高值，其所导致的损害也巨大，此种损害程度实非当事人于缔约时所得预料，不能说此等异常天候仍不得作为展延工期之事由。笔者认为我国台湾地区"最高司法机构"（2007）台上字第2167号判决所采纳之见解值得赞同，毕竟因海象恶劣所致之长达785日之停工，绝非当事人事先可以预料到的。

学者也认为如果承包方可以施工地的气象资料举证证明在施工期间的雨

[①] 吴若萍：《公共营建工程契约中迟延完工之问题研究——以不可归责于承揽人为中心》，台湾大学2008年硕士学位论文，第199—200页。

量及下雨天数已经远远超过往期平均值，已经达到有经验之承包商所无法预料之程度，且确实影响施工进度，则固守原来的工期对承包方显失公平，承包方可主张适用情事变更原则，请求法院延展工期。①

4.2.2　无法取得工地

如果发包人无法将施工工地交付给承包人，承包人即无法按时开始施工，而造成工程迟延，常见的因素有居民抗争无法顺利征收土地，管线迁移困难，发包方没有取得用地许可、测试许可、路权许可等施工障碍，也有施工时会发生周边居民包围工地进行抗争的情况。

有学者认为发包方有提供适当之施工场地保证承包方顺利进场施工之义务，其必须尽力防止民众抗争等事件的发生，仅仅在发包方即使尽力防止仍无法避免民众抗争时，才可以归属于不可抗力情形，否则即可归属于可归责于发包方之事由致使工程迟延。② 但是到底是否如此，需要法院在审判时进行个案衡量。

我国台湾地区"最高司法机构"（2006）台上字第2383号判决中，原审判决认为："上诉人于签订系争工程之际，即知悉系争工程有边施工边办理土地征收之情事，且契约已排除征收土地迟延得提出损害赔偿之约定，自无所谓无可预料情事变更原则之适用。故上诉人主张，纵认不可归责于被上诉人，然地主抗争致被上诉人未能及时提供施工用地，非上诉人于投标时所得预料，如依原定合约金额给付承揽报酬显失公平，自得声请法院增加给付云云，亦不足采信。"我国台湾地区"最高司法机构"则认为："依一般观念，认为如依其原有效果显然有失公平而言。两造订立系争契约之际，是否可得预料征收机关未能于完工期限前完成土地征收及可能展延工期超过原定工期一年，在此期间上诉人能否弃系争工地之材料安全等于不顾，此攸关上诉人可否因出乎常情之预期而主张情事变更，原审未详为调查，遽谓两造已有弃

---

① 崔玉清：《建设工程合同履行中情势变更原则的适用》，载《政法论坛》2014年第1期，第177页。
② 张南薰：《情事变更原则在公共工程上之应用》，政治大学法律研究所2000年硕士学位论文，第82页。

权条款约定,自无情事变更原则之适用,非无可议。"

关于发包方无法及时取得工地交付承包商施工所导致之工程迟延,工程合同中常约定须由承包商自负其责,无论系民众抗争还是管线迁移困难等问题,皆须由承包商协调解决,而发包方无须负任何责任。根据此类条款,发包方多主张承包商既然已经在签约时明知可能会发生民众抗争等事宜,或者会发生其他导致无法取得工地的情形,况且发包方已经在施工合同中明确排除自己的责任,因此发包方一般不同意承包商事后依无法取得施工用地之事由而主张情事变更原则之适用及依此请求展延工期。

但原则上,因不可归责于债务人之事由而未为给付时,债务人不负迟延履行责任,如若属可归责于承包商之事由致工程迟延完工,承包商当然要承担迟延履行责任。但是除此之外只要不是可归于承包人之事由所致之工程迟延,则承包人仍得举证不可归责而不承担民事责任。如果发包方于施工合同条款中,利用事先单方拟定之格式条款加重承包商之责任,使其对不可归责于己的事由承担给付迟延责任,则显然属于利用格式条款加重对方责任,该条款应为无效。因此假如无法取得施工用地的承包商能够举证迟延事由不能归责于己,则原则上均得主张适用情事变更原则请求展延工期。

4.2.3 界面冲突

如前所述,由于建设工程的规模较大,多涉及复杂的专业性问题,除非采取统包方式,否则发包方多会依工程内容之专业性质,例如土木工程、油漆工程、水电工程、空调工程、绿化工程、焊接工程等采取分别发包的方式办理,即与数个承包商订立数个施工合同。[①] 而界面冲突是指特定承包商之工作需要以其他承包商之工作部分完成为其施工前提,因此当某一界面承包商不论是否因可归责于自己之事由发生进度落后的情形时,将都有可能影响同一工程中其他承包商无法顺利施工而导致工程延误。

有学者认为应由发包人协调各承包商之进度,并将此视为定作人之协力

---

① 张南薰:《情事变更原则在公共工程上之应用》,政治大学法律研究所 2000 年硕士学位论文,第 90 页。

第4章 情事变更原则之适用——工期迟延时请求展延工期

义务。[①] 也有学者认为应将其他承包商作为发包商之履行辅助人来对待，依辅助人理论由发包方对其他承包商之故意过失负责。[②] 也有部分法院认为若工程合同中明确约定应由承包商自行承担该风险者，则任何界面冲突都不可以归责于发包人。

赞成说认为关联厂商履行迟延应当归责于发包人，以我国台湾地区"最高司法机构"（2005）台上字第1号判决为代表，其于判决中明确表示："本件上诉人因被上诉人所发包地下主体工程，未能如期完工交付上诉人进场施工，系可归责于被上诉人之事由。"我国台湾地区"最高司法机构"（2006）台上字第2698号判决则指出："就系争施工用地与富阳建设施工用地相互重叠，致使（上诉人）无法掌握工期进度部分，富阳建设既已于九十一年五月三日将工地全部移交上诉人使用，事后上诉人再与富阳建设发生使用纠纷，依补充投标须知及图说说明八与系争契约第十五条规定，应由上诉人自行与富阳建设充分协商，并自负延误工期之风险。上诉人虽提出厂商工程停工报核表说明本工程于九十一年九月二十一日起停工，起因于本工程用地被富阳公司收回施工，以致本工程无法进行全面之帽梁施工，惟上开厂商工程停工报核表并无法证明系争工程因此无法进行全面之帽梁施工，上诉人主张自九十一年九月二十一日起至九十一年十月二十二日止，共计二十二工作天所造成之施工进度延误，应归责于被上诉人云云，应不可采。"

如前所述，笔者认为协调关联承包商之间的关系应当属于定作人之协力义务，且为合同从给付义务之一种。当发生关联承包商履行迟延之情况时，如果发包方有能力阻止或排除界面厂商之迟延，却故意或过失不为，则应当认定发包方具有可归责性，按照VOB/B第6条之描述，此种情形应当属于发包人负责之事由。对于界面承包商履行迟延，承包商能否主张适用情事变更原则，请求展延工期？笔者认为，只有在承包商是因为可归责于己的事由而给付迟延者，才负担给付迟延之责任，纵使发包方以格式条款事先约定

[①] 吴若萍：《公共营建工程契约中迟延完工之问题研究——以不可归责于承揽人为中心》，台湾大学2008年硕士学位论文，第211—213页。

[②] 张南薰：《情事变更原则在公共工程上之应用》，政治大学法律研究所2000年硕士学位论文，第92页。

承包商必须自行与其他厂商协调，协调不成者后果自负，且发包方不予延展工期也是如此。因为这种约定显然是以单方面预先拟定之定型化条款加重承包方责任，依据《民法典》第497条应认定为无效。只要承包人的举证证明其不具有可归责性，则其仍得主张情事变更原则之适用请求工期展延之调整。

4.2.4 异常工地状况

如前所述，一般的建设工程在施工前通常会通过地质钻探工作检测土地状况，并据以作为设计的基础。发包方也会提供相关的土地状况资料给承包商，以方便其计算成本及施工风险，然而如果施工开始后承包商才发现工地现场的物理状况和原来预期的有显著差异，而且是投标及订约过程中经过通常土地勘测或资料研究所无法实现的，此即为"异常工地状况"（Differing Site Condition），[①] 如地下岩石的种类、分布、厚度及数量，地下水位的升降等。此应非属于可归责于双方当事人之事由，故应该适当分配由此产生的风险以符公平原则，原则上此不属于"客观情事变更"，故在能否适用情事变更原则的问题上确实存在争论。

但在关于展延工期的问题上，如果遇有异常工地状况并且已经呈报发包方知晓，一般情况下发包方均会给予工期展延。台北地方法院建字第51号判决略谓："其中第2标工程因用地取得、障碍物之排除、异常工地状况或地质情况差异等因素，经被告之同意展延工期共五一八天。"因此在工期展延的问题上争议的问题往往是最终能够展延多少日数，其实质仍在于异常工地状况所产生的费用增加之风险到底应由何方承担。

我国大陆也存在类似的案例，该案中，根据发包方提供的勘察报告，承包方开始施工，但后来发现地下水位较高，无法正常施工，承包方实施井点降水工程，导致工期延长15天，工程费用增加29万元。由于工程价格实行固定总价，发包方不同意调整合同。最高人民法院认为根据发包方提供的岩

[①] 李金松：《异常工地状况损失的风险分配与求偿》，载《营造天下》2005年第110期，第11页。

土勘察报告，双方在签订合同时无法预见到要实施井点工作法，如果对工期和价款不做调整，对承包方显失公平，因此应根据情事变更原则顺延工期，增加工程款。① 但笔者以为此种场合适用情事变更原则来处理似有可议之处，容后分析。

4.3 工期迟延的法律效力——以能否适用情事变更原则为分析核心

4.3.1 承包人的救济程序

如前所述，工程迟延的原因多样、不一而足，对于导致工程迟延之事由究竟应当归责于发包方还是承包方，或者仅仅是出于不可归责于双方当事人之事由，双方当事人往往存有争议。尤其在政府作为发包方时，更是如此，办理工程服务采购之公务人员，在审核工期展延事由时为了避免触犯法律、行政法规，更为了避免个人承担失职之责，无不谨小慎微、严谨从事，往往根据施工合同中的格式条款限制承包商的有关权利，使得承包商在施工过程中无论遇到何种风险，也无论是否能够归责于承包商，都由承包商承担由此而产生的一切损失，包括工程迟延情形产生的损失。因此承包商希望能够通过特定程序免予支付迟延违约金或赔偿其他损失。②

此时如果通过通常之民事诉讼程序，往往旷日持久、远水不解近渴。相比之下，工程仲裁或调解程序有工程与法律专业人员共同参与，对于工期展延可以分别从法律与工程的不同专业角度予以分析认定，从而能够快速、合理地解决纠纷。③ 在我国还没有实施专门之工程法庭专案审理之前，因工期展延与否往往牵涉到可归责事由之认定，因此必须借助于工程专业与法律专业人士之协力，为了避免当事人过多之精力与金钱投入，似乎应尽量采取非诉讼方式解决，如我国台湾地区"政府采购法"第85条之1规定了履行争

---

① 参见最高人民法院（2011）民申请字第50号民事裁定书。
② 林诚二：《损害赔偿额预定违约金之损害举证问题》，载《台湾本土法学杂志》2002年第36期，第169页。
③ 杨淑文：《工期展延之争议与履约调解》，载《月旦法学杂志》2007年第143期，第146页。

议调解之争议解决方式,通过由发包方与承包方直接之沟通联络取得共识,并由专业人士居中提供建议,最经济、合理、及时。在我国大陆如当事人能通过私下协商解决最好,次之的选择为仲裁,如果采用诉讼的方式,则可以发挥我国司法实践中调解结案的优势来妥善处理问题,但无论何种方式似乎都应尽量听取工程专业人士之意见以为参考。

4.3.2 工期迟延原因之类型化

自实体内容而言,承包商如事实上确实施工迟延,一方面可能会遭受停止估验计价,或以预期违约金扣抵工程款之给付,不发还履约保证金等;另一方面势必因工期延长而衍生大量额外费用。所以,承包商向业主提出工期展延的相关请求时,其请求内容一般有两部分:(1)请求免计工期不予计罚逾期违约金;(2)请求就工期展延额外支出之费用予以补偿。对于这两个问题,首要的问题是施工迟延是否可归责于承包商,因施工过程中往往会遭遇多种缔约时所无法预见之施工障碍,而使得承包商无法如期完工。例如施工许可迟迟未取得、工地原建筑物没有及时拆除、发包方无法及时提供施工场地、地下管线拆除遇阻、附近居民抗争、发包方不尽协力义务、关联承包商之施工迟延等。上述施工障碍事由部分可以之后设法排除,因此未必会导致承包商陷于无法履行之境地,因此不能直接依据原《合同法》第110条排除其履行义务。但承包商是否应因施工迟延而承担迟延履行之违约责任,或者债务不履行之赔偿责任,或者支付逾期违约金,则必须考察承包方是否具有可归责性。

当承包商提出工期展延之请求时,发包方确实有裁量权限,但发包方行使此等权利时亦必须遵从诚实信用原则,也应当以是否可归责于承包商作为考虑之基础,对于得以展延之工期日数应当参照工程惯例与个案事由。实务上,很多发包方为了避免认可工期展延而可能需要承担由此产生的额外费用,往往拒绝承包商之工期展延请求,这种做法没有清楚认识工期展延和增加费用补偿两者之间的关系。事实上,两者的构成要件并不相同,如果将两者捆绑起来则承包商需要承担的风险更加巨大。

依工程惯例,工程迟延大致有三种类型,类型不同,展延工期与费用补偿之关系也不同。

（1）不可归责并应补偿承包人之迟延，此属于发包人或其代理人所能控制或因其故意或过失所致，承包人有权可请求展延工期及补偿。

（2）不可归责但不补偿承包人之迟延，此类状况则可归属于因天灾等自然力事变而引起之实践，承包人可请求展延工期但一般不能请求补偿。

（3）可归责于承包人之事由，承包人须为此负责，无权请求展延工期及请求相关费用之补偿。[①]

依民法理论，因不可归责于债务人之事由而未给付时，债务人不负迟延之责任，故若属可归责于承包商之事由致延期完工，此时发包人可以请求减少报酬，或是因迟延所生之损害，若有约定特定期限更可解除契约并请求因不履行所生之损害。若有可归责于发包人之原因，如未能完成土地征收或腾空土地，取得建设许可，或未如期交付供应材料等，造成承包人不能如期开工时，是为定作人怠于履行协助之义务，此时自可展延工期，除不计逾期罚款，因发包人未尽协助之力，而无法预定开工日期时，当可以依法请求赔偿。

因此工期展延之要件为：需符合工期展延之原因、承包商遭遇缔约时非可预见之事故、承包商已尽防免工程迟延之最大照管义务、工程迟延显已严重影响工程之施工进展。若双方同意为工期之展延，则属完工期限之合意变更；如发包方不同意展延，承揽人仍得举证不可归责而免除给付迟延之责任。

4.3.3 工期迟延时之费用损失

工期迟延时，承包人常常在请求发包人展延工期以避免支付逾期违约金之外，也会主张工期展延期间费用之补偿，此在工期迟延的第一种、第二种案型中，在工期展延所可能产生的费用及损失，往往即成为双方争执之所在。工程实践中此种费用一般包括：

（1）直接费用：承包商于工期延期期间所额外付出之人员薪资、机具折旧及维修保养、材料、工程保险以及许多一式计价费用，诸如劳安、环保、

[①] 颜玉明：《营建工程契约进度及工期问题之探讨》，载《月旦法学杂志》2006 年第 129 期，第 44—45 页。

交通维持、通风照明费等。此等费用虽本来即为工程施工期间所必须支出之成本,然工期一旦展延必增加此等费用之支出。

（2）间接费用：多指管理费而言,其主要项目又包含固定基本人员人事相关费用、办公事务费、工务所租金、保证金等。

（3）损失：工程利润、履约保证金或工程保留款之利息、财务损失,利润部分由于工程实务标单或材料明细表中常系列为一式计价项目,并与管理费合为一项,而以工程款一定比例计价,因此在请求上亦可能与前开管理费合称为利润管理费而一并主张。

4.3.4 可归责于承包人之工期迟延——承包方之违约责任

如上所述,工期迟延有三种案型,如果该迟延是因为承包人施工不力,则其可归责于承包人。按照《民法典》第795条,工期是施工合同的重要条款,若承包人工期迟延,即极有可能迟延完工,在存在保证里程碑约定的情况下更是如此,此际发包人可以根据《民法典》第577条要求承包方承担违约责任。由于迟延事由可归责于承包方,则即使给承包方造成了很大损失,承包方也必须自己承担,而不得主张适用情事变更原则请求展延工期或费用补偿。从另一方面看,其也不符合上述工期展延之条件。

1. 承包人之迟延责任

工程合同在缔结时通常根据发包方之意见而预定一定的施工期限,发包方得就履约期间为不同方式之约定,如限期完工、日历天、工作天等,均无不同。而实践中往往因为各种可归责于承包商之因素导致施工迟延,而为了督促承包商按时完工,发包方往往事先在契约中拟定有迟延违约金条款。若工程无法在预定的工期内完工,则根据《民法典》第585条第3款,承包方须承担迟延违约责任。

2. 承包人之赔偿责任

施工迟延如果是因为可归责于承包商之事由,则根据《民法典》第577条、第582条,发包方对于因承包商施工迟延产生的损害,可请求违约损害赔偿或者减少报酬。当然发包方需举证证明其因为承包商施工迟延究竟受有何种具体损害，实际上因施工迟延造成的损害很难具体举证。发包方为了避免这种尴尬，一般事先于合同中预定迟延履行违约金，以此规避举证之困难。① 一般工程惯例大部分按照工程总价之 1/1000 计算每迟延一天之违约金。此格式合同中的违约金条款具有损害赔偿额预定之性质，可以采用定额或工程报酬的一定比例计算。前述违约金常以工程总额度之 20/100 为其上限。

3. 发包人可解除合同

如果承包人施工迟延，则发包人可催告承包人赶工，若承包人怠于赶工，则根据《最高人民法院关于审理建设工程施工合同纠纷案件适用法律问题的解释》②（以下简称原《建设工程施工合同解释》）第 8 条第 2 项，发包人可以将该施工合同解除。

4.3.5 不可归责于承包方之工期迟延——承包方得请求展延工期

在工程迟延不可归责于承包方时，则承包方不承担债务不履行责任。这里存在两种可能：（1）因为可归责于发包人的原因致工期迟延；（2）因为不可归责于双方的原因致工期迟延。

无论上述哪种原因导致工期迟延，合同中通常会赋予承包方请求延展工期之权利，而不开始计算逾期违约金，③ 例如不可抗力以及其他不可归责于承包方之事由，如发包方通知承包方临时停工，或者发包方提供之资料、器材、工地场所或者没有及时进行有关资料的审查或没有尽到其他协力义务，或者关联厂商履约不适当导致工程迟延等，诸如此等情况下，即使没有合同明文约定赋予承包方请求展延工期之权利，其也有权根据情事变更原则或者违约责任延长工期而无须缴纳迟延违约金。④

---

① Vgl. Münchkomm/Gottwald, Vor §339 Rn. 6. Steltmann, Die Vertragsstrafe in einem Europäischen Privatrecht, S. 25f.
② 该解释已被 2020 年 12 月 23 日最高人民法院审判委员会第 1823 次会议通过的《最高人民法院关于废止部分司法解释及相关规范性文件的决定》废止。
③ 林诚二：《损害赔偿额预定违约金之损害举证问题》，载《台湾本土法学杂志》2002 年第 36 期，第 173—174 页。
④ 杨淑文：《工期展延之争议与履约调解》，载《月旦法学杂志》2007 年第 143 期，第 134—135 页。

以传统民法之责任构成理论也可以得出相同结论。履行迟延责任的前提是债务人对债务迟延具有可归责性，如此方能要求债务人承担迟延责任。如果债务人对债务迟延根本没有可归责事由，则不应当使债务人承担迟延履行的责任，也不应使其支付迟延违约金。所以如果不是承包人可归责的事由导致工程逾期完工，且符合工期展延之条件，则承包商得向发包方主张工期展延，以避免承担遵期完工之义务及避免迟延违约金之支付。[①]但通过向发包方请求展延工期，只是在程序上通过发包方之承诺免予承担违约责任，在工程实践中，这样会使得承包商因为得到发包方之确定承诺而更加放心，责任划分也比较明确，所以工程实务中对于工期展延往往有明确的约定。可是并不意味着如果发包方不同意展延工期，则承包方就必须承担违约责任。因为工程实务中，发包方往往事先拟定有格式条款，对是否同意展延工期保留有最终决定权，承包商不得异议，此种做法明显加重对方责任、排除对方主要权利，在造成利益显然失衡时，应当根据《民法典》第497条认定为无效。

4.3.6 可归责于发包方之工期迟延——发包方之违约责任

于工程进度迟延之相关纠纷争议事件中，若工程迟延可归责于发包方，则此际承包商不但可以请求业主展延工期，还可以请求赔偿展延期间增加之费用，其请求权基础在于发包方此种场合构成违约责任。

此种场合因为工程迟延可归责于发包方，不满足情事变更原则不可归责于双方当事人之构成要件，因此承包人不得主张适用情事变更原则来调整合同。此际承包人主张展延工期以及费用赔偿的请求权依据是发包人的违约责任，其请求权基础为《民法典》第803条、第804条。

在请求权基础方面，对于承包商因为工程延展所产生之费用及损失，在合同无另外约定时，承包商有以下救济途径：

1. 合同解除。当工作需要发包人之行为始能完成时，经承包方催告仍不

---

① 谢家佳：《公共工程工期展延法律问题之研究》，台北大学法律研究所2008年硕士学位论文，第76页。

第4章 情事变更原则之适用——工期迟延时请求展延工期

为之，根据《民法典》第803条和原《建设工程施工合同解释》第9条第3项，[①]承包方可以请求解除契约并请求赔偿契约解除所生之损害。例如，提供施工用地、审核承包商之施工计划书及试验报告、关联厂商之协调、提供工程资料等。然工程实务上甚少有承包商会主张此项规定，其原因在于一旦承包商行使解除权，法律关系即归于消灭，承包商无法继续完成施工，进而不能获得完整之工程报酬。

2. 发包方给付迟延，在可归责于发包方的事由时，如可归责于发包方之迟延交付施工场地致使承包商无法按期开工，根据《民法典》第804条，承包商可能会根据迟延给付主张赔偿因迟延所生之损害。

3. 依建设工程合同，在发包人受领工作前，因其所提供材料之瑕疵或指示不适当，致使施工迟延，则根据《民法典》第803条，承包人可以请求展延工期，并要求赔偿损失。

4.3.7 不可归责于双方当事人之工期迟延——情事变更原则的适用

影响工期顺利进行的因素很多，许多并非可归责于承包商亦非可归责于发包方之事由，不能基于发包人违约，向发包人请求展延工期或要求工期展延期间的费用补偿。由于此种事由非承包方缔约之初所能预料，如果因工期迟延，增加的施工成本过巨，以至于若坚持原合同内容对承包方显失公平，则根据《民法典》第533条，承包商即可主张情事变更原则之适用，请求重新协商，协商不成可请求法院增减给付，即调整契约之内容，再依该调整后之契约内容向发包人请求给付。

在工程实务中，非因发包方和承包方的原因导致工程迟延，往往也会伴随施工成本之增加。即使发包方同意展延工期，也未必同意补偿承包方增加的费用，这里的关键是工期迟延期间承包方增加的费用是否过巨，是否达到要求承包方单方面承担显失公平之程度。即如果费用增加不明显，则尚未达

[①] 该条规定：发包人具有下列情形之一，致使承包人无法施工，且在催告的合理期限内仍未履行相应义务，承包人请求解除建设工程施工合同的，应予支持：……（三）不履行合同约定的协助义务的。

民法典背景下情事变更原则之逻辑构成与司法展开——以两岸建设工程实务为分析场景

到客观情事发生重大变化的程度,因不符合情事变更原则的构成要件,则往往仅能要求展延工期而不能要求费用补偿。如果确有证据证明因工期迟延导致施工费用巨幅增加,不能苛求承包方单方面承担这些费用损失,则承包方可主张适用情事变更原则,要求发包方补偿一定之费用损失。

当然,工程实务上承包商于证明工期展延所增加之相关费用及所受之损失时,常囿于工期执行时间过久,各种记录制作成本与延长保险费、管理费、仓储费、待命或看管人力之劳务薪资、赶工费及功率损失等,是否有权请求发包人给予合理补偿?因工程契约不同而不同,实务见解莫衷一是。① 实务上,承包方往往无法确切证明在工程展期期间其所增加的费用损失,当然也有个别承包方能够完成此等十分严格的举证任务,较为典型者为我国台湾地区(2009)建字第1号判决,略谓:"系争工程增加工期期间扣除因雨未施工之日数,两造同意确定施工日数为155天,此155天原告增加监造及工务所相关费用支出为:系争工程2名监工之薪资430969元;工务所租金72000元;文具印刷9942元;电话费18370元;水电瓦斯费6229元;油资75051元;工务所用品、工地清洁用品及工务车检验费9489元等,已据原告提出薪资扣缴凭据、收据、缴费通知、统一发票、租赁契约书等为证,上开费用合计为622051元……确系施工现场监工人员及监造相关费用之必要支出,原告主张系争工程迟延工期实际施工155天,增加施工现场监工、工务所等监造相关支出为622051元,堪信为真实。"② 事实上由法院实务判决中亦可见,在很多案例中,虽然承包商能够举证证明工期迟延是因不可归责于双方之原因,但是对于工期展延期间其所增加的费用损失却无法顺利举证,使得最后可获得之补偿较索赔预期额度减少许多,此亦牵涉举证责任之证明问题。

---

① 梅芳琪、蔡佳君:《公共工程工期展延费用之索赔实务》,载李家庆主编:《工程与法律的对话》2010年版,第153—172页。
② 我国台湾地区(2009)建字第1号民事判决。

第 5 章

情事变更原则之适用
——物价波动等情形请求费用补偿

展延工期之论述曾提及，承包商向发包方提出展延工期相关请求时，其请求内容大致可分为：

1. 请求免计工期不予计罚逾期违约金；
2. 请求就工期展延额外支出之费用予以赔偿或补偿。

对于第一种请求，本文认为，在发包人迟延履约时，承包商得以主张其对于工程迟延并无任何可归责事由，而不应负担债务履行迟延之责任，且应免除或扣减违约金。对于第二种请求，即请求增加费用之补偿或赔偿方面，则不仅于展延工期的情形有请求额外费用支出的补偿或赔偿问题，在无关工程迟延的情况下，也可能会额外增加工程费用支出，例如物价有巨幅上涨、地质异常需要改变工程施工方法等情形，皆有可能会发生工程费用的额外支出，因此如上所述，展延工期和费用增加不具备必然之关系。但承包商能否向发包人请求补偿或赔偿增加之费用，尤其能否以情事变更原则作为请求权基础，司法实务上有激烈争论。于此笔者意图通过对可能适用情事变更原则的案例进行类型化处理，针对每一种案型，讨论相关案例，分析该种案型适用情事变更原则的可能性，为承包商请求费用补偿或赔偿寻找正当化依据，以期通过这种方式使得情事变更原则在建设工程合同中的适用更加具体化。结合两岸工程实践及实务裁决，可能得以主张适用情事变更原则请求费用补偿之典型案型有物价波动、业主指示赶工、工地取得障碍、异常工地状况、异常天候、界面冲突、法令调整等，以下逐一具体分析研讨。

5.1 物价波动

5.1.1 概述

如甲乙双方订有施工合同，为期一年，约定工程进行期间，如遇物价波动时不予调整。则在工程施工过程中，果然发生物价之严重波动，则承包商乙可否以物价波动之因素，适用情事变更原则之规定，诉请发包方甲调整工程款？我国原《合同法解释二》第26条及《民法典》第533条固然规定了情事变更原则之适用要件及法律效果。但就契约解释而言，当然须探求当事人缔约时之真意，而不能拘泥于契约之文字，可契约之文字已表示当事人之真意，无须别为探求者，即不得违反契约文字而更为曲解。如依前述施工合同约定：工程进行期间，如遇物价波动时不予调整，且契约履行期仅一年，则此物价指数调整之约定，似应已明白表示当事人于缔约时，已预见缔约后工程进行期间物价可能发生之变动，并同意于此期间物价如有变动时，不得调整工程款。就一般施工契约而言，承包商乙自不得舍此合同已经明确表述之当事人意思，而谓因契约签订后钢材及其他建筑材料价格大幅上涨，据以认定该工程契约须引用民法上之情事变更原则而办理物价调整。

重大工程尤其是大型的公共工程，其合同履行期往往长达数年之久，而所需之建筑材料采购时基于国内外原料供应市场之影响，承包商通常视其自身之资历及实际施工需要而定。一般工程实务上通常系依据工程施工预定进度所排定之时程进行购料，而甚少于其订约时即订购工程施工所需要之全部建筑材料。此时若于履约期间遇到建材价格大幅飙涨的情形，则对承包商影响甚剧；同样关于工作人力、工人之薪资，也可能在履约期间因通货膨胀造成异常性薪资之上涨，而应配合调整。故于长达数年工期之工程施工合同中订定建筑材料、人力价格之给付，应配合物价波动而予以调整之条款实为合理且重要。[1]

---

[1] 古嘉淳：《工程法第三讲：工程契约之病》（上），载《月旦法学教室》2008年第67期，第76页。

第5章 情事变更原则之适用——物价波动等情形请求费用补偿

对于此种情形能否调价，常见的施工合同纠纷大致可以分为三类：（1）施工合同本身没有约定调价机制，而合同履行期间遇到建材价格飙涨，承包方请求调价；（2）施工合同明确约定无论何种原因均不进行价格调整，但因事后物价波动过于剧烈，承包方请求调整工程款；（3）合同虽然事先约定了物价调整条款，但是由于物价波动过于剧烈，使得承包方实际所受成本损失已经超过依据物价调整机制所得金额，而向发包方请求追加给付物价调整款者，上述三种情况得否主张适用情事变更原则，实务各有不同看法。以我国台湾地区为例，以往之判决及近期法院实务判决均可得见，即便是"最高司法机构"亦因个案情事之差异而有不同之审判见解。

5.1.2 契约未约定物价调整条款时，得否适用情事变更原则

肯定说认为在价格飞涨超过正常水平，应有情事变更原则之适用。[①]

在我国，于物价波动之际能否适用情事变更原则来调整合同的典型案件是"长春市对外经济贸易公司诉长春市朝阳房地产开发公司购销房屋因情事变更而引起的价款纠纷案"。[②]虽然该判决中没有使用"情事变更原则"的表述，因为当时我国法律体系中尚没有明确规定"情事变更原则"，但是从其引用原《经济合同法》第27条第1款第4项作为判决基础，可以肯定法院认为在建筑材料价格大涨时，承包方是可以主张调整合同内容的，与明确适用情事变更原则可谓异曲同工。

除此以外，法院判决中明确讨论涨价时有可能适用情事变更原则的案例是原告联盛建工公司与被告金瑞实业公司工程款调整纠纷案。[③]值得注意的是，本案中法院虽然最终没有适用情事变更原则，但却同时肯定了即使在固定价格合同中，如果确实存在建材价格大幅上涨使得继续维持原有合同效力显失公平的情形，则情事变更原则是依然存在适用可能性的。

[①] 可参照桃园地方法院（2003）重诉字第292号判决、台中地方法院（2003）建字第65号判决、高雄地方法院（2003）重诉字第98号判决。
[②] 参见《人民法院案例选》总第4辑，第127页以下。
[③] 张广兴：《建设工程合同纠纷诉讼指引与实务解答》，法律出版社2013年版，第311—312页。

民法典背景下情事变更原则之逻辑构成与司法展开——以两岸建设工程实务为分析场景

与此相关的典型案例是被称为"山东建筑领域情事变更诉讼第一案"的中建六局与济南某公司施工合同纠纷案。[①]

在我国台湾地区司法实务中也有不少支持肯定说的判决,其典型判决略谓:

"此次砂石价格飙涨事件既非两造于立约当时所得预料,倘无论砂石工料如何飙涨,均依系争合约约定之单价办理,则不啻令中华工程公司单独承担不可测之风险,于客观交易秩序及系争合约原有法律效果之发生,亦将有违背诚信及衡平观念,对中华工程公司显失公平,是中华工程公司主张情事变更原则及诚信原则之规定,请求法院增加基隆港务局应为之交付,应属有据。"[②]

"经考量砂石物价波动系政策变更所致,为缔约当时双方所不可预见,属不可预测之风险。依法律行为成立后,如有不可归责于当事人之事由,致情事变更非当时所得预料,应得因应实际情形再作调整之公平原则,及风险应由双方共同分担之精神……办理。"[③]

否定说则认为即使价格飙涨超过正常水平,也不能适用情事变更原则。[④]其典型判决略谓:

"上诉人为专业营造厂商,经审慎评估后参与工程之竞标,应具有风险管理能力,复未提出确有支出远高于系争合约价格之购买钢筋以外金属制品材料之凭证,亦未举证证明被上诉人有何'非预期利益之所得',更未证明有何'依其原有效果显失公平'之情事,尤难以被上诉人未允增加给付,即谓其权利之行使违反公共利益,或以损害他人为主要目的,或未依诚实及信用为之。"[⑤]

"经查:……自90年6月起至90年10月两造签订系争契约之前,钢铁

---

① 吴珊珊:《情事变更制度在建筑施工合同中的适用》,大连海事大学2011年硕士学位论文,第21—22页。
② 我国台湾地区"高等法院"(2004)重上字第61号判决。
③ 第88122号案件调解书,转引自颜玉明:《公告工程契约物价调整机制之过去与未来——从工程采购契约范本2008年4月15日之修订谈起》,载《月旦民商法》2008年第20期,第99页。
④ 我国台湾地区"高等法院"(2006)建上字第73号判决采相同立场。
⑤ 我国台湾地区"最高司法机构"(2007)台上字第565号判决。

价格已呈现逐月上涨之趋势……显见上诉人于 90 年 10 月 26 日评估是否及以多少价格投标系争工程，以及嗣于同年 11 月 6 日评估是否签订系争契约之际，衡情均已考量过钢铁价格大幅波动及上涨趋势等风险，是于两造签订系争契约后，纵发生钢铁价格大幅上涨之情形，亦非属上诉人于订约当时所无法预料之情事遽变……其因此拖延所蒙受之钢材价格上涨之成本损失，显属可归责于上诉人。其主张依情事变更原则增加给付，洵有未洽。"[1]

大陆判决中持否定立场的典型是浙江××开发有限公司与五洋××团股××司建设工程施工合同纠纷案，[2] 其判决认为："五洋公司作为专业的建筑施工企业，在签订合同时应当尽到审慎交易人的注意义务，其应当预见到建筑行业的合理利润和施工过程中人工费支出变化，即便其承包诉争工程有亏损也属于正常的商业风险和交易风险……对五洋公司以情事变更为由要求调整人工费差价的请求，本院不予支持。"

在原告江西省建工集团公司与被告中共乐清市委党校建设工程合同纠纷案中，法院也持否定观点，认为江西省建工集团属于特级资质的建筑企业，有十几年的工程建筑经验，应当能够预见到施工过程中人工费可能会有涨跌之情形，因此本案中人工费上涨不构成情事变更。[3]

5.1.3 约定不办理物价调整能否适用情事变更原则

如果施工合同明确约定无论建筑材料之价格发生何种波动，均不办理物价调整，但施工期间果然发生物价之大幅度波动，尤其是主要建筑材料价格异常飙升之情形，承包方能否主张适用情事变更原则要求调整合同、增加给付却是实务中经常发生的重要问题。对此，司法实务中依然存在对立的观点。

肯定说认为，虽然此时当事人双方明确约定不得作任何物价调整，但是在物价果真异常波动，按原合同履行显然对一方当事人显失公平时，依然有情事变更原则之适用可能。其典型判决如下：

---

[1] 我国台湾地区"高等法院"（2005）建上字第 85 号判决。
[2] 浙江省高级人民法院（2011）浙民终字第 10 号。
[3] 浙江省乐清市人民法院（2014）温乐民初字第 1154 号。

民法典背景下情事变更原则之逻辑构成与司法展开——以两岸建设工程实务为分析场景

"系争契约第 13 条第 1 项第 3 款固载明'物价指数调整：工程进行期间，如遇物价波动时不予调价'等语，然此约定应指于一般情况下之涨落，原告固无因此要求增加给付工程款之权利，然于两造签订系争契约之后，因情事变更致钢铁及营建物价大幅上涨，且非原告于缔约当时所能预见，倘仍依系争契约不予调整，不啻令原告单独承担不可预测之风险，于客观交易秩序及契约原有法律效果之发生，将有背诚信及衡平观念，对原告有显失公平之情事。综上，于两造签订系争契约之后，因情事变更致钢铁及营建物价大幅上涨，且非原告于订约当时所能预见，系争工程款之给付应有'民法'第 227 条之 2 第 1 项'情事变更原则'之适用。"①

"虽两造合约第十一条约定：'无论工料涨落与否，均按合约单价办理'，然此规定，在一般情况之工料涨落，承揽人固无因此而要求增加给付之权利，然如因情事变更，既非缔约当时所能预见，自不因有上开约定，而使承揽人失去依据情事变更原则为增加给付之权利。是上诉人抗辩称被上诉人于签约后自得与供应商预约各种工料，以免因施工期间过长，导致物料涨价或缺货，此系被上诉人可预见之事云云，显系课以他人逾其能力范围所及之义务，即不足为凭。其以两造合约第十一条约定，抗辩被上诉人不得再主张情事变更原则亦不可采。"②

否定说则认为，既然当事人已经有不得作物调之明确约定，说明当事人于缔约时已经对物价波动有所预料，因此不能适用情事变更原则来变更合同及要求发包方增加给付。其典型判决如下：

"上开物价指数调整条款约定文字，似已明白表示两造缔约时已预见缔约后工程进行期间物价可能发生之变动，并同意于物价波动时不调整工程款。乃原审竟舍此契约已表示之当事人真意，而谓尚难认为系争工程开标及两造签订系争契约时，被上诉人即得预料往后钢铁及营建物价将大幅上涨云云，据以认系争工程给付有'民法'第二百二十七条之二第一项'情事变

---

① 我国台湾地区南投地方法院（2005）建字第 8 号判决。
② 我国台湾地区"高等法院"台中分院（2004）建上字第 33 号判决。

186

第 5 章　情事变更原则之适用——物价波动等情形请求费用补偿

更原则'规定之适用,因而为上诉人败诉之判决,自有可议。"[1]

"公共工程委员会已于 2003 年 4 月 30 日发布'因应国内钢筋价格变动之物价调整处理原则',上诉人为营造业者,并非经济上之弱者,明知工程原物料价格有上涨情势,仍于 2003 年 11 月 25 日以低于底标之新台币三千九百二十八万元标取系争工期一百五十个工作日之工程,又签署附有'本工程不考虑物价上涨而调整工程款计算'之契约,则系争自 2003 年 12 月 24 日开工日起,至 2004 年 10 月 11 日完工日止之工程,于工程期间因营建物价上涨趋势之风险,即非上诉人所不得预料者,自无情事变更原则之适用。"[2]

在我国大陆相关的现行案例是中铁十八局及第二工程有限公司诉武汉绕城公路建设指挥部纠纷案,法院肯定了情事变更原则之适用。[3] 在合江建行诉县开发公司搬迁、施工合同纠纷案中法院也持肯定态度。[4] 在湖南某某水电建设有限公司和江华县某某江水电有限公司建设工程合同纠纷案中,法院却又坚持否定态度,认为若当事人已于合同中约定不办理物调,则约定有效,承包方不得基于情事变更原则请求调整工程价款。[5]

5.1.4　承包人可否进一步主张适用情事变更原则请求追加物调款

合同明确约定有物价调整机制,但是因物价巨幅上涨,波动剧烈,造成承包方实际所受的成本损失要远远超过依据合同约定可以获得的物价调整款

---

[1] 我国台湾地区"最高司法机构"(2007) 台上字第 2237 号判决。
[2] 我国台湾地区"最高司法机构"(2008) 台上字第 560 号判决。
[3] 最高人民法院 (2007) 民一终字第 81 号。
[4] 该案中四川省合江县建行经批准修建营业办公楼,于工地现场需拆迁部分民房。合江建行与开发公司达成协议:拆迁费用包括拆迁手续费、不可预见费、过渡安置费等共 38 万元,合江建行不须另外付费。施工过程中,行政事业收费项目增加、标准提高。且在 1992 年底至 1993 年上半年,建材价格上涨剧烈,钢铁、木材、水泥价格上涨幅度都在 80% 以上,供水、供电费用和安置费用也大幅提高。1994 年 3 月 7 日合江县法院根据原《民法通则》第 4 条和原《经济合同法》第 6 条判定:"在履行合同中,修建安置房遇到计划经济向市场经济转轨,市场突变,主要建材价格上涨幅度高达 80%—100%,新增行政事业收费、安置房修建点拆迁和土地补偿等,均是双方协议时,没有预算的项目,也是双方难以预见的,且增加费用占原协议的 29%,全部由开发公司一方承受,显失公平,应当按情事变更制度,由合江建行给予调整和补偿。"转引自王天翊:《建筑法案例解析》(新编本),人民法院出版社 2003 年版,第 264 页。
[5] 湖南省永州市中级人民法院 (2012) 永中法民二初字第 11 号。

民法典背景下情事变更原则之逻辑构成与司法展开——以两岸建设工程实务为分析场景

项,此时承包方能否主张进一步适用情事变更原则要求发包方追加给付物价调整款,以充分补偿承包人之成本损失。司法实务中对这一问题的看法见仁见智,有肯定和否定两说。

肯定说认为为了避免显失公平之情形,应当允许承包方进一步主张适用情事变更原则来充分弥补自己的成本损失,换言之,发包方有义务进一步追加给付物价调整款。其典型判决如下:

"……系争合约物价指数条款系以营建物价总指数计算物价指数调整,仅为一般物价指数调整,该营建物价指数不足反映砂石单一材料之涨跌情况……堪忍被上诉人主张因此砂石价格飙涨而适用情事变更原则,核与系争合约有无物价指数调整之约定无涉,亦非互相排斥适用。"[1]

"……公共工程施工期间甚长,涉及人员、机具、材料乃至工作项目众多,殊无可能事前以契约规范所有事项,是以当任何上开各项目个别费用之成本支出超出当事人缔约当时所能预见之风险发生时,则属情事变更原则规范之对象,而本件工程施工后发生土方砂石禁采事件,即属当事人缔约当时不能预见之情形,而有赖情事变更原则,以合理公平调整双方当事人之权利义务……"[2]

否定说则认为既然当事人已经在合同中约定了特定的物价调整机制,则在出现物价飙涨或狂跌确实需要调整物价时,只要按照合同约定的物价调整机制进行调价即为足够。如果通过如此调价仍然不能弥补当事人尤其是承包方的成本损失,承包方也不能进一步主张适用情事变更原则要求发包方追加物调款,此等损失应为承包方应当承担之风险。典型判决略谓:

"查两造签订系争合约时,已于系争条款约定,工程进行期间,如遇物价波动,得依'行政院'主计处公布之台湾省营建工程物价指数,就涨跌幅度超过5%部分,调整工程款……可见于法律行为成立时,即预见施工期间可能有材料物价波动之情事发生,且对之应如何调整给付,已有约定,征诸前述说明,即无'民法'第227条之2第1项情事变更原则之适用。上诉人

---

[1] 我国台湾地区"最高司法机构"(2006)台上字第1944号判决。
[2] 台北地方法院(2002)重诉字第15号判决。

虽谓，本件纵认有约定物价总指数，但对于个别指数剧烈变动之情形，仍非两造所得预料且具有不可预测性，故仍有情事变更原则之适用云云。但查，系争工程之所有项目均为上诉人所施作，乃上诉人所自承，而依系争工程历次估验内容，除金属类外，尚有劳务、工资、砂石、砖瓦、玻璃等，有历次估验清单记录、会堪记录表等可稽，是两造为平均上开各分项物价指数涨跌之功能，而选择以总指数作为调整之基准，显已预见各分项指数可能有涨跌之情事发生，自无许事后再以金属或钢筋之物价波动状况与缔约时所预期者不同为由，主张有情事变更原则之适用。"[1]

5.1.5 《建设工程施工合同（示范文本）》（GF-2013-0201）关于价格调整的规定

在我国目前市场经济转型期，经常会遇到因材料价格、劳务工资大幅上涨等因素，发生建材、人工费价格与订立合同时存在价差，导致合同约定的工程款与实际的施工成本存在较大偏差，在采用固定价格结算的建设工程施工合同履行期间这些问题更加突出。如果合同没有约定，在这种情况下如对固定价格不进行调整，则必然把材料价格异动的风险和损失全部归结于承包方，有失公允。同时，施工合同的薄利性和长期性也决定了施工企业往往遭遇严重的价格上涨风险；若坚持履行原合同，将严重危害社会安定和损害农民工等弱势群体的利益，更可能导致合同目的落空。

我国《建设工程施工合同（示范文本）》特别关注了市场价格波动引起的合同调整，主要集中在通用合同条款部分第11条。[2]

5.1.6 价格异常波动场合情事变更原则的适用可能

如果双方当事人对工程价格采用可调价格计价方式，或者采用上述示范文本关于工程价格的示范性规定，则一般情况下无须适用情事变更原则来调

---

[1] 我国台湾地区"高等法院"（2007）重上字第360号判决。
[2] 参见住房和城乡建设部、原国家工商行政管理总局《建设工程施工合同（示范文本）》（GF-2013-0201），第64—68页。

民法典背景下情事变更原则之逻辑构成与司法展开——以两岸建设工程实务为分析场景

整工程款。但如果不属于这些情况，且于缔约时确实未考虑到将来可能会出现物价大幅波动的情况，若果然发生物价剧烈上涨且该上涨幅度是当事人在签订合同当时所没有预料者，且继续按照原约定价格履行会显失公平，则承包商得主张情事变更原则请求业主调整合同对价。

司法实务多认为承包人是建筑领域之专业人士，有其专门经验与技能得以控制风险，因而无情事变更原则之适用余地。但实际上物价上涨有其社会经济背景，随着经济发展，适度的物价调整属于常态，且政府相关部门也公布有相关之数据可供承包方参考。因此若在正常可预见范围内之物价波动，确实应为有经验之承包方所得提前预见者，纵于合同中没有关于物价上涨之调整规定，仍可以认为承包方已经就该通常之物价波动有所预见并将之纳入合同基础当中，此际承包方应于施工报酬中自行消化该风险。

但是如果物价上涨幅度巨大，远远超过通常之波动水平，即使有相当经验之承包商于签订合同当时也无法对此等幅度巨大之物价波动有所预见，此时不得一味坚持承包方为专业人士即可将不可预见的风险转由承包商全部承担，如此将使承包商承担过多预期外之风险。或谓承包人得以透过工程保险机制而转嫁风险，但是保险风险的大小与保险费呈现正比例关系，而实际上保险费也来自承包人之合同报酬，所以为确保合同之报酬，不应当由承包人承担全部之风险，仍宜以承包人于缔约时是否有能力得以预见该风险而思考为妥当。如在广东长宏公路工程有限公司与福建榕源建设工程有限公司建设工程施工合同纠纷上诉案中，[①] 一、二审法院均判决"双方当事人签订合同后，建筑主材价格上涨幅度很大，有些材料价格甚至比订立合同时上涨了将近一倍，按情事变更原则，材料价差应予适当补偿……"

相反，如果工程契约中已经就物价上涨因素加以考虑，则一般通常之物价上涨即为承包方依据合同应当承担之风险，因为合同约定价金的目的之一就是要排除一般之物价上涨所造成的风险，所以此时应尊重合同当事人对于履约风险之分配，即应当依照当事人之明确约定的调价机制来调整合同价

[①] 陕西省高级人民法院（2008）陕民一终字第152号。

第5章 情事变更原则之适用——物价波动等情形请求费用补偿

格,此际承包商不得主张依据情事变更原则而调整施工合同。

可是如果适用当事人约定之物价调整机制调整合同价款后,因物价波动幅度巨大,远非当事人于签订合同当时所能预料,造成承包人实际所遭受之成本损失依照既定之调整机制不能获得充分填补,结果显失公平,承包商继续按照原合同约定履行十分困难,此时承包方仍非不得主张适用情事变更原则来调整合同。① 其道理在于,合同中约定的物价调整条款在性质上亦仅仅是就已经预见或可预见之风险加以事先安排,而就事先根本无法合理预见之情事变更,即不是合同条款内容所能预为规范之范畴,所以否定说之观点未能考虑该条款是否就其签订合同当时得否考量之风险加以斟酌,而直接以有约定就认定有预见之事实,其推理逻辑有倒果为因之嫌。

比如在我国台湾地区"最高司法机构"(2006)台上字第1944号判决中虽然当事人明确约定了物价调整条款,但法院仍然认为承包商得另行请求调整合同价金,因为该条款是以建筑材料物价总指数作为调整之根据,然而建筑材料总指数乃是以综合取样之方式取得,仅仅为通常物价指数之调整,对于砂石等单一建筑材料之涨跌情况,根本无法充分反映。即使建筑材料物价总指数确实会因砂石单一材料之涨幅而上扬,但并不能充分反映砂石价格对于个别承包商所带来的重大冲击,比如道路工程的承包商,其购买砂石成本要比其他工程的承包商高得多,如果砂石单一建材之价格短时间内飙涨,却以综合性取样所得的物价总指数为调价之基础,其涨幅绝对不能代表砂石实际之涨幅。所以,纵使在有物价调整条款的情况下,也不能绝对排除情事变更原则之适用。②

5.1.7 价格异常波动场合格式条款能否排除情事变更原则之适用

另外,从格式条款规制的角度分析,如果合同明确规定了物价调整条款,且明示不得办理物价调整,即通常发包方所采用的"排除情事变更之条款"。

---

① 魏济民:《浅议建筑房地产合同纠纷中情势变更原则的适用》,载《仲裁研究》第19辑,第61页。
② 张南薰:《情事变更原则在公共工程上之应用》,政治大学法律研究所2000年硕士学位论文,第73—74页。

民法典背景下情事变更原则之逻辑构成与司法展开——以两岸建设工程实务为分析场景

如前所述，司法实务有人认为此时基于合同自由原则，且双方当事人已经明确约定不办理物价调整，则可谓双方已经预见风险而自愿由自己承担，因此该条款有效，承包方不得在建筑材料价格飙涨时再行主张情事变更原则之适用。[①] 因情事变更原则成立要件之一即"当事人缔约时无法预见"，也就是说，对于情事之发生，无法于缔约时预见。如缔约时双方已预见往后之物价可能上涨并为不调整之约定者，此之预见自应包括一切可能使物价上涨之因素，不论是一般的还是特殊的，均应涵盖在内，不能说当事人仅仅预料到一般的物价上涨因素而没有预料到其他特殊者。[②]

相反见解却认为若建设工程合同履行过程中的风险已经超过了当事人所得预见之范围，则依诚信原则应仍有情事变更原则之适用。

学者也认为在施工合同中通过约定来排除情事变更原则之适用是没有道理的，因为后者的使命就是要突破合同的既有约定，在固定价格合同中，考虑到建材价格上涨等因素，如不给予承包方必要救济，则发包方可主张债务不履行之损害赔偿，包括直接损失和间接损失，对承包人极为不利。而且即使合同本身已经约定了关于建材和人工费用的调价方案，在一定程度上阻断了情事变更原则之适用，但是如物价变化达到异常的程度，以至于合同约定的调价方案仍然无法改变承包人的不利处境时，则在满足其他条件的情况下，承包人依然可主张适用情事变更原则来调整合同。[③]

如上文所述，笔者也以为当事人固然有合同自由，可以就缔约时尚未发生之风险在当事人间合理分配，但是如果由发包方以格式条款之方式单方面将全部之风险都归由承包方承担时，无异于免除自己责任，加重对方责任，且排除对方主要权利，因此该完全排除情事变更原则适用之"弃权条款"应认定为无效，其请求权基础在于《民法典》第497条后半段。况且基于诚实

[①] 郑渼蓁：《物价变动调整之情势变更原则适用》，载《万国法律》2010年第174期，第9—15页。

[②] 洪国钦：《一般情势变更原则于台湾地区实务判决适用之情形》，高雄大学法律系研究所2008年硕士学位论文，第20页。

[③] 黄喆：《情势变更原则在建设工程合同中的适用——德国建筑私法实践及其对我国的启示》，载《法律科学》2013年第5期，第100页。

第5章 情事变更原则之适用——物价波动等情形请求费用补偿

信用原则之考虑，确实有重大的情事变更，如前所述，若是强迫当事人履行契约，将使契约之履行毫无意义，更甚者则耗费不公，影响社会经济生活总体过巨，使法院介入调和契约效力，甚有必要。笔者认为双方约定之物价调整机制是双方当事人就已经预见或可得预见之风险加以事先安排，但是就无法合理预见之情事变更，当非契约中简单之合意条款内容即能包含所有可能之风险范围，故如采否定之见解完全不对其契约缔结当时得否考量之风险加以检讨，而以契约如有约定即认定有预见之事实，否定情事变更原则之适用，则是否符合契约公平合理之要求，实在是必须针对个案之情形分别予以探讨为宜。

5.1.8 价格异常波动的判断标准

在价格上涨的情况下，建材价格要上涨到何种程度，才能认为构成价格异常，进而可以通过情事变更原则来调整合同价格？学者以为应当综合考量价格上涨幅度、可预见性、造成的损失后果等。一个经验丰富的承包人，在投标前要充分了解分析建材价格在过去一段时间内的平均波动区间，一般来说如果价格上涨幅度远远超过这一区间范围，就应当有情事变更原则之适用余地。

在国家立法层面，很少有国家通过法律的方式给出比较具体明确的标准，大多只是进行了原则性的规定或给出笼统的指导意见。但《意大利民法典》是个例外，该法第1664条规定主要成本价增加或减少10%时，承揽人或定作人即可要求调整合同价格。[1] 如此规定似乎可以作为我国司法实践中调整施工合同价格的一个参照系。

关于价格调整的标准问题，2000年7月28日广东省高级人民法院在《关于审理建设工程施工合同纠纷案件的暂行意见》（粤高法发〔2000〕31

---

[1] 《意大利民法典》第1664条：由于不可预见的情况的结果，关于材料或者劳动力的成本确实成为增加或者减少，从而引起约定的整个代价的十分之一增加或减少时，承揽人或定作人得要求修正其代价。修正仅得就超过的十分之一的差额进行协议。在工作途中，发现由于地质、水质及与此类似的原因发生的实施的困难，其显著使承揽人的给付过重场合，承揽人有请求公正的报偿的权利。

号）中进行了原则性的规定。① 如何判断建材价格上涨是商业风险还是情事变更，有没有具体的标准？我国各地建设行政部门也出台了不少相关的指导性意见，给出了一些相对具体明确的标准。

2003年12月16日，江苏省建设厅率先出台了《关于妥善处理建筑材料价格上涨确保工程质量和安全的意见》，该意见规定10%的调整标准。②

2004年3月10日，厦门市建设与管理局发布的《关于进一步完善建设工程最低投标价中标办法的若干规定的通知》也规定了10%的调价标准。③

2007年10月30日，广东省建设厅颁布的《关于建设工程工料机价格涨落调整与确定工程造价的意见》第5条规定同样确定了10%的调价标准。④

2007年11月，国家发改委等九部委颁布了《标准施工招标文件》（第56号令），该文件对于物价波动时如何调整施工合同以及调价公式都进行了明确规定。

2008年4月，江苏省建设厅发布的《关于加强建筑材料价格风险控制的指导意见》（苏建价〔2008〕67号）则根据不同的建材类型分别采用10%

---

① 该意见规定："建筑施工合同约定对工程总价或材料价格实行包干的，在合同有效的情况下，工程款应按合同约定进行结算。倘若因情事变更导致建材价格大幅上涨而对承包人构成明显不利益的，承包人有权请求增加。"吴林涛：《论情势变更制度在建筑施工合同中的应用》，重庆大学2011年硕士学位论文，第36页。

② 该意见规定："若建筑合同当事人未约定采用固定总价或固定单价方式进行工程价款结算的，可以按照各个地区建设主管部门发布的工程造价调整办法调整价差。建筑施工合同中约定采用固定总价或单价计价模式，但未按比例提取风险金的，建筑材料价格上涨幅度若在10%以内（含本数），相应的价差由承包人自行承担；若建筑材料价格上涨幅度超过10%，超出部分的价差应当由发包人承担。"转引自范长刚、曾佳佳：《情势变更原则辨析——从建筑材料大幅涨价谈起》，载《甘肃行政学院学报》2004年第4期，第108页。

③ 该通知规定："在钢材、水泥以及特殊贵重材料价格因情势变更而异常大幅度上涨或下降的情况下，风险包干范围内涨降幅度10%以内（含10%）的价差由承包人承担或收益，10%以外又没有预付工程备料款的价差由发包人收益或承担。"最高人民法院民二庭负责人就《关于当前形势下审理民商事合同纠纷案件若干问题的指导意见》答记者问，北大法律信息网，2014年12月1日登录。

④ 该意见规定："在施工合同履行期间，当工程造价管理机构发布的人工、材料（设备）、施工机械台班价格涨落超过合同工程基准期（招标工程为递交投标文件截止日期前28天；非招标工程为订立合同前28天）价格10%时，发包人、承包人应秉着实事求是的原则调整工程价款，并签订补充协议，作为追加（减）合同价款和支付工程进度款的依据。具体的调整方法，应按照《广东省建设工程施工合同范本（2006）》第61.1款的要求办理。"

第5章 情事变更原则之适用——物价波动等情形请求费用补偿

和5%的调价标准。①

山东省《关于加强工程建设材料价格风险控制的意见》（鲁建标字〔2008〕27号）则规定物价波动幅度只要超过5%就可进行调价。②

深圳市建设局制定的《深圳市建设工程施工合同（示范文本）》中规定了5%的调价标准。③

我国台湾地区《采购契约要项》第32条也规定了10%的调价标准。④

以笔者看来，以上这些规定有几个特点：

1. 施工合同约定采用固定价格但未计算相应风险包干费用的工程，一般条件的标准为10%，即建材或人工费价格波动幅度在10%以内时，该风险由承包人承担；若超过该幅度，则承包人可申请调价，相应风险由发包人承担。

2. 施工合同约定采用固定价格并已经计取相应风险包干费用的，一般不调整合同价格，但在施工期间，遇材料价格或人工费用波动较大致差价超出风险包干费用过巨时，在扣除风险费用后按上点执行。⑤

---

① 该意见规定："采用固定价格合同形式的：当工程施工期间非主要建筑材料价格上涨或下降的，其差价均由承包人承担或受益；当工程期间第一类主要建筑材料价格上涨或下降幅度在10%以内的，其差价由承包人承担或受益，超过10%的部分由发包人承担或受益；当工程施工期间第二类主要建筑材料价格上涨或下降幅度在5%以内的，其差价由承包人承担或受益，超过5%的部分由发包人承担或受益。"这里的主要建筑材料是指用量较大，占工程造价比重较高的常用材料，其价格波动对工程造价影响明显。如发包方和承包方没有约定，则某种材料是否为主要建筑材料可按照工程投标文件中材料费占单位工程费的百分比来划分：材料费占单位工程费2%以下的各类材料为非主要建筑材料；材料费占单位工程费2%以上，10%以内的各类材料为第一类建筑材料；材料费占单位工程费10%以上的各类材料为第二类主要建筑材料。

② 该意见规定："主要材料价格波动的，波动幅度在±5%以内（含5%），其价差由承包人承担或受益；波动幅度超出±5%的，其超出部分的价差由发包人承担或受益。"

③ 该文本规定："属于不可归责于承包人的原因所引起的人工、主要材料及机械设备的价格波动超过5%时，合同双方应当对合同价款进行调整。其中对'主要材料'作出了明确定义，即指价款总额达到合同总价的8%以上的材料或价款总额未达到合同总价的8%，但根据本工程的具体实际情况，确为重要材料的。同时，该合同范本还赋予合同当事自主选择权，可以约定何种属于主要材料。"顾东林：《运用情势变更原则解决建材价格异常波动争议》，载《建筑经济》2009年第8期，第60页。

④ 该条规定："工程之个别项目实作数量较契约所定数量增减达10%以上者，其逾10%之部分，得以变更设计增减契约价金。未达10%者，契约价金不予增减。"王伯俭：《公共契约法律实务》，元照出版有限公司2008年版，第65页。

⑤ 张广兑：《建设工程合同纠纷诉讼指引与实务解答》，法律出版社2013年版，第310页。

3. 总体上各地对于建材价格上涨场合适用情事变更原则调整合同的标准把握还是比较宽松的，甚至价格上涨 3% 以上就可以调价，而且只要有证据证明价格波动达到了以上标准，合同价格即可被调整，无须结合其他周边因素进行综合考量。这种处理方式稍显速断和主观，其适用尺度显然过于宽泛，在一定程度上混淆了情事变更和商业风险的界限，显示出情事变更原则存在滥用的趋势，相比较其他国家显得不够严谨，在一定程度上值得警惕。毕竟情事变更原则是对有关当事人提供救济的最后选择，如果价格上涨 5% 就可以适用该原则来调整合同价格，则当事人几乎可以随时摆脱很多正常的商业风险。①

4. 各地规定不一，不利于建筑市场统一大市场的形成。

5. 这些规定只是参考意见，不具有法律的强制性效力，当事人可以在合同中对于价格调整确立不同的标准。如在东莞市长安镇房地产开发公司与茂名市电白建筑工程总公司建设工程施工合同纠纷上诉案中，② 二审法院就认为"广东省建设厅针对 2003 年 4 月底以后钢材涨价对建筑行业的冲击，于 2003 年 7 月 15 日发出了《调整钢材价格通知》，该通知只是行政指导性意见，不具有法律的强制性效力"。

5.1.9 《招标投标法》第 46 条与原《合同法解释二》第 26 条及《民法典》第 533 条之关联

这里可能存在一个障碍，即原《建设工程施工合同解释》第 21 条规定备案后且经过招投标签订的合同应当作为工程结算的根据。《招标投标法》第 46 条也规定备案后签订的补充合同不得与备案合同背离。如此是否意味

---

① 在一个长期租赁合同中，一方以固定价格的方式向另一方提供蒸汽，该固定价格反映了合同订立当时的市场情况，但是由于合同履行期很长，其间遇到蒸汽价格的暴涨，原来约定的固定价格只相当于现在价格的 7%。此案中，价格上涨十分明显，但是欧洲大部分国家都否定于此场合适用情事变更原则来调整合同，英国和爱尔兰认为其不足以构成合同落空，德国、希腊、奥地利、意大利、西班牙认为交易基础并没有丧失，只有荷兰、瑞典、芬兰的态度比较激进，认为其构成情事变更，可以调整合同。转引自〔德〕莱因哈特·齐默曼、〔英〕西蒙·惠特克主编：《欧洲合同法中的诚信原则》，丁广宇译，法律出版社 2005 年版，第 404 页。

② 广东省高级人民法院（2009）粤高法民一终字第 62 号。

第 5 章　情事变更原则之适用——物价波动等情形请求费用补偿

着在出现价格异常波动的情况下,当事人也不得变更合同,即使变更也应当以备案的中标合同作为结算工程款的根据,或者说该条规定直接否定了价格异常波动场合情事变更原则的适用性,因为情事变更原则的适用要件之一就是情事发生重大变更,使得继续履行合同显失公平或者不能实现合同目的,恰恰需要对原合同进行"实质性"变更甚至解除,以期达到重新平衡当事人之间利益关系的目的。两者之间的关系如何协调成为难题,对此笔者认为这两个条文的规定并不能排除情事变更原则的适用,理由如下:

1. 该条的立法目的在于防止当事人规避《招标投标法》第 3 条的要求,使得招投标程序流于形式。因为工程实践中存在一些投标人低价位投标、中标,然后再和发包方串通,以工作量增加、设计变更等为借口而提高工程款,借此使招投标程序流于形式。情事变更的情形显然与此不同。

2. 在适用情事变更原则并经诉讼变更或者解除合同的场合,由于有法院的参与,应当可以排除通过变更合同来规避招投标的企图,通过法院诉讼进行的合同变更,再加上重新备案,应当可以确保合同调整的公正性,与上述条文的立法目的并不背离。

3. 情事变更原则的适用有严格的限制,以此作为借口来规避招投标程序并非易事。在情事稍有风吹草动,当事人就主张适用情事变更调整合同的场合,法院应当可以通过仔细审查该原则的构成要件从而驳回其诉讼请求。而且若当事人果真以低价投标中标,而后来又真的发生了情事重大变更的情形,则可以认为施工人于签订合同之际即已经预料到该情事变更的可能,从而排除情事变更原则的适用。

4. 对于正常的通过招投标程序签订的施工合同,于合同履行之际发生情事变更时,若以上述条文为借口不予调整合同,显然对承包人不公平;此等条文的出发点固然有其道理,但是不能一竿子打翻一船人,更不能把孩子和洗澡水一块倒掉。因为要防止法律规避,而连正当的权利救济都牺牲掉的做法显然过激。事实上此等情形完全可以进行个案衡量,即若存在恶意低价投标、中标的嫌疑,则原则上不予调整合同,坚持上述条文的规定;若是通过正常招投标程序签订的合同,则有适用情事变更原则变更施工合同的余地。

5. 事实上情事变更原则在施工合同中的适用不仅仅限于价格波动这一种场合，在异常天候、政策变动、工期迟延、民众抗争、界面冲突、赶工等情形都有其适用情形，若完全依据上述两个条文就排除其适用，则有"防卫过当"的嫌疑。

6. 原《合同法解释二》第 26 条及《民法典》第 533 条所规定的情事变更原则是一种例外性原则，是对合同严守的背离，因此相对于《招标投标法》第 46 条和原《建设工程施工合同解释》第 21 条具有特殊性，是特别法，一旦满足其适用要件，即具有优先适用性。

事实上法院也开始注意这个问题，在阜阳市广城置业有限公司与浙江瑞翔建设有限公司建设工程施工合同纠纷上诉案中，① 法院在判决书中写道："广城置业公司与瑞翔建设公司在中标合同没有出现变更合同的法定事由，于 2010 年 3 月 12 日签订的补充协议，改变了中标合同的工期、价款、结算依据等，原审据此认定该补充协议无效，并无不当。"

在北安市巨源房地产开发有限公司与绥化建筑工程有限公司建设工程施工合同纠纷上诉案中，② 法院表现出了更鲜明的立场，判决认为："本案双方当事人在经过招投标程序签订备案合同后（备案日 2008 年 7 月 23 日），随即于 2008 年 7 月 26 日签订《建筑工程施工补充协议书》，系在客观情况未发生根本性变化的情况下，对关于工期、工程价款确定、工程款拨付方式等内容作出与备案合同不同的约定，系对备案合同进行了实质性的变更，违反了《中华人民共和国招标投标法》第四十六条的规定，依据《中华人民共和国合同法》第五十二条第一款第（五）项的规定，该协议应为无效合同。而《补充协议书》是在备案合同签订后近两年，双方当事人根据合同履行的实际情况，经协商确定了材料价格、人工费调整等主要内容，该《补充协议书》系双方的真实意思表示，并不违反法律行政法规的效力性强制性规定，原审判决认定该《补充协议书》合法有效，并无不当。巨源公司主张《补充协议书》无效，无事实及法律依据，本院不予支持。"

---

① 安徽省高级人民法院（2013）皖民四终字第 00036 号。
② 黑龙江省高级人民法院（2012）黑民终字第 4 号。

此处，安徽省高级人民法院和黑龙江省高级人民法院显然认为《招标投标法》第 46 条的规定并不排除情事变更原则的适用，相反其认为在满足情事变更原则之适用要件的前提下，即使经过招投标备案的施工合同也是可以进行变更的，即可以认为原《合同法解释二》第 26 条的规定相对于《招标投标法》第 46 条属于特别法，具有优先适用性。

5.2 业主指示赶工

5.2.1 赶工之发生原因

公共工程执行过程中，产生争议的众多原因之一，即为工程履约实务中常见的"赶工"所引发的争议。虽然工程赶工的现象极为普遍，而赶工的原因并不仅仅是工程进度迟延，其成因一般包括：（1）业主要求；（2）政策改变；（3）工期展延；（4）工期迟延等。[1] 更多的时候是因为业主的需求而赶工，很多情况下，不论赶工原因如何，因赶工而增加之额外费用多由承包商自行吸收。然而随着目前国内建筑市场与国外建筑市场逐步接轨，承包商的求偿意识逐渐增强，开始对发包商要求赶工之费用补偿。

5.2.2 拟制赶工

美国法上有所谓拟制赶工（Constructive Acceleration），是在不可归责于承包人之迟延/可宽恕的迟延（Excusable Delay）之情形中，发包人要求承包人赶工以符合原先契约预定完工的日期。拟制赶工一般需具备下列条件：[2]

1. 不可归责于承包人之迟延

在不可归责于承包人之迟延中，承包人有权要求延展工期，如发包人指示承包人克服此种迟延情形，未予延展工期，实际上就已经构成赶工之指示。如果是可归责于承包人之迟延，承包人赶工是为了履行原定契约义务，

---

[1] 郑振安：《营建工程赶工之案例研究》，交通大学工学院专班工程技术与管理学 2008 年硕士学位论文，第 7—22 页。

[2] 陈玉洁：《工程契约变更之争议问题研究》，政治大学法律研究所 2005 年硕士学位论文，第 170 页。

不得请求因此增加的费用。

2. 发包人知悉此迟延

如果发包人不知工程迟延存在，就不可能展延工期，不应使发包人负担未展延工期之责任，必须在发包人知悉且未展延工期之情形下，才使发包人负担拟制赶工之费用。在某些案例中，此要件被解释为承包人须要求发包人展延工期，让发包人知悉不可归责于承包人之迟延存在。实际上，此要件之关键应在于发包人知悉与否，例如在发包人之施工干扰案件中，发包人已知悉之情形，承包人不须要求定作人展延工期，即可满足此要件。

3. 发包人之陈述或行为，可被解释为赶工指示

发包人的陈述或行为，是否可以被合理地解释为赶工指示，关键在于其陈述或行为强制的程度。实务上曾经出现下列情形：A 直接指示于 B 要求赶工。这两者都属于赶工指示，因为无论是指示还是要求，主动权都在发包人。但如果发包人仅要求承包人提出计划说明如何弥补迟延之进度，尚未构成赶工指示。同样地，如发包人仅仅建议承包人投入更多人力，也不构成赶工指示。C 以违约为由威胁解除合同：由于解除合同之后果相当严重，承包人为避免工程无法继续，通常会遵守施工，因此这类案例都被认为有赶工指示。D 发包人施压依进度完工：在许多案例中，发包人表示工程须优先完成，不允许有迟延存在，将被解释为赶工指示。E 拒绝展延工期并评估违约金：当发包人告知承包人迟延给付之违约金时，承包人赶工的压力特别强烈。另外，当发包人拒绝告诉承包人哪些迟延是否属不可归责于承包人时，承包人会有遵照指示赶工的压力，因为承包人不知道是否须对这些迟延支付违约金，此时可认为有赶工指示。合同订有承包人迟延违约金之条款，而发包人拒绝展延工期，拒绝给予如何进行工程之指示，并坚持承包人依原定进度完成，亦属赶工指示。F 未予展延工期：仅仅未予展延工期，并不构成赶工指示，因为不具备足够之强制性。当承包人在等待发包人是否展延工期时，承包人有两个选择，一为以目前速度施工，冒着迟延完工之风险；另一为赶工，以期依照原进度完工，必须为发包人使承包人无法选择以正常速度施工，才构成赶工指示。G 迟延展延工期：发包人决定是否展延工期所花费

的期间必须合理,如期间过长而不合理,促使承包人赶工之强制力较大,可构成拟制赶工。原定工期之长短将影响发包人决定展延工期之期间是否合理,例如工期为60天,定作人两个月未给予回复,可认为有赶工之指示。

拒绝展延工期之要求:当发包人拒绝展延工期或迟延展延工期,将使承包人合理相信不能展延工期而必须照原定工期完工时,可认为承包人被强制赶工,有赶工指示之存在。

4. 承包人通知发包人该指示构成拟制变更

合同如果约定承包人须在拟制变更发生时通知发包人,则承包人必须遵守此约定。如未通知,可能依合同约定而产生失权之效果,不得请求额外费用。

5. 承包人因发包人之指示赶工,因此增加额外费用

承包人须证明其赶工与发包人之指示具备因果关系。承包人施以合理的努力赶工,即使承包人未能赶上落后之进度,仍无碍承包人请求因此增加之费用。

5.2.3 实务判决

司法实践中对于业主指示要求承包商赶工的情形能否适用情事变更原则,存在不同看法,其典型裁决略谓:

1. "……原审未详予论究志品公司有无因北市府教育局之需要而赶工,遽以志品公司之赶工与内装承包商及土建承包商有关,与北市府教育局无关,而驳回志品公司之请求,亦有判决不备理由之违误。两造上诉论旨,分别指摘原判决关于其败诉部分为不当,求予废弃,非无理由。"[①]

2. 在我国台湾地区一个仲裁案件中,仲裁庭认为主要问题在于就本案因为申请人配合相对人要求提前通车而生之费用应由谁来负担的问题。就此而言,建造单位已有证词证明申请人基于相对人赶工之要求而增加支出相当多之赶工费用。因而由此可知,就本案申请人基于订约当时当事人所不可预知

---

① 我国台湾地区"最高司法机构"(2011)台上字第177号判决。

民法典背景下情事变更原则之逻辑构成与司法展开——以两岸建设工程实务为分析场景

之事由（相对人要求赶工提前通车），而依契约原有效果显失公平（相对人得到提前通车之利益，但无须对申请人基于相对人赶工之要求而增加支出相对多之赶工费用给予任何费用补偿），因此依"民法"第227条之2的情事变更原则，应当增加相对人所为之给付，方符合公平。①

5.2.4 赶工之争议问题

这里存在的争议有以下几个：

1. 当业主要求赶工时，承包商可否请求赶工费；
2. 请求赶工费之法律或契约依据何在；
3. 业主之赶工要求是否构成情事变更；
4. 请求赶工费用之项目应当包含哪些。

在相关之分析研究结果中显示，赶工增加的成本以"功率损失费"最为关键。② 其次为"额外购置或租赁设备费"。然而，承包商在赶工求偿过程中主要面临的问题在于求偿功率损失费时无法量化损失费用，在求偿额外购置机器费用时无法提出费用的合理性证明，及在租用机具时无法明确证明系因赶工而短期租用等。另外，虽然工程额外成本中"功率损失费"最为关键，但在案例中却少有针对功率损失费的求偿案例及判决，其原因多在于承包商因无法量化或甚难量化功率损失费用，以至于无法求偿。

工程执行中的"时间"及"价款"两者，是工程契约双方关心的核心问题。然而工程施工中，难以避免之不可抗力及不可归责之其他事由，常导致工程变更、工期延误、停工、复工、赶工之发生。那么除逾期罚款外，尚有其他损害时，可否求偿？若无法获得工期展延，且须面临逾期罚款，怎么办？承包商因财务问题、施工能力不足、分包商施工迟延或施工错误造成复工以至于导致工期展延问题，发包方应提供给承包商资料、器材、场所或应进行审查或同意等配合措施未依合同提供或进行，如此情形，停工损失是否

---

① 洪国钦、陈宗坤、曾俊智：《情事变更原则与公共工程理论与实务——兼论仲裁与判决之分析》，元照出版有限公司2010年版，第243—246页。
② 刘清鸿：《赶工求偿之探讨》，高雄第一科技大学营建工程研究所2009年硕士学位论文，第4—24页。

第 5 章　情事变更原则之适用——物价波动等情形请求费用补偿

须终止契约始得求偿？因停工而终止契约之求偿范围如何？不终止契约得否请求停工损失？如无赶工约定，得否求偿赶工费用？合理展延天数与追加费用如何认定？停工、复工、展延之争议问题？凡此种种问题均为施工合同值得继续探讨之重点。

5.2.5　赶工奖金

就赶工奖金部分，一般双方会约定工程如果因为民众抗争、天灾、用地无法顺利取得等因素，造成延期开工或进度落后，发包方为确保计划执行效益，需要斟酌工程办理情形，要求承包商控制进度，以减少迟延工期，甚至要求提前完工。为使发包方能够充分掌握工程进度，发包方可以给付赶工奖金之方式，提高承包商配合赶工的积极性。但有些承包商可能觉得不划算，因为如果事实上承包商赶工，依据合同只能获得有限之补贴，可承包商实际花费已经不止这些。有时候承包商是为了自己需要所做的加速施工，例如其开工初期人力动员慢，或施工中机器发生一些问题，事实上这不是赶工，而是在弥补以前的施工迟延，当然没有情事变更原则之适用。关于这一问题，我国台湾地区"最高司法机构"判决有多种类型。而如何协调承包商愿意赶工，本来即是发包方之责任，如果发包方都以合同约定的方式将责任推给承包商，那就是风险的不当转移。而有关赶工的重点，承包商首先要考虑的就是有关劳动法加班费的规定，其次就是夜间施工困难更高，风险更大，承包商相对要求更高的费用补偿，自属合理。

5.2.6　类型化分析

笔者以为业主指示赶工的原因多种多样，应当考虑赶工的原因，然后决定对于因赶工而额外支出之费用如何处理。以笔者所虑，其可能的案型有以下几种：

1. 因可归责于承包方之原因业主要求赶工

遵守工期是承包方的主要义务之一，尤其是大型的建筑工程往往约定了许多中间工程项目的开工和完工日期，这些日期的遵守与否影响到整个工程能否按时完工。如果因承包方自身施工不力，没有遵守中间工程的开工和竣

民法典背景下情事变更原则之逻辑构成与司法展开——以两岸建设工程实务为分析场景

工期限，使得工程施工迟延，则发包方当然可以要求承包方尽力赶工，追赶工期，确保整个工程能够顺利完工。此际，如果因赶工增加了人力、物力的投资，则相关损失和风险应当由承包方单独负责。且由于此处，承包方对于赶工有可归责的原因，其当然不得主张适用情事变更原则要求发包方补偿其增加的费用。

2. 非因可归责于双方之原因业主要求赶工——情事变更原则之适用

如果因为不可归责于双方之原因导致工程施工迟延，比如因为异常恶劣的天气、地基塌陷、社会动荡、民众抗争、骚乱等使得承包方无法顺利施工，造成工程工期滞后，这些风险是承包方事先无法预料的，也不应当由其承担相关的损失和违约责任。此际，如果发包方要求承包方赶工，则如果赶工费用增加过巨，由承包方一人承担显失公平，则其可以主张适用情事变更原则，要求发包方适当补偿其增加的赶工费用。

如果发包人误以为进度落后可归责于承包人，而促使承包人赶工以符合原定合同完工期限时，是否可认为系合同变更之要约？此实为意思表示之解释问题。当发包人因误认进度落后系属于可归责于承包人之事由，而促使承包人赶工时，由于承包人应可知悉，发包人之指示要求承包人遵守合同约定之完工期限，并非变更合同之要约。但承包人有通知发包人之义务，表明进度落后系因为不可归责于承包人之事由，并确认发包人是否仍欲承包人赶工以缩短工期，承包人之表示为变更合同之要约。发包人于承包人通知后如仍指示赶工，可认为其有变更合同之承诺，如此方式实为协议变更而达成了新协议，[①] 自当依据此新合同履行，而无情事变更原则适用之余地。

3. 因可归责于发包方之原因发包方要求赶工

如果因为发包方原因导致工程迟延，比如发包方没有及时取得工地、没有按时获得建设用地使用权、没有及时提供有关工程图纸和资料、没有及时完成拆迁等，这些原因都可能使工期延宕，此际如果发包方要求承包方赶工，则必须补偿承包方额外增加的赶工费用。首先，遵期是双方的共同义

---

① 《民法典》第543条：当事人协商一致，可以变更合同。

务,发包方没有遵期显然构成违约;其次,如果承包方同意赶工,其本质上是为了消除发包方过错对工期的不利影响;最后,既然发包方构成违约,则其当然应当承担损害赔偿责任。

如果没有出现工程迟延的状况,则一般情况下是不允许据以压缩工期的,如果发包方要求承包方赶工、压缩工期可能要承担法律责任。我国《建设工程质量管理条例》第10条有明文规定。根据《招标投标法》第46条,对于招投标的工程,工期是十分重要的合同条款,没有法定事由不能压缩。对于非招投标的工程,若施工过程中,发包方要求赶工以压缩工期提前竣工,则在保证工程质量的情况下,承包方可以赶工,发包方必须补偿承包方增加的施工费用。而且,按照工程施工惯例,压缩工期有上限要求,即最多不能提前定额工期的30%。《关于进一步加强建筑市场监管工作的意见》对此也有严格规定。[①]

5.3 工地取得障碍

5.3.1 概述

工程实务上,发包人除负有于承包人完成施工时支付报酬之义务外,一般于工程正式开工前,尚负有其他应当先履行之义务,其中最重要的义务包括:

1. 业主必须提供充分翔实之工程设计图给承包商,使承包商得以施工;

2. 业主必须取得建设用地使用权和施工许可,承包商才能合法进入工地开展施工作业。

关于发包人取得工地交付承包人施作之协力义务,在法律及示范性合同中多有明确规定,如《民法典》第778条、第803条及《建设工程施工合同

[①] 该意见规定:"建设工程合同双方要在合同中明确约定承包范围、质量安全要求、工期、价款及支付方式、变更要求、验收与结算以及合同争议的解决方式等内容,避免因双方责任、权利、义务约定不明确造成合同纠纷。建设单位不得任意压低造价和压缩工期。实践中,如果压缩工期导致施工方成本增加,施工方可以业主违约为由提出索赔。"王文杰:《建设工程法律实务操作及疑难问题深度剖析》,法律出版社2012年版,第77页。

（示范文本）》（GF－2013－0201）第7.5.1条。① 我国台湾地区"民法"第507条也有类似规定。②

在发包方没有及时提供工地于承包商场合时，承包商即无法及时开工，造成工期迟延，并使建筑费用增加。应当如何救济承包商？承包商可否主张违约责任抑或能否主张情事变更原则之适用？关键的问题在于如何认识上述发包方之协力义务之性质。如果将此义务界定为一般之附随义务或不真正义务，则发包方即使没有按时提供工地，也不构成给付义务之违反，不具有可归责性，有情事变更的适用余地；如果将其界定为工程合同之给付义务，则在可归责时发包方须承担违约责任，在不可归责时承包方有可能主张情事变更原则之适用。

5.3.2 协力义务之性质

一般承揽工作之完成，常需要定作人之协力，若定作人不为协力义务（我国《民法典》第778条称之为"协助义务"，应无不同），承揽人势难完成工作。比如制作西服，定作人若不接受身材测量，也不告知其必要信息，承揽人无从为其量体裁衣。如此，定作人无从获得利益，承揽人也不具有可归责性，按传统民法并不成立不履行责任。因此承揽工作之完成，须定作人协力，而定作人不为协力者，于债之原理上，系定作人成立受领迟延，承揽人也不构成违约。③

但在工程合同中如此处理，似乎对承包人极不公平，因为若发包人未按时提供工地，承包人因此而不能及时开工，造成停工、窝工，可能会给承包人带来重大损失，如果其没有救济之道，岂不滑稽。我国台湾地区"民法"第507条及《民法典》第778条、第803条都有类似规定。

---

① 该条规定："在合同履行过程中，因下列情况导致工期延误和（或）费用增加的，由发包人承担由此延误的工期和（或）增加的费用，且发包人应支付承包人合理的利润：……（2）发包人未能按合同约定提供施工现场、施工条件、基础资料、许可、批准等开工条件的；……"

② 该条规定："工作需定作人之行为始能完成者，而定作人不为其行为时，承揽人得定相当期限，催告定作人为之。定作人不于前项期限内为其行为者，承揽人得解除契约，并得请求赔偿因契约解除而生之损害。"

③ 邱聪智：《新订债法各论》（中），中国人民大学出版社2006年版，第80页。

第5章 情事变更原则之适用——物价波动等情形请求费用补偿

因此，发包人违反应为之工作协力义务者，承包人对于发包人首先有催告权，经催告而发包人仍不能提供工地时，承包人有合同解除权及损害赔偿请求权，其救济手段与《民法典》第563条第1款第3项之履行迟延完全相同。至于催告、解除的相关问题，应与《民法典》第563条、第565条作相同解释。

此处的关键问题是协力义务之性质，尚有争论：

1. 有认为该义务即为发包方之合同义务，认为我国台湾地区"民法"第507条协力义务之违反，亦构成定作人之债务不履行，如承揽人不依第507条主张权利（解除契约及损害赔偿），而径依我国台湾地区"民法"第231条以下主张损害赔偿，解释上应无不可。①

2. 也有学者讨论承揽契约之特性，认为定作人不为协力义务，不仅对定作人产生消极的不利影响，而且也会造成承揽人积极的损害，依照诚信原则，定作人应负有协力义务，该义务之违反，应依积极侵害债权之理论处理。②

3. 有认为该协力义务并非合同义务，仅为发包方（定作方）之行为，如不协力，仅为受领迟延。③

4. 也有认为该协力行为是特别规定，而非其义务，盖此一义务之违反并不以定作人之过失为要件，与"民法"债务不履行体系下义务之违反并不相同，故定作人之协力行为，并非其义务，则定作人如不协力，仅生受领迟延之效果而已，显非单纯受领迟延，故解为特殊规定。④

5. 黄茂荣先生认为，我国台湾地区"民法"第507条就其违反，仅明文规定承揽人得解除合同，似乎倾向于对己义务之看法。⑤

6. 杨芳贤先生认为，依我国台湾地区"民法"第507条之规定，定作

---

① 戴修瓒：《民法债编各论》（上册），三民书局股份有限公司1964年版，第181页；邱聪智：《新订债法各论》（中），中国人民大学出版社2006年版，第81页。
② 林孜俞：《公共工程契约之订定与招标机关之义务》，台湾大学2002年硕士学位论文，第136—138页。
③ 史尚宽：《债法各论》，1986年作者自版，第232页。
④ 郑玉波：《民法债编各论》（上册），1992年作者自版，第387页。
⑤ 黄茂荣：《债法各论》（第1册），2003年作者自版，第494页。

民法典背景下情事变更原则之逻辑构成与司法展开——以两岸建设工程实务为分析场景

人之协力义务仅系对己义务或不真正义务，并不具有给付义务之性质，该承揽人对于定作人应为之协力义务，难认为具有诉请强制履行之利益，因为依据第 511 条规定，于承揽人利益之保护下，定作人得随时终止契约，因此有关第 507 条第 1 项规定之完成工作所必要之协力行为，定作人得不为之。[①]

而实务判决中，也有认为发包人之工地提供义务不属于合同义务。典型判决略谓："上诉人（定作人）一再抗辩：提供工地仅属定作人即伊之协力行为，惟两造并未将此合意约定为契约义务，即系争契约未就伊交付工地以供被上诉人（承揽人）施作之协力义务应另负特别责任为约定……别无任何关于上诉人应提供土地或给付工地之记载，似仅涉及非被上诉人之责任而影响工期时，上诉人应主动核算延长工期之约定。上诉人所辩，是否全无足采，非无再研究之余地。原审徒凭此一约定，径认交付工地予被上诉人进场施作乃上诉人之契约义务，进而为上诉人不利之论断，自由未恰。"[②]

但也有采肯定见解之判决，即认为发包人提供工地供承包人施作之义务属于发包人之合同义务，而不是所谓对己义务。典型判决略谓："被上诉人为公路建设施工之公务执行单位，对道路施工用地之取得，以及工程施工中相关路线及管线迁移等岂能不事先妥为规划处理，即得贸然规划施工？如可如此规划施工，其依据何在？被上诉人又何须事后再予以取得及排除？故此等施工用地之取得及施工路径管线迁移等，自属工程契约中定作人之从给付义务及附随义务，其如能事先妥为规划，取得用地及迁移管线等，自不会造成另须延展工期之情形，则其应事先规划取得用地及迁移管线等，而疏未规划取得迁移，其规划及执行本件道路工程，其有过失，极为显然。被上诉人辩称无过失云云，亦无足采。"[③]

对此，笔者认为此处发包人及时取得工地供承包人施作之义务属于合同之从给付义务，理由如下：

首先，这里的用地取得义务不属于不真正义务或称对己义务。因为对己

[①] 杨芳贤：《承揽》，载黄立编：《民法债编各论》（上），元照出版有限公司 2004 年版，第 655—656 页。
[②] 我国台湾地区"最高司法机构"（2010）台上字第 222 号判决。
[③] 我国台湾地区"高等法院"台中分院（2002）重上字第 87 号判决。

第5章 情事变更原则之适用——物价波动等情形请求费用补偿

义务之特征在于即使义务人违反此等义务，对方当事人也不能请求损害赔偿或据此解除合同，仅仅是使义务人本身承担有关不利后果而已。①《民法典》第591条第1款、第620条、第621条、第893条均属之。但此处发包人不提供工地，不但使其自身遭受不利益，而且还造成了承包人的损失，且根据第778条之规定，承包人可以要求发包人履行此义务，该义务非属于所谓不真正义务应无异议。

其次，该义务也不属于附随义务。因为附随义务一般不是基于约定也不是基于法定产生的，而是基于诚实信用原则在合同履行过程中产生的；附随义务随着合同关系的发展不断产生，与合同类型无关；附随义务一般不产生履行抗辩权的问题；附随义务违反不得诉请履行，也不得解除合同；② 还有观点认为附随义务是为了确保合同当事人的固有利益不受损害，因此它更多的是一种保护义务。③ 发包人不提供工地以供开工，损害的不是固有利益而是承包人的履行利益，承包人可诉请履行，可解除合同，在我国有法律的明确规定。

再次，一般而言主给付义务决定着合同的类型，而从给付义务没有此等决定性。发包人之主给付义务为给付工程报酬，发包人给付报酬之义务与承包人完成一定工作之义务为决定施工合同类型之基本义务，而发包人提供协力并无法决定施工合同之类型，因此发包人之协力义务应非施工合同之主给付义务。

最后，发包人之此协力义务是否为从给付义务？从给付义务可基于法定约定或者诚实信用原则产生。因此，当合同约定发包人应提供工地供承包人施作时，则发包人依约有提供该协力义务之从给付义务，发包人不为协力时，承包人得依《民法典》第778条④之规定，催告发包人在合理期限内履

---

① 王泽鉴：《债法原理》（第1册），中国政法大学出版社2001年版，第47页。
② 王泽鉴：《民法债编总论·基本理论·债之发生》（第1册），三民书局股份有限公司1993年版，第31页。
③ 贾若山：《论合同法上的附随义务》，清华大学法学院2005年法律硕士专业学位论文，第26页。
④ 《民法典》第778条：承揽工作需要定作人协助的，定作人有协助的义务。定作人不履行协助义务致使承揽工作不能完成的，承揽人可以催告定作人在合理期限内履行义务，并可以顺延履行期限；定作人逾期不履行的，承揽人可以解除合同。

行该协力义务，发包人逾期仍不履行的，承包人可以解除合同。此外也可以《民法典》第563条作为请求权基础。但是如果合同对此没有约定时，发包人协力是否为从给付义务？笔者支持韩世远教授的观点，① 认为此时该协力义务仍应定性为从给付义务，理由如下：

1. 依据《民法典》第778条，发包人不为协助义务，承包人得定相当期限催告发包人、解除合同并请求损害赔偿，发包人不为协力义务之法律效果，与债务人履行迟延的法律效果并无二致，亦即债权人得催告债务人履行、解除合同并请求履行利益之损害赔偿。两者在法律效果上相同，显示立法者对于发包人违反协助义务之评价，与债务人违反给付义务相同。由于发包人违反协助义务时将发生损失赔偿之债，并不仅是遭受自己权利减损或受有不利益，因此协助义务具有对他义务之性质，且解除契约之法律效果，通常是在违反给付义务时发生。

2. 从给付义务之存在是为了辅助主给付义务之履行，除了为完全履行债务人本身之给付义务而生者，从给付义务亦可能系为了准备、确定、支持及完全履行相对人之主给付义务而来。② 当发包人之协力系承包人履行合同所不可或缺时，为支持承包人完成工作，发包人应有为协力之给付义务。

3. 或有谓承包人并不具完成工作之利益值得保护，但是，施工合同为一继续性合同，承包人在工程进行中不断投入机具设备、材料、人力，持续花费施工成本，当发包人不为协助时，承包人所支出之费用将会随之增加，例如机具折旧费与闲置费用、机具维修保养费用、延长保险期间所增加之费用、管理费、待命或看管人员劳务薪资、功率损失、迟延后施工期间人员薪资及物料涨价等，甚至使承包人转盈为亏，此为工程施工合同较其他合同关系特别之处。其他合同中债权人不为协力，呈现为受领迟延之情形，债务人所生之损害为提出及保管给付物之必要费用，除此以外并无其他损害，但是在施工合同中并非如此，承包人所受之损害非债权人受领迟延所完全能够涵盖。③

---

① 韩世远：《合同法总论》，法律出版社2011年版，第445页。
② 姚志明：《诚信原则与附随义务之研究》，元照出版有限公司2003年版，第151页。
③ 债权人受领迟延的典型立法，如我国台湾地区"民法"第240条。

第 5 章　情事变更原则之适用——物价波动等情形请求费用补偿

4. 发包人是否为协力义务，承包人无控制可能，全靠发包人之决定及努力，基于诚信原则，承包人应可期待发包人履约时顾及承包人之利益，为适当之努力以避免损及承包人之权益。再者，衡量风险分配，发包人对于可否为协力有控制之可能，未为协力之损失应由发包人承担，且发包人可归责时，更无将不利益转嫁给承包人之理由。

5. 发包人不为协力义务并不构成债权人受领迟延。承包人之主要义务为完成一定工程之建设。在发包人不提供场地，则承包人无法进场、无法继续施工的情形，承包人尚未完成工作，无法提出给付，亦无法依合同准备给付之必要事项，通知发包人以代提出，应不能构成发包人受领迟延。换言之，当承包人完成工作，发包人拒绝受领或不能受领，才能构成所谓受领迟延，因此，承包人依债权人受领迟延所能请求者，乃提出完工之工作后，因发包人受领迟延所支出之提出及保管给付物之费用。发包人不为协力造成承包人无法进场、无法施工所增加之费用，承包人显然不能根据债权人受领迟延来请求。

综上，发包人提供土地供承包人施工之协力义务在理论上似乎宜界定为从给付义务为当，事实上《民法典》第 778 条规定的发包人的协助义务都应认定为从给付义务。

如此，在用地取得障碍的情形，承包人能否主张适用情事变更原则，或者只能主张违约责任，在法律上待厘清之争点有以下几个：

1. 工程之用地，在发包人未能及时取得用地交付承包商（原告）时，是否可归责于发包人之事由。

2. 如果可归责发包人，则契约双方议定之内容有无双方所争执之弃权条款。如施工合同可能会存在如下规定："如非承包商之责任而影响工程之进度，仅得按实际情形免计工期，不得提出赔偿要求。"

3. 如果不可归责于发包人，施工合同有无"情事变更，非当时所得预料，而依其原有效果显示公平"之适用。

4. 法律上意见必须清楚后，才有逐一针对被告请求损害赔偿之项目，进行审理之必要。

5.3.3 可归责于发包人之工地取得障碍

工程实践中，通常因可归责于发包人之原因，致使承包商不能如期开工。由于发包人的原因，如未能腾空土地，取得建设许可，或未如期交付有关资料等，造成承包商不能及时开工，是发包人怠于履行协助之义务。此时承包商可以主张延展工期，不计逾期罚款，同时在遇到发包人未尽协助之义务，而无法预定开工日期时，可以书面通知发包人，争取相当之准备时间。倘若因为延迟开工而造成机械设备之闲置时，可主张损害赔偿。

我国台湾地区花莲地方法院民事判决（2003）重诉字第52号判决略谓："……定作人之协力，就是一种定作人之义务，诚如承揽契约是兴建房屋，但定作人不提供土地，承揽人必然无法施工一样。故本件用地之提供，应该是被告之义务，而为双务契约被告的一种给付义务。一旦定作人（被告）义务违反……原告依'民法'第二二七条（不完全给付）、第二三一条第一项（给付迟延）之规定，自得请求被告赔偿因迟延而生之损害，应属可采。"

因此在协力义务采从给付义务说的前提下，发包人未能及时提供工地供承包人施工且具有可归责的原因时，承包人即可主张发包人义务违反，由此可主张发包人承担债务不履行责任。在我国台湾地区承包人可根据"民法"第507条主张解除合同及损害赔偿；在我国承包人则可根据《民法典》第803条、第808条、第778条主张损害赔偿及合同解除。《建设工程施工合同（示范文本）》（GF-2013-0201）第7.8.1条规定了因发包人原因引起的暂定施工，其第2款规定："因发包人原因引起的暂停施工，发包人应承担由此增加的费用和（或）延误的工期，并支付承包人合理的利润。"由于此种情况下，工地取得障碍可归责于发包人，由其承担债务不履行责任即足以弥补承包人之损失，因而没有情事变更原则之适用余地。

根据《民法典》第778条，虽仅规定承包人得请求顺延施工期间，在发包人依然不提供工地以供施作时，可以将合同解除，似乎没有规定承包人得主张损害赔偿，但基于发包人之协助义务为一种从给付义务，发包人违反该义务当然构成债务不履行，因此承包人仍得适用《民法典》第803条、第

804 条的规定，即可在要求展延工期或解除合同时，主张损害赔偿。

在湖南某水电建设有限公司与江华县某江水电有限公司建设工程合同纠纷案中，① 湖南某水电公司即主张其之所以施工迟延，是因为发包方某江水电有限公司没有尽到协助义务，在办理征地和其他工程建设手续上拖拉迟延，且没有协调好与当地的关系，导致开工较晚，且施工经常被阻断，因而其主张解除合同请求法院判决其承担赔偿责任。

发包人迟延提供工地应付赔偿之损害范围，应与假设发包人未违反此协助义务的情形相比较，因发包人违反协力，承包人所受损害及所失利益，应可包括前述机具折旧费及闲置费用、机具维修保养费用、延长保险期间所增加之费用、管理费、待命或看管人员劳务费、功率损失、迟延施工期间人员薪资及物料涨价等。承包人应证明实际支出费用之事实、支出费用之必要性及因果关系。为日后能够主张，承包人应详细记载施工日志，并保存相关收据、发票，就其用途详细记载说明，并请求业主之认可。以待命闲置费为例，承包人应对于在现场限制待命之人工、机具做完整记录及统计，并应就何以该等人工、机具无法调至其他工程预作说明之准备。②

5.3.4 不可归责于发包人之工地取得障碍——情事变更原则之适用可能

如上所述，发包方不能及时提供工地以供施工，其常见的因素通常有：（1）居民抗争无法顺利征收土地；（2）管线迁移困难；（3）发包方未能取得建设许可证或建设用地使用权证等证照；（4）地上物拆迁不利；（5）路权取得障碍；（6）居民包围抗争并占领工地等。在存在可归责于发包方之原因致使工地不能按时交付时，如上所述，当然应当由发包人承担债务不履行责任。可是，如果该用地取得障碍不可归责于发包人时照样会导致工程无法按时开工，比如发包方纵使尽全力也无法避免或阻止民众抗争，并导致停

---

① 湖南省永州市中级人民法院（2012）永中法民二初字第 11 号。
② 李家庆：《论工程展延之索赔——兼论弃权条款之效力》，载《工程争议处理》2003 年 3 月，第 51 页。

民法典背景下情事变更原则之逻辑构成与司法展开——以两岸建设工程实务为分析场景

工、窝工等，此等损失非承包方于订立施工合同时可得预见，若由承包方全部承担显失公平，此际有无情事变更原则之适用余地，值得深究。①

我国台湾地区对此曾有肯定性判决，略谓："上诉人于签订系争工程之际，即知悉系争工程有边施工边办土地征收之情事，且契约已排除征收土地迟延得请求损害赔偿之约定，自无所谓无可预料情事变更原则之适用。故上诉人主张，纵认不可归责于被上诉人，然地主抗争致被上诉人未能即时提供施工用地，非上诉人于投标时所得预料，如依原定合约金额给付承揽报酬显失公平，自得声请法院增加给付云云，亦不足采信。惟'最高法院'以为：依一般观念，认为如依其原有效果显然有失公平而言。两造订立系争契约之际，是否可得预料征收机关未能于完工期限前完成土地征收及可能展延工期超过原定工期一年，在此期间上诉人能否弃系争工地之材料安全等于不顾，此攸关上诉人可否因出乎常情之预期而主张情事变更，原审未详为调查，遽谓两造已有弃权条款之约定，自无情事变更原则之适用，非无可议。"②

对于该判决结论，笔者持赞同态度，施工合同成立后，非因发包方之原因导致无法取得工地，实非缔约之际承包方所得预料，拖延开工必然导致施工成本增加，如工期拖延过长、费用增加过巨，将使得坚持原合同之约定对承包人显失公平，此际承包人当可请求重新协商或变更其他原有之效果，《民法典》第533条定有明文。

所以此类案情纵然发包方没有可归责之情形，然居民抗争致使业主未能按时交付土地以供施工，实非承包商投标时所得预料，业主依原定合约金额给付工程报酬显失公平，此时承包商当然可声请法院增加给付，③以示公允。在德国法上，根据风险领域之理论，没能及时取得工地纵使不可归责于发包方，也仍然属于发包方领域之风险，由此产生之损失及工期迟延均应由其承

---

① 张南薰：《情事变更原则在公共工程上之应用》，政治大学法律研究所2000年硕士学位论文，第82页。
② 我国台湾地区"最高司法机构"(2006) 台上字第2383号判决。
③ 陈宗坤：《情事变更原则适用于我国公共工程仲裁判断之探讨》，高雄大学法律学系研究所2009年硕士学位论文，第61—77页。

担,于此 VOB/B 第 6 条第 2 项定有明文,即因发包人领域范围所生之情事导致施工暂停或中断的,承包人可请求展延工期,竣工日期按中断日期往后顺延,其中发包人领域范围所生之情事就包括施工环境之土地等因素所导致的施工障碍,即施工客体之可施作性属于发包人领域的风险,由发包人负责。[1]

值得注意的是,如上述判决书中所述,在工程合同中发包方经常会借助于其优越地位在合同中事先拟定一些条款,比如单方约定如出现无法按时取得工地之开工迟延,承包商须自负其责,无论是因为居民抗争还是管线迁移不顺,发包方均不负任何责任,承包商也不得主张展延工期或费用补偿。在果真发生工地取得障碍场合,发包方多主张承包商在签订合同时已经明知将来会出现居民抗争或其他无法取得工地之障碍,因此承包方不得基于情事变更原则主张展延工期或费用补偿。对此,笔者坚持本文前述之观点,即只要非因承包商之事由导致之施工迟延,则承包商当可举证不可归责而免除迟延履行之责任。如果发包方在施工合同中事先拟定格式条款加重承包人之责任,使其承担不可归责于其之风险损失,则显然属于利用格式条款加重对方当事人责任,根据《民法典》第 497 条此等条款应当认定为无效。因此仍有情事变更原则之适用可能。

5.4 异常工地状况

5.4.1 概述

工地状况系指在施工现场可能影响施工成本或施工方法之自然状况,包括地下土壤、地下水文状况、既存之管线设施等。[2] 我国《建设工程施工合同(示范文本)》(GF－2013－0201)第 7.6 款对此有所规定。[3] 工程施工过

---

[1] Günther Jansen, Beck'scher Online - Kommentar VOB Teil B, 2009, § 6.

[2] See Bruce M. Jervis, Paul Levin, Consturction Law and Practice, 1988, at 139. 转引自张南薰:《情势变更原则在公共工程上之应用》,政治大学法律研究所 2000 年硕士学位论文,第 98 页。

[3] 《建设工程施工合同(示范文本)》(GF－2013－0201)第 7.6 款规定:不利物质条件是指有经验的承包人在施工现场遇到的不可预见的自然物质条件、非自然的物质障碍和污染物,包括地表以下物质条件和水文条件以及专用合同条款约定的其他情形,但不包括气候条件……

民法典背景下情事变更原则之逻辑构成与司法展开——以两岸建设工程实务为分析场景

程中,异常工地状况是比较常见的争议问题,发包方和承包方往往对是否存在地质状况异常存有争议。如果是承包方主张工程地质发生重大异常,可能意味着勘察设计单位的前期工作存在瑕疵,因此勘察设计单位不会轻易承认,甚至会罔顾事实。而且是否异常、异常之程度是否重大、该异常是否由承包方之不当的施工方法所致等,这些问题乃是高度工程专业之问题,设计单位凭借其专业优势,往往推卸责任,让承包商承担一切风险及损失。①

当然承包商应在投标前至工地做实际的工地勘查(Site Inspection),但此工地勘查应仅限于一个有经验的承包商在合理及知识范围所能得到之资料,也就是说承包商如果经过详细的工地勘查后能够合理预测或推算将来可能发生之情况,若将来此种情况果真发生,则不构成异常地质状况;必须是在订约时,承包方通过地质调查或合理的工地勘查仍然不知之状况,并在缔约后才发现者,才能称为异常之工地状况。

5.4.2 司法实务之立场

异常工地状况在法律上,系属地质条件自始即存在,并非于缔约后才有变动,因此若严格坚持情事变更原则之构成要件,能否将异常地质状况纳入其调整范围之内,即不无疑问。

以笔者阅读文献资料,我国最高人民法院曾经对此种情形作出过裁定书。该案中,根据发包方提供的勘察报告,承包方开始施工,但后来发现地下水位较高,无法正常施工,承包方实施井点降水工程,导致工期延长15天,工程费用增加29万元。由于工程价格实行固定总价,发包方不同意调整合同。最高人民法院认为根据发包方提供的岩土勘察报告,双方在签订合同时无法预见到要实施井点工作法,如果对工期和价款不做调整,对承包方显失公平,因此应根据情事变更原则顺延工期,增加工程款。②

此外,在湛江市粤西建筑工程公司宜昌分公司诉宜昌东恒嘉生物技术有

---

① 余文恭:《论重大地质差异之三大特征》,载《营造天下》2008年第137期,第2页。
② 参见最高人民法院(2011)民申请字第50号民事裁定书。此案情转引自崔玉清:《建设工程合同履行中情事变更原则的适用》,载《政法论坛》2014年第1期。但笔者在北大法宝、人民法院网、裁判文书网等权威网站都没有找到该文书的正文,因此不能确保该案情的准确性。

第5章　情事变更原则之适用——物价波动等情形请求费用补偿

限公司建设工程施工合同纠纷案中，也存在类似问题，即在基础施工中，开挖深度远远超过设计图纸，尤其是食堂、淋浴室和车库位置的地质状况恶劣，使得施工成本增加，施工量加大。法院据此认为粤西建筑宜昌分公司基于情事变更而要求变更合同付款条件的请求是合理的，但此处是否是基于情事变更原则，判决书没有指明。[1]

此种情况是否真的有必要适用情事变更原则，能否通过其他法律制度（比如重大误解、缔约过失责任等）来处理，对此笔者持保留态度，下文有具体分析。

我国台湾地区工程会调解实务上认为此种情形有情事变更原则之适用可能，但法院的见解则有肯定说与否定说两种。

肯定说，即认为在异常工地状况的情形有情事变更原则的适用可能。其典型判决如下。

"上诉人主张：系争钻探报告为上诉人与被上诉人上发公司间之合约之一部分，上诉人依此客观基础，出价参与系争基础工程之竞标，故上诉人签约后，发现实际地质状况非如钻探报告所示，此乃客观条件之变更，若仍依原计价基础要求上诉人履行，显失公平，是依'民法'第二二七条之二之规定，上诉人本得声请法院为增加报酬之判决……又契约成立后情事变更，非当时所得预料，而依其原有效果显失公平者，当事人得声请法院增减给付或变更其他原有之效果，九十二年二月七日修正前'民事诉讼法'第三百九十七条第一项、'民法'第二百二十七条之二第一项定有明文。所谓情事变更，固多指客观环境或基础情况之变更，例如物价、货币之涨贬，惟应不限于此，客观情事虽无变化，然当事人于缔约时就该情事均无从得悉者，应仍有情事变更原则之适用。"[2]

"……系争工程地下室之开挖原系预见不须抽取大量地下水，不料挖至一公尺即遇大量地下水，须先抽取地下水后始能继续施工，情事已有变更，且非两造签约时所得预料。……即显失公平，本院认依情事变更原则，应增

---

[1] 湖北省宜昌市中级人民法院（2004）宜中民初字第00276号。
[2] 我国台湾地区"高等法院"（2004）上字第88号判决。

民法典背景下情事变更原则之逻辑构成与司法展开——以两岸建设工程实务为分析场景

加上诉人因采点井工程排水所需之工程款，始符诚信原则。"①

"两造对地质实际情形可能与钻探报告有所差异，已有预见，而于合约中有所保留，并约定有如因而变更设计，相关之风险及损失如何补偿，原告并未举证证明被告有故意提出不实之钻探报告以为招标之引诱之事实，则地质钻探报告不得执为被告不完全给付或交付迟延之可归责事实甚明。换言之，地质实际情形与钻探报告所提供者不同，而须变更设计，为情事变更，并非归责事由。"②

否定说，即异常工地状况均已于合同中约定风险归属及处理方式，因此无情事变更原则之适用余地。值得注意的是，否定说往往并非以"地质条件自始即存在，并非于缔约后才有变动"作为论据，而是以契约条款对此已经有所预见作为说理之据点。其典型判决如下。

"所谓情事变更，非当时所得预料，依其原有效果显失公平，系指情事变更，非契约成立当时所得预料，以一般观念，认为如依其原有效果显然有失公平者而言。查本件工程系因原告于投标前未能评估工地现场海底岩磐状况致其所提出之施工方法无法达到施工结果，属可归责于原告之事由所致，如前所述，自无情事变更原则之适用，原告仅以被告事后同意延展工期为由主张，自属无据。"③

"惟上诉人为一专业工程团队，对系争工程投标事先就工程地域、范围、路径等，必经相当之勘查、评估，考量相当之成本，始能决意出价承揽，是上诉人施工期间所可能遭遇障碍物转移、其他施工单位之配合，甚至于施工当时因地形、地貌、地质之异常变更，所生展延工期自为其所能预见……上诉人以系争工程工期大幅展延为由，主张本件有情事变更原则之适用云云，尚难遽采……是上诉人依'民法'第227条之2第1项规定之情事变更原则，请求被上诉人交付延长工期所增加之费用，亦无理由，不应准许。"④

可见上述争议的焦点在于：（1）发包方是否有所谓"地质勘查义务"？

---

① 我国台湾地区"高等法院"台中分院（2000）上更（一）字第20号判决。
② 台北地方法院（2001）重诉字第1794号判决。
③ 台北地方法院（2004）建字第31号判决。
④ 我国台湾地区"高等法院"（2008）建上字第22号判决。

(2) 情事变更之"情事"是否包括主观情事？(3) 于地质异常状况下，有无情事变更原则之适用可能？此种情形究竟应如何处理？

5.4.3 发包人之地质勘查义务

地质条件除非遭遇特殊或剧烈之地层活动，否则鲜少于施工期间发生变化，因此地质差异所称之差异，是指建设工程合同当事人对于地质条件预先之认知和遭遇实际地质状况后之认知，有明显的差距。[①] 差距巨大的原因在于业主或承包商遭遇了无法预见的地质条件，而无法预见之缘由可能是业主提供了错误或不充分的定作内容，如钻探资料有误，或是地质调查技术之有限致提供内容不足，致承包商未预见全部之地质状况而"影响选择工法"。[②]

而在相应的工程施工契约之法律关系中，发包人即业主有提供设计之义务，而承包商有依据业主所提供之设计内容进行施作之义务，即发包人将工程之定作内容以图纸、规范之方式告知承包商，承包商于投标阶段始能进行估算，在履约阶段始能进行施工规划，学者将之称为发包人之定作义务。[③] 我国《民法典》第803条即规定发包人应当提供有关场地之相应资料，第804条进一步明确如果因为发包人的原因导致工程停建、缓建的，发包人应当承担债务不履行责任。前述VOB/B §6 Ⅱ第1款规定因为发包人领域范围内发生的情事导致施工障碍的，承包人可以要求工程延期，其中所谓的"发包人领域范围"就包含施工环境之地下涌水、施工环境之土地等因素所致之施工障碍，也就是说施工工地之可施作性应认属于发包人领域之情事，应由发包人负责。国际工程顾问联盟（FIDIC）1999年新红皮书第8.4条就规定，如果因为发包商或发包商的工作人员引起的施工延误、障碍，则承包商可以要求延长工期。[④]这些规定的相同之处在于，均认为提供适当的、准确的

[①] 黄立：《民法债编总论》，元照出版有限公司2006年版，第86页。
[②] 余文恭：《论重大地质差异之三大特征》，载《营造天下》2008年第137期，第2页。
[③] 余文恭：《两岸工程施工契约比较研究——以竣工义务及协力行为为中心》，东吴大学2006年硕士学位论文，第99页。
[④] 张水波、何伯森：《FIDIC新版合同条件导读与解析》，中国建筑工业出版社2003年版，第80—81页。

民法典背景下情事变更原则之逻辑构成与司法展开——以两岸建设工程实务为分析场景

地质资料是发包方应负的义务。

有学者提出较为具体之定作内容判断标准，亦即通过工程之样式、大小、材质、施工环境、位置、施工方法等，依据定作内容之功能，将定作内容区分为测量基准、现场数据、工程样式、施工原则等四类：测量基准是指承包商为找出工程在工地现场之定位，业主所提供之测量基准点、测量基准线及标高；现场数据是指业主所提供有关地下条件、水文条件、气候状况、现场环境状况等资讯；工程样式是指工程之外形、尺寸及材质之相关资讯；施工原则是指业主所提供之规范中，有关施工方法之原则性约定。又因为发包人有将定作内容提供给承包商之义务，而定作内容又包括地下条件之情形，因此可推知发包人有提供地质资料之义务。[1] 根据《民法典》第778条、第808条，也可以得出发包人有此义务。

在发包人基于定作义务所提供之定作内容，如有错误或是不足之情形。这里所谓定作内容之错误与地质条件相关之部分，系指发包人所提供之地质资料与实际之地质状况不相符之情形，例如，设计图所示之岩磐高度系地下20米，而实际开挖之结果为地下5米；而定作内容之不足与地质条件相关之部分，系指业主所提供之地质资料只反映了部分实际之地质状况，并未反映全部实际之地质状况。我国台湾地区"最高司法机构"（2001）台上字第1475号判决略谓："再依据台北市供料分析手册规定，工程人员于测量时，应勘测基地土质情况作为编制预算之参考，必要时应在设计前进行钻探以了解地质情况，即挖方工程应于规划设计时进行地质钻探，若地质不良，有异于普通土采用之简易挡土，则应预先规划挡土设施于设计图上或于设计图注明地质状况，使承包商得知地质情形，以研其工法及成本，若未特别表示，工程惯例一般系以普通土视之，且地下水位及地质，若不钻探取样试验，凭表面无从研判，若以自行前往勘察或其他理由要求承包商自行研判，了解地下水位及地质为流砂实不合理，故地质不良因素要难归责乙方。"由此情事可知，地质钻探系设计阶段应当从事之工作，如地质存有特别之情况业主应

---

[1] 余文恭：《论重大地质差异之三大特征》，载《营造天下》2008年第137期，第3页。

第5章 情事变更原则之适用——物价波动等情形请求费用补偿

于设计图中明确表示清楚,否则承包商得以一般之地质状况视之;因此如业主未特别标明特殊之地质条件,而承包商以一般之地质状况判断时,则不可归责于承包商。这里的错误或不足很可能系业主所委托之钻探公司因故意或过失所导致,而可归责于业主;亦有可能是地质调查技术之有限,无法探知所有地下地质条件而导致,而无可归责于契约之双方当事人。因此有学者认为业主所提供之定作内容错误或是不足,尚不足认为违反定作义务,法律分析上仍需进一步确定主观上业主是否具有可归责之事由,始能认定业主是否违反定作义务。[①] 但笔者认为,在我国《民法典》采严格责任归责原则的立法背景下,似乎不必对发包人提供准确地质资料之义务违反的原因详尽区分,只要不存在不可抗力使合同不能履行之情形,发包人均应承担债务不履行责任。

至于业主所提供之定作内容有关地质条件,其提供之程度,实务一般认为业主有提供完整和正确的地质资料之义务,甚至认为业主有责任评估地质之状况。依我国台湾地区"最高司法机构"(2004)台上字第2247号判决略谓:"又上开投标须知补充说明第八点规定'投标厂商于投标前径向工程顾问公司借阅本公司工程基地范围内之地质调查报告,详细研判地质情形。'似仅要求投标者依既有之地质调查报告详细研判,并非课以投标者自行为地质调查之义务。原审未详究上诉人就慧能公司未作好地质调查及设计失当所致工程款增加之上开主张是否全无足采?徒以上诉人未尽详为研判责任,进而为其败诉之判决,亦有可议。"可知,承包商没有调查地质资料之义务,而业主有调查地质资料之义务。依据我国台湾地区"最高司法机构"(2004)台上字第1400号判决:"上诉人(即业主)于高雄地区地质恶劣之爱河附近地带建造该等大型工程,施工前自应审慎评估该地区之地质是否适宜进行地下三层之深开挖工程,疏未注意,造成系争建物沉陷、龟裂,其定作已有过失。"可知,评估地质之状况系业主之责任。依据我国台湾地区"最高司法机构"(2004)台上字第942号判决:"至于(一)地质状况或条

[①] 余文恭:《论重大地质差异之三大特征》,载《营造天下》2008年第137期,第4页。

民法典背景下情事变更原则之逻辑构成与司法展开——以两岸建设工程实务为分析场景

件、(二)地锚之数量、位置或抗压力设计、(三)林肯公司是否依该设计数量发包等,应由各该负责之公司或设计人员负责,不应令日昇公司(承包商)负责。"可知,地质状况与条件系设计人员之责任,并非承包商之责任。

所以司法实务上,异常地质状况的风险一般由业主承担,并没有情事变更原则之适用。但是在招投标时,发包商虽有义务提供地质勘查资料,但是其为了避免资料错误而招致承包商求偿,往往在工程合同中订明发包商不保证地质勘查资料的正确性或其调查资料仅具有参考作用,以免发包商对地质调查资料承担更大的责任。而一旦出现异常工地状况之情形,承包方多主张发包方应承担违约责任,或主张适用情事变更原则。而发包方主张其所提供的有关地质资料仅仅供承包方参考,对于地质状况之真实情况如何发包方没有保证责任,相反承包方还应自行进行测算,于必要时应当进行亲自钻孔、勘查、测量、鉴定,此类事务是承包方之义务所在。为了减少类似纠纷,工程合同中一般也会约定异常工地状况条款,给予承包商一定程度的价金调整权和工期展延的权利。①

学说见解也认为,根据《民法典》第509条,施工合同双方当事人对于建设内容(即工程契约欲完成工作)及相关事项,须进行密集的澄清及说明。例如,原始基准点、基准线、基准标高、工地现场之物质条件(包括地下、水文条件)及环境有关资料等数据及咨询之提供,如发包方因故意或者过失,提供错误之数据或资讯给承包人,而使契约无效、不成立或使承包方缔结不利内容之契约,致承包方遭受损害,发包方应负缔约过失之责,其根据在于《民法典》第500条。所以,业主有提供正确及充足钻探资料之义务,因此业主所提供之地下施工条件内容错误或是不足,如业主无法举证其不具有可归责事由,即推定其已违反定作义务。②

---

① 谢哲胜、李金松:《工程契约理论与求偿实务》,翰芦图书出版有限公司2005年版,第343—344页。
② 曾婉雯:《工程契约之契约调整权——以情事变更原则为中心》,政治大学法律研究所2010年硕士学位论文,第188页。

5.4.4 地质状况异常之处理

在发生地质状况异常时，以笔者所虑，大致可做如下处理。

第一，承包人可主张发包人构成义务违反，要承担债务不履行责任。对于发包人的"定作义务"，笔者认为实际上是基于诚实信用原则而发展出来的照顾他方权利、财产、利益的债之义务（《民法典》第509条），通过此义务，发包方即赋予提供承包商正确之缔约基础，以避免其以不正当之想法缔结契约，如果因可归责于发包方因素而致承包商受有损害者，承包商当可根据《民法典》第803条、第804条向发包方请求债务不履行之损害赔偿。因此承包商向发包方得以求偿之请求权基础须先视业主有无可归责事由致未为定作义务，若有义务违反则得依债务不履行请求损害赔偿。

第二，由于异常工地状况一般发生在工程施工阶段，但是此前发包方往往把工地勘察的工作交由特定的勘察公司来完成，根据《民法典》第788条，勘查合同是建设工程合同中的一种。根据《民法典》第800条①以及《建设工程勘察合同（一）》（GF-2000-0203）第5.2.2款，②勘察设计的承包人须对其勘察设计负责。但是需要注意，这里并没有解决施工承包人的风险负担问题。一是勘察设计人和施工承包人之间没有合同关系，施工承包人不能向其主张违约责任；二是很难说勘察设计人对施工承包人构成侵权，侵权责任的主张也难以构成。

第三，如果发包方通过格式条款预先将全部之地质勘察义务都转移给承包方，进而将地质状况异常的风险也全部转移，则如上文对于建设工程合同中格式条款的分析，该类条款应当被宣布无效。当然除了发包方所提供之工地资讯外，承包方应自行勘察工地，因工程契约大部分会于契约条款中约定

---

① 该条规定：勘察、设计的质量不符合要求或者未按照期限提交勘察、设计文件拖延工期，造成发包人损失的，勘察人、设计人应当继续完善勘察、设计，减收或者免收勘察、设计费并赔偿损失。

② 该条规定："由于勘察人提供的勘察成果资料质量不合格，勘察人应负责无偿给予补充完善使其达到质量合格；若勘察人无力补充完善，需另行委托其他单位时，勘察人应承担全部勘察费用；或因勘察质量造成重大经济损失或工程事故时，勘察人除应负法律责任和免收直接受损失部分的勘察费外，并根据损失程度向发起人支付赔偿金，赔偿金由发包人、勘察人商定为实际损失的___％。"

民法典背景下情事变更原则之逻辑构成与司法展开——以两岸建设工程实务为分析场景

承包人于投标或签约前勘察工地，要求承包商了解工地状况，承包人亦负有合理勘察工地之义务，盖因工程契约之复杂与一般契约迥异，工地状况更会影响施工工法、工期日数及施工成本等，承包人多为具有专业知识经验之契约相对人，亦应尽到相当之勘察义务。但并非谓承包商有无限制之勘察义务，否则勘察所需时间及费用不符合交易成本，事实上不可能做到，意即此工地勘察应仅限于一个有经验之承包商在合理及其知识范围内所能得到之资料。① 此外，如前所述，依照诚实信用原则发展而来的保护、照顾等义务，发包方应有提供相关资料给承包人之义务。如提供资料有误，却以承包方有勘察工地义务为由将相关风险转嫁给承包方，则有违诚信原则，甚至应认为违反契约义务。因此发包人不得事先以约款将其所有之勘察义务转嫁给承包商，而约定一切因地质异常所生之风险皆应由承包商自行全数承担，此即意味着合同使用人预先以定型化条款加重他方当事人之责任，并将自己应承担之风险全数转嫁，有违诚信原则。根据《民法典》第497条，此类格式条款无效。比如漏项之情况，其本为工地状况所必要之工作，属契约工作范围，却未将之列入工程计价项目，而漏项之情况下，承包商是按照发包方所提供之表单填写，发包方因未详尽调查致未将此工地状况所必要之工作记载于详细价目表上，导致承包方信赖发包方详细价目表之编列而未就系争工作项目计价。此时，若谓承包方有施作之义务却不得请求报酬，将详细价目表风险归由承包人，实非公平。②

第四，承包商也可以主张缔约过失责任。如果因为发包商地质勘查资料不准确导致承包商施工成本增加，则其本质上是合同当事人对于施工地质的天然属性存在共同的认识错误。根据原《民通意见》第71条之规定，而且我国民法上的重大误解是包括双方错误这种情形的，则根据《民法典》第147条承包方可以请求法院对建设工程合同进行撤销，并根据该法第157条

---

① 黄立：《台湾工程承揽契约中情事变更之适用问题》，载施建辉、叶树理、黄喆编：《工程上的民法问题研究——第一届海峡两岸工程法学研讨会实录与论文集》，东南大学出版社2010年版，第79页。

② 陈玉洁：《工程契约变更之争议问题研究》，政治大学法律研究所2005年硕士学位论文，第63—64页。

要求折价补偿或赔偿损失，这种责任从性质上属于缔约过失责任。

第五，由于勘察设计人是由发包人聘请进行勘察设计并提供勘察设计资料作为施工承包人的施工依据，本来根据《民法典》第803条应由发包人提供各种地质资料，现在发包人聘请勘察设计人来完成，可以认为在交付合格的勘察设计资料这一义务上，勘察设计人是发包人的履行辅助人，其责任应当由发包人向施工承包人承担，因此施工承包人可以根据《民法典》第593条、第804条向发包人主张违约责任。该责任和上述第四（缔约过失责任）构成责任竞合，其可以由承包人选择主张。

第六，如果于施工时在工地现场发掘到化石、文物等，则依据法律规定或当事人约定处理。此外《建设工程施工合同（示范文本）》（GF-2013-0201）第1.9款对此也有具体规定。[①]

5.4.5 情事变更原则之适用性分析

除了主张违约责任或者缔约过失责任，承包方得否于异常工地状况情形下，主张适用情事变更原则以调整原契约，我国台湾地区工程实务上仍认为得适用情事变更原则，但法院则有肯定与否定两种相反立场。在我国台湾地区现行实务见解中，否认承包人得主张情事变更原则之原因大多是以承包人有其专业素养而应当预见或可归责而加以排除。然而，对于是否属于"情事"之变更很少加以论述，唯就如前所述，地质状况通常非于缔结后始发生变动，因此实际上客观情事并未发生变动，但是判决中很少提到这一环节。到底该如何理解"情事"，其是否包含有主观情事是问题的核心。

以笔者掌握资料，仅于我国台湾地区"高等法院"（2004）上字第88号判决中提及"所谓情事变更，固多系指客观环境或基础情况之变更，例如物

[①] 该款规定：在施工现场发掘的所有文物、古迹以及具有地质研究或考古价值的其他遗迹、化石、钱币或物品属于国家所有。一旦发现上述文物，承包人应采取合理有效的保护措施，防止任何人移动或损坏上述物品，并立即报告有关政府行政管理部门，同时通知监理人。发包人、监理人和承包人应按有关政府行政管理部门要求采取妥善的保护措施，由此增加的费用和（或）延误的工期由发包人承担。承包人发现文物后不及时报告或隐瞒不报，致使文物丢失或损坏的，应赔偿损失，并承担相应的法律责任。

民法典背景下情事变更原则之逻辑构成与司法展开——以两岸建设工程实务为分析场景

价、币值之涨贬,惟应不限于此,客观情事虽无变化,然当事人于缔约时就该情事均无从得悉者,应仍有情事变更原则之适用"。亦有学者以为契约关系具有主观对价性,第三人对于该事件之认识其实并不具有重要性。因此主观上共同认识之事实或预想于缔约后变更,与客观上之情事并无任何变更,并非情事变更于契约缔结时即已存在,而系双方之共同认识或预想于契约成立后始发现。因此,该一价格决定基础之变更,在客观事实之变更情形与主观共同认识之变更二者并无不同,①因此该情事应当包含主观情事,始能避免法院于异常工地状况之情形承认主观情事,在其他情况则否认之矛盾情形。由于定作内容之错误及不足,而未预见"影响选择工法"之地质条件,因此原先选定之预定工法必须面临施工方法之修正与改变,始能进行施作,而调整及变更后所增升之费用(包括但不限于:预定工法所投入之费用、调整工法之费用、重新调查地质之费用、变更工法之费用等),如幅度或项目已经超出合约对价范围,则可认为地质之差异已达重大之程度。②

而上述我国最高人民法院(2011)民申字第 50 号民事裁定书似乎也认为此种情况有适用情事变更原则之可能。也有学者认为在通过合理勘查都不能事先发现地质状况异常的情形下,可以适用情事变更原则。③

而多数法院之见解仍坚守情事变更原则仅限于客观情事,如我国台湾地区"最高司法机构"(2007)台上字第 647 号判决略谓:"……惟按情事变更原则,系基于衡平之理念,对于当事人于法律行为当时不可预见之情事,或其他为法律事实之基础或环境发生剧变所设之救济制度。如该情事于缔约时非不得预见,或为法律事实之基础或环境未发生剧变,或其结果未达显著不公平时,纵一方当事人因双方原订契约履行之结果,受有损害,亦不得径依情事变更原则,请求他方增加给付。本件原审依情事变更原则,命上诉人增加

---

① 张南薰:《情事变更原则在公共工程上之应用》,政治大学法律研究所 2000 年硕士学位论文,第 101 页。
② 通常基于比例原则,承包商会先行小幅度调整工法,但不论调整是否成功,承包商仍有权向业主进行求偿,因为在无法预见该地质条件之范围及分布之情况下,只能先小幅度调整试验看看施作之成效,才能进一步采取因应之对策。
③ 裘宇清:《论情事变更原则在建设工程合同中的适用》,载《华南理工大学学报》2012 年第 14 卷第 4 期,第 44 页。

第5章 情事变更原则之适用——物价波动等情形请求费用补偿

给付，惟就两造订约时之基础或环境，于订约后有何剧变？依其原有法律效力，是否已达显著不公平等合于情事变更原则之要件，均未说明。徒以系争工程延后验收，非被上诉人所得预料，被上诉人受有成本增加及财务损失等语，即认有'民法'第二百二十七条之二第一项规定之适用，自有可议……"但不少法院又以异常工地状况承认有情事变更原则适用之可能，自相矛盾至为明显。在比较法层面，参照德国VOB/B第6条第2项规定，发包方领域所生之情事包含施工环境之地下涌水、施工环境之土地等因素所致之施工障碍，亦即施工客体之可施作性属于定作人领域之情事，该领域发生之风险应由定作人承担，即承包商亦得向业主请求契约调整。在国际仲裁实务中，承包商对于业主于契约成立前或准备、商议订立契约期间，应作出"合理的努力"，就业主所提供定作内容之相关数据及资讯进行验证，并对现场进行必要之考察。这里所谓合理的努力是指一具有相当经验及专业之承包商，斟酌其专业能力、准备投标之时间、缔约商议之过程、双方之资讯及合理期待权等因素，考虑其客观上是否能够进行验证及考察，此亦涉及在考量费用补偿或赔偿之虞，应给予承包商多少之补偿或赔偿。可见这里并没有适用情事变更原则，而是适用更为具体的示范法条和商业习惯来解决问题。

在笔者看来，无论我国大陆还是台湾地区，地质状况异常情况下没有情事变更原则之适用余地，其理由如下：

1. 我国《民法典》第533条所确立的情事变更原则中的"情事"仅仅指客观情事，不包括主观情事。至于《德国民法典》第313条第2款意义上的主观情事在我国法上是由作为合同效力制度的重大误解制度来解决的，此时承包方可以基于《民法典》第151条来请求法院撤销合同。从经济效果上看，如此处理和根据《民法典》第533条请求法院变更或解除合同具有极大的一致性。

2. 地质状况异常通常意味着当事人对地质之真实情况了解有误，事实上地质情况从缔约时起到履约阶段止并没有任何变化，实在谈不上情事"变更"，严格来讲不符合情事变更原则的适用要件。

3. 在很多情况下，发包人具有可归责性，因为如上所述，在工程合同

民法典背景下情事变更原则之逻辑构成与司法展开——以两岸建设工程实务为分析场景

中,发包方有义务提供较为准确的地质材料,如果相关地质信息有误,通常情况下发包方有过失或其他不严谨之处,比如上述之刘某华案,作为专业建筑师居然用冬天测量之地下水信息来指导夏天之施工,其作为发包方之使用人,可归责性较为明显。如此导致承包方施工困难,成本增加,则发包方具有可归责性(《民法典》第593条),承包方据此主张违约责任即可。即使是受技术条件限制,无法准确测知地质情况,由于我国《民法典》第577条采纳的是无过错责任原则,发包方依然要承担违约责任,这一点与我国台湾地区有所不同,因为我国台湾地区违约责任原则上是过错责任(我国台湾地区"民法"第220条、第225条),而违约责任一旦构成则无情事变更原则之适用余地。

4. 在某些情况下,发包方是应当预见到地质状况异常的,比如上述刘某华案,作为发包方聘请之专业工程师,其应当预见到夏天的地下水位会比冬天的地下水位高一些。由此亦不满足情事变更原则之"不可预见"的要件。

5. 我国《建设工程施工合同(示范文本)》(GF-2013-0201)第7.6款对于异常地质条件(不利物质条件)有较具可操作性的规定,在一定程度上无须依据情事变更原则来解决问题。①

6. 我国台湾地区"民法"第227条之2中的情事并不包括主观之情事。该条之增订理由明确:"又情事变更,纯属客观之事实,当无可归责于当事人之事由所引起之事例……"我国台湾地区"高等法院"台中分院(2008)重上更(一)字第15号判决谓:"'民法'第227条之2第1项规定,系依修正前'民事诉讼法'第379条立法体例而增订,即所谓之情事变更原则,依其立法理由记载,情事变更纯属客观之事实,并无因可归责于当事人之事由所引起之事例,是所谓之情事,自指契约成立当时之一切客观情况有所变

---

① 该款规定:不利物质条件是指有经验的承包人在施工现场遇到的不可预见的自然物质条件、非自然的物质障碍和污染物,包括地表以下物质条件和水文条件以及专用合同条款约定的其他情形,但不包括气候条件。承包人遇到不利物质条件时,应采取克服不利物质条件的合理措施继续施工,并及时通知发包人和监理人。通知应载明不利物质条件的内容以及承包人认为不可预见的理由。监理人经发包方同意后应当及时发出指示,指示构成变更的,按第10条"变更"约定执行。承包人因采取合理措施而增加的费用和(或)延误的工期由发包人承担。

228

第 5 章　情事变更原则之适用——物价波动等情形请求费用补偿

更而言，与当事人之主观意思无涉。"

综上所述，在我国法上，异常地质状况之处理依据在合同责任制度，包括缔约过失责任或违约责任，承包方可以选择具体的请求权基础，但没有情事变更原则的适用余地，上述最高人民法院（2011）民申字第 50 号民事裁定书之结论似乎与原《合同法解释二》第 26 条之明文规定冲突，其合理性值得怀疑。对此，笔者有两点思考。

其一，如上所述，我国台湾地区不少法院判决坚持肯定说，不能说上述判决均毫无理性可言，想必此种立场也是经过认真思考斟酌之结果，但何以仍然坚持肯定说，值得思考。笔者以为，这里可能存在两难的困境。一方面，我国台湾地区"民法"第 227 条之 2 确实没有将主观情事纳入其调整范围；另一方面，此种情况必须给予承包方以适当之救济途径。何以我国大陆通过重大误解制度来变更或撤销合同，而我国台湾地区不可通过错误制度处理此问题呢？① 其原因大概在于我国大陆之重大误解与我国台湾地区之错误制度并不相同。后者重在保护无过失之表示出意思之人，错误的意思表示只能被撤销。对于误解，因为意思表示采到达生效注意，而是否了解该意思表示之内容并不影响其效力，因此不允许因对意思表示之内容有所误解而主张无效或撤销。而原《民法通则》第 59 条和原《合同法》第 54 条及《民法典》第 151 条的立法思想，在于保护双方当事人利益上务求公平，学说认为，此处的误解，包括表意人无过失或有过失的表示与意思不一致（错误），也包括意思表示受领人对意思表示内容的了解错误（误解），而且其法律效果不仅包括撤销，还包括变更②；而我国台湾地区的错误制度并不包括误解，可以说前者（重大误解）是双向的，后者（错误）是单向的，其法律效果只有撤销一种。

王泽鉴教授认为："此等情形，双方当事人系以一定事实的发生或存在

---

① 我国台湾地区"民法"第 88 条：意思表示之内容有错误，或表意人若知其事情即不为意思表示者，表意人得将其意思表示撤销之。但以其错误或不知事情，非由表意人自己之过失者为限制。当事人之资格或物之性质，若交易上认为重要者，其错误，视为意思表示内容之错误。
② 崔建远等：《民法总论》，清华大学出版社 2010 年版，第 46 页；梁慧星：《民法总论》，法律出版社 2011 年版，第 180 页。

民法典背景下情事变更原则之逻辑构成与司法展开——以两岸建设工程实务为分析场景

作为法律行为的基础，此项法律行为基础不存在的风险，应由双方共同承担，从而不能径认此系'动机错误'而不影响法律行为之效力。纵使赋予受有不利的一方当事人撤销权，亦非合理，因其须对相对人负信赖利益的赔偿责任。较能兼顾双方当事人利益的解决方案，系依诚实信用原则调整当事人的法律关系，应赋予受有不利之一方以解除权或合同调整权。"[①] 此见解似与上述肯定说判决有异曲同工之处，该后者虽以情事变更原则作为判决根据，然情事变更原则确系诚实信用原则之具体化，且在后果上同样允许当事人调整合同。唯一的障碍在于，我国台湾地区的情事变更原则不适用于主观情事，因此若直接适用我国台湾地区"民法"第227条之2作为根据似乎有法律适用不当之处。可能的办法是通过类推适用，将该条之法律效果类推适用于异常地质状况（双方错误）之场合。

其二，如上所述，如异常地质状况不可归责于发包方，即其尽力而为仍然不能发现地质之真实状况，此际构成双方错误，在我国可以根据《民法典》第151条来处理。但是该条的法律效果是当事人可以申请法院将合同变更或撤销。[②] 在当事人主张变更时，其经济效果应当与根据原《合同法解释二》第26条主张合同变更没有根本区别。但如果当事人主张撤销合同，则该施工合同自始无效。[③] 此际无论发包方还是承包方都没有过错，无须赔偿损失。但承包方提供之建筑材料和劳力显然已经附着于发包方所要求之建筑物，无法从根本上"恢复原状"，此际根据《民法典》第157条"应当折价补偿"，[④] 但应如何折价，笔者认为基于建设工程施工合同的特殊性，此直接类推适用原《建设工程施工合同解释》第2条。而在基于情事变更原则将合同解除的场合，则可适用原《建设工程施工合同解释》第10条。通过对比这两个条文，可以发现不论是撤销还是解除，其经济效果也是基本相同的。

---

① 王泽鉴：《民法总则》，中国政法大学出版社2001年版，第375页。
② 《民法典》第151条：一方利用对方处于危困状态、缺乏判断能力等情形，致使民事法律行为成立时显失公平的，受损害方有权请求人民法院或者仲裁机构予以撤销。
③ 《民法典》第155条：无效的或者被撤销的民事法律行为自始没有法律约束力。
④ 《民法典》第157条：民事法律行为无效、被撤销或者确定不发生效力后，行为人因该行为取得的财产，应当予以返还；不能返还或者没有必要返还的，应当折价补偿。有过错的一方应当赔偿对方由此所受到的损失；各方都有过错的，应当各自承担相应的责任。法律另有规定的，依照其规定。

因此可以得出结论，我国民法中的重大误解制度完全可以处理异常工地状况的情形，可以给承包方提供充分的救济。

5.5 异常天候

5.5.1 概说

一般而论，工程施工当地之天候状况与其他地质变动事由，如地震，应系承包商于承揽工程合同时，对应列入对价报酬之考量的因素，如我国台湾地区为海岛型气候，雨水较多且夏秋多台风，又位于地震带上，这些皆为当事人所得预见者，所以承包商在投标时，应当参考相关之天候资料，并将这一因素考虑进去来决定投标与否以及报价如何。在工程合同中发包方也往往会在合同条款中要求承包商应当将天候状况列入考量，如我国台湾地区"内政部"营建署所属各机关工程采购契约第17条："乙方在拟定前述工期时，应考量施工当地台风及其他恶劣天候对本工程之影响。"因此，一般季节性的雨季，应认为客观上为当事人所得预见者，所以并非所有的恶劣天候状况都可以认为是当事人无法预料的异常天候状况。[1] 如果遇到持续数日之豪雨、超级规模之台风、大地震等非当事人于缔约时可以预料到在施工期间将出现异于平常数值的天灾地变，此时当事人能否主张适用情事变更原则来调整建设工程施工合同？对此存在不同的观点。

5.5.2 司法实务立场

对于异常天气状况，当事人能否主张适用情事变更原则来调整合同关系，在司法判决中存在肯定说和否定说两种对立的观点。

1. 肯定说

认为如果出现异乎寻常之恶劣天气，对工程施工造成巨大影响，则承包商可以主张情事变更原则来调整施工合同，其典型判决如下：

---

[1] 张南薰：《情事变更原则在公共工程上之应用》，政治大学法律研究所2000年硕士学位论文，第83—84页。

民法典背景下情事变更原则之逻辑构成与司法展开——以两岸建设工程实务为分析场景

"两造契约成立后,于八十八年九月二十一日发生规模七点六级大地震,造成土壤液化,影响安全,不得不变更设计,致建筑费用较原工程预算增加百分之七十二,非订约当时所得预料。如按变更设计后之预算决算给付,由上诉人单独承受因情事变更而增加设计酬金之不利益,显失公平,适用情事变更原则,得请求减少给付等语,此与认定被上诉人系争设计费之请求,亦颇有关联,不能弃之不理。"①

"衡诸台湾属亚热带海岛型气候,因天候不佳致海象恶劣而无法施工者,纵事所恒见,但因此停工长达七百八十五日之停工日数,是否仍属两造于缔约时可预见之常态范围?"②

"第四次延展三十一天,系因象神台风来袭,影响路基、标线等作业,均为两造不争执之事实。足认系争工期之延展或因可归责于上诉人之变更设计事由,或为不可抗力所致,应属情事变更,且非两造于缔约当时所能预见。……就被上诉人所增加之施工成本及费用,若仍限制其仅得依契约之约定请求管理费用,显失公平。从而,被上诉人依'民法'第四百九十条、第四百九十一条、第二百二十七条之二等规定,基于情事变更原则,请求上诉人增加管理费之给付,应属有据。"③

2. 否定说

认为在异常天候的情形不能适用情事变更原则来调整合同。其典型判决如下:

"海象恶劣停工七百八十五天,期间虽较长,然衡以大栋公司知悉台湾地处亚热带,核实工程地点为海域,易受海浪影响,纵认部分停工系其未能预料之情,大栋公司主张有情事变更原则之适用,台电公司应为给付云云,仍不足取。"④

"……原审未说明系争工程进行中发生两造于缔约时已预知可能延展工期之工程设计变更及风灾等情事,何以犹得认为系属被上诉人于签约时所不

---

① 我国台湾地区"最高司法机构"(2005)台上字第1382号判决。
② 我国台湾地区"最高司法机构"(2007)台上字第2167号判决。
③ 我国台湾地区"高等法院"(2004)建上字第19号判决。
④ 我国台湾地区"高等法院"(2005)重上字第144号判决。

能预料之情事变更？径依情事变更原则，命上诉人增加给付，已有判决不备理由之违误。"①

"……衡以系争工程所在之台湾地区本属地震、台风侵袭等频繁发生之区域，施作工程者在事前本可预见及此……则原告谓此有情事变更导致其须承担不公平之风险，进而请求增加于此展延期间所支出之工程管理费用，亦非有据。"②

5.5.3 情事变更原则于异常天候情形之适用性分析

所谓天灾系指超乎当事人于订约时作为缔约基础之天候状况，其为一种相对概念，可能随着工期计算方式或各种工程特性有所不同，一般如台风、豪雨，③而因地震发生亦会影响施工之进行、安全性等，因此天灾、地变都属于异常天候。该异常天候需符合两个条件：第一，相较于该地区过去一段期间内之天候状况，确与过去情况有所不同；第二，此项差异尚须实际对工程进度或要径产生影响。④因此天灾地变这些异常天候需与一般性的较差的天气状况与轻微地震相区别，盖因一般性的天候状况承包商于缔约时即已有所考量，契约中亦多做明文约定承包商事先对工地施工相关状况予以了解，且承包商对于取得相关气象地质数据并非难事，因此承包商原则上应承担天候不佳或一般地表活动状况之风险，此参照 VOB/B 第 6 条第 2 项第 2 款中亦规定，在履约期间天气状况的影响不视为障碍，因为此等情形对于施工之影响必须在事前被考虑到。但是若承包人于工程施工所遇天候之恶劣程度显系不可预见者，则应视为障碍事实，如大地震、大暴雨等天灾，施工无法进行，且责任也不在承包方，延长工期是允许的。可见对于天灾也必须有所区分，地震应有等级，比如多大的地震才不能施工，大暴雨要大到何种程度才不能施工，往往

---

① 我国台湾地区"最高司法机构"（2008）台上字第 1794 号判决。
② 台北地方法院（2006）建字第 110 号判决。
③ 吴若萍：《公共营建工程契约中迟延完工之问题研究——以不可归责于承揽人为中心》，台湾大学 2008 年硕士学位论文，第 199 页。
④ 吴若萍：《公共营建工程契约中迟延完工之问题研究——以不可归责于承揽人为中心》，台湾大学 2008 年硕士学位论文，第 200 页。

民法典背景下情事变更原则之逻辑构成与司法展开——以两岸建设工程实务为分析场景

也要参考此大暴雨持续之时间,而诸此种种都必须透过个案衡量加以判断。

我国《建设工程施工合同(示范文本)》(GF-2013-0201)第7.7款对施工过程中的不利物质条件进行了详细规定。[①] 在处理异常气候对工程影响的问题上,该合同条款允许承包商基于此提出变更合同,此实际上是情事变更原则之具体化。如果当事人没有采用该示范合同条款,则基于本条之根本目的,应不能否认有基于情事变更原则来变更合同的可能性。

观察我国台湾地区实务见解可以发现,对于大地震得以主张情事变更原则,实务上分歧不大,亦即在大地震之发生下,如九二一大地震,法院皆以为此并非当事人缔约时所得预见之范围,盖因我国台湾地区虽处于地震带上,地震概率甚为频繁,因此施工工程合同皆会对于如何防震有所注明并明列相关安全性之标准,故一般轻微地震所致之工程费用增加,承包人主张情事变更原则以增加给付的案例甚为少见。但如同九二一大地震般数十年难得一见之规模七点六级的大地震,造成土壤液化,不得不变更设计而增加额外费用者,法院多以为得主张情事变更原则之适用,且于"最高司法机构"(2005)台上字第1382号判决个案中,其建筑费用较原工程预算增加27%,显已远远超过承包商预估之成本及可得之利润,若仍依照原给付履行自有显失公平之虞,因此得主张情事变更原则请求增加报酬。

而在其他恶劣天气状况下能否主张适用情事变更原则,则较有讨论之余地。如前所述,地震通常通过地震之等级、规模来反映其是否为异常之地表活动,但对于其他恶劣天气往往无法一概而论。比如我国台湾地区属于海岛型气候,雨水较多,台风频繁,如何认定是否达到异常之程度必须参酌其他标准。例如,台风虽强,但带来的雨量并不充沛,因此认定异常天气应自实际上受有损害之数据定之。换言之,异常天气并无法单纯以台风即得认定之,而必须通

[①] 该款规定:异常恶劣的气候条件是指在施工过程中遇到的,有经验的承包商签订合同是不可预见的,对合同履行造成实质性影响的,但尚未构成不可抗力事件的恶劣气候条件。合同当事人可以在专用合同条款中约定异常恶劣的气候条件的具体情形。承包商应采取克服异常恶劣的气候条件的合理措施继续施工,并及时通知发包人和监理人。监理人经发包人同意后应当及时发出指示,指示构成变更的,按第10条[变更]约定办理。承包人因采取合同措施而增加的费用和(或)延误的工期,由发包人承担。

第5章 情事变更原则之适用——物价波动等情形请求费用补偿

过降雨天数、雨量多寡、风势级数等数据一一加以认定。有可能阴雨霏霏持续数月而不停,也有可能恶风骤雨只持续一个小时却是平时一年的雨量,因此是否异常需于个案情况中通过相关数据认定损害之范围是否非当事人于缔约时所得预料者。例如2009年8月8日莫拉克台风,其带来之雨量极其充沛,为数十年罕见,已远远超过一般作为判断基准的十年平均值,当然应认为系非当事人缔约时所得预见者,又如象神台风、贺伯台风、娜莉台风等情形与此类似。虽谓数年有可能会出现一次带来重大灾害之台风,但笔者以为不应该因此即认为此等情形应为承包商所得预见。作为工程契约对价关系之评价基础,应该以一般平均数值作为基础,亦即承包商应仅承担一般正常状况下所得预见之平均灾害所致之损害,至于超出一般平均值者,即应允许承包商主张情事变更原则向业主请求费用之补偿。

另外在实务上亦经常出现所谓的"弃权索赔条款",例如我国台湾地区"最高司法机构"(2009)台上字第765号判决略谓:"而依系争'弃权事项'约定:'承包商(上诉人)以有效之理由申请延长工期,如(被上诉人)所属之工程司以书面通知核准其延长之请求,除该延期之理由系可归责于国工局(被上诉人)外,则应视为对承包商所遭受之任何实际、可能或延续之损失,已作全部而圆满之补偿,承包商须放弃对该一事件再提出要求之权利。'"实务中业主经常先通过预先拟定之定型化契约条款约定,若遇有不可抗力或地变天灾等不可归责于业主之事由,业主均给予工期之展延,但承包商必须放弃对业主之索赔。法院对于此等约款之见解,或有歧义。部分见解认为合同中既已明定地变天灾等情形不得主张索赔,即于缔约时可得预见此类特殊情况,显已排除情事变更原则之适用,故承包商不得于事后再行主张增加费用之补偿。[1] 也有法院持相反之观点,认为该弃权条款无异于将"非可归责于两造之事由"所生之损害全部由承包人承担,显失公平,况且该"弃权事项",似未明示排除情事变更原则之适用。[2] 笔者则以为此种所谓"弃权条款"因合同使用人通过预先拟定之定型化合同条款加重他方当事

---

[1] 我国台湾地区"高等法院"(2008)建上字第91号判决。
[2] 我国台湾地区"最高司法机构"(2009)台上字第765号判决。

人之责任，使其负担不可归责于双方当事人事由所致之损失，有显失公平之虞，因此应当认定该索赔弃权条款无效。退而言之，纵使认为该弃权条款有效，但也无法透过定型化契约条款排除情事变更原则之适用，盖因情事变更原则本系透过可否预见性及结果有无显失公平之虞判断得否适用，而所谓不可预见即为缔约时非双方当事人所予以考量而订入合同中，而纵使基于契约自由原则，亦仅限于当事人缔约时可得预见者，自无法先行通过合同条款订入合同中，更毋庸说系排除情事变更原则之适用。

若承包商能证明在施工期间雨量及下雨之天数已经远远超过以往当地之正常标准，而此标准系根据气象资料显示，且系一般有经验之承包商所无法合理预见者，且确实影响施工，即可认为系属不可归责于双方当事人之事由，除得请求展延工期外，更得依据情事变更原则就增加之成本请求调整契约报酬。[①]

5.6 界面冲突

5.6.1 问题的源起

由于工程施工的规模一般较大并具有复杂性，除非采取统包方式，否则发包人多会依工程内容之专业性质，与数个承包商订立数个契约。[②] 我国《民法典》第791条第1款也允许这种分包。依照此一性质，工程实务中便有所谓之关联承包商出现，典型之适例如土建承包商与水电承包商或空调承包商之间的关系，最常见的是一个大型工程合同中往往包括勘查合同、设计合同及施工合同多个合同类型。这种情况下，当某一关联厂商因特定事由发生施工进度落后之情事时，将可能影响同一工程中之其他承包商无法按时进场施工而间接地发生窝工、迟延完工的问题，此即所谓的界面冲突。而此类案件之所以经常引发争议，乃因合同往往约定承包商自行负责协调，或发包

---

① 王伯俭：《雨水太多怎么办》（工程契约法律实务），元照出版有限公司2008年版，第193—194页。
② 张南薰：《情事变更原则在公共工程上之应用》，政治大学法律研究所2000年硕士学位论文，第90页。

第5章　情事变更原则之适用——物价波动等情形请求费用补偿

方主张其亦无合理手段以避免关联厂商之迟延,是故拒绝对承包方负责。[1]

针对此一问题之解决,工程实务中当事人在合同中一般有所关注,大抵有三种情况:

1. 合同约定业主应当负责规划协调,并为关联厂商之迟延负责。[2]
2. 也有的规定应由承包商负责协调解决界面冲突问题。[3]
3. 也有不少合同对此没有规定。

对于以上三种情况,第一种情况通常并无争议,即发包人依《民法典》第803条、第804条承担债务不履行责任;第二种情况在个案中若引发利益失衡,一般依《民法典》第497条否认其效力,从而亦可归于第三种情况;但第三种情况争议颇多,即此际发包人有无协调关联承包商之义务,承包商可否主张适用情事变更原则寻求救济,该种情况是本文分析的重点。

5.6.2　发包人有无协调关联厂商之义务

5.6.2.1　实务立场

在合同没有明定发包商有无义务协调关联厂商,对此实务判决有不同

---

[1] 吴若萍:《公共营建工程契约中迟延完工之问题研究——以不可归责于承揽人为中心》,台湾大学2008年硕士学位论文,第212—213页。

[2] 如我国台湾地区"高工局"一般条款第C.9条规定:"若本契约承包商工期延长或成本增加,系因关联契约承包商未能依照该契约核定之进度所导致。则工程司应依H.7'展延工期'之规定,对上述延期要求给予适当之考虑,并应依G.14'求偿通知'之规定办理。承包商所增加之成本,应由主办机关协调解决。而'行政院'农业委员会水土保持局工程契约范本第7条规定由机关自办或机关之其他厂商因承包契约相关工程之延误而影响履约进度者,可展延工期。但依第9条第6项规定,与契约工程有关之其他工程,经机关交由其他厂商承包时,厂商有与其他厂商相互协调配合之义务,以使该等工程得以顺利进行。因工作不能协调配合,致生错误、延误工期或意外事故,其可归责于厂商者,由厂商负责赔偿。如有任何一厂商因此受损害,应于事故发生后尽速书面通知机关,由机关邀集双方协调解决。其经协调仍无法达成协议者,由相关厂商依民事程序解决。"

[3] 例如台北市政府工程采购契约范本第31条规定:"与本契约有关之其他工程或临时设施,经甲方委托其他厂商(以下称为关联厂商)办理时,乙方应与关联厂商充分协调;如不能协调,乙方应即以书面通知工程司,由工程司召集乙方与关联厂商协商解决,如无法达成协议时,工程司得径行决定。若乙方仍未依工程司决定为之,致生错误、延误工期或发生其他意外事故时,其一切损失,均由乙方赔偿,于该争议解决前,甲方得暂不给乙方估验款。"我国台湾地区"内政部"营建署及所属各机关工程采购契约第17条第5项规定:"与本契约工程有关之其他工程项目,经甲方委托其他厂商承包办理时,乙方应有与其他厂商互相协调配合及合作之义务,使该等工作得以顺利的进行,因工作不能协调配合,致生错误、延误工期,或发生其他意外事故者,乙方应负其应有的一切责任及赔偿。"

民法典背景下情事变更原则之逻辑构成与司法展开——以两岸建设工程实务为分析场景

见解。

一种看法认为发包方并无协调关联厂商之给付义务，但似乎又觉得过于绝对，退一步采所谓"协力义务"之称谓，但该义务之性质如何，并不明确。其典型判决略谓：

1. "系争水电工程契约并未明定被上诉人负有使其他厂商依期限施工之义务，有工程契约在卷可查，被上诉人既已履行给付报酬之义务，自无给付迟延或不完全给付之情事。上诉人所称之被上诉人负有使其得按预定速度施作水电工程义务，与被上诉人之给付报酬义务无关，纵认被上诉人违反此协力义务，上诉人亦仅得定相当期限催告其为协力行为，以解除契约并请求因契约解除而生之损害赔偿方法去救济。又允建公司系向被上诉人承揽系争土木工程之厂商，非被上诉人履行债务之代理人或使用人，上诉人主张被上诉人应对允建公司之故意或过失，负债务不履行责任，亦非有理。"[1]

2. "本件原告主张被告有未遵期提供上开客车厂土地供原告施作、未及时协调关联厂商、未及时转移公共设施及地上物、未提供正确详实图说于原告等情，除被告并不争执该板桥客车厂土地交付之期限有未依约定期限而迟延之情形外……除前述客车厂土地迟延交付之部分外，原告尚未能证明被告有未履行其余协力义务之情形。"[2]

3. "显然被上诉人斯时对于水电空调工程之配合问题，已有善加注意并促请上诉人（发包方）及监造单位协助解决，以被上诉人与水电空调工程之承揽人间并无任何契约关系或监督等权限，反系上诉人或监造单位有促请水电空调工程之承揽人遵期按约施作之权利。"[3]

另一种看法则认为业主确实有协调关联厂商之义务，往往以"协力行为"称之，但是该义务仅仅为不真正义务，其典型判决略谓：

1. "有工作需要定作人之协力行为始完成者，定作人之协力行为并非其义务，纵不为协力，亦不构成债务不履行。本件伸港公所为系争工程之定作人，

---

[1] 我国台湾地区"高等法院"高雄分院（2004）重上字第62号判决。
[2] 台北地方法院（2006）建字第110号判决。
[3] 我国台湾地区"高等法院"（2008）建上字第59号判决。需注意此处法院认为协调关联厂商是发包方之权利，而非其义务。

其未交付工地予齐记公司施工，仅属不为协力行为者，尚难认其有给付迟延，而应依'民法'第二百三十一条第一项规定负债务不履行之损害赔偿责任。"①

2. "足见本件工程契约虽规定由被上诉人提供工程用地、转移公共设施及地上物、得视需要召开关联厂商协调会议，惟上述各项均属被上诉人之'协力行为'，仅是一种'对己义务'，而非债务人给付义务，亦即被上诉人不因对上诉人负有协力义务，而使定作人从债权人身份变更债务人，上诉人自不得以债务人履行迟延之规定请求被上诉人赔偿损害。"②

5.6.2.2　发包人协力义务之有无

上述两种见解在否定发包方有协调关联厂商之给付义务这一点上立场一致。但是见解 1 所谓之"协力义务"从判决之表述来看，似乎更接近于一种附随义务；见解 2 虽然称之为"协力行为"，但其基本的观点其实是该"协力行为"仅仅是一种"对己义务"（不真正义务）。而我国台湾地区"高等法院"（2008）建上字第 59 号判决将发包方协调关联厂商作为其权利而非义务则属特立独行，说理有欠充分。

对此问题，笔者认为发包人确有此协力义务，理由有如下数端：

1. 在重大工程中，承包方可能有多个，而发包方只有一个。众多的承包方之间一般没有合同关系，彼此之间没有法定或约定的权利义务关系，不好协调。

2. 与承包方相比，发包方与每一个承包商都有明确的合同约定的权利义务关系，方便协调。

3. 发包方往往在事实上居于优越地位，由其出面协调成本最低、最直接有效。

4. 法律上往往对发包方的此类义务有明确的规定，比如《民法典》第 803 条、第 804 条③规定了发包方有按时提供施工场地给承包商施工的义务，

---

① 我国台湾地区"最高司法机构"（2007）台上字第 2468 号判决。
② 我国台湾地区"高等法院"（2007）建上字第 103 号判决。
③ 《民法典》第 803 条规定：发包人未按照约定的时间和要求提供原材料、设备、场地、资金、技术资料的，承包人可以顺延工程日期，并有权请求赔偿停工、窝工等损失。第 804 条规定：因发包人的原因致使工程中途停建、缓建的，发包人应当采取措施弥补或者减少损失，赔偿承包人因此造成的停工、窝工、倒运、机械设备调迁、材料和构件积压等损失和实际费用。

民法典背景下情事变更原则之逻辑构成与司法展开——以两岸建设工程实务为分析场景

如果因为发包人的原因导致工程缓建的，发包人需承担责任。第778条规定定作人有协助义务，联系第808条，应认为发包人亦有此义务。原《建设工程施工合同解释》第9条对此也有明确规定。① VOB/B② 第6Ⅱ关于施工障碍事由第1款规定："承包人在下列情事所导致之施工障碍得请求展延工期，竣工日期按中断日期往后顺延：1. 于发包人领域范围所生之情事……"如没有明文约定，没有妥善协调关联厂商彼此配合进行施工，显然应当属于"发包人领域范围所生之情事"。

5.6.3 界面协调义务：给付义务，附随义务或不真正义务

如前所述，在无约定时，实务见解大多肯定发包人负有协调各承包商之义务，并称之为"协力义务"或"协力行为"，其性质则有附随义务和不真正义务之争。该义务之基础在于发包方对于提供适于施工之状态应于缔约前有充分之准备，事实上亦较有地位、能力、资源与权利，且能以较低之成本解决问题。因此，纵使如关联厂商迟延此种属于通常事变之情事，仍应认为系可归责于发包人之事由；③ 亦有认为应将其他承包商视为发包人之履行辅助人，而在关联厂商因可归责事由致履行迟延影响进度时，发包人应依我国台湾地区"民法"第224条为其他承包商之故意过失负责。我国台湾地区"最高司法机构"（2005）台上字第1号判决略谓："本件上诉人因被上诉人所发包地下道主体工程，未能如期完工交付上诉人进场施工，系可归责于被上诉人之事由。"④

如上所述发包方具有协调关联厂商之义务，关于此义务之性质，笔者认

---

① 该条规定：发包人具有下列情形之一，致使承包人无法施工，且在催告的合理期限内仍未履行相应义务，承包人请求解除建设工程合同的，应予支持：……（三）不履行合同约定的协助义务的。

② ü VOB 全称为 "die Vergabe‐und Vertragsordnung für Bauleistung"，意为 "工程采购及合同示范文本"，由德国建筑给付招标及契约委员会订立。参考 Vgl. Engler/Motzke/Wirth, Kommentar zum BGB‐Bauvertragsrecht, 1. Aufl. , 2007, Werner, Einleitung Rdn. 8ff。

③ 刘志鹏：《定作人之协力行为工程法律事务研析（二）》（寰瀛法律事务所丛书系列），元照出版有限公司2006年版，第14页。

④ 罗明通：《公平合理原则与不可归责于两造之工期延宕之补偿——兼论弃权条款之效力》，载《月旦法学杂志》2002年第91期，第258页。

第5章　情事变更原则之适用——物价波动等情形请求费用补偿

为不外乎不真正义务、附随义务或给付义务三种可能。

5.6.3.1　协助义务不是不真正义务

依传统民法理论对于发包方的协力义务,多将之定义为对己义务,或曰不真正义务。[1] 传统的承揽关系下之协力义务也仅系对于自己利益的维护照顾义务,若有违反,亦仅会导致定作人自己的利益遭受损害,故非交付义务之一环,承包商自不得以此向定作人请求损害赔偿。《民法典》第778条以及我国台湾地区"民法"第507条第1款确有明文。唯工程契约虽有类似于承揽契约之共通之处,然其特殊性决定了承揽契约中相关规定并不能原封不动地类推适用或准用于工程合同。

这里的问题之一是如何理解所谓的"对己义务"或曰"不真正义务"(Obliegenhetiten),因为如果把发包方协调关联厂商的义务理解成这种义务,则承包方不得基于此种义务的违反来主张损害赔偿,必须从理论上澄清该种义务到底是否可以定性为不真正义务。民法上的不真正义务,即债之关系中除给付义务和附随义务之外的义务群。关于不真正义务的典型规定,如《民法典》第591条第1款关于减损义务的规定;[2]《民法典》第621条第1款关于买受人通知义务的规定;[3]《民法典》第893条关于寄存人告知义务的规定;[4]《保险法》第52条关于被保险人通知义务的规定;[5] 我国台湾地区"民法"第262条关于解除权消灭的规定。[6] 从以上规定可以看出,不

---

[1]　王泽鉴:《债法原理》(第1册),中国政法大学出版社2001年版,第46—48页。

[2]　该条规定:当事人一方违约后,对方应当采取适当措施防止损失的扩大;没有采取适当措施致使损失扩大的,不得就扩大的损失要求赔偿。CISG第77条有类似规定:声称另一方违反合同的一方,必须按情况采取合理措施,减轻由于该另一方违反合同而引起的损失,包括利润方面的损失。如果他不采取这种措施,违反合同一方可以要求从损害赔偿中扣除可以减轻的损失数额。

[3]　该条规定:当事人约定检验期间的,买受人应当在检验期间内将标的物数量或者质量不符合约定的情形通知出卖人。买受人怠于通知的,视为标的物的数量或者质量符合约定。

[4]　该条规定:寄存人交付的保管物有瑕疵或者按照保管物的性质需要采取特殊保护措施的,寄存人应当将有关情况告知保管人。寄存人未告知、致使保管物损失的,保管人不承担损害赔偿责任……

[5]　该条规定:在合同有效期内,保险标的的危险程度显著增加的,被保险人应当按照合同约定及时通知保险人……被保险人未履行前款规定的通知义务的,因保险标的的危险程度显著增加而发生的保险事故,保险人不承担赔偿保险金的责任。

[6]　该条规定:有解除权人,因可归责于自己之事由,致其所受领之给付物有毁损、灭失,或其他情形不能返还者,解除权消灭。因加工或改造,将所受领之给付物变更其种类者,亦同。

真正义务为一种强度较弱的义务（Pflichte geringerer Intensität）。① 此种义务并非真正的法律义务，不得诉请强制履行，一般也不得基于此种义务之违反而主张解除合同。② 如上所述，发包人协调关联厂商之义务不仅涉及自身利益，而且一个承包商的履行迟延，可能导致其他关联承包商无法按时施工、完工，造成窝工、逾期完工，所以还涉及合同相对人的利益，在此意义上讲发包人协调关联厂商的义务不是"不真正义务"，事实上《民法典》第284条、第778条第2款以及我国台湾地区"民法"第507条第2款均规定此种义务违反可导致损害赔偿责任甚至合同解除。

5.6.3.2　协力义务不是附随义务、主给付义务

在无约定的情况下，能否认为发包方有承担协调关联厂商之附随义务？这里的一个前提是，尽管《德国民法典》第280条不再区分主给付义务、从给付义务、附随义务等，但是不同义务的违反在解除合同、赔偿损失等违约救济形态上依然有所不同，不过是在履行障碍的表述上统称为"义务违反"而已。依传统民法理论，在债成立、生效、履行、终止的发展过程中，除了影响债之性质的给付义务外，往往还需要承担其他一些义务以确保债权人债权的完全实现。例如当事人为签订契约而互相接触、谈判或磋商过程中的保密、告知、人身保护、不欺诈、相互协助等义务（先合同义务），③ 合同履行过程中的互相配合、协助、保密、及时通知等义务，④ 以及合同履行后为了保持此一结果应有的合同终止后的协助、保密等义务（后合同义务）。⑤ 这些义务渊源于民法之诚实信用原则，并须参酌交易习惯，对此类义务一般统称为附随义务。⑥

---

① Reimer Schmidt, Die Obliegenheiten, 1953. 转引自王泽鉴：《债法原理》（第1册），中国政法大学出版社2001年版，第47页。

② 韩世远：《合同法总论》，法律出版社2011年版，第253页。

③ 由《民法典》第500条、第501条可以推知当事人有保密、保护、如实告知等先合同义务。

④ 《民法典》第509条第2款规定：当事人应当遵循诚信原则，根据合同的性质、目的和交易习惯履行通知、协助、保密等义务。

⑤ 《民法典》第558条规定：合同的权利义务终止后，当事人应当遵循诚实信用原则，根据交易习惯履行通知、协助、保密等义务。原《合同法解释二》第22条规定：当事人一方违反合同法第92条规定的义务，给对方当事人造成损失，对方当事人请求赔偿实际损失的，人民法院应当支持。

⑥ 崔建远、陈进：《债法总论》，法律出版社2021年版，第13页。

第5章 情事变更原则之适用——物价波动等情形请求费用补偿

此类附随义务与主给付义务不同：首先主给付义务自始确定，往往决定债的性质和类型。而附随义务是随着债的关系的发展，于特定情况要求一方当事人作为或者不作为，以维护相对人的利益，于任何债之关系均可发生，不受特定债之关系类型的限制。其次主给付义务构成双务合同中的对待给付，是履行抗辩权的作用领域，如《民法典》第 525 条、第 526 条、第 527 条上的义务一般指主给付义务。而附随义务原则上不构成对待给付，不是合同履行抗辩权的作用范围。最后因主给付义务的不履行，债权人可以解除合同。而附随义务的不履行，债权人原则上不得解除合同，但就其损害可以要求损害赔偿，除非法律另有规定。①

附随义务与从给付义务也有不同，一般以能否独立诉请履行为判断基准，能够独立以诉请求的为从给付义务，不能以诉请求的为附随义务。② 换言之，从给付义务是可以请求履行的，与此不同，对于附随义务通常仅发生请求损害赔偿之问题。

一般认为附随义务有两种功能，一是保障主给付义务的实现，使债权人的合同利益能够获得最大满足，如开工前，发包人要办理必要的行政审批手续获得必要的许可，并向施工方提供必要的设计图纸、地质资料等，隐蔽工程隐蔽前，承包人应当及时通知发包人进行验收。二是保障合同相对人的人身和财产安全，如发包人提供的建筑材料、建筑构配件和设备必须符合强制性标准，保障承包人的人身或财产利益；承包人在外观施工，比如粉刷墙壁时应避免给发包人的财产造成损害等。我国《民法典》上附随义务的一个典型形态就是所谓的"协助义务"，有多处条文规定当事人应当履行必要的协助义务以协助对方当事人义务的履行或权利的实现。③ 建设工程合同与承揽合同具有实质一致性，德国等就没有将前者从后者中独立出来，我国《民法

---

① 崔建远：《合同法总论》（上卷），中国人民大学出版社 2011 年版，第 240—241 页。
② 韩世远：《合同法总论》，法律出版社 2011 年版，第 247 页。
③ 如《民法典》第 741 条规定：出租人、出卖人、承租人可以约定，出卖人不履行买卖合同义务的，由承租人行使索赔的权利。承租人行使索赔权利的，出租人应当协助。第 778 条则规定：承揽工作需要定作人协助的，定作人有协助的义务。定作人不履行协助义务致使承揽工作不能完成的，承揽人可以催告定作人在合理期限内履行义务，并可以顺延履行期限；定作人逾期不履行的，承揽人可以解除合同。

典》合同编第 18 章虽然将建设工程合同作为一种独立的有名合同,但根据《民法典》第 808 条规定,施工合同中发包人确实有此类协助义务。根据《民法典》第 778 条第 2 款、第 804 条以及我国台湾地区"民法"第 507 条第 2 款均规定此种义务违反可导致损害赔偿责任甚至合同解除。可以认定发包人妥善协调关联厂商的义务是一种从合同义务,发包人构成义务违反时,承包商有权利要求损害赔偿甚至解除合同。

5.6.3.3 协助义务是从给付义务的理论证成

笔者认为协助义务或曰协力义务是一种从给付义务,其具体理由起码有以下四点:

其一,据上文所述,若发包人不为协调关联厂商之协助义务,承包人得定相当期间催告、解除合同并请求损害赔偿,发包人不为协助义务之法律效果,与债务人给付迟延之法律效果相同,亦即债权人得催告债务人履行、解除合同并请求履行利益之损害赔偿。显示立法者对于发包人违反协助义务之评价,与债务人违反给付义务相同。由于发包人违反协助义务时将发生损害赔偿之责,并不仅是自己遭受权利减损或丧失之不利益,因此协助义务具有对他义务之性质,且解除合同之法律效果,通常系在给付义务违反时才发生。

其二,从给付义务之存在是为了辅助主给付义务之功能,除了为完全履行债务人之主给付义务而生者,从给付义务亦可能系为了准备、确定、支持及完全履行相对人之主给付义务而来。[1] 当发包人之协助义务是承包人履行施工合同所不可或缺时,为支持承包人完工,发包人应有为协助之从给付义务。

其三,此处反对的理由可能会认为承包人并不具有完成工作之利益值得保护。但是施工合同为一继续性合同,承包人在施工进行中要不断投入机具设备、材料、人力,持续花费施工成本,当发包人不为协助义务时,承包人所支出之费用将会随之增加,比如机具设备折旧及限制费用、机具维修保养

---

[1] 姚志明:《诚信原则与附随义务之研究》,元照出版有限公司 2003 年版,第 151 页。

费用、延长保险期间所增加之费用、管理费、看管人员薪资、迟延施工期间人员薪资以及材料涨价损失等，甚至使承包人因此面临破产倒闭也有可能，此为施工合同之特别之处。在其他合同中，债权人不为协助义务，通常仅构成受领迟延，债务人所生之损害仅仅为提出给付以及保管给付物之必要费用，除此之外并无其他损害。但在施工合同中却并非如此，承包人之损害远非一般之保管费用可以覆盖，因此承包人对于发包人是否履行协助义务利益攸关。

其四，发包人是否为协助义务，承包人无从控制，完全仰赖发包人之决定及努力，基于诚信原则，承包人应可期待发包人在履约时顾及承包人之利益，适当履行协助义务以避免承包人利益受损。再者，衡量风险分配，发包人对于是否为协助义务有控制力，未履行该义务之损失亦应由其承担，且发包人可归责时，更无将该种不利益转嫁由承包人承担之理由。

综合考量上述之《民法典》第778条以及我国台湾地区"民法"第507条之法律效果、从给付义务之功能、承包人之利益保护以及协助义务履行与否属于发包人之控制范围等因素，笔者认为将发包方之协调关联厂商之协助义务界定为从合同义务，当无障碍。

5.6.4 合同约定由承包商负责协调

5.6.4.1 典型判决

实务中，居于强势地位之发包方（尤其是国家机关）常通过建设工程合同单方面排除其协调关联厂商之义务（界面管控义务），而将该等义务全部转移给承包商，进而在出现界面冲突时，也由承包方自行承担相应的风险及损失。于此情形若果真发生界面冲突，法院多基于尊重合同自由之理念驳回承包方之赔偿请求，并否定有情事变更原则之适用余地。判决略谓：

"……被上诉人既与台北荣民技术劳务中心就系争水电工程再签立合约承包施作，且依投标须知第16条约定，其亦负有与其他厂商协调之义务，则其未与宝固公司协调致宝固公司撤销临时水电，影响上诉人之验收，自难谓无可归责原因,是其此之抗辩,尚非可采。"①

"又上诉人虽有与巨享公司协调施工之注意义务,其任令巨享公司在第一层钢筋铺设前先为配管之行为纵有不当……且依两造工程合约附件即施工说明书总则第十二条:……为使整个工程互相配合如期完成,本工程承包商应负责协调其他承包商之工作,并密切合作,以配合全部工程之顺利进行。诸如水电部分埋置隐藏之线管,预置锚钉、栓座及洞孔等,应于事前协调办妥。……上诉人尚负有协调施工之契约义务。"

5.6.4.2 通过约定将界面协调义务归属于承包方之效力

如契约中约定由承包商全权负责协调关联厂商,是否果真如上述判决所言,即意味着承包商必须全权承担此义务,而使其负担协调义务,对于关联厂商之迟延必须自行承担全部风险,而不得向定作人请求任何损害赔偿,笔者以为此种意见尚有疑问。基于合同自由固然应当尊重当事人通过合同约定预先拟定好的关于履行中之风险分配,承包商确实应与其他关联厂商密切配合,其负担较没有约定时较重之义务。但是基于定型化契约中有利于相对人之解释原则,则不应对于该条款无限扩张,因此不应认为承包商应自行承担所有风险,至少基于民法之归责理论,在承包商没有可归责事由时,其不应当对关联承包商之迟延负责。而且,该条款也不应全部免除发包方之协力义务,即若发包人有可归责事由致违反该协力义务者,则承包商仍非不得向定作人请求适当之赔偿。

对此,我国台湾地区仲裁实务上也曾有类似看法:"另依两造合约第十三条所约定,本件承包商应与其他承包商互相协调合作,此条实系课以本件承包商施工时有与其他承包商配合之义务,尚难认为本件承包商因此就本工程负有界面管控之义务,而本件界面责任仍在相对人(发包方),应无疑问。"②

以笔者看来,此约定之效力到底如何,不宜一概而论,而有类型化之必

---

① 我国台湾地区"高等法院"(2005)建上字第22号判决。
② 李宗德:《情事变更原则于公共工程合约风险分担约款之适用》,载《工程仲裁案例选辑(三)》,第138页;我国台湾地区仲裁协会90年仲声仁字第132号仲裁判断。

第5章 情事变更原则之适用——物价波动等情形请求费用补偿

要。如果发包方和承包方经过充分磋商,由承包方负责协调关联厂商之施工进度,或者说发包方将界面管控义务全部转移给承包商,则由于此为双方真实之意思表示,故原则上应当予以尊重。尤其是我国《民法典》第791条以及《建筑法》第24条都提倡总承包方式,即发包人将整个建设工程交由一家具备相应资质条件的总承包人,由其对整个建设工程负责。而该总承包人经过发包方同意后,可以将其承包的非主体工程部分地交给第三人完成,形成分包合同。由于总承包人对于整个工程具有较强的掌控能力,各个分承包人与总承包人之间都有分包合同关系,所以总承包人确实有较强的能力和更方便的地位来协调各个分承包人之间彼此配合施工,所以如果发包方通过合同将界面管控义务全部转移给总承包人,则此项约定原则上有效,如果发生了界面冲突,则由总承包人承担相应的责任和风险。

如果不存在总承包人,即合同采取所谓的"独立的建设工程合同",发包人就工程项目的施工工作分别签订数个施工合同,这种情况发生在同一项工程由数家施工单位进行施工的场合,此时各承包人之间不发生合同关系,各自仅就其承担的工作分别向发包人负责。[①] 此时各关联承包上居于工程进度的上下游关系,或者分别负责工程之不同施工项目,彼此平等,并无监督、支配、负责等关系。如果发包方通过合同与承包商经过磋商后约定各承包商应当负责互相协调、配合,确保施工顺利进行。则如果在个案中没有发生界面冲突或者即使发生了,但当事人间之权利义务没有严重失衡,则此等约定基于双方真实意思表示应予尊重;如果在个案中,由于此等约定,使得个别承包商承担非常沉重之责任和风险,权利、义务、风险显然失去均衡,则承包商可以基于显失公平要求变更甚至撤销合同(《民法典》第151条)。尤其是实务中,发包方经常处于优势地位,承包方为了顺利拿到工程在工程磋商时往往会接受比较苛刻的条件,所谓的平等磋商往往会流于形式,此时应当对其给予事后救济。

如果此类条款根本不是基于平等磋商,而是发包方单方面事先拟定的,

[①] 谢怀栻等:《合同法原理》,法律出版社2000年版,第463页。

民法典背景下情事变更原则之逻辑构成与司法展开——以两岸建设工程实务为分析场景

在招投标时就作为签订合同的一项内容,承包商根本毫无商量的余地,则此时此等格式条款的效力值得怀疑。笔者以为,有两种方案可供选择,一种处理方案是对该条款予以解释,其依据是《民法典》第498条。尤其是如果发包方单方面拟定条款规定"承包商应当彼此配合、相互合作",那么这些字眼应当如何解释?其是否意味着发包方自己就完全没有了协调关联承包商配合施工的义务,或者说发包方已经将全部的界面管控义务转移给了承包商。此种情况应通过格式条款的解释来进行,根据格式条款的解释规则——含义不明时,应当采取不利于合同条款拟定方的解释。此时应当认为承包方的配合施工只是被动的,只要其妥当履行了自己的义务,就算完成了配合;而发包方依然有积极主动协调关联承包商的义务,即其界面管控义务依然存在。如此通过合同解释可以很好地平衡双方的权利、义务、责任和风险。如果发包方通过非常明确的字眼,将协调关联承包商的义务全部转移给承包商,即由承包商承担全部的界面管控义务,则如前文关于工程合同中格式条款的分析,此时发包方显然在推卸责任,加重对方当事人之履行负担,风险配置显失公平,如果在个案中果然发生界面冲突,发包方据此要求承包商承担违约责任并承担由此造成的一切风险及损失,以至于对承包方来说极不公平,则承包商可基于《民法典》第497条主张该条款无效,此时对于协调关联厂商的义务归属视为没有约定。

5.6.5 情事变更原则于界面冲突场合之适用性

5.6.5.1 平行发包

如上所述,由于工程施工的规模一般较大并具有复杂性,除非采取统包方式,否则发包人多会依工程内容之专业性质,与数个承包商订立数个契约。①

与上述索引案例中的做法不同,《民法典》关于建设工程的发包则坚持

---

① 张南薰:《情事变更原则在公共工程上之应用》,政治大学法律研究所2000年硕士学位论文,第90页。

第5章 情事变更原则之适用——物价波动等情形请求费用补偿

总包施工原则，第791条有明确规定，①《建筑法》第24条第1款又予以重申。② 于是发包人可否分别与不同施工人签订各自独立的施工合同就成为问题，如此种做法因违法而无效的话，则界面冲突的问题在工程领域的意义就大大降低。笔者以为对此应做肯定的回答，其理由如下：

1. 第791条起码明确承认一种可能发生界面冲突的情形，即发包人就一项工程分别与勘察人、设计人及施工人签订承包合同，如此若前一个合同履行不力则必然会影响到后续合同的履行，界面冲突不能避免，不过这里所指的不是施工人与施工人之间的界面冲突，而是勘察人、设计人与施工人之间的界面冲突。

2. 第791条中的"应当由一个承包人完成的建设工程"存在解释余地，一般认为主体工程或者同专业、同领域之工程属于应由一个承包人完成的建设工程。但可以肯定的是，若不属于一个专业领域的建设工程应当存在平行发包的可能，比如可分别将地下挖掘、房屋建设、景观水域建设、水电安装等不同专业工程发包给不同的承包人，从而也就存在界面冲突的可能。

3. 《建筑法》第27条规定联合承包，③ 其立法精神显然在于通过让承包方承担连带责任来保障发包方的利益，但若发包方自愿与各施工承包方签订各自独立的施工合同而无须承包方承担连带责任，此时根据合同自由原则应肯定其效力，因为上述规定应归属于任意性规定，当事人自然可通过约定予以排除。犹如《民法典》第1168条虽然规定共同侵权要承担连带责任，但不妨碍当事人通过约定按照按份责任处理，从而排除该规定。

---

① 《民法典》第791条规定："发包人可以与总承包人订立建设工程合同，也可以分别与勘察人、设计人、施工人订立勘察、设计、施工承包合同。发包人不得将应当由一个承包人完成的建设工程支解成若干部分发包给数个承包人。总承包人或者勘察、设计、施工承包人经发包人同意，可以将自己承包的部分工作交由第三人完成。第三人就其完成的工作成果与总承包人或者勘察、设计、施工承包人向发包人承担连带责任。承包人不得将其承包的全部建设工程转包给第三人或者将其承包的全部建设工程支解以后以分包的名义分别转包给第三人。禁止承包人将工程分包给不具备相应资质条件的单位。禁止分包单位将其承包的工程再分包。建设工程主体结构的施工必须由承包人自行完成。"

② 《建筑法》第24条规定：提倡对建筑工程实行总承包，禁止将建筑工程肢解发包。

③ 《建筑法》第27条：大型建筑工程或者结构复杂的建筑工程，可以由两个以上的承包单位联合共同承包。共同承包的各方对承包合同的履行承担连带责任。两个以上不同资质等级的单位实行联合共同承包的，应当按照资质等级低的单位的业务许可范围承揽工程。

4. 学者认为存在独立的建设工程施工合同这一类型，或称之为平行发包，即发包人就工程项目的施工工作分别签订工程施工合同，这种情况发生在同一项工程由多个施工单位参加施工的场合，且在这种合同结构中，各个承包人之间不发生合同联系，各自仅就其承担工作向发包人负责。①

5. 在工程实务中平行发包并不罕见，比如中央电视台新址建设中的主楼施工工程就发包给了中国建筑工程总公司，而园林绿化工程则发包给了东方园林有限责任公司，其他专业工程不少也直接发包给了不同的专业承包商。

6. 我国司法实践中存在相关的案例，在浙江桓宇汽配有限公司诉浙江元通建设股份有限公司建设工程施工合同纠纷案中，② 桓宇公司就将地下暗浜的回填工作发包给了其他承包人施工，而将厂房建设的工程项目发包给了元通公司，而元通公司也曾主张施工过程中存在界面冲突；在中交第二公路勘察设计研究院有限公司与中建三局第三建设工程有限责任公司建设工程施工合同纠纷申请再审案中，③ 中交公司把科技综合楼主体工程发包给了中建三公司，而把该楼的装饰装修工程发包给了其他承包人；在广州花卉博览园与广东省第一建筑工程有限公司建设工程施工合同纠纷上诉案中，④ 广州花卉博览园就把主体工程发包给了广东一建公司，而把消防工程和屋面防水工程发包给了第三方施工，并在一定程度上造成了界面冲突。

这里需要注意的是，《建筑法》第24条虽然提倡总承包，⑤ 但是并没有禁止平行发包，当然这里必须区分平行发包和肢解发包。⑥

所谓平行发包，是发包人将建设项目的设计、施工、勘察和设备材料采购等按建设需求、专业分工等进行合理分解，然后平行发包给一家或几家符

---

① 崔建远：《合同法》，北京大学出版社2012年版，第509页。
② 浙江省平湖市人民法院（2013）嘉平民初字第1053号。
③ 最高人民法院（2013）民申字第996号。
④ 广东省高级人民法院（2010）粤高法民一终字第30号。
⑤ 《建筑法》第24条规定：提倡对建筑工程实行总承包，禁止将建筑工程肢解发包。建筑工程的发包单位可以将建筑工程的勘察、设计、施工、设备采购一并发包给一个工程总承包单位，也可以将建筑工程勘察、设计、施工、设备采购的一项或者多项发包给一个工程总承包单位；但是，不得将应当由一个承包单位完成的建筑工程肢解成若干部分发包给几个承包单位。
⑥ 袁受权：《浅议平行发包与肢解发包》，载《建设监理》2003年第2期，第61—62页。

第5章　情事变更原则之适用——物价波动等情形请求费用补偿

合建设项目要求的承包人或供应商，并分别与之签订多个彼此相互平行的承包合同或采购合同，这些承包人之间没有合同关系，他们都分别对发包单位负责。《建筑法》第24条第2款"也可以将建筑工程勘察、设计、施工、设备采购的一项或者多项发包给一个工程总承包单位"的描述，即意味着存在平行发包的可能。平行发包能够吸纳更多具有专业优势的承包商，更好地确保工程质量。其不足之处就是由于施工界面较多，承包方需要彼此配合协调才能顺利施工，一旦出现界面冲突可能会影响整个建设项目的进度。

而所谓肢解发包，《建筑法》第24条和《民法典》第791条有明确规定："将应当由一个承包人完成的建设工程肢解成若干部分发包给几个承包人。"

应当由一个施工人完成的工程项目，如果过度肢解给不同的施工人进行作业，很容易发生配合上的困难，而且责任不清楚，进而引发纠纷，增加项目管理难度和管理成本，引起安全生产事故。

因此，如果发包人把多个工程分别发包给不同施工人施工，每一个工程都是应当由一个承包人完成的且事实上只有一个承包人负责施工，则可能构成平行发包。因此关键的问题是如何确定什么是"应当由一个承包单位完成的工程"。

工程项目有单体工程和群体工程，单项工程和单位工程。单位工程是最基本的工程单位，是经济核算的基本单位，也是竣工验收与备案管理的基本工程单位。根据《建筑工程施工质量验收统一标准》（GB50300-2013）第4.0.2条的规定，[①]单位工程的确定标准有两个：一是独立施工条件，二是独立使用功能。一个单体工程显然属于单位工程，群体工程中具有相对独立性的建筑物或构筑物也可以作为单位工程处理，单位工程是施工的基本单位，不能进行直接发包；而若群体工程中存在多个单位工程，则完全可以进行平行发包。

[①] 该条规定：单位工程应按下列原则划分：（1）具备独立施工条件并能形成独立使用功能的建筑物或构筑物为一个单位工程。（2）对于规模较大的单位工程，可将其能形成独立使用功能的部分划分为一个子单位工程。

民法典背景下情事变更原则之逻辑构成与司法展开——以两岸建设工程实务为分析场景

尽管我国判决中很少讨论界面冲突问题，但不能否认工程实务中既有平行发包的存在，也有所谓关联承包商的存在。这种情况下，当某一关联承包商 A 因特定事由发生施工进度落后之情事时，将可能影响同一工程中之其他承包商 B 无法按时进场施工而间接地发生工期延长、费用增加的问题，此即所谓的界面冲突。而此类案件之所以经常引发争议，乃因发包方常要求 B 承担迟延之违约责任并支付迟延违约金；而 B 则主张自己无过错应予免责，并主张适用情事变更原则要求延展工期、补偿费用乃至解除合同。[①]

针对此一问题之解决，工程实务中当事人在合同中一般有所关注，大抵有三种情况：（1）约定为发包方应当负责规划协调，并为关联厂商 A 之迟延负责；[②]（2）也有规定应由承包商 B 负责协调解决界面冲突问题；[③]（3）也有不少合同对此没有规定。对于第一种情况通常并无争议，即发包人依《民法典》第803条、第804条承担债务不履行责任；第二种情况在个案中若引发利益失衡，一般依原《合同法》第40条否认其效力，等于没有约定，从而亦可归于第三种情况；但第三种情况争议颇多，即此际承包商 B 可否主张适用情事变更原则寻求救济，抑或其必须承担迟延履行之违约责任，该种情

---

① 吴若萍：《公共营建工程契约中迟延完工之问题研究——以不可归责于承揽人为中心》，台湾大学2008年硕士学位论文，第212—213页。

② 如我国台湾地区"高工局"一般条款第 C.9 条规定："若本契约承包商工期延长或成本增加，系因关联契约承包商未能依照该契约核定之进度所导致。则工程司应依 H.7'展延工期'之规定，对上述延期要求给予适当之考虑，并应依 G.14'求偿通知'之规定办理。承包商所增加之成本，应由主办机关协调解决。而"行政院"农业委员会水土保持局工程契约范本第7条规定由机关自办或机关之其他厂商因承包契约相关工程之延误而影响履约进度者，可展延工期。但依第9条第6项规定，与契约工程有关之其他工程，经机关交由其他厂商承包时，厂商有与其他厂商相互协调配合之义务，以使该等工程得以顺利进行。因工作不能协调配合，致生错误、延误工期或意外事故，其可归责于厂商者，由厂商负责赔偿。如有任何一厂商因此受损害，应于事故发生后尽速书面通知机关，由机关邀集双方协调解决。其经协调仍无法达成协议者，由相关厂商依民事程序解决。"

③ 例如台北市政府工程采购契约范本第31条规定："与本契约有关之其他工程或临时设施，经甲方委托其他厂商（以下称为关联厂商）办理时，乙方应与关联厂商充分协调；如不能协调，乙方应即以书面通知工程司，由工程司召集乙方与关联厂商协商解决，如无法达成协议时，工程司得径行决定。若乙方仍未依工程司决定为之，致生错误、延误工期或发生其他意外事故时，其一切损失，均由乙方赔偿，于该争议解决前，甲方得暂不给乙方估验款。"我国台湾地区"内政部"营建署及所属各机关工程采购契约第17条第5项规定："与本契约工程有关之其他工程项目，经甲方委托其他厂商承包办理时，乙方应有与其他厂商互相协调配合及合作之义务，使该等工作得以顺利的进行，因工作不能协调配合，致生错误、延误工期，或发生其他意外事故者，乙方应负其应有的一切责任及赔偿。"

第 5 章　情事变更原则之适用——物价波动等情形请求费用补偿

况是分析的重点。

5.6.5.2　实务立场

究竟在界面冲突情形，即因关联厂商之原因导致承包商无法按时进场施工致使工期迟延，承包商可否基于情事变更原则对合同进行调整以合理分配风险？有肯定说与否定说。

肯定说认为界面冲突对于受影响之承包商来说属于不可预测之风险，若满足其他要件，当然有情事变更原则之适用可能。其典型判决略谓：

1. "准此而言，允建公司（关联厂商）因其施工延滞而致上诉人所承揽之工程不得不延长履约期间长达一千余日，似此情形，要非上诉人于订约时所得预期，而工期延长将导致成本增加及资金运用之紧张而造成财务损失，如仍依正常工期所签订之契约给付工程款，对上诉人自非公平。上诉人且于原审抗辩：系争空调工程工期长时间之延长，非属可归责于伊之事由，伊受限于系争空调契约第二十二条第三项第三款之约定，不得解除契约等情，尚属非虚，则被上诉人仅依系争空调工程契约原来约定为给付，是否未达显失公平之程度，即值斟酌。"[①]

2. "查上诉人所承揽之系争水电工程既系配合系争土木工程之进度始得施作，而负责土木工程之允建公司因其施工延滞而致上诉人所承揽之工程不得不延长履约期间长达一千三百三十二日情事，似非上诉人于缔约时所得预期，而工期延长将导致成本增加及资金运用之积压而造成财务损失，如仍依正常工期所签订之契约给付工程款，对上诉人并不公平。上诉人于原审辩称：依系争契约约定，系争水电工程本应于八十六年十一月四日完工，因不可归责于伊之事由，致实际完工日期较契约工期增加一千三百三十二日，伊受限于系争契约第二十二条之约定，不得解除契约等情，尚属非虚，则系争土木工程延误工期长达一千多日，致上诉人须延长一千三百三十二日始能完工，似非契约成立当时所得预料，如上诉人依系争契约之约定，又不得依'民法'第五百零七条规定解除契约以控制损害扩大，则被上诉人仅依系争

[①] 我国台湾地区"最高司法机构"（2007）台上字第482号判决。

契约原来约定为给付,是否未达显失公平之程度,尚待研酌。"①

否定说则认为,承包商属于工程领域之专业人士,界面冲突属于其可预测之范围,应由其承担风险,无情事变更原则之适用余地。其典型判决略谓:

1. "……原告复为有相当工程营造经验之公司,对不同工程有因彼此配合之需要,进而影响其特定项目施工时间之可能,自当知悉而为其缔约前所得预见,……原告主张本件上开事由有情事变更原则之适用,谓被告应有增加给付其所请求金额之工程管理费,即无足采。"②

2. "查系争工程契约第十六条及第二十六条设有'工期延长'及'终止契约'之约定,两造既在系争工程契约就工期延长、无法如期工作、订约后伸港公所在六个月内无法使齐记公司开工,约定有处理方式,齐记公司因伸港公司之延宕,而延期完工,尚难认系非齐记公司所得预料之情事变更,其据以请求赔偿该损害,尚乏依据。"③

5.6.5.3 情事变更原则之适用性分析

结合上述判决,界面冲突场合可能的案型结构不过以下几种:(1)可归责于发包方,即发包方确实没有妥善履行协助义务导致界面冲突;(2)归责于承包商本人,即由于承包方本人之原因导致界面冲突;(3)非因双方的原因导致界面冲突,有关承包商不能及时进场施工,这里往往是因为A承包商施工不力导致B承包商无法按时进场施工引发施工迟延并造成损失。

在前两种情形,若确有证据证明发包方或承包方存在疏忽大意、不尽心、不专业导致界面冲突的情形,则对于第一种情形,如上述分析,发包方存在协助义务违反,承包方可基于《民法典》第803条主张损害赔偿甚至解除合同。对于第二种情形,发包方可基于《民法典》第801条主张违约。此两种情形,因存在可归责性,均无适用情事变更原则之可能。关键是第三种情形,此种情形下承包方B能否主张适用情事变更原则来调整合同。

---

① 我国台湾地区"最高司法机构"(2006)台上字第2506号判决。
② 台北地方法院(2006)建字第110号判决。
③ 我国台湾地区"最高司法机构"(2007)台上字第2468号判决。

第5章　情事变更原则之适用——物价波动等情形请求费用补偿

1. 情事变更原则之适用性

我国大陆由于情事变更原则适用极其严格，[①] 甚少有学者及判决讨论这种情形下情事变更原则的适用性，我国台湾地区实务界对此则多有争论。我国台湾地区"最高司法机构"多数见解以为若系因关联厂商施工延滞而致承包商所承包之工程不得不延长履约期间，且若该履约期间较原定工期而言超出承包商可得预期者，因工期延长将导致成本增加及资金运用之积压而造成财务损失，如仍依正常工期所签订之契约给付工程款，将会有显失公平之情形，似有情事变更原则的适用可能（我国台湾地区"民法"第227条之2）。

笔者以为，情事变更原则之适用要件包括不可预见性与结果显失公平性，而工期之延长于工程合同中或可谓一般有专业经验之承包商必定知悉多有较原定工期延长之情况发生，是其亦为承包商于承包工程时必须考量者，严格而言承包商亦会将其列入成本与利润之考量中，并无异议，上文所述否定说之判决多以此否定界面冲突场合情事变更原则之适用。但是，当工期之延长之日数超出原定工期甚多，例如我国台湾地区"最高司法机构"（2007）台上字第482号判决中工期已延长逾千日之多，试问纵使一有经验之承包商是否得以预见长达三年之久的工期延长，又或因工期延长承包方之施工成本巨额增加，超预算数倍亦有可能。因此仅以可预见工期延长、费用增加就否定情事变更原则之适用稍显速断，若工期延长太久、费用增加过巨以至于远超缔约时可得预见之程度，则仍有情事变更原则适用之余地。唯工期延长多久方属于不可预见无法一概而论，因工程规模有大小不同，施工难度有难易之别，此皆会影响其延长工期是否不可预见之判断。笔者以为，于个案中应参酌工程性质、原定工期长短等因素先行判断工期之展延日数是否确为承包商不可预见，且亦须参酌工程款之金额与系争工程之利润所得以判断工期延长致生之费用增加是否已达显失公平之程度。切不可简单断言承包商为建筑领域之专业人士，应当预见界面冲突场合将发生工期延长、费用增

[①] 参见2009年4月27日最高人民法院《关于正确适用〈中华人民共和国合同〉若干问题的解释（二）服务党和国家的工作大局的通知》（法〔2009〕165号）。

民法典背景下情事变更原则之逻辑构成与司法展开——以两岸建设工程实务为分析场景

加，即谓此际无情事变更原则之适用余地。

另外，参考德国 VOB/B 第 6 条规定，属于发包人领域事项者，发包人应承担因该事项所致之工期延长与费用增加之风险，盖因是发包人将一工程不同部分或阶段分包给不同的关联承包商，合同分别存在于发包人与各承包商之间。对于其 B 承包商而言，其只对发包方负担按时完工义务。而对于关联承包商 A 无任何义务，原因在于承包商 A、B 间没有合同关系。因此发生关联厂商 A 迟延进而影响到 B 施工进度的情形，虽谓发包人是有能力阻止或排除 A 之迟延，却故意或过失不为而具有可归责性或有疑义，然而依照风险分配控制原则，风险应系归属于较容易控制该领域事由之一方。对于发包人而言，其既可以透过与其他承包商 A 之工程契约要求其按时完工，属于能以较低成本控制风险之一方，故协调关联厂商应属于存在于发包人领域之事由，应由其承担相应之风险。所以，VOB/B 显然将一切情形下界面冲突之风险均归结于发包方承担，承包方无须根据《德国民法典》第 313 条主张交易基础丧失来调整合同、分担风险亦可达至相同之效果。

因此，在上述第三种情况下，我国台湾地区有情事变更原则之适用余地，在德国也存在这种原则的实质性适用（只不过被具体化为 VOB/B 第 6 条的规定）。在我国大陆，上述第三种情况下能否适用情事变更原则变更或解除合同则不能一概而论，此处须考虑不同之立法政策，核心的问题是违约责任的归责原则对情事变更原则适用的影响。

在第三种情况下，我国台湾地区之所以能适用情事变更原则，归根结底是与其违约责任采过错责任有关，即有过错有责任、无过错无责任。其"民法"第 220 条规定："债务人就其故意或过失之行为，应负责任。"当然在法律另有规定的情况下，债务人也需要对事变（通常事变和不可抗力）负责，如其"民法"第 606 条、第 607 条、第 634 条、第 654 条就规定债务人应就通常事变负责；第 174 条第 1 项、第 231 条、第 525 条、第 837 条、第 891 条规定债务人需就不可抗力负责。[①] 但原则上违约责任坚持过错责任原则，

---

① 孙森焱：《民法债编总论》（下册），法律出版社 2006 年版，第 405—409 页。

第5章 情事变更原则之适用——物价波动等情形请求费用补偿

因不可归责于债务人之事由，致使给付不能者，债务人免付给付义务。因此一般情况下如出现通常事变或者不可抗力，即使债务人没有履行义务或者履行不适约，当事人也无须承担违约责任，因为按照其"民法"第225条第1款，债务人于此种情况下免付给付义务。所以除非存在特别法规定，事变的情形时不构成债务不履行。

由于《民法典》第590条第1款已规定不可抗力的免责效力，这里需要解决的问题是通常事变，因为工程合同中存在诸多此类情形，比如前述界面冲突、居民抗争乃至政策变更等。

于此有必要澄清事变的规范含义。事变谓非由于故意或过失发生之事由，即非因债务人故意或过失的情况而发生债务不履行的结果，可分通常事变及不可抗力二者。[1] 通常事变，又名轻微事变、偶发事件，即情节相对轻微的事变，债务人如予以严密的注意或可避免发生损害，但债务人已尽其应尽之注意义务而仍不免发生之情形；不可抗力是一种当时不能预见、不能避免并不能克服的外部客观情况，即任何人纵加以最严密之注意，也不能避免者。[2] 债务人对事变以不负责任为原则，标的物因事变而灭失，不成立违约责任；但当事人可约定对轻微事变仍然负责。[3] 诸如界面冲突、居民抗争、政策更改等情形，多数可以构成通常事变，甚至不可抗力。承包人因此不能妥善履行施工义务，在违约责任的归责原则为过错责任的法治下，如在我国台湾地区，根据其"民法"第225条，承包人无须承担违约责任。当发包商无可归责之事由，只要关联厂商A之迟延导致承包商B工期延长日数超乎缔约时所得以预见之范围者，且增加之费用亦超出B所得预料者，则依原给付对B显失公平时，B自得依照情事变更原则向发包方请求工期展延、费用补偿。黄立教授即认为界面冲突作为通常事变之一种，若使得承包商之施工成本显著增加，依原有合同显失公平，且该通常事变是合同缔结时双方所无法

---

[1] 龙斯荣：《罗马法要论》，吉林大学出版社1991年版，第269页。
[2] 孙森焱：《民法债编总论》（下册），法律出版社2006年版，第409页。
[3] 韩世远：《履行障碍法的体系》，法律出版社2006年版，第32页。

民法典背景下情事变更原则之逻辑构成与司法展开——以两岸建设工程实务为分析场景

预见者，应认为承包人得主张情事变更原则而请求调整合同价金。[1]

此外依我国台湾地区"高等法院"高雄分院（2004）重上字第62号判决之精神，B 如得根据其他法定或约定事由解除合同却不解除，转而主张适用情事变更原则请求费用补偿则属权利滥用，此番见解或有倒果为因之嫌。盖因契约若有障碍事由，法律或契约皆会对此等障碍事由有所调整，例如解除契约、终止契约或依情事变更原则调整契约。唯如何主张应由 B 自行选择，只要其选择不构成权利滥用即可。一般而言，在契约关系存续中，双方当事人于缔约时皆以为其将因该契约之履行而获得最大之利益，是仅有在不得不为之情况下才会使该契约归于消灭，否则皆希望该契约得依照原约定履行。而于情事变更原则之调整下亦为如此，若得通过原定给付之调整使该契约内容对于双方当事人不失公平者，则不宜选择契约解消之方式为之，此参照《德国民法典》第 313 条与第 314 条之规定即明。唯我国台湾实务见解有认为若承包商 B 得依规定解除契约或终止契约，且契约中并未拘束其终止权或解除权时，承包商不得再行主张情事变更原则以调整契约，此实已与契约法体系解释有违，值得反思。

综上此处基本的结论是界面冲突可能构成通常事变，根据我国台湾地区"民法"，承包人不构成违约，不必承担违约责任。在迟延工期极长、带来的窝工损失极大的情况，发包方和承包商 B 在合同订立时虽可能预见到界面冲突的可能性，但是对于因其导致的迟延期限和损失未必能够预见，如果维持原有工程合同效力对 B 显失公平，则可认定为满足了情事变更原则的适用要件，B 当可主张适用情事变更原则来调整合同甚至解除合同。如果 B 基于其他法定或约定事由有其他种类之合同解除权，则构成请求权基础竞合，承包人 B 非不得放弃其他种类之解除权而主张适用情事变更原则请求变更或解除合同。

2. 原《合同法》的立场

在我国，于界面冲突乃至所有通常事变场合适用情事变更原则却困难重

---

[1] 黄立：《台湾工程承揽契约中情事变更之适用问题》，载施建辉、叶树理、黄喆编：《工程上的民法问题——第一届海峡两岸工程法学研讨会实录与论文集》，东南大学出版社 2010 年版，第 77 页。

第5章　情事变更原则之适用——物价波动等情形请求费用补偿

重,其根源在于原《合同法》第107条的规定。[1] 学者以为此条规定确立原《合同法》严格责任的基本立场,[2] 但也有部分条文例外地采取了过错责任,如第179条、第180条、第181条、第222条、第262条、第265条、第280条、第281条、第370条、第371条。[3] 所以原《合同法》总体上规定了两类违约责任:过错责任与无过错责任,前者为原则,后者为例外,[4]《民法典》保持不变。

这种立法的一个重要动因是要与国际公约接轨,主要是与1980年《联合国货物销售合同公约》(CISG)和《国际商事合同通则》(PICC)接轨。但是这两个范例是适用于国际贸易领域的,合同的当事人往往是具有对等商业交易能力的商人。而我国原《合同法》普遍适用于所有的民事主体,包括一般消费者和经营者,所谓交涉能力平等无法保证,立法者对此没有适当关注而直接套用CISG或PICC中的规则,难免水土不服、南橘而北枳。现状是我们一味地以CISG和PICC为是,忽视了国际货物买卖公约在价值追求上的单向度和我国合同立法在价值追求上的多元化,没有对民事合同予以过多的关注,从一定意义上说我国的"合同法"是"商事合同法"。

在比较方层面,事实上多数国家和地区所坚持的依然是过错责任原则而非严格责任原则。如《德国民法典》第276条[5]、我国台湾地区"民法"第220条[6]、《意大利民法典》第1218条、《日本民法典》第415条[7]、《法国

---

[1] 原《合同法》第107条规定:当事人一方不履行合同义务或者履行合同义务不符合约定的,应当承担继续履行、采取补救措施或者赔偿损失等违约责任。

[2] 梁慧星:《从过错责任到严格责任》,载梁慧星主编:《民商法论丛》(第8卷),法律出版社1997年版,第1—7页。

[3] 崔建远:《合同法》,北京大学出版社2012年版,第310页。

[4] 韩世远:《合同法总论》,法律出版社2011年版,第589—590页。

[5] 《德国民法典》第276条:债务人必须就故意和过失负责任……根据德国法传统有责性原则上取决于过错。Ausführlich Staudinger/Löwisch(2004)§276 Rn. 1 ff.

[6] 我国台湾地区"民法"第220条规定:Ⅰ债务人就其故意或过失之行为,应负责任……

[7] 《日本民法典》第415条规定:债务人不按期债务本意履行债务时,债权人可以就因此发生的损害请求赔偿。因为应归责于债务人事由致使不能履行的,亦同。我妻荣教授认为债务不履行之"可归责事由",应指债务人的故意、过失或在诚信原则下可等同视之的事由,该等事由中尤为重要的是履行辅助人的故意、过失。参见〔日〕我妻荣:《新订债权总论》,王燚译,中国法制出版社2008年版,第94页。

民法典背景下情事变更原则之逻辑构成与司法展开——以两岸建设工程实务为分析场景

民法典》第 1147 条[①]等，不管是采主观说还是客观说，过错责任还是过错推定，这些立法例均强调过错在归责中的重要性。大陆法系中像我国原《合同法》第 107 条完全以无过错责任为违约责任归责原则的确属罕见。[②]

笔者以为原《合同法》及《民法典》以严格责任为原则的立法政策，对界面冲突的处理，甚至对情事变更原则的适用带来巨大冲击，使其呈现出与我国台湾地区完全不同的面貌。在当前法制下，处理界面冲突第三种案型的可能方案有：（1）界面冲突导致施工迟延，意味着承包方违约，在严格责任的归责原则下，根据《民法典》第 577 条，承包方承担违约责任；（2）关联厂商 A 施工迟延导致承包方 B 无法按时完工，由于违约责任属严格责任，依《民法典》第 593 条，其他承包方仍要承担违约责任；（3）依传统民法理论，第三种案型的界面冲突应定性为通常事变，因此施工受阻的承包商 B 不构成违约，也不应当承担由此引发的风险，对于其因此风险遭受的损失或不利益，B 可主张适用情事变更原则请求法院调整、解除合同。

从法感情上讲，尽管第一种、第二种方案让人难以接受，因其会使无辜的承包商 B 承担不应有的损失和风险，即 B 不得不为 A 的意外情况或施工不力买单，但是原《合同法》第 121 条的立法精神显然在于债务人不但要为法律关系人的行为负责，而且在通常事变场合也同样要为非法律关系人的行为负责，此种立场显然与传统民法有异。韩世远教授也认为第 121 条对"第三人"未做任何字面限制，可见对为第三人负责场合的"第三人"并不局限于债务人之履行辅助人，"通常事变"情形也应当由债务人负责。而在传统民法理论上，一般将通常事变设置为债务人的免责事由，原《合同法》显然放弃了这一立场，使得违约责任的发生范围大大扩张。[③]

[①] 尹田教授认为第 1147 条中规定的当事人"不履行义务的行为"，已当然包含当事人的过错。参见尹田：《法国现代合同法：契约自由与社会公正的冲突与平衡》，法律出版社 2009 年版，第 356 页。

[②] 立法论上的不同见解，参考崔建远：《严格责任？过错责任——中国合同法归责原则的立法论》，载《民商法论丛》（第 11 卷），法律出版社 1999 年版，第 190 页以下；韩世远：《违约损害赔偿研究》，法律出版社 1999 年版，第 88 页以下。

[③] 韩世远：《合同法总论》，法律出版社 2011 年版，第 599—600 页。

第 5 章　情事变更原则之适用——物价波动等情形请求费用补偿

但完全按照原《合同法》第 121 条处理的问题在于 B 和 A 之间没有任何法律关系，B 很难向 A 主张违约责任。可能的选择是 B 向 A 主张侵权，但是 A 侵犯了 B 的什么权利呢？答案可能是 A 侵犯了 B 的债权，即 A 的行为使得 B 无法顺利履行与发包人的合同从而获得报酬，反而有可能要承担迟延违约金。《侵权责任法》第 2 条中没有列举债权，其"等人身、财产权益"的字眼，解释上认为不应当包括债权。[1] 一般情况下第三人侵害债权难以构成侵权行为。学者认为债权属于典型的请求权、相对权，债权人对于债务人之人身和给付标的物都没有支配力，而且债权没有像物权那样的公示手段，第三人不会知道某两人之间有没有债权债务关系，而同一个债务人很可能有多个债权人，如果第三人要为受其行为影响的债权负责，则第三人的责任将无限扩大，与期待可能性的社会生活标准不符，因此债权原则上不能成为侵权行为的作用对象，对此应进行限制解释。[2]《德国民法典》第 826 条、我国台湾地区"民法"第 184 条第 1 项后段固然可作为第三人侵害债权的请求权基础，但 B 需要证明 A 必须以"违反善良风俗的方式故意加损害于他人"方可，对于有众多承包商的重大工程建设，这种证明显然是十分困难的。笔者认为，侵权损害赔偿的路子即使不是没有可能，显然也是非常狭窄的，而且 B 在毫无可归责的情况下要向发包商承担违约责任，之后还要面临困难曲折的追偿之路，显然与实质正义不符。

而对于前文提到的居民抗争的情况，问题类似但更加严重，如果坚决贯彻严格责任原则，则承包商显然必须向发包方承担违约责任，而不得以自己没有过错来抗辩。承包商若想依据原《合同法》第 121 条向抗争居民主张侵权责任会面临更大的困难，甚至具体向哪些居民主张侵权都成为困难。若政策变更可认为属于通常事变，承包商对政府机关根本没有任何请求权。所以无论是依据原《合同法》第 107 条还是第 121 条，在界面冲突、居民抗争、政策变更等情况下似乎承包商 B 都承担了其不应承担的风险，即使承包方没有任何过错，也没有其他的可归责事由，都需要承担违约责任。

---

[1] 王利明：《侵权行为法研究》（上卷），中国人民大学出版社 2004 年版，第 68 页。
[2] 王泽鉴：《侵权行为》，北京大学出版社 2009 年版，第 172—173 页。

3. 可能的出路之一——原《合同法》第121条（《民法典》第593条）的目的性限缩

在制定法不完善时，学术研究的价值不在于抛弃现行法而直奔立法论，其真正的价值在于通过解释论的作业弥补有关的立法缺憾，使不正义在个案审判中最大限度地受到抑制。[1]

笔者以为之所以会出现上述不正义之情形，其根本原因在于我国原《合同法》坚持的严格责任的归责原则不适当地扩大了违约责任的发生范围。韩世远教授认为："英美法系奉行严格责任确有其合理性，因为其合同通常为双务合同，等价有偿表现充分。在大陆法系则难有同样的合理性，故而大陆法系仍强调以过错为责任的构成要件，加以限制，使得违约责任不至于过分泛滥。"[2] 这样过错要件就成了大陆法系限制违约责任的安全阀。我国原《合同法》第107条一方面没有英美法系的对价制度作为限制违约责任发生的安全阀，另一方面又抛弃了既有的过错责任的安全阀，在实际效果上扩张了违约责任的发生情形。

这种扩大化的典型表现就是将上述的通常事变统统列入违约责任的管辖范畴，不论是这里的界面冲突还是前文提及的居民抗争，作为通常事变却并不能使承包人免责。根据原《合同法》第121条的规定，[3] 合同债务人为他人承担违约责任。对于原《合同法》第121条，自文意解释看，似乎可以认为只要是因为第三人的事由导致合同不能履行，则不论该第三人与债务人有没有关系，有什么性质的关系，债务人均必须承担违约责任。如此则不论是界面冲突还是居民抗争，承包方都需要向发包方承担违约责任，显然不公平。[4] 对此崔建远教授曾举例说明，演员甲依约赴剧场演出，被第三人撞成

---

[1] 韩世远：《民法的解释论与立法论》，载《人民法院报》2005年5月18日，第B1版。

[2] 韩世远：《合同法总论》，法律出版社2011年版，第594页。

[3] 原《合同法》第121条规定：当事人一方因第三方的原因造成违约的，应当向对方承担违约责任。当事人一方和第三方之间的纠纷，依照法律规定或者按照约定解决。

[4] 《民法典》第593条对原《合同法》第121条进行了微调，表述为"应当依法向对方承担违约责任"，增加了"依法"二字，即必须有其他法律的明确规定才要承担违约责任，否则不用。这样几乎把原《合同法》第121条的内涵完全掏空了，既然有其他法律明确规定了，这条岂不是一纸具文！《民法典》第593条实际上不能作为请求权基础。

第 5 章　情事变更原则之适用——物价波动等情形请求费用补偿

重伤,耽误了演出。依据原第 121 条的规定,甲仍须向剧场承担违约责任,此种处理显失公平,可能的思路是对原第 121 条进行目的性限缩,将某些第三人行为造成的债务人不履行合同排除于该条的适用范围。①

笔者也认为原第 121 条存在隐藏的法律漏洞②,即其将一部分不应当如此处理的案型纳入其中,导致个案判断中的利益失衡,有必要进行目的性限缩,通过类型化将性质上不同的部分剔除出去,③ 尤其在不可抗力和某些通常事变场合不应有该条的适用余地。理由有以下数端:

(1) 从原第 121 条字面意思上讲,无论该第三人与债务人有何关系,甚至有没有关系,基于严格责任的立场,债务人都要为第三人的行为负责,如此则债务人的债务几乎成为超级债务,除了不可抗力场合外,债务人就是上刀山、下火海也要奋不顾身地履行债务,否则都要承担违约责任,债务人的债务成为几乎无法免责的超级债务,如此极端化的处理方式显失公平。④ 况且"第三人的原因"过于抽象,其覆盖的案型也各不相同,从履行辅助人的微弱疏忽到强烈的通常事变乃至不可抗力都可以纳入其中。如属于履行辅助人的疏忽,当然可将责任归属于债务人;但如"第三人的原因"已构成不可抗力,那么债务人当然可根据原《合同法》第 117 条免责。这两者之间存在广袤的中间地带,是否全部可根据原第 121 条"一刀切"地将合同不能实现的风险划归到债务人头上,显然值得怀疑。⑤

(2) 学者也多认为该条覆盖面过宽,有必要进行目的性限缩,但是对于该条文应当聚焦的类型究竟如何,认识又有所不同。梁慧星教授认为此处的"第三人"不是合同之外的任意第三人,而是与债务人有关系的第三人,比如债务人的雇员、内部职工、原材料供应商、配件供应人、合伙人或者其上

---

① 崔建远:《合同法》,北京大学出版社 2012 年版,第 318 页。
② 如果法律对应予规范之案型虽已加以规范,但未对该案型之特别情形在规范上给予考虑,并相应地以一个特别规定加以规定,则这种对一般规定之应有的特别规定之欠缺便构成这里所称之"隐藏的法律漏洞"。参见〔德〕卡尔·拉伦茨:《法学方法论》,陈爱娥译,商务印书馆 2003 年版,第 254 页。
③ 黄茂荣:《法学方法与现代民法》,法律出版社 2007 年版,第 495 页。
④ 周江洪:《〈合同法〉第 121 条的理解与适用》,载《清华法学》2012 年第 5 期,第 155—156 页。
⑤ 谢鸿飞:《论〈合同法〉第 121 条的存废》,载《清华法学》2012 年第 5 期,第 143—144 页。

民法典背景下情事变更原则之逻辑构成与司法展开——以两岸建设工程实务为分析场景

级机关等。① 韩世远教授也认为让债务人为通常事变负责大大加重了债务人的负担,十分不公平,因此原第 121 条债务人的范围应当局限于两类:一是债务人的履行辅助人;二是上级机关,应当借鉴《荷兰民法典》的规定,将该条的表述改为"为债之履行债务人利用他人服务时,债务人对他们的行为应像自己的行为一样负责"。② 也有学者认为这里的第三人不应包括债务人的履行辅助人,因为后者在合同履行过程中没有独立人格,其人格被债务人吸收。③ 有学者认为在第三人与债务人没有任何法律关系时要求债务人为其行为负责,有悖实质正义,应将第 121 条中的第三人限定在履行辅助人、上级机关以及与债务人有一定法律关系的第三人,如合伙人、共有人、共同担保人等,但不包括积极侵害债权的第三人。④ 也有学者认为债务人为第三人负责的情形要求该第三人必须与债务人存在某些关联,如该第三人的原因构成了不可抗力或通常事变,则债务人不具有可归责性。⑤ 还有学者主张完全废除第 121 条,认为给付因为第三人原因造成障碍时,判断债务人是否构成违约责任的根据在于准确确定合同的内容,以此来判断债务人承接了多大范围的合同债务,而第 121 条不仅多余,而且有害。⑥ 笔者以为,尽管学者们在第 121 条中的"第三人"究竟所指为何的问题上尚存分歧,但是基本上都认为该条的"第三人"应当进行目的性限缩,不能把所有的第三人都纳入,而比较一致的观点是债务人的履行辅助人、上级机关、其他合同关系人(如供货商、合伙人)、其他物权关系人(如共有人等)应属于该条中的第三人,同时认为如第三人的原因构成不可抗力或者通常事变,则此时债务人不应当根据第 121 条成立违约责任。

---

① 《梁慧星教授谈合同法》,四川省高级人民法院印,川新出内(98)字第 174 号,第 150 页。
② 韩世远:《他人过错与合同责任》,载《法商研究》1999 年第 1 期,第 35 页。
③ 王立兵:《关系论视阈下第三人违约问题研究——以〈合同法〉第 121 条为中心》,载《学术交流》2010 年第 2 期,第 65—66 页。
④ 张彤:《第三人原因违约及其责任承担》,载《北方论丛》2002 年第 6 期,第 45—48 页。
⑤ 耿卓:《〈合同法〉第 121 条中"第三人"的理解与适用》,载《贵州警官职业学院学报》2009 年第 3 期,第 66 页。
⑥ 解亘:《论〈合同法〉第 121 条的存废》,载《清华法学》2012 年第 5 期,第 150 页、第 152 页。

第5章 情事变更原则之适用——物价波动等情形请求费用补偿

（3）从立法史上看，原《合同法》第121条是从原《经济合同法》第33条、①原《民法通则》第116条发展而来，②在原《合同法》立法过程中，学者建议稿第139条曾规定"合同当事人一方因与自己有法律联系的第三人的过错造成违约的，应当向他方当事人承担违约责任"，《征求意见稿》第87条的表述为"当事人一方因第三人的过错造成违约的，应当向对方承担违约责任"，按照梁慧星教授的解读，该条文修改是考虑到"与自己有法律关系的"一语并不能达到限制第三人范围的目的，因此予以删除，但并不意味着不对该第三人的范围进行任何限制。③而在《合同法草案》阶段，出现了两个并列的条文，即第124条和第125条，其中第124条的表述和原《合同法》第121条完全一致，但该草案第125条专门规定了第三人积极侵害债权制度，所以可以断定该草案第124条的"第三人"是不包括积极侵害债权的第三人在内的，可在审议通过时第125条被删除，导致第121条中的第三人究竟有没有范围限制单单从字面上已无法体现了。可从上述立法史料的梳理可以看出，立法者其实并没有打算把第三人放宽到任意第三人的程度。

（4）从比较法上看，传统民法的类似法条一般规定为债务人应当为其代理人或履行责任负责，如PECL第8：107条④、《德国民法典》第278条⑤、《意大利民法典》第1228条⑥。显然都对债务人为之负责的第三人的范围进行了限制，防止债务人负担过重，对于债务人没有过错从而不具有归责性的场合排除违约责任的成立。像原《合同法》第121条这样完全不对"第三人"的范围予以限制的立法例罕见。

---

① 原《经济合同法》第33条：由于上级领导机关或业务主管机关的过错，造成经济合同不能履行或者不能完全履行的，上级领导机关或者业务主管机关应承担责任，但先由违约方按规定向对方偿付违约金或赔偿金，再由其领导机关或业务主管机关负责处理。

② 原《民法通则》第116条：当事人一方由于上级机关的原因，不能履行合同义务的，应当按照合同约定向另一方赔偿损失或者采取其他补救措施，再由上级机关对它因此受到的损失负责处理。

③ 梁慧星：《关于中国统一合同法草案第三稿》，载《法学》1997年第2期，第51页。

④ PECL第8：107条：将合同履行委托于他人的一方当事人，对于履行仍负责。

⑤ 《德国民法典》第278条［债务人为第三人而负的责任］：在与债务人自己的过错相同的范围内，债务人必须对其法定代理人和债务人为履行其债务而使用的人的过错负责任。不适用第276条第3款的规定。

⑥ 《意大利民法典》第1228条：不妨碍当事人与此不同的意思，对于债务人关系的履行利用第三人行为的债务人，对于此等第三人的故意或有过失的行为亦负有责任。

（5）这样处理的道理还在于这里的其他关联承包商 A 显然不属于受不利影响承包商 B 的履行辅助人（Erfüllungsgehilfe），两者之间也没有供货关系、合伙关系、共有关系等其他法律关系。履行辅助人是根据个案的事实情况以债务人的意思在履行对债权人所负担的义务时作为辅助人而从事活动的人。[①] 其不仅包括非独立的辅助人，也包括债务人在合同履行中聘任的独立经营者。对于履行辅助人是否以干涉可能性为必要传统民法历有争论。笔者持肯定说，即债务人和履行辅助人之间未必一定要存在支配、依附或者从属关系，但起码债务人应当对履行辅助人之行为有干涉的可能，否则后者就不是前者的履行辅助人，日本民法也持此见解，[②] 我国台湾地区通说也认为债务人对于债务履行辅助人之行动以可得干涉为必要，否则即非为履行辅助人。[③] 在界面冲突的场合，关联承包商 A 显然不是受不利影响承包商 B 的履行辅助人，也不是供货人、合伙人、共有人等。在数个承包商在时间上有先后的情况下，德国联邦最高法院也没有让发包人依《德国民法典》第 278 条要求后承包人为前承包人负责任。[④] 首先 A 不是 B 的代理人；A 和 B 之间没有合同关系；A 和 B 之间没有指示、支配、监督关系；A 之所以进行前期施工也不是基于 B 的指示；B 对 A 的施工进度、方法、成本核算等没有任何的干涉可能性。既然 A 不是 B 的履行辅助人，且两者之间也不存在其他法律关系，则 B 当然不必为 A 的施工不力承担任何责任，发包方也不得以原《合同法》第 121 条为据要求 B 为 A 的施工不力承担违约责任。

（6）对于典型的通常事变，传统民法原则上将其作为债务不履行的免责事由，《法国民法典》第 1148 条[⑤]、DCFR 第 3－3：104 条第（1）款[⑥]、

[①] BGHZ 13, 111; Palandt/Heinrichs §278 Rn. 7.

[②] 韩世远：《合同法总论》，法律出版社 2011 年版，第 598 页。

[③] 孙森焱：《民法债编总论》（下册），法律出版社 2006 年版，第 412 页。

[④] 〔德〕迪特尔·梅迪库斯：《德国民法总论》，杜景林、卢谌译，法律出版社 2004 年版，第 256 页。

[⑤] 《法国民法典》第 1148 条：如债务人是因不可抗力或偶然事件不能履行其负担的给付或作为之债务，或者违约实施其受到禁止的行为，不引起任何损害赔偿。

[⑥] DCFR 第 3－3：104 条：债务人不履行是因债务人不可控制的障碍所引起的，且债务人不能避免或克服该障碍或其后果的，债务人不履行债务可以免责。

第5章 情事变更原则之适用——物价波动等情形请求费用补偿

《日本民法典》第536条第①款①、《德国民法典》第275条第（2）款②、《意大利民法典》第1256条③、PECL第8：108条第（一）款④均如此处理。此处的界面冲突和前文提到的居民抗争显然属于通常事变。

（7）将通常事变作为免责事由的困难在于原《合同法》只规定不可抗力这一一般性免责事由，而对于通常事变是否具有免责效力没有正面规定，构成法律漏洞。笔者以为，从解释论上此处可类推适用原《合同法》第117条（《民法典》第597条）。其道理在于：两者都属于行为人支配范围外之客观情事；两者都不可预见、不可克服、不能避免，仅存在程度上的区别；如上所述，从比较法上很多民法典都将不可抗力与通常事变作为一般性免责事由；如将通常事变全部纳入原《合同法》第121条解决，对债务人过于苛刻，使权利义务严重失衡，风险分配不合理；将通常事变的情形从第121条中分离出来，可使其更能聚焦于其本来之作用范围。

（8）事实上，原《合同法》第121条的规定也不能否定例外的存在，比如第117条的情形，如果第三人的原因构成了不可抗力，则显然债务人无须承担违约责任，此际可以将第117条视为特别法，而将第121条视为一般法。由于通常事变具有与不可抗力的实质一致性，在第三人原因构成通常事变且满足情事变更原则的适用要件时，也应当认为原《合同法解释二》第26条是原《合同法》第121条的特殊规定。即如果第三方的原因构成不可抗力、通常事变、情事变更时，则不可抗力规则、情事变更原则的规定应当视为特别法，优先于原《合同法》第121条适用。反过来，从原《合同法解释二》第26条的文字表述反推可知，其所指的情事变更不包括不可抗力，

---

① 《日本民法典》第536条：①除前两条规定的情形外，因不可归责于当事人双方的事由致使债务不能履行时，债务人不享有接受对待给付的权利。

② 《德国民法典》第275条［给付义务的排除］：……（2）在注意到债务关系的内容和诚实信用原则的情况下，给付需要与债权人的给付利益极不相当的费用的，债务人可以拒绝履行给付。在确定可合理地期待债务人的努力时，也必须考虑债务人是否须对待、给付障碍负责任。

③ 《意大利民法典》第1256条：债务关系，因不得归责于债务人的原因，于给付成为不能时消灭。

④ PECL第8：108条：（一）如果一方当事人能够证明，由于超出其控制的障碍导致了不履行，而且不能够合理地期待它于合同成立时将此种障碍考虑在内或者避免或克服该障碍或其后果，则对该方当事人的不履行免责。

民法典背景下情事变更原则之逻辑构成与司法展开——以两岸建设工程实务为分析场景

也不包括商业风险,[①] 如果连通常事变也不能包括在内的话,实在不知道情事变更原则还有什么用武之地。

(9) 法律解释在必要时应当遵从客观解释归责。

将原第121条作上述解释,另外的障碍在于立法文意显然并没有将"第三人"限定为债务人的履行辅助人、供货人、共有人、合伙人等,而是包括所有的第三人情形。事实上立法者当初也许可能确确实实地考虑到了所有情形,但其仍然坚持债务人应当对通常事变负责,即这里存在的是立法政策的问题,而并不存在所谓的隐藏的法律漏洞,后者的处理方法很可能是故意曲解立法者的意思,其真正的解决之道在于修法,而不是曲解法律。[②] 对此,笔者固执己见,因为法律解释历有主观说与客观说之争论,前者重在立法者之意思,后者强调法律的规范意旨,而今日客观说已经成为通说,王泽鉴教授曾详列其理由,并引 Radbruch 之论述曰:"法律似如船,虽由领航者引道出港,但在海上则由船长指导,循其航线而驶行,不受领航者之支配,否则将无以应付惊涛骇浪、变色之风云。"[③] 王泽鉴教授进而认为,关于立法资料之运用,应当注意三点:参考立法资料并非在于探讨立法者主观之意思,而在于发现客观的法律意旨;立法资料的价值,应依据社会变迁予以评估,法律愈新,立法资料愈有参考价值,法律愈老,参考价值愈少;法律的制定或修正,应附详细之立法理由书。原《合同法》生效已有16年之久,社会变革巨大,继续坚持第121条之原有立法者之精神既然会造成严重不公,则应舍弃立法者之原意,采客观说对其进行解释,并通过比较法探讨与目的限缩将"第三人"局限于债务人之履行辅助人以及供货商、共有人、合伙人等。概立法者当时虽坚持债务人应对通常事变负责之立法政策,但此等政策于个案中所可能造成之非正义其大概并没有预料到。

[①] 这种立法存在严重问题,误解了情事变更与不可抗力和商业风险的关系,第6章中有详细分析。

[②] 在2015年3月7日的读书会上,导师韩世远教授曾经就此对笔者提出了明确批评,认为债务人应就通常事变负责是立法者的本意,是立法政策使然,对原《合同法》第121条目的性限缩实际上是曲解制定法。

[③] 王泽鉴:《法律思维与民法实例:请求权基础理论体系》,中国政法大学出版社2001年版,第217页、第218页、第228页。

第5章　情事变更原则之适用——物价波动等情形请求费用补偿

至此可以得出一个初步结论，即有必要对原《合同法》第121条进行目的性限缩。从正面讲，其中的第三人应当局限于与债务人有法律关系的人，包括其代理人、履行辅助人、供货人、合伙人、共有人以及其他可能对债务人的债务履行构成影响的人，但不包括积极侵害债权的第三人。从反面讲，如果第三人的原因同时构成了不可抗力、通常事变、情事变更以及在保管、委托等以过错为责任构成要件的合同类型（原《合同法》第374条、第406条等），则这些情形不属于第121条的作用范围，与此相关的法条应视为特别法，优先适用。

界面冲突的第三种情形是一种通常事变，且承包人A不是B的履行辅助人，两者之间也没有其他法律关系，B无须为A的施工不力担责，B因受影响导致的无法及时开工、窝工等行为不构成债务不履行，发包方不能以第121条为请求权基础追究B的违约责任。当然让这条路更加通畅的办法在于立法论，即于法律条文中明定在某些通常事变情形债务人免责。这里值得注意的是，笔者并不认为所有的界面冲突情形，承包方均得以主张适用情事变更原则来调整合同，因为该原则的适用还要满足其他诸多要件，界面冲突作为通常事变的一种仅仅满足了"不可归责于双方当事人"这一个适用要件，且不排除法律作出债务人依然对某些通常事变负责的例外规定。

4. 可能的出路之二——《民法典》第801条的目的性扩张[①]

上述的论证稍显迂回曲折，但是在我国原《合同法》第107条坚持严格责任的归责原则的情况下，确属不得已而为之。为此，笔者试图寻找一种更加简洁、直接的论证路径。根据《民法典》第801条之文字表述可以肯定建设工程合同中承包人的违约责任是一种过错责任，[②] 学者也认为承包人的责

[①]　目的性扩张，系指对法律文意所未涵盖的某一类型，由于立法者之疏忽，未将之包括在内，为贯彻规范意旨，乃将该一类型包括在该法律适用范围内之漏洞填补方法而言。参见杨仁寿：《法学方法论》，中国政法大学出版社1999年版，第206页。

[②]　《民法典》第801条规定：因施工人的原因致使建设工程质量不符合约定的，发包人有权请求施工人在合理期限内无偿修理或者返工、改建。经过修理或者返工、改建后，造成逾期交付的，施工人应当承担违约责任。第802条规定：因承包人的原因致使建设工程在合理使用期限内造成人身损害和财产损失的，承包人应当承担赔偿责任。

民法典背景下情事变更原则之逻辑构成与司法展开——以两岸建设工程实务为分析场景

任是一种过错责任。[①] 这里的障碍在于该条文的文字表述没有提及界面冲突这种情形，甚至主要是围绕工程质量进行规定的。但考虑到第281条的立法意旨——通过过错责任减少承包人承担违约责任的可能性，而界面冲突场合承包商B客观上确实构成履行迟延，将其目的性扩张到界面冲突场合似无不可。如此在界面冲突的场合，承包人B因为关联厂商A施工不力造成工期迟延，而B对于该迟延没有任何过错，则B的履行迟延不能构成违约责任。

5. 最现实的出路——从发包人的视角出发

上述两条方案虽然都可以在界面冲突场合对承包方B进行某种救济，即使得其可以主张情事变更原则调整合同，原因在于B不具有可归责性，从而有情事变更原则的适用可能。但其缺点在于需要对现行法进行某种程度的"修正"，这种处理在一定程度上是对制定法的不尊重，更重要的是过于蜿蜒曲折，有远水不解近渴之嫌，且对司法实务中的法官提出了较高的法律思维要求，在个案审判实践中的可操作性不高。

为了更好地满足审判说理的需要，笔者以为尚有第三条路可走，即从发包人的视角出发来论证承包人的不可归责性以及发包人的可归责性。在界面冲突场合可以认定发包人构成违约，应当承担违约责任，以此给承包人提供救济。前两种方案重在防守，即证明承包方不构成违约责任，不具可归责性；而第三种方案则重在进攻，即努力证明发包方具有可归责性，应承担违约责任。

（1）如上所述，在施工合同中为确保工程顺利进行，发包人有协助义务，此协助义务从法律效果上讲应当认定为从给付义务，其中应当包括协调各关联厂商之义务，在界面冲突场合应当认定为发包方违反从给付义务，因此应当承担违约责任。承包方可以根据《民法典》第778条、第804条、第808条要求发包方赔偿损失，并可以主张解除合同。

（2）此际承包方并不构成违约责任，不具有可归责性。因为在施工中，只有发包方妥善履行了协调关联厂商的义务，承包方才可以顺利施工。即两者之间具有先后的履行顺序，在发包方未妥善履行其从给付义务并因此影响

[①] 崔建远：《海峡两岸合同责任制度的比较研究——海峡两岸合同法的比较研究之一》，载《清华大学学报（哲学社会科学版）》2000年第2期。

第5章 情事变更原则之适用——物价波动等情形请求费用补偿

承包方施工的场合，承包方当然可以拒绝自己的履行（事实上他也经常无法履行自己的义务），因为根据《民法典》第526条承包方享有先履行抗辩权。在界面冲突的情况下，承包方当然有此先履行抗辩权，若其因此而履行迟延则当然不存在可归责性，即抗辩权之存在排除履行迟延之构成。于此应当认识到，虽然发包方之协调义务（从给付义务）和承包方之施工义务（主给付义务）并不立于对待给付之地位，但是若从给付义务之违反影响到合同目的实现，则依然不妨成立双务合同之履行抗辩权。

（3）如此处理与我国《民法典》坚持的严格责任归责原则并行不悖。即发包方只要违反了其协调界面厂商之协助义务，就构成违约责任。除非其能够证明其存在不可抗力的免责事由，否则即要担责。事实上上文所述之VOB/B第6条第2项（1）中规定，发包人应当对于其负责领域之风险负责，这些风险一旦发生，其相应损失应当由发包人承担，而不得转嫁由承包方负担。解释上应当认为协调关联厂商从而使得承包商能够顺利施工应当属于发包方应负责之领域范围。VOB/B虽然将此种情形交由风险负担制度负责，但与让发包方承担违约责任在结果上有相同之处。所以这种处理方式的关键在于更加严苛地坚持《民法典》的严格责任，不但在发包人有明显的故意或过失时，其要承担违约责任，即使其没有过错，只要出现了界面冲突，即可认定为其具有可归责性，除非其能举证证明界面冲突的发生是因为不可抗力情形，否则一概构成义务违反。

（4）根据《民法典》第804条的规定，[①] 在界面冲突场合，因发包方违反其协调关联厂商之协助义务，可以认定为是"因发包方的原因致工程中途停建、缓建"，如此解释可使发包人于此际承担违约责任的合理性更有实定法的基础。

（5）如上所述，原《合同法》第121条的第三人，不但包括履行辅助人，还包括各种合同关系人，尤其是连环交易情形的第三人，比如买卖合同

---

① 原《合同法》第284条：因发包人的原因致使工程中途停建、缓建的，发包人应当采取措施弥补或者减少损失，赔偿承包人因此造成的停工、窝工、倒运、机械设备调迁、材料和构件积压等损失和实际费用。

民法典背景下情事变更原则之逻辑构成与司法展开——以两岸建设工程实务为分析场景

中的批发商相对于零售商和终端消费者、出租人相对于承租人和次承租人、建材供应商相对于发包商和承包商等都是第121条中的第三人。在界面冲突的情形，关联承包商A相对于施工合同当事人发包方和承包商B来说就属于这类第三人，由于A之原因导致发包方不能按时提供适当之工地给承包商B施工，则根据第121条，发包商应当对B承担违约责任，然后再由其向关联承包商A追偿。

（6）由于发包人违反了其协助义务，具有可归责性，因此不满足情事变更原则之适用要件。同时由于承包方不构成违约，当然不应当因为工期迟延而承担违约责任，即无须支付迟延违约金，相反对其损失还可以基于上述第284条要求发包方承担赔偿责任，如此足以对承包方提供充足之救济。

6. 路径之选择

界面冲突场合，因关联承包商A的原因导致承包商B无法按时开工，造成其施工迟延，且此时发包方和B均无可归责之处。此时如果严格坚持《民法典》第577条的严格责任原则，则B必然向发包方承担违约责任，且必须承担由于界面冲突造成的风险损失。此种处理显然有失公平。可能的方案在于对《民法典》第593条进行目的性限缩，使其仅仅局限于债务人需对其代理人、履行辅助人及其他法律关系人的行为负责的情形；对于通常事变、不可抗力、情事变更的情形则应当排除在外，即此时债务人无须对第三人行为负责，这样处理有充分的比较法上的依据，能缓解原《合同法》严格责任的严苛性，以恢复第593条的本来面目，于个案衡量时也更能保障发包人和承包人的权利、义务、风险的均衡。应当赋予通常事变以免责效力，此一法律漏洞可以通过类推第590条关于不可抗力的规则进行填补，这样做也有比较法的基础。此外，通过对第801条进行目的性扩张同样可以证成于上述界面冲突的情形，B的迟延履行不构成违约。如果该迟延履行造成长期窝工或费用损失巨大，远超承包人B于缔约时所得预见之程度，则继续坚持原工程合同的内容及效力对B显失公平，由于B对此情事之变更毫无可归责之处，则于此情形B可主张适用情事变更原则，请求发包方延长工期、补偿费用损失。若在立法上能够明确采纳过错责任原则或者赋予通常事变之免责效力，

第5章 情事变更原则之适用——物价波动等情形请求费用补偿

此种做法将更有合法性之基础。

上述两种方法固然可以对承包方提供适当之救济，但是可操作性欠缺。第一，需要进行解释学的作业，对法官提出了较高的法律思维要求；第二，确实需要对制定法进行"手术"操作，似乎与制定法有所偏离，有以司法代替立法之嫌，立法论的色彩过于浓厚；第三，论述和说理过程过于蜿蜒曲折，首先要将界面冲突进行类型化，其次论证界面冲突属于通常事变，再次论证通常事变属于免责事由，最后论证有情事变更原则之适用可能，论证链条较长，说服力则较小。如果要完全尊重现行制定法，第三条道路可能更具有优势，其关键在于对发包方提出更加严格的要求，即只要出现了界面冲突即认为其违反了协调关联厂商之从给付义务，从而具有可归责性（除非构成不可抗力），排除情事变更原则适用的同时，通过违约救济制度给予承包方充分的救济。因此，在《民法典》坚持严格责任的立法背景下，第三条路似乎更加平坦易行些。但不能由此认为界面冲突场合全无情事变更原则之适用余地，起码在不可抗力导致界面冲突时不能否认有该原则之适用可能。

于此需要注意的是，与我国台湾地区不同，大陆对于工程发包坚持总包原则，此为《民法典》第791条、《建筑法》第24条所明定。总承包商经发包人同意可以将部分工作交由分包商完成，不论是哪一个分包商的原因影响了工程进度，分包商与总承包商都需要向发包人承担连带责任，这样各分包商之界面协调义务实施上就转移给了总承包商，此与上文所分析的平行发包有明显区别。此外，《建筑法》第27条还规定了共同承包，此种方式虽然没有总承包商，不过共同承包的各方仍需要对施工合同的履行承担连带责任，因此在法律效果上应与上述总包的情形相同。而对于本文分析的平行发包的情形，在我国大陆工程领域各方为了避免上述界面冲突情形之纠纷，往往由发包方和各承包商签订三方甚至多方协议，明确工程管理中各方的权利和义务，尤其是工程界面的协调，以及在发生界面冲突时的解决方案等，此等做法在相当程度上避免了上述纠纷解决之困难。[①]

[①] 此部分关于工程实务之做法系经北京市中伦律师事务所的高磊律师指点，特此感谢。

5.7 政策、法律法规调整

5.7.1 概述

建设工程合同周期性较长，涉及资金额度较大，涉及国计民生，也受到较多的国家管制，此在前述建设工程合同的特点中已经有所分析。但以上特点也决定了工程合同容易受国家政策以及法律法规变化的影响。我国台湾地区多以通常事变处理，即因为当事人以外的第三人导致的客观情况的变化，而这里的第三人指的是特定政府机关。我国台湾地区有一个典型的案例，即一家日本公司承包了由台湾新店环保所发包的新店市焚化炉工程。双方约定工程完工后根据一年的试烧效果进行验收，而合同对于由谁来供应垃圾没有约定。工程完工后，与环保所无关之新店市市长发布政令，不准垃圾进入，因此双方互相谴责。实务认为，在此情况下，如果承包商施工成本大幅度提升，继续履行原合同显失公平，而且政策的调整是双方所无法预料的，则有情事变更原则的适用余地。[1]

由于我国目前处于市场经济的转型期，政府的政策调控和法律法规的变化颇为频繁，对作为长期性合同的建设工程合同的影响是不言而喻的。当然在采取可调价方式的工程合同中这种影响可能会小一些。在当事人约定采用特定方式对工程价格进行调整的情况下，针对法律变化引起的合同调整《建设工程施工合同（示范文本）》（GF-2013-0201）第11.2款也有针对性的规定。[2]

---

[1] 黄立：《台湾工程承揽契约中情事变更之适用问题》，载施建辉等编：《工程上的民法问题研究》，东南大学出版社2010年版，第8—9页。

[2] 该款规定："基准日期后，法律变化导致承包人在合同履行过程中所需要的费用发生除第11.1款〔市场价格波动引起的调整〕约定以外的增加时，由发包人承担由此增加的费用；减少时，应从合同价格中予以扣减。基准日期后，因法律变化造成工期延误时，工期应予以顺延。因法律变化引起的合同价格和工期调整，合同当事人无法达成一致的，由总监理工程师按第4.4款〔商定或确定〕的约定处理。因承包人原因造成工期延误，在工期延误期间出现法律变化的，由此增加的费用和（或）延误的工期由承包人承担。"但是在采取其他计价方式时，能否以及如何调整就容易产生纠纷。

5.7.2 实务立场

司法实务中之争议焦点多为：（1）政策法令之变更是否可预料；（2）政策法令之变更对合同履行程度之影响是否足够重大；（3）政策法令之变更是否足以导致合同无法履行或者仅仅是导致合同履行困难、坚守原合同对当事人显失公平；（4）政策法令之变更是否可归于为第三人承担责任之范畴。典型的判决有：

"经考量砂石物价波动系政策变更所致，为缔约当时双方当事人所不可预见，属不可预期之风险。依法律行为成立后，如有不可归责于当事人之事由，致情事变更非当时所得预料，应得因应实际情形再做调整之公平原则，即风险应由双方共同分担之精神……办理。"①

"查，上诉人主张系争工程开工后，于86年间因强烈台风贺伯过境，引起政府对水土保持工作之重视，政府水利单位乃于86年5月间开始加强河川管理，台湾西部主要河川遂全面禁止砂石开采工作，导致砂石价格飙涨，造成各大工程营造厂商施工成本较原先增加之事实，为被上诉人所不争执……可见政府机关对于此次砂石价格飙涨事件，亦认为照原约定给付，有显失公平之情形，始制定砂石补偿方案。此次砂石价格飙涨事件既非两造于立约时所得预料，倘无论砂石供料如何飙涨，均依系争合约约定之单价办理，则不啻令上诉人单独承担不可预测之风险，于客观交易秩序及系争合约原有法律效果之发生，亦将有背于诚信及衡平观念，对上诉人显失公平，是上诉人主张依据情事变更原则，请求法院增加被上诉人应为之给付，应属有据。"②

我国大陆与此相关的典型判决是上海青浦建筑工程总公司与上海色织三厂工程款纠纷案。③

此外还有山西蒲县黑龙关宏兴煤业有限公司与温州二井建设有限公司建

---

① 颜玉明：《公共工程契约物价调整机制之过去与未来——从工程采购契约范本2008年4月15日之修订谈起》，载《月旦民商法》2008年第20期，第99页。
② 我国台湾地区"高等法院"（2005）重上字第18号判决。
③ http://www.jianzhufa.com/news_show.asp?id=359，2015年3月10日登录。

设工程施工合同纠纷上诉案,[①] 法院也认可在政策法令变更的情形下,有情事变更原则之适用可能,本案中之所以没有支持黑龙公司的主张,是因为其是在整合山西煤炭资源的政令生效以后签订的施工合同,因而该情事变更是发生在合同成立生效之前,不满足情事变更原则的适用要件。

在伊川县泰运建筑安装有限公司与都××建设工程施工合同纠纷上诉案中,[②] 上诉人泰运公司曾主张,涉案工程因为洛阳市政府要建隋唐遗址而被拆除,这是"不可归责于当事人"的原因致使合同无法履行,应当适用情事变更原则,不能按照原合同价款结算。但终审法院在判决书中显然忽略了其主张,有漏项之嫌疑。

5.7.3 法令政策变动、为第三人承担责任、通常事变

法令政策的变动系由政府机关决定,发包方和承包方无从置喙,但是其对建设工程合同会产生重大影响。相对于发包人和承包人而言,政府机关确实是合同当事人以外的第三人,至此引发一个问题:如果因为法令政策的变动,导致承包商履行迟延,或者履行不合格,其是否应当向发包方承担违约责任。

比如上述我国台湾地区的案件,因为政府禁止开采部分区域的砂石以利于水土保持,使得承包商不得不到别处采购砂石以继续施工,如此一方面提高了施工成本,另一方面可能使得工期延长造成工程无法按时完工,此际发包方往往根据原《合同法》第121条要求承包方承担违约责任,承包方则认为自己不具有可归责性。

笔者以为因法令政策变动造成工程迟延或不完全给付的场合,承包方无须向发包方承担违约责任,其道理在于:

首先,如前所述,笔者认为原《合同法》第121条存在隐藏的法律漏洞[③],

---

① 浙江省温州市中级人民法院(2013)浙温民终字第1545号。
② 河南省洛阳市中级人民法院(2010)洛民终字第456号。
③ 如果法律对应予规范之案型虽已加以规范,但未对该案型之特别情形在规范上给予考虑,并相应地以一个特别规定加以规定,则这种对一般规定之应有的特别规定之欠缺便构成这里所称之"隐藏的法律漏洞"。参见〔德〕卡尔·拉伦茨:《法学方法论》,陈爱娥译,商务印书馆2003年版,第254页。

第5章　情事变更原则之适用——物价波动等情形请求费用补偿

即其将一部分不应当如此处理的案型纳入其中，导致个案判断中的利益失衡，有必要进行目的性限缩，通过类型化将性质上不同的部分剔除出去。① 换言之，第三人的行为导致债务不履行的情形应当首先进行类型化：（1）债务人须为其履行辅助人的行为负责；（2）债务人一般无须就通常事变和不可抗力负责，除非法律有明确规定。原《合同法》第121条的规范对象应当限于第一种案型，即这里的第三人指的是与债务人具有法律关系的人，而不是毫无关系的不特定的第三人，其具体表现如原《合同法》第254条、第272条、第371条、第400条，对于其他与此类情形类似的案型，则可以适用第121条第1句来处理。这样处理有比较法上的依据，如PECL第8：107条、《德国民法典》第278条、《意大利民法典》第1228条都将"为第三人承担违约责任"中的"第三人"限定于债务人的法定代理人和履行辅助人；对于第二种情形，即典型的通常事变，第三人一般与债务人没有任何法律关系，更不存在所谓履行辅助关系，该事变是一般个案中债务人很难事先预见并难以克服的，此时应坚持传统民法理论——通常事变原则上是债务不履行的免责事由。如此从比较法上讲，承包人于此情形应无须向发包人承担违约责任。

其次，政府显然并不是这里的"第三方"。传统民法上的"为第三人负责"包括为法定代理人和履行辅助人负责及其他法律关系人，如供货商、合伙人、共有人等，而意定代理人归属于后者。履行辅助人是指根据个案的事实情况以债务人的意思在履行对债权人所负担的义务时作为辅助人而从事活动的人。② 其不仅包括非独立的辅助人，也包括债务人在合同履行中聘任的独立经营者。对于履行辅助人是否以干涉可能性为必要传统民法历有争论。笔者持肯定说，即债务人和其履行辅助人之间并不需要存在支配、从属或依附关系，只要债务人对后者之行为存在干涉之可能，即可将后者认定为债务人之履行辅助人。③ 我国台湾地区通说也认为债务人对于债务履行辅助人之

---

① 黄茂荣：《法学方法与现代民法》，法律出版社2007年版，第495页。
② BGHZ 13, 111; Palandt/Heinrichs §278 Rn. 7.
③ 韩世远：《合同法总论》，法律出版社2011年版，第598页。

民法典背景下情事变更原则之逻辑构成与司法展开——以两岸建设工程实务为分析场景

行动以可得干涉为必要，否则即非为履行辅助人。① 在法令政策变动场合，承包商显然对于政府法令政策之变动没有任何干涉可能性，政府也不是为承包方履行义务，可以确定政府不是承包人的履行辅助人，不是《民法典》第593条中的第三人。

再次，政府法令政策的变动显然是合同当事人无法预见、无法避免并无法克服的客观情况，如果这种变动使得合同根本不能继续履行，则可以适用不可抗力规则或情事变更原则来处理；如果只是使得合同继续履行显失公平也可以适用情事变更原则来调整合同。不论是根据何种法律基础，承包方都是免责的，即不构成违约责任。

最后，从我国《民法典》第801条、第802条可以推断出，针对承包人的违约责任，我国坚持的是例外的过错责任原则，② 在法令政策变动场合，承包方履行迟延或不完全给付显然不具有可归责性，不应当承担违约责任。

还有一个可能的争议，即这种法令政策的变动能否认为是通常事变。依传统民法，事变是指非因故意过失而引起者，③ 包括不可抗力在内，而可分为普通事变和特别事变。所谓普通事变是指债务人已尽其应尽之注意，而仍不免发生，若再特别予以注意即可避免，故非绝对不可阻止之相对事变，而此类事变通常是发生于第三人的行为，例如因为第三人所引起的施工障碍，④ 故与承包人之过失无关，一般也称之为通常事变。⑤ 而所谓的不可抗力是指外部产生、异乎寻常的事件，纵使关系人尽最大努力亦无法避免的事件，⑥ 也称之为绝对事变或特殊事变。考察法令政策的变动可知，此种变动是产生于当事人外部，无论发包方或承包方如何努力也无法避免的事件，所以其属于典型的不可抗力，而不属于通常事变的范畴。但是如笔者前文关于界面冲

---

① 孙森焱：《民法债编总论》（下册），法律出版社2006年版，第412页。
② 崔建远主编：《合同法》，法律出版社2010年版，第297页。
③ 黄立：《民法债编总论》，元照出版有限公司2006年版，第451—452页。
④ 林诚二：《民法债编总论》（下），瑞兴图书出版公司2003年版，第36页。
⑤ 吴若萍：《公共营建工程契约中迟延完工之问题研究——以不可归责于承揽人为中心》，台湾大学2008年硕士学位论文，第189页注554。
⑥ 黄立：《民法债编总论》，元照出版有限公司2006年版，第452页。

第5章　情事变更原则之适用——物价波动等情形请求费用补偿

突的论述，无论是不可抗力还是通常事变，事实上都有情事变更原则的适用余地，它们之间存在难以分割的交集。

5.7.4　法令政策变动致合同履行显失公平

德国法上也有在因政府法令变化使合同继续履行显失公平时适用情事变更原则对合同进行调整之案件。在该案中，法院认为，烈性酒买卖契约成立后，政府开始征收极高的烈性酒税，如果卖方须缴纳一笔超过买卖价金的税款，则对他来说，这一交易的等价关系显然已经改变。因此应当允许卖方请求适当调整契约。[1]

另一个因法令变更而适用情事变更原则的典型判决是租金补偿请求案，该案中原告将一栋房屋卖给被告，同时向被告承租该栋房屋中的几个房间供他本人居住10年，租金很低廉。在履约期间，德国的帝国租赁法（Recihsmitengesetz）颁布生效，被告向原告要求比原租金高得多的法定租金。原告因此向被告主张要求提高房屋买卖价金。帝国法院认为，本案中的房屋买主长期以很低的租金将房屋出租给出卖人，这很可能是出卖人在买卖契约中所考虑的对价给付的一部分。如果真如此，则契约签订后的法律变更，将导致买卖契约中的给付和对待给付之间的平衡关系遭到破坏，以致被告在此情形下拒绝提供适当房屋买价的行为与诚实信用原则相违背。帝国法院因而支持了原告的请求。[2]

如上述我国台湾地区"高等法院"（2005）重上字第18号判决显示，法令政策的变化可能会使工程合同的履行非常困难，或者继续坚守原合同效力对一方当事人显失公平。比如政府颁布政令限制开采砂石使得砂石价格飙涨，承包商建设成本巨幅上涨；或者城市规划要求特定区域的在建房屋不得超过一定高度，使得总体工程量缩小，若坚持支付原定之工程款，则对发包人显失公平；或者政府命令城市特定区域的居民整体搬迁以至于当地正在进

---

[1] Brandweinsteuer Fall, RGZ 22, 81 (1888). 转引自孙美兰：《情事变动与契约理论》，法律出版社2004年版，第103页。

[2] RGZ 121, 141. 转引自孙美兰：《情事变动与契约理论》，法律出版社2004年版，第133—134页。

行的大型商场的建设没有意义，若继续施工直至商场建成只能无端扩大和加剧发包人的损失；或者为防噪声扰民政府颁布命令限制每日工地的施工时间以至于总体工期延长，使得承包人的施工成本上升等。

以上这些情形如发生在建设工程合同成立生效之后，履行完毕之前，且法令政策的颁布或变动是缔约当时发包人和承包人所不能预料的，这种法令政策的重大变化使得继续履行该建设工程合同对承包人或者对发包人显然有失公平，无论发包人还是承包人对此都不具有可归责性。因此，于上述场合，受有不利影响的当事人当然可以根据《民法典》第533条主张适用情事变更原则对合同进行变更。需要注意的是，这种情况下法令政策的变化还没有达到使合同不能履行的程度，因此不能根据《民法典》第563条第1项的不可抗力规则来解除合同。

5.7.5 法令政策变动致合同履行不能

《民法典》第590条规定不可抗力的概念，根据《民法典》第563条第1项此时合同当事人可以将合同通知解除。同时《民法典》第533条规定了情事变更原则之构成要件及法律效果。①

在契约成立生效后发生法令政策的变更，以至于合同履行不能，此时这种政策法令的变化完全符合上述不可抗力的概念，因此当事人应当可以根据《民法典》第563条第1项将合同通知解除。但是由于这种政策法令的变化发生在合同成立生效后，是当事人无法预见的，且不能归责于任何一方当事人，且由于这种变化导致合同目的不能实现，似乎也完全符合情事变更的构成要件。这里非常值得注意的是，《民法典》第533条却意图将两者截然区分开来，试图在两者之间划一条清楚的界限出来，事实上这种努力徒劳无功，因为两者之间显然存在广阔的交集地带，对此后文有详细叙述。

---

① 《民法典》第533条：合同成立后，合同的基础条件发生了当事人在订立合同时无法预见的、不属于商业风险的重大变化，继续履行合同对于当事人一方明显不公平的，受不利影响的当事人可以与对方重新协商；在合理期限内协商不成的，当事人可以请求人民法院或者仲裁机构变更或者解除合同。人民法院或者仲裁机构应当结合案件的实际情况，根据公平原则变更或者解除合同。

第5章 情事变更原则之适用——物价波动等情形请求费用补偿

如上所述，既然这种政策法令的变化可以被视为不可抗力，那么事实上有不少法院据此判定当事人可以通知解除合同也就不足为奇了。比如在"顾某与肖某等房屋买卖合同纠纷案"中，① 法院就认为可以根据原《合同法》第94条第1项（《民法典》第563条第1项）将合同解除，显然认为政府出台的限购令作为一种不可抗力，导致合同嗣后履行不能。

除上述明确引用原《合同法》第94条第1项来处理因为法令政策变化引起的合同履行不能之外，有些案件并没有明确指出适用该条的哪一项，而只是泛泛地根据原《合同法》第94条来处理。比如在"梅某某诉邵某某房屋买卖合同纠纷案"中，② 法院最终根据第94条作出裁判，但没有指出其适用的是第1项还是第5项。同样在"颜某凤等诉关某莉房屋买卖合同纠纷案"中，③ 法院也是依照第94条作出判决，没有指出具体依据的是哪一项。对于此类判决，笔者认为虽然法院没有明确说明其适用的是原《合同法》第94条的哪一项，但是从判决文字表述来看，应当是基于第1项。如果理解成是根据第5项作出的判决，法院应当会在判决中写明"法律规定的其他情形"究竟所指为何。

事实上政策法令的变更除了会对房地产买卖合同的履行造成影响，同样

---

① 本案中肖某、董某属非本市户籍居民，且在本市已经拥有三套住房，属上海市政府颁布的上述实施意见中规定的限制购房的对象，若肖某、董某、顾某间房屋买卖协议继续履行，将导致不予办理房地产登记之后果，双方间房屋买卖合同的目的显然无法实现，故肖某、董某、顾某间房屋买卖协议应当解除。由于政府房屋不能办理房地产登记，导致买卖合同目的无法实现，符合原《合同法》第94条规定的不可抗力之情形，双方当事人均可免责。因此，肖某、董某要求解除房屋买卖协议及要求顾某返还定金6万元，于法有据，法院予以支持。顾某认为肖某、董某解除房屋买卖协议的行为已构成违约，其已交定金应冲抵违约金之辩护意见，没有合法依据，法院不予采纳。见上海市第一中级人民法院民事判决书（2011）沪一中民二（民）终字第1745号判决。

② 本案中原告、被告签订《房屋买卖协议书》后，温州市人民政府于2011年3月14日施行房屋限购政策，不予办理两套房屋以外房屋的房地产登记。原告至少已有两套房屋，其向被告购买诉争房屋，因违反了温州市施行的房屋限购政策而不能办理房地产登记。原告因该不可归责于当事人双方的事由导致合同的目的不能实现，可以要求解除房屋买卖合同。见浙江省温州市瓯海区人民法院民事判决书（2012）温瓯民初字第652号判决。

③ 该案中，法院根据深圳市人民政府发布的《关于进一步贯彻落实国务院之文件精神，坚决遏制房价过快上涨的补充通知》的规定，认为2010年9月30日后原告颜某凤不符合购买条件，导致合同目的不能实现需要解除合同，该事由不可归责于双方当事人，双方均无须承担违约责任。见深圳市宝安区人民法院民事判决书（2011）深宝法民初字第267号判决。

民法典背景下情事变更原则之逻辑构成与司法展开——以两岸建设工程实务为分析场景

对房地产建设工程合同也会产生影响，甚至同样会使建设工程合同履行不能。比如政府发布政令，将某块土地划定为自然保护区的所属范围，则一切此区域内正在进行的施工必须全部停止，有关的建设工程合同构成嗣后履行不能；或者根据政府规划，施工工地上或下将修建公路、铁路、地铁等公共设施，则施工无法继续；或者经考察某工地位于某地下文物保护范围以内；或者工地下方发现有储量很大的矿藏，政府决定建设大型采矿国企等。这些情况均会导致有关的建设工程合同难以为继，虽然笔者目前没有发现有这方面的判决，但是基于类似事物类似处理的法理念，此等情况下，当事人应当也可以根据《民法典》第563条第1项、第565条将建设工程合同解除。

但是这里就会出现上述的问题，即这些情形往往也同时构成情事变更，因为我国原《合同法解释二》第26条中客观情事的变化对合同的影响包括两类，一是坚持原契约内容对一方当事人明显不公平；二是当事人所追求的合同目的无法实现。上文所述的情形显然都可以归属于第二类。所以理论上讲当事人当然可以根据原《合同法解释二》第26条来主张适用情事变更原则处理这种情况，法院也可以根据此条来解除合同。可是由于最高人民法院严格要求各级人民法院正确理解、慎重适用情事变更原则，强调发挥诉讼调解的功能，若在个别案件的审判中，确实有必要适用情事变更原则来调整或者解除合同，则必须报经高级人民法院审核，必要时还要经最高人民法院审核。[①] 不少基层人民法院为了避免审核的麻烦与低效率，很少明确适用该条作为裁判案件的基础，转而会去寻求其他的请求权基础。在上述案型中，这种被频繁用来顶包的裁判基础就是原《合同法》第94条第1项和第5项（《民法典》第563条），还有的直接依据公平原则或者诚实信用原则。如此通过这种偷梁换柱的做法，原《合同法解释二》第26条在实践中适用极少，其主要适用范围已被其他规范基础侵蚀不少。

---

① 2009年4月27日最高人民法院《关于正确适用〈中华人民共和国合同法〉若干问题的解释（二）服务党和国家的工作大局的通知》（法〔2009〕165号）。

第5章 情事变更原则之适用——物价波动等情形请求费用补偿

这种处理方式颇为常见，比如在"叶某诉潘某房屋买卖合同纠纷案"[①]和"赵某与张某琴房屋买卖合同纠纷上诉案"中，[②] 法院都基于原《合同法》第94条第5项判决解除合同。但是起码在文字表述上第94条第5项需要明确指出作为该解除权产生的"法律规定的其他情形"到底为何，但笔者所阅读的上述判决文书中显然都回避了这个问题，从案件事实以及判决文书的文字表述来看，基本可以认定这里的"法律规定的其他情形"指的就是原《合同法解释二》第26条。根据《最高人民法院关于司法解释工作的规定》第5条，最高人民法院发布的司法解释，具有法律效力。据此原《合同法解释二》与原《合同法》具有相同位阶，即其也可以被视为"法律"。但是严格来讲根据原《合同法》第94条第5项解除合同和根据原《合同法解释二》第26条解除合同有根本不同，前者属于通知解除，根据原《合同法》第96条通知到达时合同即被解除，解除权属于形成权；后者属于诉讼解除，必须通过诉讼或仲裁途径，由法院或仲裁庭决定是否解除，解除权属于形成诉权。

如此在法令政策变化导致工程合同履行不能时，便会出现不可抗力与情事变更的重叠情形，紧随其后的便是《民法典》第563条第1项和《民法典》第533条的规范竞合。其处理方法大致有两个，第一是允许当事人自由选择；第二则是优先适用其中一个而排斥另一个。鉴于建设工程合同的长期性、复杂性，以及最高人民法院对于情事变更原则适用的谨慎态度，笔者以为在个案中应当优先适用情事变更原则，即承包方能否根据政策法令的变化来解除合同，必须由法院根据《民法典》第533条来判定，仅仅由承包方通知发包方解除合同还尚未足够。至于原《合同法》第94条第5项和原《合

[①] 该案中，法院认为"从深圳市国土资源和房产管理局出具的《退文通知书》可以确定，造成本次房产交易最终无法继续履行的根本原因是国家房地产调控政策的变动，而非本案双方当事人的违约行为所致。原审判决认定涉案《二手房买卖合同》不能继续履行不可归责于任何一方"。终审法院也同样根据原《合同法》第94条第5项作出裁判。见广东省深圳市中级人民法院民事判决书（2011）深中法民五终字第781号判决。

[②] 该案中，法院认为原告已客观上受限购令政策之影响致无法继续履行合同为由要求解除合同，理由是因不可归责于双方的事由，本院予以支持，并根据原《合同法》第95条第5项将合同解除。见上海市松江区人民法院民事判决书（2011）松民三（民）初字第1526号判决。

同法解释二》第 26 条的关系，则表示出最高人民法院对情事变更原则适用的保守态度，笔者以为最妥当的办法当然是在满足适用情事变更原则诸要件的情况下，直接根据情事变更原则来调整或者解除合同，而不必为了避免麻烦而不得不移花接木、欲盖弥彰，如果能够废除情事变更原则适用的审核制则更为理想。

第 6 章

情事变更与施工合同中相关规则之关联

6.1 情事变更与建设工程施工合同中的不可抗力

如上所述，建设工程合同履行过程中经常遭遇建筑材料价格飞涨、政策变动、异常天候甚至战争、暴动与动乱，这些情形一方面可能构成不可抗力，另一方面也可能完全满足情事变更原则的适用条件而构成情事变更。比如因百年不遇之八级地震导致在建房屋倒塌且地基沉降而根本无法继续施工，承包方可否在情事变更原则与不可抗力归责中进行选择？两者到底有何种区别和联系？承包方可否直接根据《民法典》第563条第1项不可抗力规则解除合同而不必求助于情事变更规则（《民法典》第533条）？这些问题在建设工程实践中十分重要。

6.1.1 不可抗力的概念

在我国法上，不可抗力是指不能预见、不能避免并不能克服的客观情况（《民法典》第180条第2款）。不可抗力在我国法上是一种法定的免责事由，《民法典》第180条第1款对此有明确规定。

但是究竟什么样的客观情形才能算得上是不可抗力，其本质究竟如何？不可抗力应当客观衡量还是应当主观判断？关于这些问题，有三种不同的学说。

客观说认为，其发生及损害，基于其事件的性质，或其出现的压力或其不可预见而为不可避免的，为不可抗力。该说认为不可抗力的实质要素须为外部的，量的要素须为重大且显著的。① 主观说认为，应当以事物的内在本质及外在特征作为判断标准，只要是一般人所不能抵抗的外在的客观力量都属之。② 折中说认为，可认知而不可预见其发生的非该事物内在的事件，其损害效果，虽以周到的注意措施，尚不可避免的均为不可抗力。就是只要是因外来因素引起的，即使行为人尽了最大的努力和最大的注意义务也不能防止和抗拒的外部客观情况都属于不可抗力。从我国《民法典》第180条的文字表述上看，应当是采取了折中说。

在建设工程施工合同中，当事人经常约定有"不可抗力条款"，一旦发生如此事由，则承包方即使迟延完工或造成工程质量瑕疵，也不承担债务不履行责任。一般这些事由包括：（1）自然灾害，如台风、洪水、旱灾、蝗灾、地震、海啸、火山喷发、泥石流等，在符合《民法典》第180条第2款"三个不能"条件时，作为不可抗力处理；（2）社会异常事件与不可抗力，主要有战争、武装冲突、罢工、骚乱；（3）国家（政府）行为与不可抗力，即由于国家行使立法、行政、司法等职能而致债务不履行及损害的发生或扩大，在某些情况下，此类国家原因也属于不可抗力范畴。另外，法律的变化、政策的调整、司法扣押、行政强制、政府征收等，均可能构成不可抗力。

此外我国《建设工程施工合同（示范文本）》（GF-2013-0201）第17.1款专门对不可抗力的概念和典型情形进行了例示性规定。此条规定与多数工程实践中当事人约定的"不可抗力条款一致"，当然当事人也可以在合同中将其他情形纳入不可抗力专用条款之中，即是说其实不可抗力这一概念的解释具有主观性。

6.1.2 不可抗力与情事变更的区别

如前所述，在合同法制定过程中，曾有多个草案文本规定过情事变更原则。③

---

① 史尚宽：《债法总论》，台北自版1954年版，第354页。
② 王家福主编：《中国民法学·民法债权》，法律出版社1991年版，第499页。
③ 包括1996年6月7日"试拟稿"（第三稿）第55条、1998年8月18日草案第77条、1998年12月21日"三次审议稿"第76条、1999年1月22日"四次审议稿"第76条。

第 6 章 情事变更与施工合同中相关规则之关联

其中比较成熟的是最后一个草案的规定,即"四次审议稿"第 76 条,[①] 但最终没有反映在原《合同法》的正式文本中,只是在后来的司法解释中才成功复位,其中的一个障碍是没有厘清情事变更与不可抗力的关系。

反对者的理由是,情事变更完全可以包含于不可抗力,单独规定没有意义。事实上,从传统民法看来不可抗力和情事变更还是有所区别的:(1)不可抗力作为免责事由必须达到使合同履行不能的程度,而情事变更只要使合同履行非常困难或者显失公平就可以适用情事变更原则来调整合同了。(2)在我国不可抗力属于法定概念,而情事变更的概念并没有法定。(3)一旦发生不可抗力致使合同不能履行,则当事人可以通知对方解除合同,合同自此解除;债务人若主张情事变更则必须通过诉讼途径才能请求变更或者解除合同,法官存在较大的裁量余地。(4)不可抗力的效力重点在于使得债务人免责及合同解除,情事变更的效力重在调整原合同以使合同能够继续履行。[②]

在《民法典》中,不可抗力主要规定在第 590 条和第 563 条第 1 项。情事变更原则由《民法典》第 533 条规定,这样的规范模式可以称为"二元规范模式",国际统一私法协会《2010 年国际商事合同通则》(PICC)也采这种立法结构,体现在 PICC 第 6.2.2 条、第 7.1 条。而主流观点则认为《联合国国际货物销售合同公约》(CISG)第 79 条同时规定了不可抗力和艰难情事,即该条的"impediment"是包括"hardship"这种情形的。[③] 这样的规

[①] 该条规定:"由于客观情势发生异常变化,致使履行合同将对一方当事人没有意义或者造成重大损害,而这种变化是当事人在订立合同时不能预见并且不能克服的,该当事人可以要求对方就合同的内容重新协商;协商不成的,可以请求人民法院或者仲裁机构变更或者解除合同。商业风险不适用前款规定。"

[②] 韩世远:《情事变更原则研究——以大陆法为主的比较考察及对我国理论构成的尝试》,载《中外法学》2000 年第 4 期,第 443 页。

[③] CISG 第 79 条被免责的"障碍(impediment)"是否包括 hardship(艰难情形)?国际主流观点持肯定意见。参考〔德〕英格博格·施文策尔:《国际货物销售合同中的不可抗力和艰难情势》,杨娟译,载《清华法学》2010 年第 3 期;Schlechtriem/Schroeter, Internationales UN - Kaufrecht, 5. Aufl. 2013, S. 293; Yesim M. Atamer, in Kröll/Mistelis/Perales Viscasillas (eds), UN Convention on Contracts for the International Sale of Goods (CISG) Commentary, C. H. Beck. Hart, Nomos 2011, pp. 1088 - 1089; Schwenzer, in: Schlechtriem/Schwenzer, 6. Aufl. 2013, Art 79, S. 1087; Staudinger/Magnus (2005) Art 79 CISG Rn 24.

民法典背景下情事变更原则之逻辑构成与司法展开——以两岸建设工程实务为分析场景

范模式即为典型的"一元规范模式"。[①] 事实上二元规范模式的着眼点主要在于效果层面的差异性：（1）《民法典》关于不可抗力的规定主要有两种效果，即作为免责事由的不可抗力（《民法典》第590条第1款）和作为解除事由的不可抗力（《民法典》第563条第1款）。《民法典》第533条关于情事变更的规定，其效力在于受不利影响之当事人可据以主张变更甚至解除合同。虽然在学理上情事变更应当可以作为免责事由，不过在我国制定法层面上尚未立法化。[②] 情事变更原则适用是否绝对免除违约责任值得进一步分析。[③]（2）不可抗力场合的解除属于意定解除，即当事人双方仅仅通过解除通知就可以将合同解除（《民法典》第565条第1款），该解除权属于形成权；情事变更场合合同的解除则必须通过诉讼的方式，即属于司法解除，该解除权严格来说属于形成诉权。（3）学者认为不可抗力场合事实上也有合同变更的问题，[④] 不过立法未明确化。而情事变更场合，合同可以由法院依公平原则予以调整。

但是两者也有共同点，在我国不可抗力规则和情事变更原则都是为了处理因客观情况发生巨大变化导致的合同履行障碍的相关规定，都会规范到当事人不能承受的、支配领域外的风险。这也是CISG采纳一元规范模式的原因。如果客观变化致使契约根本不能履行，则产生契约解除权，也有风险负担规则的作用余地，但是无情事变更原则之适用可能；如果客观变化只是使得合同履行对一方当事人来说特别困难，坚持原来的约定显得明显不公平，则有适用情事变更原则之余地，即可以适当调整合同内容以平衡当事人之间的利害关系。这里需要特别注意的问题是用词习惯的路径依赖，事实上当各种客观情况的变化符合《民法典》第180条第2款规定的"三个不能"，就可以称之为不可抗力，在此意义上可以说不可抗力既可能导致不可抗力规则的适用（《民法典》第590条、第563条），也可能导致情事变更原则的适用

[①] 韩世远：《情事变更若干问题研究》，载《中外法学》2014年第3期，第659页。
[②] 梁慧星：《民法》，四川人民出版社1988年版，第424—425页。
[③] 刘桥：《情事变更原则：统一合同法面临的立法与司法问题》，载《现代法学》1999年第21卷第4期，第38页。
[④] 王利明：《合同法研究》（第2卷），中国人民大学出版社2011年版，第559页。

第6章 情事变更与施工合同中相关规则之关联

(《民法典》第533条)。理论和实践中的不少争议事实上很多是与用词的不统一造成的,其混乱之处往往在于把不可抗力与不可抗力规则混淆,情事变更与情事变更原则混淆。

在建设工程合同中,不可抗力规则和情事变更原则的适用更多的是着眼于客观结果,是一种程度上的观察。其可能的情形有如下几种:(1)客观情况的变化导致合同履行困难,成本增加,但是并没有达到履行不能的程度;(2)客观情况的变化并不影响合同的实际履行,但是这种履行对发包方已经没有意义;(3)客观情况的变化非常剧烈(包括政策法令的变更),以至于合同是不可能继续履行的。在第一种情况下,承包方理论上可以根据《民法典》第533条主张情事变更原则的适用,由于不满足第563条第1项的要求,不能单方面主张解除合同;在第二种和第三种情况下,情事变更原则和不可抗力规则的适用似乎并不是泾渭分明、彼此排斥的,承包方能否在不可抗力规则和情事变更原则之间进行选择性适用,有必要认真进行分析。

6.1.3 不可抗力场合能否适用情事变更原则

已经失效的原《经济合同法》第27条第1款第4项曾明确不可抗力可以作为情事变更原则之适用根据,[①] 允许当事人变更或解除合同。而原《合同法解释二》第26条将情事变更原则成立的情事限制在"客观情况发生了当事人在订立合同时无法预见的、非不可抗力造成的不属于商业风险的重大变化",最高人民法院的意图显然在于明确地将情事变更原则与不可抗力规则的适用区隔开来,认为凡是发生不可抗力的场合均没有适用情事变更原则的余地。两者关于不可抗力场合能否适用情事变更原则的认识显然不同。

如上所述,事实上由于不可抗力引发的客观情形的重大变化(情事变更)非常之多,这种意图并没有真正地认清楚两者的关系,事实上也不当地限缩了情事变更原则的适用范围,因为情事泛指可以作为合同成立基础或环境的客观情况,包括不可抗力。这种限缩并没有根据,可能弄巧成拙。本来

---

① 该项规定,"由于不可抗力或由于一方当事人虽无过失但无法防止的外因,致使经济合同无法履行",允许当事人变更或解除合同。

民法典背景下情事变更原则之逻辑构成与司法展开——以两岸建设工程实务为分析场景

如果不可抗力造成建设工程合同不能履行，在发包方或承包方都可以依据《民法典》第563条第1项将合同解除；在违约责任方面，则可以根据第117条免责。但是在不可抗力仅仅导致合同履行困难，继续履行将显失公平的场合，发包方或承包方当然可以基于情事变更原则变更合同乃至解除合同。实践中这种判决也多有出现，境外的如治理矿石案（Chilesalpeter all）、加油站出租案（Vermietung einer Benzintankanlage）、鞋厂广告案（Befreiung eines Schulfabrikanten von Anzeigenvertrag）、甜菜价款案（Der Rübergeldfall）等。[1] 在国内也有类似判决支持在不可抗力引发的客观情况的重大变化满足情事变更原则的适用要件时，可以适用情事变更原则。[2]

在建设工程领域，这种情况也完全可能发生。如甲乙签订大型酒店的建设工程合同后不久，政府实施旧城区改造，周围居民一律搬迁至新城区，导致周边居民人口和商业活动锐减。此种场合，政府城区改造的行政行为是发包方和承包方都不能预见、不能避免且不可抗拒的，应属于不可抗力，但是它并没有影响工程施工。但是如果任由承包方坚持施工乃至完工对发包方显然极不公平，其应当获得相应的救济。此时发包方甲无法援用《民法典》第563条第1项的规定解除该合同，因为这种不可抗力并不影响酒店的建设；也难以根据第590条第1款来免责，因为该建设工程合同尚能够履行。唯一的救济办法是援用情事变更原则，主张变更工程设计甚至将合同解除。

因此，笔者赞同崔建远教授的观点："不可抗力的发生未影响到合同履行时，不适用情事变更原则；不可抗力致使合同不能履行时，在德国法上由风险负担规则解决，在我国合同法上发生合同解除，也不排斥风险负担，亦不适用情事变更原则；不可抗力导致合同履行十分困难，但尚未达到不能履行的程度，若按合同规定履行就显失公平，方适用情事变更原则。"[3]《民法

---

[1] 彭凤至：《情事变更原则之研究》，五南图书出版有限公司1986年版，第102页、第117页、第119页、第139页。

[2] 对此崔建远教授举例如下：如甲乙双方于2002年11月1日签订了房屋租赁合同约定乙承租甲位于北京市朝阳区的门面房屋用于经营餐饮业，但2003年4月"非典"肆虐京城，顾客锐减，导致乙入不敷出，根本无力依约缴纳租金。于此场合，乙援用情事变更原则，主张减少租金，应当得到支持。崔建远：《合同法》，法律出版社2010年版，第130页。

[3] 崔建远：《合同法总论》（中卷），中国人民大学出版社2012年版，第13页。

第6章 情事变更与施工合同中相关规则之关联

典》第590条第2款规定的客观状况如果没有导致合同无法履行而是履行之后将对双方当事人显失公平，则以德国学者的见解，应当用"客观交易基础丧失"来解决。"就性质言，给付不能，乃适用于无法履行给付时之规则；而情事变更则无法达到契约目的所设计之救济规则。换言之，契约所规定之给付虽为可能，但若该给付，并不能达契约当事人原所预期值目的时，亦有情事变更原则之适用。"①

因此，可以断言情事变更与不可抗力的区别不在于"质"，而在于"量"，其根本的区别在于客观情况变化的程度以及其对合同履行的影响，即在发生不可抗力但是没有导致合同履行不能的情况下，完全有情事变更原则的适用余地，以此至少可以说情事变更和不可抗力在适用对象上部分是重合的。② 有学者曾用以下比喻来说明情事变更与不可抗力的关系："情事"就是合同的基础，好比支撑建筑物的几根柱子；"不可抗力"好比作用于这些柱子的外力，比如汽车的撞击。如果外力过大，将导致柱子断掉，合同的基础丧失，这时要维持合同的效力，就有必要调整合同。③《民法典》第533条删除了原《合同法解释二》第26条中的"非不可抗力造成的"这样的表述，厘清了两者的关系，为这一争论画上了句号。

在工程实践场合，比如突发大规模泥石流将刚挖掘的地基掩埋，显然属于典型的不可抗力，但是承包人完全可以用机械装备将泥浆重新清理，然后恢复施工，不过可能要延长工期而已。即此时工程合同还没有因为不可抗力达到履行不能的程度，因此不能适用不可抗力规则，而完全有情事变更原则的适用可能。④ 事实上这一问题的根源在于在学术研究中用语的不规范，即不严格区分"情事变更"与"情事变更原则""不可抗力"与"不可抗力规则"。事实上导致合同履行障碍的原因很多，不可抗力只是其中的典型，其他还有通常事变、商业风险等，以"不能预见、不能避免并不能克服"来说

---

① 林诚二：《民法理论与问题研究》，中国政法大学出版社2000年版，第32—33页。
② 彭诚信：《"情事变更原则"的探讨》，载《法学》1993年第3期，第24页。
③ 〔德〕卡斯腾·海尔斯特尔、许德风：《情事变更原则研究》，载《中外法学》2004年第4期，第396页。
④ 邱学安：《论情事变更》，载《西南政法大学学报》2002年第4卷第3期，第108页。

民法典背景下情事变更原则之逻辑构成与司法展开——以两岸建设工程实务为分析场景

明不可抗力免责的正当性没有问题,但是如果以这"三不能"要素作为区分不可抗力和其他客观情况重大变化的情形则可能会目的不达,起码通常事变的很多情况也符合这"三不能"的要求。以笔者看来,原《合同法解释二》第26条起码从字面上排除了不可抗力、商业风险场合适用情事变更原则的可能性,倘若再将通常事变排除,将使情事变更原则成为屠龙之技,如此处理等于自废武功,其不合理性显而易见。

反驳的观点可能会认为,不可抗力致使合同不能履行进而导致合同解除的场合应经包括所有可能的情形,因此原《合同法解释二》第26条在不可抗力场合排除情事变更原则的适用并无不当。对此笔者认为,不可抗力固然可能导致合同不能履行或者无法实现合同目的,但是也可能并不影响合同目的的实现而只是使得合同的履行变得比较困难而已,在我国司法实务中,也有案例表明,不可抗力导致合同履行困难场合,法院可以适用情事变更原则来变更甚至解除合同。①

事实上我国《建设工程施工合同(示范文本)》(GF-2013-0201)也认为在不可抗力情形并不能排斥情事变更原则之适用,即使其文本中没有提及"情事变更"的字样,但该原则的基本精神却展现无遗,这集中体现在该示范文本第17.3.2条,该条的第4款、第5款和第6款显然与适用情事变更原则调整合同的道理一致、结果一致,蕴含着情事变更原则的基本精神。

6.1.4 不可抗力解除与情事变更解除

当不可抗力致使合同目的不能实现时,发包方和承包方可以根据《民法典》第563条第1项解除合同,且只需要通知对方即可(第565条)。同时原《合同法解释二》第26条规定:"合同成立以后客观情况发生了当事人在

---

① 在"成都鹏伟实业有限公司与江西省永修县人民政府、永修县鄱阳湖采矿管理领导小组办公室采矿权纠纷案"中,最高人民法院认为,"鹏伟公司在履行本案《采砂权出让合同》过程中遭遇鄱阳湖36年未遇见的罕见低水位,导致采砂船不能在采砂区作业,采砂提前结束,未能达到《采砂权出让合同》约定的合同条款,形成巨额亏损。这一客观情况是鹏伟公司和采矿办在签订合同时不能预见到的,鹏伟公司的损失也非商业风险所致。在此情况下,仍旧依照合同的约定履行,必然导致采矿办取得全部合同收益,而鹏伟公司承担全部投资损失,对鹏伟公司而言是不公平的,有悖于合同法的基本原则",载《中华人民共和国最高人民法院公报》2010年第4期,第42页。

订立合同时无法预见的、非不可抗力造成的不属于商业风险的重大变化,继续履行合同对于一方当事人明显不公平或者不能实现合同目的,当事人请求人民法院变更或者解除合同的,人民法院应当根据公平原则,并结合案件的实际情况确定是否变更或者解除。"如上文所述,该条文刻意地将不可抗力与情事变更切割,但事实上两者都属于当事人支配领域之外的客观情况或其变化,都对合同的履行产生了重大影响,事实上在不可抗力或通常事变的场合下依然有情事变更原则的适用余地。基于《民法典》第563条第1项和《民法典》第533条的规定,于建设工程领域可能的案型结构有以下几种:

(1)因地震引发山体滑坡,使得工地被碎石覆盖,承包商需要额外支出费用清理后才能继续施工,成本增加4%;(2)因地震导致泥石流,工地被淤泥浊水覆盖浸泡,承包商需尽快清理,施工成本增加300%;(3)因地震导致工地出现宽10余米且深数十米的裂缝,无法进行施工。

在上述第一种案型,虽然发生了地震,但是一方面施工依然可以继续,另一方面增加的施工成本并不足以使继续履行合同对承包商明显不公平,此时承包商即不能依据《民法典》第563条第1项、第565条解除合同,也不能根据《民法典》第533条主张变更或解除合同,而必须自己承担该风险损失。在第二种案型,地震的发生使得合同履行变得困难,但是依然没有达到使合同目的不能实现的程度,可是却使得继续按原来的合同给付工程款对承包方显然不公平,此时承包方可以根据《民法典》第533条主张变更合同,增加工程款,但不得主张根据第563条第1项解除合同。在第三种案型,地震使得工地消失,根本无从施工,此时即所谓"使合同目的不能实现"。问题是不论原《合同法》第94条第1项还是原《合同法解释二》第26条都存在这一表述,而且都赋予承包方合同解除权。那么,承包方是否可以在这两条之间进行选择,或者说这两个条文能否构成规范竞合。

可能的答案有两种,一是允许竞合,给予当事人选择权;二是限制当事人的选择权,认为原《合同法解释二》第26条构成特别法,而原《合同法》第94条第1款构成普通法,在同一个案同时满足该两个法条时,特别法优先。

笔者赞同第二种处理方式。其道理在于特别法与普通法的界定标准并非形式逻辑意义上的，其核心在于典型特征的多少，或者说是构成要件的多少。假如一个案事实满足 A 条文的构成要件，则必然满足 B 条文的构成要件；但满足 B 条文的构成要件，则未必会同时满足 A 条文的构成要件。则此时可以断定 A 之规定为特别法，B 之规定为普通法。因为 A 之构成要件包括所有 B 的构成要件，并具有 B 所不具备的某些构成要件。[1] 虽然在上述第三种案型下，原《合同法》第94条和第原《合同法解释二》第26条都赋予承包人以解除权，但是两者是不同的。前者不需要经过诉讼程序，只需要通知发包方即可，属于通知解除，该解除权属于形成权；后者的解除则必须通过诉讼程序，由法院决定是否解除、如何解除，属于司法解除，该解除权属于形成诉权。可见后者的要件更多更严格，基于此可认定后者属于特别法的规定，在第三种案型下应当优先适用原《合同法解释二》第26条，当事人不得通知解除，而只能诉讼解除。韩世远教授即持此观点，认为两者属于排斥性竞合，存在特别法和一般法的关系。[2]

从比较法角度来看，对于适用情事变更原则以解除合同的情形，多数国家或地区都规定必须经过诉讼程序，而不得采用通知解除的方式。这些立法包括但不限于《国际商事合同通则》（PICC）第6.2.3条第3项、《欧洲合同法原则》（PECL）第6.111条第3款、《欧洲示范民法典草案：欧洲私法的原则、定义和示范规则》（DCFR）第3-1：110条第2款[3]，据此可以得出立法者显然于此作出了决定：此种场合的合同解除必须经过诉讼程序，仅仅通过通知解除尚不足够。

从立法目的角度出发，在案型三的场合，合同到底是否确实不能继续履行，或者还可以经过调整继续有效，关系当事人利益甚巨；且由于情事变更原则在长期性合同尤其是继续性合同中适用较为典型，而这类合同对于当事人生活一般介入较深，其涉及之权利义务较为复杂，除了主给付义务外，在

---

[1] 黄茂荣：《法学方法与现代民法》，法律出版社2007年版，第210页。
[2] 韩世远：《情事变更若干问题研究》，载《中外法学》2014年第3期，第673页。
[3] 欧洲民法典研究组、欧盟现行私法研究组编著，《欧洲示范民法典草案：欧洲私法的原则、定义和示范规则》，高圣平译，中国人民大学出版社2012年版，第191—192页。

合同履行中往往还会产生大量的从给付义务和附随义务,有的合同已经履行了一部分甚至大部分,已经施工的部分无法溯及既往消灭,且可能还要考虑已经施工的部分质量是否合格的问题。如此等等的遗留问题绝非仅仅通知一下就可以解决的,与其采取通知解除然后诉请法院就解除后果进行裁决的两步走策略,不如直接采用诉讼解除的方法,对解除及后续的合同清算进行一揽子解决。从节约诉讼资源、及时解决纠纷的角度讲,对于第三种案型,承包人通过诉讼解除更为妥当。

值得注意的是,若发包方和承包方采用了《建设工程施工合同(示范文本)》(GF-2013-0201),则基于不可抗力而解除合同应当按照该文本第17.4条之规定处理。正是为了妥善处理以上问题,《民法典》第533条已经删去了"不能实现合同目的"的表述,从而自我限缩了适用范围,避免了与《民法典》第563条第1款在法律适用"抢地盘"。

6.2 情事变更原则与工程施工中的商业风险

6.2.1 概述

如上所述,建设工程施工合同中经常遭遇诸如建筑材料价格大幅波动、界面冲突、设计变更甚至货币币值变化、汇率调整、银行贷款政策改变、政府规划调整等客观情况的变化。于此场合,承包方多主张适用情事变更原则来调整合同,而发包方的一个抗辩理由是这些情形并不属于情事变更,而是正常的商业风险,其应当由承包人承担。在工程诉讼中,关于客观情况的变化到底是情事变更还是商业风险经常是一个重要的争点,尤其是在关于建筑材料价格上涨的情形中更是如此。这一问题对发包方和承包方之权利义务影响巨大,必须予以彻底澄清。而原《合同法》立法中没有明确规定情事变更原则,一个重要的原因就是当时对情事变更与商业风险的关系没有厘清。

我国原《合同法解释二》第26条及《民法典》第533条都强调情事变更是非属于商业风险的客观情事的重大变化,然而到底什么是商业风险?情

民法典背景下情事变更原则之逻辑构成与司法展开——以两岸建设工程实务为分析场景

事变更与商业风险有什么关联？在工程合同中如何判断客观变化是商业风险还是情事变更？这些问题都是难以回避的。

6.2.2 实务判决

司法实践中关于此问题的争议最常见的就是围绕建筑材料价格上涨的诉讼。

我国司法实践中已有关于此问题的案件，其判决结果往往显示出即使是同一案件在一审和二审法院之间也存在分歧。

在"A冶一公司诉B工程公司工程款纠纷案中"①，一审判决认为工程施工期间遭遇建筑材料价格上涨，这是一种经营风险，双方已在合同中对经营风险责任由谁承担的问题作了明确约定，且业主某市钢管有限公司至今也没有追加工程款给B工程公司，故A冶一公司要求增加工程款没有合理根据。二审法院则认为在施工过程中遭遇钢材价格大幅度上涨，导致A冶一公司亏损，为此A冶一公司多次提出增加工程造价397万元，双方虽就增加工程造价问题达成补充协议，但从B项目部在A冶一公司提交的《工程预算汇总表》上签字盖章表示同意的情况看，该项目部有为A冶一公司增加工程造价的意思，且该397万元亏损全由A冶一公司承担，对该公司显失公平，宜由B公司对主材增加费用189万元予以补偿。

我国台湾地区工程领域中的商业风险的讨论也主要围绕着建材价格波动的问题。如前文所述，司法实践中的判决大致分为肯定与否定两种。

否定立场之判决主要理由有：

1. 承包商是专业人士，对于未来建材价格上涨应当有所预计；
2. 有些合同中已经明确约定禁止调价，或者只能在一定范围内调价；
3. 也有的认为价格波动幅度不大，并不足以导致合同履行显失公平；
4. 若基于情事变更原则调整工程款对其他参与竞标之厂商不公平；
5. 承包方无法举证其受有重大损失以至于继续原合同显失公平。

---

① 江帆主编：《最新建设工程施工合同疑难案例精解》，法律出版社2013年版，第67页。

第6章 情事变更与施工合同中相关规则之关联

其典型判决有：

1. "上诉人既为专业营造厂商，对于未来营建材料之价格波动，应具相当之知识、经验、能力，足以推估判断并预料各项营建材料价格将会继续上涨，乃竟与被上诉人于合约中为上开'本工程标案无物价指数调整'之条款，自不得再依情事变更原则为调整请求，否则将违反私法自治、契约自由原则及对其他参与投标厂商产生不公平之结果。原审本此见解为上诉人此部分败诉之判决，于法并无违背。"[1]

2. "法院因情事变更，命增加给付时，应斟酌当事人因情事变更，一方所受不相当之损失，他方所得不预期之利益及彼此间之关系，为公平之裁量；且非全以物价变动为根据，并应依客观之公平标准，审酌一方因情事变更所受之损失，他方因情事变更所得之利益，及其他实际情形，以定其增加给付之适当数额……意即全依被上诉人所陈计算，其因砂石价格上涨而增加支出，至多亦不逾一千六百余万元，乃原审竟命上诉人给付二千五百九十万五千五百三十元，益见其概依营造物价指数核算上诉人应增加给付之金额，确有不当，亦不符因情事变更，增加给付之法理。"[2]

3. "本件纵认被上诉人得依'民法'第二百二十七条之二第一项之规定，请求上诉人为增加给付，惟原审未就被上诉人因情事变更所受之损失究为若干？上诉人因情事变更所得之利益又系如何？有无影响决定其适当给付数额之其他实际情形等，详加调查审认前，徒以：营建物调原则规定之计算方式，为中央机关普遍采用等情词，遽依该物调原则所定之计算方式，命上诉人增加给付，而为其不利之判决，仍不无速断，而难以昭折服。"[3]

而持肯定说之判决多认为，一方面，即使发包方和承包方已在合同中约定不得调整物价，或者仅得在一定范围内调整物价，则此种约定可能会因为违反关于定型化契约之约定而无效，因为此种约定大多是发包方单方面拟定

---

[1] 我国台湾地区"最高司法机构"（2009）台上字第140号判决。
[2] 我国台湾地区"最高司法机构"（2009）台上字第1914号判决。
[3] 我国台湾地区"最高司法机构"（2011）台上字第1392号判决。

民法典背景下情事变更原则之逻辑构成与司法展开——以两岸建设工程实务为分析场景

之条款，可能单方面剥夺承包方之权利，加重其负担。另一方面，虽然承包方为建筑专业人士，可得预见一定程度的商业风险，比如可能会预见建材有上涨的可能，但是对于巨额幅度之上涨其实难以预见。即其可能预见风险之类型（如价格上涨），但难以预见之程度（价格上涨的剧烈幅度）。如果真价格上涨到继续维持合同显失公平的程度，则当然有情事变更原则适用之余地。

1. "系争工程契约无'行政院'所颁布'中央机关已订约工程因应国内营建物价变动之物价调整处理原则'之适用。该契约第六条第三款约定之内容，非属于'民法'第二百四十七条之一所规定无效定型化契约之范畴，而系两造间就系争工程签约后，未来物价如上涨如何处理之事先所谓特别约定，故不排除'民法'第二百二十七条之第一项'情事变更原则'规定之适用。"[1]

2. "有关营建成本之涨跌，在签约当时就一般幅度之涨跌，虽为仁胜公司所能预见并估算；惟此禁采砂石命令之变化，导致砂石来源缺乏、价格上涨之情形，在两造签约时，当非仁胜公司所能预见。是该砂石价格上涨既非可归责于仁胜公司，依一般观念，堪认如依其原有效果显失公平，且不能因公路总局高南工程处至八十八年七月一日始改隶'交通部'，而认系争补偿方案不适用于公路总局高南工程处。仁胜公司得依情事变更原则之规定，请求公路总局高南工程处给付自八十六年五月起，因砂石上涨而增加之费用。"[2]

3. "上诉人以新亚营造股份有限公司投标价为两亿六千三百三十万元，被上诉人与新亚公司之差价为二千五百七十四万五千元，与被上诉人请求之金额相近，进而推论新亚公司于投标时已预见营造材料涨价等情形，并认被上诉人不得基于情事变更原则而请求增加给付工程款云云，尚属无稽，自难凭信。从而，被上诉人本于'民法'第二百二十七条之二情事变更原则之规定，请求上诉人增加给付工程款二千五百六十三万三千零五十一元，为有理由。"[3]

---

[1] 我国台湾地区"最高司法机构"（2009）台上字第 1057 号判决。
[2] 我国台湾地区"最高司法机构"（2009）台上字第 87 号判决。
[3] 我国台湾地区"最高司法机构"（2009）台上字第 2299 号判决。

6.2.3 理论分析

6.2.3.1 主观商业风险与客观商业风险

从上述我国台湾地区多个判决可以得出，商业风险与情事变更的界限并非如楚河汉界般截然分明。笔者认为，欲辨清此种关联，首先要明确商业风险之内涵，于此有必要采用类型化之方法。主观商业风险与客观商业风险的划分是韩世远教授最新提出的分类，[①] 笔者表示赞同，并认为法学争论的一个重要前提就是必须要做到用语的统一，否则就容易造成你说你的、我说我的的局面，难以进行有效的争论。关于商业风险的用语就是一个例子，因为商业风险说到底就是市场交易中的风险，比如投资有失败的风险、公司有破产的风险、产品有积压的风险、资金链有断裂的风险、工地有被征用的风险、银行有坏账的风险，等等。如仅从客观存在的角度来描述，以上种种都可以称为商业风险，即商业经营中可能给行为人带来不利影响的种种客观情况，至于这些情况是否可归责于当事人，由什么原因引起，应由谁承担相应的损失等则不是其描述的内容，这种意义上的风险即所谓客观商业风险，严格来讲其不是一个法律用语。

主观商业风险则与此不同，其强调的是商业风险的法律效力，尤其是从法律视角上讲该风险应当由谁来承担，即此时的商业风险指的是经过价值评判的可以归结于特定主体的不利益，比如在固定价格工程合同中，建材价格上涨的商业风险应当由承包商承担，这种表述通过价值评判把特定商业上的不利益和特定主体相连接，此种意义上的商业风险即主观商业风险。基本的结构是"主观商业风险 = 客观商业风险 + 特定主体归属"，或者说客观商业风险经过了法律价值评判后转化为主观商业风险。

最高人民法院的权威人士在给原《合同法解释二》第 26 条做评注时，将商业风险解释为"商业风险是指在商业活动中，由于各种不确定因素引起的，给商业主体带来获利或损失的可能性的一种客观经济现象"。这一定义

[①] 韩世远：《情事变更若干问题研究》，载《中外法学》2014 年第 3 期，第 662 页。

明显既强调了商业风险客观的一面,同时将其归结于特定的商业主体,也说明了商业风险主观的一面。所以作者力图全面描绘商业风险的全貌,其认为:"物价的降浮、币值、汇率的涨落,市场的兴衰等都可能成为商业风险与情事变更的原因,因此在合同履行中,引起商业风险和情事变更的原因可能相同,但两者的法律效果不同。"① 显然作者把市场价格波动等(客观商业风险)作为引起商业风险的原因,那么他在这里所说的商业风险只能是主观商业风险。由于该作者是上述司法解释起草小组的成员,所以基本可以断定,原《合同法解释二》第 26 条中的商业风险是主观意义上的商业风险。因为如果这里的商业风险泛指所有客观商业风险,就会出现悖论,以价格变动为例,一方面价格变动可能属于商业风险,因为其在市场交易中客观存在,是客观意义上的商业风险;另一方面价格波动如果幅度过于巨大,可能构成情事变更,可是情事变更按照第 26 条要求必须和商业风险严格区隔,即使是价格波动幅度非常之大。这样就存在了冲突,价格波动是商业风险,又是情事变更,可是法律规定情事变更和商业风险不能并存。唯一的解释是这里的商业风险是指主观意义上的商业风险,其强调的中心是某种商业上的不利益应当归结于某特定合同主体,而所谓"不属于商业风险"的意思则是某种商业上的不利益不应当归结于某特定主体。

这样理解的结果是,如果价格波动有法定或者约定的依据可以归结于某当事人,即构成主观商业风险,则根本没有情事变更原则的适用余地;如果某价格波动没有明确法定或约定的根据可以归属于某特定人,则此客观意义上的风险可能就有情事变更原则的适用余地。

6.2.3.2 可预见风险与不可预见风险

一般认为商业风险与情事变更的区别之一在于前者是不可预见的,而后者是可预见的。笔者倒以为事实上这种区分是相对的。当我们断言商业风险是可预见的时候,其实有着这样的一个潜台词,即此种商业风险应当归结于特定有预见能力的当事人,或者说此当事人具有有责性,事实上这是在主观

---

① 《最高法院关于合同法司法解释(二)理解与适用》,人民法院出版社 2009 年版,第 199 页。

第6章 情事变更与施工合同中相关规则之关联

意义上使用商业风险这一用语。如果从客观意义的商业风险出发，则确有某些风险是不可预见的。[1] 可预见的风险，由于当事人对于未来情事的变化已经预见到，仍缔结合同，那么就应当受合同约束。如果情事的变化是可以预见的，由于自身的不注意而缔结了契约，那么就应当自担风险。[2]《关于当前形势下审理民商事合同纠纷案件若干问题的指导意见》（法发〔2009〕40号）就要求："对于涉及石油、焦炭、有色金属等市场属性活泼、长期以来价格波动较大的大宗商品标的物以及股票、期货等风险投资型金融产品标的物的合同，更要慎重适用情事变更原则。"其中的理由在于此类商品交易的风险是具有可预见性的，当然应当由参与者自负风险。

此类可预见的风险也有学者称之为市场性的条件变化，[3] 如建材价格正常涨跌、人工费之小幅波动、水电费上涨、劳务费上涨等，此对于双方来说都是可预见的，应当按照正常的商业风险处理，无情事变更原则之适用可能。问题的关键在对于某些不可预见的商业风险，即学者所称的非市场性的条件变化，如法令政策的调整、建材价格的异常波动、严重的经济危机等，能否以及应当如何才能与情事变更相区分，有无情事变更原则之适用余地，这才是问题的关键。

6.2.3.3 可承受风险与不可承受风险

如上文所述，情事变更原则适用条件之一即为客观情事发生重大变化，如何理解该重大变化，往往是从程度上判断，即此种风险对于受不利影响的当事人来说是不可承受的，继续坚持合同效力显失公平。而在上述我国台湾地区的判决中，尤其是在否定立场的判决中，可以看到法院否定情事变更原则适用的一个重要理由就是虽然价格有所上涨，但是幅度不大，尚不足以使得合同的继续履行失去公平，此种价格风险应在承包人可承受之范围内。由此可以得出一个基本判断，从受不利影响的当事人的角度而言，风险可分为

---

[1] 韩世远：《情事变更若干问题研究》，载《中外法学》2014年第3期，第663页。
[2] 王闯：《当前人民法院审理商事合同案件适用法律若干问题》，载《法律适用》2009年第9期。
[3] 裘宇清：《论情势变更原则在建设工程合同纠纷中的适用》，载《技术经济与管理研究》2008年第4期，第66页。

可承受的风险与不可承受的风险。

前者是说风险是在特定人可承受的范围之内，其判断的依据乃基于法定或者约定。后者则是指如果风险归由一方当事人承担则显失公平，甚至使其遭遇"经济毁灭"或"生存废墟"。

6.2.3.4 情事变更与商业风险的关系

笔者认为两者有以下不同：

1. 商业风险一般在可预见范围内，而情事变更则否。

2. 由于商业风险具有可预见性，行为人若甘冒风险则可认定为主观上有可归责之处；而情事变更不具有可预见性，因此无可归责的问题。

3. 一般来说商业风险没有达到异常的程度；情事变更则相反。有学者认为："商业风险与情事变更的区别归根到底就是风险损失程度上的差异，其他的区分标准都是这一点派生出来的，通过损失的异常程度界定为商业风险或者情事变更。"[①] 英国法上对于合同受挫制度的适用之所以持非常严格的态度，一个重要的原因就是防止当事人以合同受挫为由摆脱不划算的交易。在著名的 Davis Contractors v. Fareham UDC ［1956］ AC696. 中，原告承诺为被告建设 78 座房屋，工期共 8 个月，工程款 94000 英镑。但是因为熟练工人以及建筑材料不足，工程实际完工耗费了 22 个月，施工成本达 115000 英镑。原告因此主张合同受挫。法院驳回原告主张，认为这些属于通常之商业风险，并没有使得合同履行发生根本性改变。[②] 其判决精神与大陆法有异曲同工之处，即商业风险尚没有使得合同变得异常艰难从而不可承受。

4. 从结果来说，商业风险属于可承受之风险，而情事变更则否。

工程实务中一般首先将某种客观情况的变化归属于商业风险，以尊重合同自由，坚持契约严守。如果受到不利影响的当事人主张情事变更，则必须举证客观情事的变化满足原《合同法解释二》第 26 条（《民法典》第 533 条）规定的条件。法院在判断客观情况的变化究竟属于情事变更还是商业风险时，一般要综合考量个案情况。以前述"武汉煤气公司诉重庆检

[①] 孙美兰：《情事变动与契约理论》，法律出版社 2004 年版，第 292 页。
[②] Ewan McKendrick, Contract Law, Law Press·China, 2003, p. 302.

第6章 情事变更与施工合同中相关规则之关联

测仪表厂案"为例,有学者就指出,若该案中原材料价格波动幅度不大,则极有可能会被认定为商业风险,而不能求助于情事变更原则来调整合同。① 因此,在可预见性的判断上,要考虑客观变化是否达到了不可承受之程度(正常抑或反常)。②

在仲某金与江苏万象建工集团有限公司等建设工程施工合同纠纷申请案中,③ 法院就认为虽然吉林省住房和城乡建设厅吉建造〔2011〕18号文件规定在情事变更时确实可以调整人工费,但是在本案中仲某金没能提供证据证明人工费上涨的幅度较大,也不能证明该涨幅已经超过了一般的商业风险且系仲某金无法预料,所以其主张适用情事变更原则调整人工费没有根据。

相反,在佛山市南海区南建勤有建筑工程有限公司与佛山市石湾区建兴五金模具厂等建设工程合同纠纷上诉案中,④ 法院即认为本案中钢材价格的上涨幅度巨大,属于超出施工领域中通常之商业风险范畴的客观因素,故当地建设主管部门出台指导性文件对价格结算进行调控,根据情事变更原则和公平等价有偿原则,建兴厂应合理承担部分损失。

同样在广东省源天工程公司等与河南省大河筑路有限公司建设工程施工合同纠纷上诉案中,⑤ 源天公司就上诉称"材料单价的上涨幅度较大也是客观事实,是当事人签约时不能预测的,不是正常的市场风险,不应该由施工人单独承担。河南省交通厅作为全省高速公路管理建设机关,其多次发文要求调整材料价格上涨给施工人造成的损失"。该诉讼请求获得二审法院支持。

结合上述对于商业风险类型化的作业,可以对商业风险与情事变更的关系作出更加详尽的分析判断。依据上述分类,商业风险可以分为可预见的风险和不可预见的风险、可承受的风险和不可承受的风险。若将情况加以排列组合,则其可能的结构有四种:(1)可预见且可承受的风险;(2)可预见

---

① 王利明:《民商法研究》(第4辑),法律出版社1999年版,第508页。
② 韩世远:《履行障碍法的体系》,法律出版社2006年版,第52页。
③ 吉林省高级人民法院(2014)吉民申字第975号裁定书。
④ 广东省佛山市中级人民法院(2005)佛中法民五终字第852号。
⑤ 河南省高级人民法院(2013)豫法民二终字第73号。

但不可承受的风险；(3) 不可预见且不可承受的风险；(4) 不可预见但可承受的风险。[①]

对于第一种情况，显然属于典型的商业风险，由该当事人自行承担该风险，公平适当，不生疑问。

对于第三种情况，完全满足典型的情事变更的要件描述，受不利影响的当事人可以基于原《合同法解释二》第26条（《民法典》第533条）主张适用情事变更原则。

第二种情形则较为麻烦，如果从可否预见来判断，既然可以预见当然不能适用情事变更原则予以调整，如上文3.4.4所述，若当事人事先约定或法律规定了适当的风险分配规则，则可以排除不可期待性，从而无情事变更原则之适用余地。对于通常之意外情形，如价格小范围波动、坏天气等皆如此处理；但是如果从可否承受来判断，则也不能视为通常之商业风险。如上述我国台湾地区的多个判决显示，有些合同风险，比如价格上涨，虽然承包方在订立合同时就已经预见到此种风险，但是该风险之损失结果十分严重，是其难以承受的，此际该如何处理？比如上述我国台湾地区判决中，建筑材料之价格在施工过程中极有可能发生波动，无论发包方还是承包商都可能会在缔约当时就预见到这种可能性，但若建材价格上涨幅度巨大，以至于若不调整合同则承包人极有可能破产倒闭时，能否绝对排斥情事变更原则之适用呢？显然不能如此，这里笔者赞同并重申韩世远教授的观点："在内容上不仅要预见风险的类型（比如价格波动），也要衡量变故的剧烈程度（正常抑或超常）。"[②] 对此，应当将"可预见性"予以目的性限缩，即将其限缩为第一种情形。至于第二种情形则视为"不可预见"，从而可以适用情事变更原则来分担风险。在德国，学者也认为在固定价格的建设工程中，因为建材价格上涨导致建筑成本增加，则原则上承包商必须自己承担相应的风险，其不得依据《德国民法典》第313条第2款的规定请求调整合同。但是所有这些风险分配也只是在特定的界限内有效，如果界限被逾越了，则可以考虑因为

[①] 韩世远：《情事变更若干问题研究》，载《中外法学》2014年第3期，第664页。
[②] 韩世远：《合同法总论》，法律出版社2011年版，第390页。

第6章　情事变更与施工合同中相关规则之关联

交易基础障碍而调整或解除合同。①

对于第四种情况，风险虽然不可预见，但是其带来的后果并不严重，依然在受不利影响的当事人可以承受的范围内。比如政府出台政令，要求建筑工地渣土车只能在23：00以后才能进出城区运送渣土，导致承包商不得不租赁更多的运输车来完成运送任务，成本上升，但是依然在承包人所能承受的范围。此种情况还未达到使得合同继续履行显失公平的程度，可以根据《民法典》第533条之"重大变化"要件，否定此种情况下情事变更原则的适用。

由上述对第二种和第四种情况的处理，可以看出首先商业风险和情事变更不是截然分开的，毋宁是存在交叉和过渡地带，在适用时需要类型化；其次，构成情事变更的诸要件其权重并不相同，虽然典型之情事变更当然要要件齐备，但是对于边缘地带或过渡地带的情况，某些要件的重要性下降，变得不明显，而有些要件则相对更加突出。比如总的来说，情事变更关注的是合同履行是否实质公平，让受不利影响的当事人承担风险是否足够正义，如果不正义，则要尽力将此种情况纳入情事变更的范围，为达到此目的则有必要对可预见性的要件进行软化，或者说此时是否可预见这一要件的权重下降。因此似乎可以说，在某些情况下，即使是可预见的风险也依然有情事变更的适用余地；而在某些情况下，即使是不可预见的风险，也可能被视为商业风险来处理。此情形在一定程度上证成了拉伦茨的观点，即没有哪一种标准具决定性，重要的毋宁是多种标准的共同作用，于此具决定性的是：在个案的特殊情境下，何种标准比较"有分量"。②

因此，笔者赞同王成教授的观点，即尽管最高人民法院在《关于当前形势下审理民商事合同纠纷案件若干问题的指导意见》之3和原《合同法解释二》第26条都刻意区分了情事变更和商业风险，但事实上并不存在一般意义上的情事变更和商业风险，而是要进行个案判断，而且不同的人在不同的

---

① 〔德〕迪尔克·罗歇尔德斯：《德国债法总论》，沈小军、张金海译，中国人民大学出版社2014年版，第281页。
② 〔德〕卡尔·拉伦茨：《法学方法论》，陈爱娥译，商务印书馆2003年版，第169页。

交易中对风险的感知和识别是存在差异的。①

6.2.3.5 合同类型的影响

如果合同属于典型的投机性合同，或曰射幸合同，则债务人一般需要承担较大的交易风险。如在德国一个二审法院的判例中，尽管从中国购买的钼酸铁市场价格暴涨了300倍，法院并没有根据《联合国国际货物销售合同公约》第79条免除卖方的责任。其道理在于，在投机性合同中，承认艰难情事的标准较高。

《意大利民法典》也注意到合同类型对情事变更原则适用的影响，该法典第1467条第1款规定了债务人在遭遇重大情事变更时，可以请求解除合同，第1468条规定债务人还可以请求减额给付或变更履行方式。但是在该法典第1469条则明确规定："前数条的规定，于依其性质或者当事人的意思的射幸合同不适用。"②

如此处理的根据在于射幸合同的法律效果在缔约时是不能确定的，如保险合同、押赌合同、有奖抽奖、有奖销售、股票投机等皆属此类，此类合同一般不能从等价与否的角度来衡量合同是否公平。当事人对合同中蕴藏的巨大风险事先明知，譬如股票投机即为典型，股市风云变化，大起大落事所常见，乃是此类交易的常态——高风险高收益，对于此类型的合同，情事变更原则的适用标准当然要大大提高，一般情况下这些类型的合同在履行中所遇到的客观情事的变化，均以商业风险处理，因为这类合同标的价格易于波动，尽人皆知，交易参与者对此类风险应有预见，则其可能的商业风险当然应当由当事人自己承担。③

建设工程施工合同属于典型的长期性合同，不属于射幸合同，在风险突破一定限度时，存在情事变更原则的适用可能。

6.2.3.6 工程合同中的考量因素

在工程合同中，笔者认为考量某种重大的客观变化是否属于情事变更，

---

① 王成：《情事变更、商业风险与利益衡量——以张革军诉宋旭红房屋买卖合同纠纷案为背景》，载《政治与法律》2012年第2期，第114页。
② 陈国柱译：《意大利民法典》，中国人民大学出版社2010年版，第265页。
③ 韩世远：《情事变更若干问题研究》，载《中外法学》2014年第3期，第663页。

应当仔细进行利益衡量。就建设工程合同而言，当事人双方基于通货膨胀预期而可以预见的合理范围内的建筑材料涨价属于正常的价格波动，没有情事变更原则的适用余地。但是如果施工过程中，建材价格上涨幅度巨大，根据社会一般观念远远超过当事人预期，则可以认定这种价格风险已经属于不合理的范围，对施工企业而言属于无法防范和控制的范畴，而且与缔约时相比这种变化是重大的、根本性的，则应当认定为情事变更，有情事变更原则的适用余地，承包方可以根据原《合同法解释二》第 26 条（《民法典》第 533 条）申请调价。

以上述 A 冶一公司诉 B 工程公司的案子为例，施工期间，建筑钢材价格巨幅上涨，承包方非但不能盈利反而因为施工成本造成高达 397 万元的巨额亏损，如果全部由其承担该风险损失，则 A 冶一公司很可能面临所谓"生存毁灭"，则这种幅度的价格上涨就不应认定为通常的价格风险了。尽管当事人事先特别约定材料价格波动不得调整、法规政策变化不得调整，但并不能排斥情事变更原则的适用。事实上正因为该合同是固定价格合同，才有了情事变更原则的适用余地。

6.3　情事变更原则与显失公平的建设工程施工合同

6.3.1　《民法典》第 151 条中的"显失公平"

显失公平作为合同效力制度的一种集中规定在原《合同法》第 54 条、原《民法通则》第 59 条以及《民法典》第 151 条之中。

在建设工程合同中，也存在显失公平的问题，我国目前阶段工程领域处于卖方市场，发包方居于优越地位。往往由发包方事先单独拟定好合同条款，即使双方个别协商，承包方也往往为了拿到工程不惜忍气吞声，不敢讨价还价，而接受发包方之苛刻条件。如此情形，似乎均有《民法典》第 151 条的适用余地。

在 2008 年 11 月 25 日，由北京仲裁委员会主办的"建材价格异动引发争议的预防与解决"研讨会上，有学者认为在工程合同生效后履行过程中，如果客观情事发生重大变化，使得合同继续履行显失公平时，也可以适用原《合同法》第54条或原《民法通则》第59条来解决问题。①

事实上法院也确实曾经根据原《民法通则》第59条来解决合同履行过程中出现的显失公平。② 究竟显失公平制度与情事变更原则之关系如何，确有必要辨析清楚。

6.3.2　两者的相同之处——从结果着眼

从文字表述来看，《民法典》第151条中的"显失公平"和第533条中的"显失公平"两者似乎都是从结果着眼，而不关注当事人的主观状况，这是两者的相同之处。

但针对原《民法通则》第59条的原《民通意见》第72条却规定："一方当事人利用优势或者利用对方没有经验，致使双方的权利和义务明显违反公平、等价有偿原则的，可以认定为显失公平。"该表述似乎又对第59条中的"显失公平"附加了主观要件上的要求。对此，有观点认为我国采纳了德国、日本的双重要件说，③ 即显失公平在构成上需要主客观要件同时具备。④ 对此，作者依然坚持单一要件说，即原《民法通则》第59条和原《合同法》

---

① 会上上海市建纬律师事务所的朱树英律师曾提出，如因价格异动造成合同难以履行，那么如果仍要求施工企业执行原固定价格，就构成了显失公平，施工企业可以根据原《合同法》第54条的规定行使撤销权。

② 在"徐某利诉墩台村经济联合社果树承包合同纠纷案"中，原告于1985年1月1日通过社员大会公开招标、投标的形式与被告签订了果树承包合同。后部分群众反映承包费偏低，被告将承包费由原来的年交160元调至700元。被告又以招投标方式，将原告承包的果园另行发包给第三人，由此发生纠纷，诉至法院。一审法院认为："根据原《民法通则》第59条第1款第2项、最高人民法院《关于审理农村承包合同纠纷案件若干问题的意见》第4条第1款第2项、第7条第3款等规定……对原承包费做适当的调整也是应该的。"参见《中国审判案例要》1993年卷。

③ 《德国民法典》第138条第2款规定：某人利用他人处于急迫情势、无经验、欠缺判断力或意志显著薄弱，以法律行为使该他人就某项给付向自己或第三人约定或给予与该项给付明显地不相当的财产利益的，该法律行为无效。我国台湾地区"民法"第74条规定：法律行为，系承他人急迫、轻率或无经验，使其为财产上之给付或未给付之约定，依当时情形显失公平者，法院得因利害关系人之声请，撤销其法律行为或减轻给付。

④ 王利明、崔建远：《合同法新论·总则》，中国政法大学出版社2000年版，第288页；杨立新：《合同法总则》（上册），法律出版社1999年版，第171页；隋彭生：《合同法论》，法律出版社1997年版，第181页；李永军：《合同法原理》，中国人民公安大学出版社1999年版，第277页。

第 6 章　情事变更与施工合同中相关规则之关联

第 54 条以及《民法典》第 151 条中的"显失公平"都是从结果上着眼，只需要满足客观要件就足够了。理由如下：

1. 德国法上的暴利行为必须要利用被害人急迫、轻率、无经验方可构成，要求主客观要件齐备，由于该要求标准过高，在个案中成立暴利行为十分困难，我国法上的显失公平制度意在缓和这种要求的苛刻性，即只要有显失公平的客观事实则无须考虑行为人的主观状态，即可成立合同无效或可撤销的独立事由，原《民法通则》第 58 条第 1 款第 3 项，原《合同法》第 52 条第 1 项、第 54 条第 2 款的立法意图即如此。

2. 从体系解释着眼，显失公平制度属于兜底性规定，只有在个案不成立无效、欺诈、胁迫、乘人之危、重大误解的情形下才考虑显失公平制度的适用可能性。

3. 原《民通意见》第 72 条的规定应当视为对显失公平案件的列举性规定，并不意味着显失公平制度需要主客观双重要件。[1]

4. 我国原《合同法》"建议草案"采单一要件说，即只要客观要件。[2] 在原《合同法》第三稿中，第 39 条的规定增加了主观要件。[3] 对显失公平增加了主观要件的限制。而正式的原《合同法》又恢复了单一要件说。学者认为，单一要件说更有利于维护受害者尤其是消费者、劳动者、承租人、承包人等弱势群体的利益，更好地维护交易秩序和善良风俗。[4]

5. 传统暴利行为依据《民法典》第 151 条应归属于一方利用对方处于危困状态的案型。德、日学说中的所谓准暴利行为或新型暴利行为，应属于原《合同法》第 54 条以及《民法典》第 151 条中的"显失公平"。[5]

---

[1] 崔建远：《合同法总论》（上卷），中国人民大学出版社 2011 年版，第 354—355 页。
[2] 该草案第 50 条规定："当事人双方权利与义务明显不对等，使一方遭受重大不利的，可撤销合同。"
[3] 该草案第 39 条规定："一方利用优势或对方没有经验致使双方权利义务显失公平的，另一方可以撤销。"
[4] 崔建远：《合同法总论》（上卷），中国人民大学出版社 2011 年版，第 358 页。
[5] 需注意，我国原《民法通则》、原《合同法》中，乘人之危属于一个独立的法律制度，分别规定于原《民法通则》第 58 条第 3 项、原《合同法》第 54 条第 2 款，有自己的独立构成要件及法律效果。《民法典》第 151 条取消了"乘人之危"的提法，也取消了其制度的独立性，而是将其纳入显失公平的构成情形之中，并以"一方利用对方处于危困状态"来表述。

6. 若采用二重要件说，将使得个案中显失公平难以构成，尤其无法清晰界定我国法上的"显失公平"和"乘人之危"。①

6.3.3 两者的不同之处——时间因素和法律效果

比较《民法典》第151条第1款第2项和第533条，可以发现两者起码存在两个不同之处。

1. 显失公平发生的时间。前者要求在"合同订立时显失公平"；而后者则是"合同成立以后……"。所以可以总结为，合同成立时的显失公平，适用《民法典》第151条来解决，而合同生效后履行中的显失公平则由《民法典》第533条来处理；

2. 法律效果不同，在合同订立时显失公平的，当事人有权请求人民法院撤销；而在合同生效后因情事变更导致合同继续履行显失公平的，当事人可请求法院变更或者解除合同，由法院根据公平原则，并结合案件的实际情况决定是否变更或者解除。

因此虽然显失公平制度和情事变更原则都要求合同显失公平，但是这两者的管辖范围是不同的：前者处理的是合同订立阶段的显失公平，后者处理的是合同履行阶段的显失公平。

在上述徐某利案审判之时以及2008年北京仲裁委员会主办"建材价格异动引发争议的预防与解决"研讨会之时，我国尚没有明确确立情事变更原则，因此不得不从别处寻求请求权基础，但是即使如此，这里可能的请求权基础也应该是原《民法通则》第4条（公平原则、诚实信用原则）或原《合同法》第6条（诚实信用原则），以原《民法通则》第59条第1款第2项作为基础确属法律适用错误。事实上在2008年北京仲裁委员会主办的"建材价格异动引发争议的预防与解决"研讨会上，刘凯湘教授就认为情事

---

① 韩世远：《合同法总论》，法律出版社2011年版，第200—201页。

变更原则和显失公平制度有不同的适用范围和法律效果，应当区分开来。①

6.4　情事变更原则与重大误解的建设工程施工合同

6.4.1　重大误解之概念

重大误解属于我国法的特有概念，原《民法通则》第 59 条第 1 款第 1 项和原《合同法》第 54 条第 1 款第 1 项所称的误解，② 大致相当于传统民法中的错误，即表意人的表示与其真实意思不一致，而这种不一致是表意人所没有意识到的。其构成要满足以下条件：意思表示成立；表示行为与效果意思不一致；为表意人所不知或误认并归责于自己。③

重大误解之重大，是指误解人作出意思表示时，对涉及合同法律效果的重要事项在认识上的显著瑕疵，其后果使得误解人受到较大损失，以至于根本达不到缔约目的。对此，原《民通意见》有例示性的规定，④ 据此在合同中常见的案型有：（1）对合同性质的误解，如误以借贷为赠与，误以出租为出卖；（2）对相对人的误解，如误以甲公司为乙公司而与之签订合同；（3）对标的物品种的误解，如误把轧铝机作为轧钢机而购买；（4）对标的物质量的误解，如误以仿品为真迹；（5）对标的物规格的误解，如误以千吨水压机为万吨水压机；（6）对标的物数量、包装、履行方式、履行地点、履行期限等内容的误解。

---

① 刘凯湘教授认为："情事变更的法理基础就是合同的实质公正和实质正义，法律应当具有灵活性以实现实质公正，也是对交易信心的维护，并且实践中也已经有一些典型案例依据了情事变更原则。价格异动应当适用情事变更而非显失公平，显失公平是缔约时的不公平，情事变更是缔约时公平，而履行后出现不公平，是结果而非原因。情事变更须履行再交涉义务，一方必须书面通知对方，情事变更不受除斥期间的影响，但是受诉讼时效的影响。处理价格异动问题也可以以诚实信用、公平原则作为依据。"http://www.sgjsj.gov.cn/sgwebims/Front/Message/ViewMessage.aspx? MessageID=75113&ColumnID=309，2015 年 1 月 10 日登录。

② 原《民法通则》第 59 条：下列民事行为，一方有权请求人民法院或者仲裁机关予以变更或撤销：（一）行为人对内容有重大误解的……；原《合同法》第 54 条：下列合同，当事人一方有权请求人民法院或者仲裁机构变更或者撤销：（一）因重大误解订立的；……

③ 对应《民法典》第 147 条。

④ 原《民通意见》第 71 条规定：行为人因对行为的性质、对方当事人、标的物的品种、质量、规格和数量等的错误认识，使行为的后果与自己的意思相悖，并造成较大损失的，可以认定为重大误解。

6.4.2 重大误解与情事变更原则之区分

重大误解是因为对重要合同因素的误认，使得合同继续履行显失公平，甚至合同目的不能实现；而情事变更原则适用的情形是合同成立后的情事发生重大变化，使得合同履行显失公平或者目的障碍。从结果上看，两者确有相似之处，但是如本文在情事变更原则适用条件部分所述，如果把这里的"情事"局限于客观情事，则两者之间的区别还是很明显的。

第一，重大误解是法律行为成立之时，表意人之表示与其真实意思偶然的无意识的不一致，属于主观范畴；情事变更原则在我国法上仅指合同生效以后履行过程中客观环境发生了重大变化，而这些变化是当事人缔约之初所不能预见的。这里需注意的是我国法上不承认所谓的"主观情事"。

第二，就条件而言，构成重大误解之原因，主要是误认和不知。① 其因误认或不知所表示之事实有错误是以行为成立当时作为判断时点的；而情事变更的判断时点则在于合同成立以后履行完毕之前，即处于合同履行阶段，此种客观情事的变化在合同成立之时是不能预见的，如果缔约时已经可以预见则无该原则之适用余地，如战争与动乱，平时固然难以预见，但如边境冲突不断、形势失控、风雨欲来，国家已整军备战，此时无论发包方或承包商都应当预见战争之到来，并会因此引发钢铁等建筑材料紧缺，因而不可事后再主张适用情事变更原则来调整合同。

第三，就效力而言，因重大误解而订立合同，当事人可请求法院或仲裁机构撤销合同。根据《民法典》第533条可知，情事变更原则之适用，并不会导致合同无效或撤销，而是系变更合同之效力，如增减给付、分期或缓期履行或解除合同等。即使合同因此被解除，也与撤销之情形不同，因后者合同溯及既往地消灭。②

---

① 林诚二：《民法理论与问题研究》，中国政法大学出版社2000年版，第31页。
② 《民法典》第533条规定：合同成立后，合同的基础条件发生了当事人在订立合同时无法预见的、不属于商业风险的重大变化，继续履行合同对于当事人一方明显不公平的，受不利影响的当事人可以与对方重新协商；在合理期限内协商不成的，当事人可以请求人民法院或者仲裁机构变更或者解除合同。人民法院或者仲裁机构应当结合案件的实际情况，根据公平原则变更或者解除合同。

6.4.3 工程领域重大误解之情形及其处理

在工程领域常见的重大误解有异常工地状况、造价计算错误等,如上文所述,其中又以地质状况异常容易引起纠纷。

6.4.3.1 异常工地状况之概念

如上文所述,一般的建设工程在开工前,往往要通过地质钻探的工作来检测地下之地质状况,并以此钻探结果作为承包方投标、报价、订约之重要根据,所以发包方要提供相关的工地状况资料给承包商计算成本及施工风险。但是如果施工期间才发现工地之地质状况与原先预期的情形有显著差异,且在投标及订约过程中经由工地勘查或资料研究无法发现,即构成所谓"异常工地状况"(differing site condition),[1] 如地表下岩石的种类及数量、地下水位分布、岩层结构、地下垃圾埋藏状况等。一方面,此非属可归责于双方当事人之事由,故应当如何分配风险将成为问题之所在;另一方面,此种状况非属于"客观情事变更",故在能否适用情事变更原则的问题上易滋生纠纷。[2]

6.4.3.2 德国法的构成

对于上述双方认识错误,德国法采用交易基础障碍制度予以处理,其根据在于德国法上的交易基础包括所谓"主观交易基础"。[3]

学者认为虽然《德国民法典》第 119 条及以下条文所规定的因错误而发生的撤销作为特别法性质的规定优先于交易基础障碍的规定。但是有争议的是,这一优先地位是否也适用于共同错误。如果双方当事人发生了同样的错误,则偶然地取决于谁先表示了撤销。但是,撤销人根据第 122 条的规定负有损害赔偿义务,对方当事人从合同的消灭中获益却无此义务。为避免这种

---

[1] 李金松:《异常工地状况损失的风险分配与求偿》,载《营造天下》2005 年第 110 期,第 11 页。

[2] 曾婉雯:《工程契约中之契约调整权——以情事变更原则为中心》,政治大学法律研究所 2010 年硕士学位论文,第 168—169 页。

[3] 《德国民法典》第 313 条第 2 款规定:……已成为合同基础的重要观念表明系错误的,与情事的变更相同。

结果出现,在《债法现代化法》生效之前人们就认为第119条及以下条文仅适用于单方错误。对于共同错误,交易基础障碍的规定可以适用,① 这种观点得到了第313条第2款的确认。②

第313条第2款规定了主观交易基础,即应以合同订立之时即已存在的对方当事人能够认识并且没有提出异议的一方当事人的想法,或者双方当事人的共同想法为标准,法律效果意思即建立在这些想法之上。③ 如果主观交易基础自始欠缺,则适用第313条第2款的规定。④ 主观交易基础的自始欠缺尤其包含共同错误的情况。不过事实上,第313条第2款也适用于一方当事人认识错误,而对方当事人自己没有认识而无异议地接受的情形。⑤

在地质状况异常的情形,发包方和承包方对于工地之地下情况存在认识上的共同错误,此种认识偏差使得工程合同的履行成本增加,对承包方显失公平,此时如果满足交易基础障碍制度的其他要件,承包方当然可以根据《德国民法典》第313条第2款主张对合同进行调整甚至解除。

在德国工程实务中,如果发包方和承包方将VOB/B之条款纳入合同,那么在异常地质的场合,承包方可以根据VOB/B§6Ⅱ第1款第1项之规定,在因发包人领域所生之情事致工程施工障碍时,承包方得请求展延工期,竣工日期按中断日期往后延期,此发包人领域所生之情事就包括施工环境之地下涌水、工地之异常地质情况等,亦即施工客体之可施作性属于发包人领域之情事,由发包人负责。根据VOB/B§6V之规定,承包人之施工因障碍因素而停工时,则承包人得请求之报酬,除了依已完成工作计算外,尚应包括承包人额外支出之费用。

6.4.3.3 我国台湾地区的理论与实践

如上文笔者在异常工地状况部分的论述,对于地质异常乃至双方共同错

---

① Vgl. BGHZ 25, 390 (392); Brox, BGB AT, Rn. 424f.; Larenz/Wolf, BGB AT, §38 Rn. 5; Palandt/Heinrichs, §242, 149.

② Vgl. BT - Drucks. 10/1040 S. 176; Muthers, in Henssler/v. Westphalm, §313 Rn. 10, 22; a. A. Huber, in Huber/Faust, Schuldrechtsmodernniserung, Rn. 9/8.

③ BGHZ 120, 230 (236).

④ Palandt/Grünberg §313 Rn. 38.

⑤ BT - Drucks. 14/6040 S. 177; Brox/Walker, Schuldrecht AT, §27 Rn. 9.

误能否适用情事变更原则予以处理,我国台湾地区司法实务有肯定说与否定说。

肯定说之判决,如我国台湾地区"高等法院"(2004)台上字第88号判决、高雄地方法院(2006)建字第58号判决、我国台湾地区"高等法院"台中分院(2000)上更(一)字第20号判决、台北地方法院(2001)重诉字第1794号判决等;否定说之典型判决如台北地方法院(2004)建字第31号判决、我国台湾地区"高等法院"(2008)建上字第22号判决、台北地方法院(2008)建字第46号判决、高雄地方法院(2007)建字第73号判决等。

肯定说之理由主要有以下几点:(1)所谓情事变更,固多指客观环境或基础情况之变更,例如物价、币值之涨跌,唯应不限于此,客观情事虽无变化,然当事人于缔约时就该情事均无从得悉者,应仍有情事变更原则之适用;(2)工地地质情况到底如何由外观难以看出,如缔约时之认识与实际不符,承包方并无可归责之事由;(3)如因地质状况认识错误,需要改变工法或增加施工成本,以至于对施工方显失公平,则应当适当分担风险。

否定说之理由则有以下几点:(1)发包方未能提供客观、准确之工地地质资料,构成违约,应由其承担违约责任,自然无情事变更之适用余地;(2)承包方应妥善勘查工地,采取适当的工法,如其未能妥善评估工地之地质状况以致其所提出之工法无法达到施工效果,即属于可归责于承包方之事由,无情事变更原则之适用;(3)承包方为专业人士,对于系争工程投标前应当先就工程工地之地下状况详细勘查,对于异常地质状况应当事先可预见;(4)于双方对地质状况认识错误场合,该地质状况一直存在,并无情事之变更,不满足情事变更原则之要件,应以条件制度来解决;[1](5)关于主观事由致认识与客观上之事实不同,而于契约缔造后才发现,则属于错误之问题,得透过错误相关规定处理,无须通过情事变更原则来解决。[2]

但问题的核心是所谓地质状况异常通常并非于缔约后才发生变动,因为

---

[1] 林诚二:《情事变更原则之再探讨》,载《台湾本土法学杂志》2000年第12期,第61—62页。

[2] 张南薰:《情事变更原则在公共工程上之适用》,政治大学法律研究所2000年硕士学位论文,第53—54页。

民法典背景下情事变更原则之逻辑构成与司法展开——以两岸建设工程实务为分析场景

合同之客观情事往往并未发生变动。多数法院见解认为情事变更原则之情事仅限于客观情事，①其思想系渊源于衡平观念，而追求个案争议。②例如突发战争、灾害、暴动、罢工、经济危机、币值大幅滑落、物价涨幅过巨、汇率发生大幅波动等，不包含主观之事实，实务上援引情事变更原则所解决的问题也不外乎因战乱而引起的物价飙涨或通货膨胀等。③而坚持肯定说之法院及部分学者则认为，此处的情事也应包含主观情事，认为契约关系具有主观对价性，第三人对于该事件之认识其实并不具有重要性。所以主观上共同认识之事实或预想于缔约后变更，与客观上之情事并无任何变更，并非情事变更于缔约时既已存在，而是双方之共同认识或预想于契约成立后才发现。因此，此一合同基础之变更，在客观事实之变更情形与主观共同认识之变更二者并无不同。④

综合上述观点以及笔者上文中所提及之判决，笔者也认为我国台湾地区工程领域运用情事变更原则来处理异常工地状况之问题在其立法框架内具有合理性。

1. 双方共同错误系指表意人在其意思表示形成过程中，双方对其决定为某特定内容意思表示具有重要性的事实，认识不正确。其与"条件"不同，后者系指当事人以将来客观上不确定事实的成就或不成就来决定法律行为生效与否的一种付款，而并非当事人均会将立约基础约定为合同的附款。王泽鉴教授就认为，此时法律行为基础不存在之风险应由双方共同承担，较能兼顾双方当事人利益的解决方法，系依诚信原则调整当事人的法律关系。⑤

2. 我国台湾地区关于错误的适用要件十分严格，其"民法"第88条规

---

① 曾婉雯：《工程契约中之契约调整权——以情事变更原则为中心》，政治大学法律研究所2010年硕士学位论文，第189页。
② 侯庆辰：《民法情事变更原则之研究》，载《法学丛刊》2003年第191期，第111页。
③ 彭凤至：《情事变更原则之研究——中、德立法、裁判、学说之比较》，五南图书出版公司1986年版，第239页。
④ 张南薰：《情事变更原则在公共工程上之适用》，政治大学法律研究所2000年硕士学位论文，第101页。
⑤ 王泽鉴：《民法总则》，中国政法大学出版社2001年版，第375页。

定:"意思表示之内容有错误,或表意人若知其事情即不为意思表示者,表意人得将其意思表示撤销之。但以其错误或不知事情,非由表意人自己之过失者为限。"可见其错误制度仅限于表意人无过失,[①] 如此将导致如果当事人一有过失,则无救济之途径,且错误撤销权之除斥期间仅有一年,[②] 若当事人因除斥期间经过只能严守合同,而造成实质上之不公平。即使可以因为错误而撤销原来之意思表示,则该合同依据我国台湾地区"民法"第114条须自始无效,[③] 则当事人尚必须将原来之合同作相关之清算,若有缔约之必要必须另行缔约,徒增交易成本。

3. 情事变更原则既属于确保当事人能够正确决定契约内容的调整机制,而当事人在缔约时,如是基于一定事实之认知或信赖,而嗣后该信赖或事实发生重大变更,抑或契约当事人以某种共同的设想或肯定的期待为缔约之出发点,但嗣后发现该设想或期待不正确,则当事人即无法达成缔约之目的,实有通过情事变更原则加以保障之必要。

6.4.3.4 我国大陆的解决方案

与上述德国法和我国台湾地区的司法实践和理论构成不同,工程领域中的双方认识错误,比如异常工地状况在我国大陆的实践中有着完全不同的处理方式,即完全根据重大误解制度来解决。即因为对于工地地质状况的重大误解而使得承包商须承担过分的风险,使合同对其显失公平时,其可以根据原《合同法》第54条第1款第1项请求法院变更或撤销该建设施工合同。

这样处理的根据在于:

1. 我国民法之立法思想,在保护双方当事人利益上务求公平,原《合同法》第54条第1款第1项之重大误解不仅包括表意人的表示与意思不符,

---

① 关于此过失,究竟是抽象过失、具体过失、重大过失,尚有争议,参见黄立:《民法总则》,元照出版有限公司2006年版,第451—452页。
② 我国台湾地区"民法"第90条:前二条之撤销权,自意思表示后,经过一年而消灭。
③ 我国台湾地区"民法"第114条:法律行为经撤销者,视为自始无效。当事人知其得撤销或可得而知者,其法律行为撤销时,准用前之规定。

也包括相对人对意思表示内容之了解错误。①

2. 原《合同法解释二》第26条及《民法典》第533条所规定之情事变更原则中的情事仅指客观情事,与《德国民法典》第313条将主观情事(双方共同错误)纳入其中显然不同。

3. 我国原《合同法》和原《民法通则》对当事人提供的救济不仅包括撤销,而且包括变更,甚至变更具有优先地位,其在一定程度上可以满足情事变更原则的效果要求。原《民通意见》第73条就规定:"对于重大误解或者显失公平的民事行为,当事人请求变更的,人民法院应当予以变更;当事人请求撤销的,人民法院可以酌情予以变更或撤销。"此点与我国台湾地区"民法"第88条仅赋予当事人撤销这一种救济手段判然有别。《民法典》仍可私下协商变更,其根据在于第543条。

4. 我国法上的重大误解并不严格要求表意人必须无过失,不过因为其过失作出重大误解的,可能要承担缔约过失责任而已。②此点与我国台湾地区"民法"第88条严格要求表意人必须无过失有所不同。

6.5　情事变更原则与建设工程施工合同的违约责任

6.5.1　建设工程合同中的"可归责性"与情事变更原则之适用

对于违约责任是否绝对排斥情事变更原则之适用,工程司法实践中存在分歧。

多数判决认为一旦相关事由可归责于一方当事人,即成立违约责任,而无情事变更原则的适用余地。典型判决略谓:"两造所立工程合约书第十四条记载'工期延长:因下列原因,致不能工作时,得照实际情况延长工期。一、人力不可抗拒之事故。二、甲方(即上诉方)之延误'等语,说明第

---

① 梁慧星:《民法总论》,法律出版社2011年版,第180页。
② 《民法典》第157条规定:民事法律行为无效、被撤销或者确定不发生效力后,行为人因该行为取得的财产,应当予以返还;不能返还或者没有必要返还的,应当折价补偿。有过错的一方应当赔偿对方由此所受到的损失;各方都有过错的,应当各自承担相应的责任。法律另有规定的,依照其规定。

第6章 情事变更与施工合同中相关规则之关联

二十四条'乙方（即被上诉人）于左列情事之一者，得于情事发生之日起三十日内，以书面通知甲方（即上诉人）终止契约，否则依原契约继续施工……2 订约后六个月内无法开工者。3 施工期间甲方通知乙方停工或非可归责于乙方之事由致停工超过六个月者'等语。两造签约时既就工期延长、无法如期开工及不可归责于被上诉人事由之停工，约定有处理方式，能否谓上诉人就工期之延长无法预料，而有情事变更原则之适用，尚非无疑。"① 根据该判决之表述，其基本立场是在因发包方之原因致使承包方无法按时入场施工时，发包方本身构成违约责任，就是说该工程迟延可归责于该合同的一方当事人，当然不能满足情事变更原则的适用要件。因此违约责任一旦构成就绝对排斥情事变更原则的适用，两者不能并立。

我国台湾地区"高等法院"台中分院（2008）重上更（1）字第 15 号判决也持相同观点，略谓："……依其立法理由记载，情事变更纯属客观之事实，并无因可归责于当事人之事由所引起之事例……"

与此相反的观点则认为，即使存在可归责于发包方之事由，也不妨碍承包方主张情事变更原则之适用，略谓："惟相对人（定作人）罔顾实际工程需要，于出入口设计变更方案尚未完工前，即命令声请人（承揽人）限期拆移道路中央带围篱，使声请人就系争工程部分开口之围篱面积减缩，声请人于签约时无法预见系争工程位在道路中央之开口，会在无围篱架设之情况下进行投料、施作工程，更无法预料某工程配合道安会报决议中央围篱带围篱拆除之执行，当属不合理地运用权力修改、限制声请人业经核对之工地区域，此种情事变更已超出声请人订约时所能合理预见之范畴，自非声请人于签约时所能预料……按所谓不可归责于当事人之事由，依法理言，应指不可归责于主张显失公平之人即足，而非指不可归责于被主张之人，查本件出入口变更设计，既应于八十五年七月一日以前定案，而相对人于该变更设计尚未定案前，即命令声请人限期拆移中央围篱，自应认为是项情事变更系不可归责于声请人之事由。基上而论，声请人主张本件仲裁有情事变更事实存

---

① 我国台湾地区"最高司法机构"93 年台上字第 1277 号。

在，核属可采。"①

学者多认为立法者之真意并非在舍弃"事件发生不可归责于当事人"之要件，而是情事变更本为一客观事实，理论上当然系非可归责于双方当事人所生，始有该原则之适用。②

6.5.2 情事变更能否作为免责的规范基础

在建设工程合同中，由于物价暴涨、异常天候等原因，承包商往往基于情事变更主张变更甚至解除建设工程合同，但是发包方往往是此情事变更的受益方，或者将获得较大利益，很多不会同意承包方。如果要继续维持建设工程的合同效力，则承包方一旦中止履行将必然构成违约。我国实际生活已有相关的判决，如上述我国台湾地区的判决以及上文提到的"长春市对外经济贸易公司诉长春朝阳房地产开发公司购销房屋因情事变更而引起的价款纠纷案"。经常是一审法院判决承包商履行迟延，构成违约，二审法院却认为构成情事变更，承包商中止履行不构成违约，不得被追究违约责任。从结果上讲这种处理无疑是合理的，但是二审法院忽视了一个问题，即我国《民法典》除了在第590条明确规定了不可抗力作为免责事由外，并没有赋予情事变更原则以免责效力，该原则的适用仅仅导致合同的变更或解除，在此前提下何以承包方中止履行建设工程合同却不构成违约。

如前所述，CISG对于不可抗力和情事变更采用的是一元规范模式，即统一规定于CISG第79条，如果《民法典》也采纳这种模式，对于情事变更当然也可以基于第590条而作为免责事由，说理上最为顺畅无碍。说到底受情事变更不利影响的承包方之所以中止履行而不应当承担违约责任，其根据在于只有通过承认受不利影响方享有中止履行的抗辩权才能得到解释。所以在理论上应当承认情事变更场合受不利影响的承包方的中止履行抗辩权。PICC虽然对此予以否认，但仍不得不认可例外的存在。而日本债权法改革

---

① 我国台湾地区仲裁协会（1998）商仲麟声仁字第70号仲裁判断。
② 黄立：《工程承揽契约中情势变更之适用问题》，载《政法大学评论》2010年第119期，第202—207页。

第6章 情事变更与施工合同中相关规则之关联

也确认在进行再交涉的合理期间，债务人可以拒绝履行自己的债务。[1] 但是在我国目前将不可抗力和情事变更分置规定的立法模式下，如何能够证成情事变更可以作为免责事由确实是一个难题。

笔者认为有以下几种可能的思考路径：

1. 对《民法典》第590条第1款中的"不能履行"进行目的性扩张，使其不但包括第580条第1款所规定的"法律不能"和"事实不能"，而且包括所谓"经济不能"（wirtschaftliche Unmöglichkeit）。[2] 这样在经济不能的情况下，就可以直接根据第590条第1款免责。但我国立法、司法解释及学理解释并没有尝试这一路径，即我国关于不可抗力的规范，并没有作为嗣后经济不能的免责基础。按照目前的制定法，嗣后的经济不能只能按照情事变更原则来处理，但这一处理方式不具有使承包方免责的效果。如果能将经济不能的情形纳入不能履行的概念中，则此问题可迎刃而解。

2. 从我国《民法典》的现行规定进行整体类推，从而得出在发生情事变更的情形下，债务人可以中止履行或曰有中止履行的抗辩权而无须承担违约责任。以笔者思考，这些现行规定包括但不限于《民法典》第527条、第666条、第729条、第857条、第858条。所谓整体类推，是指存在分散在法律各处的多个个别性法律规定，这些法律规定尽管在构成要件上有所不同，却存在共同的"法律理由"，因而法律赋予其相似的甚至相同的法律后果。那么对于同样存在此种"法律理由"的个案情形，如法律没有明确其法律后果，则同样可将相同法律后果赋予该种情形。[3]

拉伦茨教授曾举例说明整体类推的逻辑操作过程，其根据德国民法在各

---

[1] 参见日本债权法改正基本方针[3.1.1.93]（基于情事变更的履行拒绝），转引自韩世远：《情事变更若干问题研究》，载《中外法学》2014年第3期，第661页。

[2] 比如德国帝国法院在"棉花子面粉案"[RGZ 57, 116 (1904)]中曾指出：即使是民法第279条，亦不得如此扩张解释，认为仅于所有同种类之标的物完全灭失时，债务人始得免责。对于第279条的正确解释，乃不仅于所有同种类的标的物全部灭失，而是取得同种类的标的物变得十分困难，以致依人情之常无法期待任何人做到时，即为种类之债的履行不能。并认为，如果市面上尚能取得该种种类物时，则出卖人仍须履行。出卖人须彻底询问，但不须问遍国内外市场；须出较高的代价，甚至自第三人转买；但已交付第三人的货品，即非所谓市面上的货品。参见彭凤至：《情事变更原则之研究》，五南图书出版公司1986年版，第103—104页。

[3] [德]卡尔·拉伦茨：《法学方法论》，商务印书馆2003年版，第260—261页。

民法典背景下情事变更原则之逻辑构成与司法展开——以两岸建设工程实务为分析场景

种不同的持续性的债之关系中都规定双方当事人基于"重大事由"均有权终止契约，推导出在所有持续性的债之关系中，均有此种契约终止权存在，并形成裁判上的固定见解，如今该原则已经规定在《德国民法典》第314条。①

在上述列举的《民法典》条文中，可知在第527条的情形，若因意外事故使得后履行义务人之履行能力严重贬损，则先履行义务人有中止履行的抗辩权；在第666条的情形，赠与人因意外变故经济状况严重恶化时，则其有不再履行赠与义务的永久抗辩权；在租赁物因意外事故毁损、灭失时，承租人有少交或不交租金的抗辩权；在第857条、第858条的情形，若技术研发因意外原因使得继续履行合同没有意义或遇到无法克服的技术困难，则双方可以解除合同，互不承担违约责任。

以笔者观察将上述条文作为情事变更原则的具体化，或者将其理解为《民法典》第533条的特殊规定而优先适用均无不可。基于上述共同特点，也可以推导出一个"一般的法律原则"，即在构成情事变更的场合，主张适用情事变更原则的一方当事人，或者说受情事变更不利影响的当事人有一时或永久的抗辩权，其中止或终止履行的行为不构成违约。

事实上，日本学界也认为，判例、学说上的"不安抗辩权"是"情事变更原则"适用之一例；② 而《日本民法典》第461条第1款、第589条、第609—611条、第628条、第651条第2款、第678条第2款、第683条、《租地租房法》第11条、第17条、第32条；《农地法》第23条、第24条；《身份保证法》第4条等，都是"情事变更原则"的立法例。③ 基于此，在

---

① 《德国民法典》第314条［由于重大原因而通知终止继续性债务关系］规定：（1）合同当事人任何一方可以由于重大原因而通知终止继续性债务关系，无须遵守通知终止期间。在考虑到单个案件的全部情事和衡量双方利益的情况下，将合同关系延续到所约定的终止时间或延迟到通知终止期间届满之时，对通知终止的一方来说是不能合理期待的，即为有重大原因。（2）重大原因在于违反合同而发生的义务的，仅为补救而制定的期间届满而无效果后，或在催告而无效果后，始准许通知终止。准用第323条第2款。（3）权利人只能在知悉通知中的原因后，在适当的期间内通知终止。（4）请求损害赔偿的权利不应通知终止而被排除。

② 需注意的是《日本民法典》并不存在对于"不安抗辩权"的一般规定。

③ 孙美兰：《情事变动与契约理论》，法律出版社2004年版，第155页。

第6章 情事变更与施工合同中相关规则之关联

建设工程合同履行中发生情事变更的场合，承包方可以主张适用情事变更原则，并中止履行且不承担违约责任。

3. 根据传统民法理论，对通常事变理论予以重新定位。如前文笔者在界面冲突部分的分析一样，传统民法中通常事变一般是作为免责事由处理的，比如《德国民法典》第275条、我国台湾地区"民法"第225条、《日本民法典》第415条第2句、《意大利民法典》第1218条、《法国民法典》第1148条。这些规定的特点在于其对债务不履行采过错责任原则，因而不论是不可抗力还是通常事变均作为免责事由处理，最典型的是《法国民法典》第1148条的表述："如债务人是因不可抗力或偶然事变不能履行其负担的给付或作为之债务，或者违约实施其受到禁止的行为，不引起任何损害赔偿。"[①]而我国《民法典》只在第590条规定了不可抗力可以作为免责事由，对于通常事变能否作为免责事由没有规定，构成法律漏洞。填补的可能方法，一是类推适用第590条，因为两者其实都是当事人不能克服、不能支配的外界力量，只是强度不同而已，有共通的本质一致性；二是对《民法典》第593条进行目的性限缩，将其适用范围缩小至债务人之代理人、履行辅助人及其他法律关系人，对于积极侵害债权的第三人，则视为债务人具有不可归责性予以免责[②]。如上文分析，情事变更原则中的"情事"与不可抗力、通常事变具有很大程度的重叠性，在不可抗力或通常事变场合，只要能够满足情事变更原则的适用条件，是完全可以适用该原则的。所以，在界面冲突、政策调整、居民抗争等情况下，承包方当然可以主张适用情事变更原则，且有权利中止履行建设工程合同而无须承担违约责任。

---

① 罗结珍译：《法国民法典》，北京大学出版社2010年版，第307页。

② 《民法典》第593条相对于原《合同法》第121条，最明显的一个变化是加了"依法"两个字。这一改动具有以下两个方向相反的重要影响。一是大大压缩了制度适用范围，使《合同法》第121条漫无边际的滥用情况得以改观，即所有适用第593条的情形都必须有其他法律规定的明确支持，否则无须为第三方承担违约责任。二是这一修改使得为第三人承担违约责任的条文由原《合同法》第121条的完全法条降格为现在《民法典》第593条的引致法条（不完全法条）。因其没有独立的构成要件和法律效果，不能作为独立的请求权基础，因此其法律适用上的重要性大大降低，甚至可以完全不予理会，而直接以其所指向的法条作为请求权基础即可，有点"自废武功"甚至"挥剑自宫"的意思，这大概是当初立法者所未能预料的。

6.6 情事变更原则与发包人违反协助义务

6.6.1 概述

上文多处提到在施工合同中，发包方有协助义务，比如及时办理各种手续、取得施工用地、提供完整准确的施工所需资料、妥善协调关联厂商等，如此承包方才能顺利施工直至施工完成。若发包方不为此协助义务，则承包方不但不能顺利施工，且往往会因为工期迟延而增加施工成本。如此在发包人不为协助时是否有情事变更原则的适用事关承包方之救济途径，笔者以为，事实上可以区分两种情况：（1）发包人不为协助系因不可归责于双方之事由；（2）发包人不为协助是因可归责于己之事由。

6.6.2 发包人因不可归责于双方的事由不为协助

6.6.2.1 概述

关于施工合同中的风险负担，《民法典》合同编第18章并无明确规定，但是《民法典》第604条、第605条确有关于买卖合同风险负担的一般规定性规定，[①] 结合第646条后半段，[②] 可以认为第604条、第605条之规定对于施工合同依然适用——承包人负有完成工程施工之义务，在完工交付之前，若工程毁损、灭失，则一切风险由承包人承担；如发包人受领迟延，则相关危险应由发包人承担，我国台湾地区"民法"第508条即有明确规定。[③]

据此类规定，工作物未完成前因不可归责于发包人之事由所生之损失是

[①] 《民法典》第604条规定：标的物毁损、灭失的风险，在标的物交付之前由出卖人承担，交付之后由买受人承担，但是法律另有规定或者当事人另有约定的除外。第605条规定：因买受人的原因致使标的物未按照约定的期限交付的，买受人应当自违反约定时起承担标的物毁损、灭失的风险。

[②] 原《合同法》第646条：法律对其他有偿合同有规定的，依照其规定；没有规定的，参照适用买卖合同的有关规定。

[③] 我国台湾地区"民法"第508条：工作毁损、灭失之风险，于定作人受领前，由承揽人负担，如定作人受领迟延者，其危险由定作人负担。定作人所供给之材料，因不可抗力而毁损、灭失者，承揽人不负其责。

否可令发包人承担，似有疑问。① 因为承包人是否承担给付危险，应视交易习惯及当事人间具体特约所认定之牺牲界限。牺牲界限为源自诚信原则之观察视角，认为如果债权人超出诚信原则所定之牺牲界限，要求债务人履行债务，就等于苛刻地行使权利，构成权利滥用，此亦为"缔约基础变更""经济不能"之论点。承包人在牺牲界限内负担给付危险，超出牺牲界限时，则可调整当事人间对价关系，或为解除或终止其间债之关系前提。② 我国台湾地区"民法"第508条第1项之规定谓工作物未完成前承包人在任何情形下均必须负担给付之危险，不得调整合同之对价关系，似乎过于绝对，其未考虑到情事变更之情形，尤其是在因不可归责于双方之事由使得发包方不为协助行为，致使施工合同之调整势在必行之时。

6.6.2.2 "在订立合同时无法预见"

情事变更原则适用要件之一是必须满足不可预见性，《民法典》第533条则表述为"……在订立合同时无法预见的……重大变化……"。在发包方不为协助义务时，通常会引起停工或工程迟延，因而在情事变更原则之适用性上，重点在于停工或工期延误多久才能符合"在订立合同时无法预见"之要件？就此我国台湾地区公共工程委员会曾于1998年12月23日邀请法律界和工程界之专家共同研讨"情事变更原则适用于公共工程采购"争议，关于此点，共有四种见解：一是个案判断；二是依工程管理，应为6个月；三是在国际管理上，应为90天至180天；四是依据1989年6月19日台营内字第709046号函之表述"机关营缮工程契约订定应符合双方权利义务公平合理原则"说明四规定为3个月，才能请求调整合同金额。③

实务上适用情事变更原则之案例中多坚持6个月之裁判标准，认为："考现行工程实务，一般做法系以六个月（一百八十日）为定作人处理界面可能发生之迟延期间，故在两造工程合约签订之后，因不可归责于承揽人之

---

① 罗明通：《论工期展延费用之风险分担（下）——从"不可归责于承商"之角度谈起》，载《营建咨询》2002年第233期，第64页。
② 黄茂荣：《债法各论》（第1册），2003年作者自版，第518页。
③ 陈玉洁：《工程契约变更之争议问题研究》，政治大学法律研究所2005年硕士学位论文，第202页。

民法典背景下情事变更原则之逻辑构成与司法展开——以两岸建设工程实务为分析场景

事由,客观之迟延状况超出合约完工期限六个月部分,如非承揽人缔约时可得预料,如令承揽人仅能依原有合约金额请求,自有失公平,故该超出部分应有情事变更原则之适用,合约金额应受公平合理之调整。"① 不少仲裁判断也持有类似看法。

也有法院判决将展延工期与原合同约定工期相比较,以此作为是否"在订立合同时无法预见"之考量因素。典型判决略谓:"按契约成立后,情事变更……'民法'第二百二十七条之二第一项订有明文……本件系争工程因曾办理六次变更设计,及被告之他标(空调、水电及共同管道)承包商施工延误,及被告未依约按时实施交通改道,致原告无法依原订时程进场乃发生工期展延计七百零六日之结果,为两造所不争执。而查工期展延长达七百零六日,几与原约定工期七百五十日相同,依一般常情,绝非两造订约时所得预料。"②

笔者认为,如以工程领域管理6个月作为承揽人可合理预见之迟延期间,在工程实务案件中逐渐形成共识,可使风险之分配更加明确,有助于承包人于投标时评估风险并予以适度事先规划,减少不确定风险因素之影响,可促进合理之标价,使发包人也获得利益。但于此标准之外,其他应当考量的因素还应包括:展延工期期间与原工程期间之比例,工程复杂程度,展延工期之原因与承包人因此所受之损失大小,亦可能影响"承包人合理预见之范围",并非应以六个月为唯一标准,在不同个案中应考量上述因素,以确定符合情事变更原则"在订立合同时无法预见"之要件。

6.6.2.3 "结合案件的实际情况确定是否变更或者解除"

若当事人主张适用情事变更原则,《民法典》第533条表述为"人民法院或者仲裁机构应当结合案件的实际情况,根据公平原则变更或者解除合同"。在施工合同中,则必须依据公平合理之标准,斟酌承包人之损失、发包人所受之利益以及其他周边情事,来确定如何变更施工合同,这种变更往往表现为工程款之增减给付或其他效果,其中又以增加承包人之工程款以补

---

① 王志奥:《仲裁案例选辑Ⅲ》,我国台湾地区商务仲裁协会1999年版,第122页。
② 台北地方法院(2002)重诉字第1282号判决。

第 6 章　情事变更与施工合同中相关规则之关联

偿其施工成本之增加为常态。实务上案例对于情事变更增加给付之数额，有不同之认定标准：

1. 部分仲裁案例是以承包人合理预见之范围为标准，认为超出 6 个月之部分，即为承包人无法预见之部分，承包人可依情事变更原则请求增加给付。[1]

2. 有以"承包人因本件工程而实际上所支出之成本费用金额"加上合理利润作为增加之给付，对于承包人所支出之成本费用，系以财务报表所示之亏损认定之，在参考营造业一般土木工程业之利润标准以及过去几年承包人利润之比率，酌定合理之利润。[2]

3. 另有以承包人之单据认定承包人在展延工期中所增加之成本及费用。[3]

由于情事变更原则即在于调整不公平之合同效果，故必须在个案中决定如何调整始为公平，只要法院所定之增减给付或变更原有之效果，符合诚信原则即可，事实上难以存在一个明晰的标准。在司法实践中，有以超出六个月的部分增加给付，也有就承包人支出之承办费用认定，甚至加上合理利润，其间差异较大。如果能就这类案例形成一定之标准，使风险分配更为明确，应有助于双方事先评估合同风险。

另外，在施工合同中适用情事变更原则时，应考量如何分配风险始为公平，当发包人不为协力时，如属于不可抗力情形，虽非可归责于发包人，但发包人较承包人更有能力控制风险，此点应加以考量，例如在一案例中，专业人士认为："审酌双方当事人之陈述及案卷资料，本案民众抗争属不可预料之情事变更，其所致厂商之损失，系不可归责于双方，故在风险分担上应由裁判者本诸衡平原则加以合理分配。复鉴于公共工程主办机关掌握相关国家资源，在排除民众抗争方面自较承包商具更强之能力，本会认为本案应分配予环保署较大之风险责任负担。"[4]

---

[1] 陈峰富：《工程界面总裁案件之争议》，载王志奥编：《工程仲裁案例选辑Ⅰ》，第 197 页、第 211 页、第 212 页。
[2] 蔡钦源：《工程合约签订后迟延签发开工通知及交付土地之损害赔偿请求》，载王志奥编：《工程仲裁案例选辑Ⅰ》，第 215 页、第 231 页。
[3] 台北地方法院（2002）重诉字第 1282 号判决。
[4] 罗明通：《采购法规范之范围及公平合理原则适用于采购行为之界限》，载《律师杂志》2000 年第 249 期，第 39 页。

6.6.3 发包人因可归责于己之事由不为协助

依前文之讨论,在发包人违反协助义务为可归责时,承包人可以依据《民法典》第 778 条、第 803 条、第 804 条解除施工合同并请求损害赔偿,或者也可以不解除合同只请求损害赔偿。问题是此时承包方可否以情事变更原则为由来调整合同?

如上文分析,情事变更原则的适用须满足不可归责性,学者认为:"若情事变更为可归责于当事人之事由时,则当事人自应负担其危险,不发生适用情事变更原则问题,故情事变更原则须因不可归责于当事人事由始可。"① 我国《民法典》以及我国台湾地区"民法"第 227 条之 2 文字表述虽然没有明确情事变更必须不能归责于合同当事人,但是民法主流学说以及司法判决之主流观点都坚持情事变更须非归责于合同当事人方有情事变更原则的适用。我国台湾地区"民法"第 227 条之 2 删除了"民事诉讼法"第 397 条第 1 项"因不可归责于当事人之事由致"之文字,并非舍弃此要件,参考其修法理由可知:"又情事变更,纯属客观之事,当无因可归责于当事人之事由所引起之事例,故'民事诉讼法'第三九七条规定'因不可归责于当事人之事由致'等语无赘列之必要,并予叙明。"所以,如系可归责于发包人而延长工期,所生之风险当然应由发包人承担,承包人得依上开规定请求损害赔偿,并无情事变更原则之适用。仲裁实务中多采此见解,略谓:"声请人(承揽人)主张其系由于相对人(定作人)提供土地及土地使用权有所延误,致工期延长所生之损失,亦应由相对人负责,纵其所言非虚,因系可归责于相对人之事由所致,自无适用情事变更原则之余地。"②

但也有部分案例在认定可归责于发包人的同时适用情事变更原则来变更合同,略谓:"惟相对人(发包人)罔顾实际工程需要,于出入口设计变更方案尚未完成前,即命令声请人(承揽人)限期拆迁道路中央带围篱,使声

---

① 郑玉波:《民法债编总论》,三民书局 1996 年版,第 398 页;林诚二:《情事变更原则之再探讨》,载《台湾本土法学杂志》2000 年第 12 期,第 63 页、第 68 页。
② 张迺良:《关于适用情事变更原则之工程仲裁案例》,载王志奥:《仲裁案例选辑Ⅰ》,第 161 页、第 182 页。

第6章 情事变更与施工合同中相关规则之关联

请人就系争工程部分开口之围篱面积减缩，声请人于签约时实无法预见系争工程位在道路中央之开口，会在无围篱架设之情况下进行投料、施作工程……按所谓不可归责于当事人之事由，依法律言，应指不可归责于主张显失公平之人即足，而非指不可归责于被主张之人，查本件出入口变更设计，既应于八十五年七月一日以前定案，而相对人对于该变更设计尚未定案前，即命令声请人限期拆迁中央带围篱，自应认为是项情事变更系不可归责于声请人之事由。基上而论，声请人主张本件仲裁有情事变更事实存在，核属可采。"①

笔者以为上述仲裁判决有待商榷。在情事变更原则适用之要件上，发包人存在可归责之事由时无法构成情事变更，且发包人对承包人施工产生干扰，限制工地之妥善使用，已经违反协助义务，而协助义务作为一种从给付义务，此际发包人已经构成债务不履行，应当承担违约责任，承包人得根据《民法典》第778条、第803条、第804条要求损害赔偿乃至解除合同，并无情事变更原则之适用余地。

---

① 陈峰富：《因行政处分致影响工率之损害赔偿》，载王志奥：《仲裁案例选辑Ⅱ》，第232页、第247页。

民法典背景下情事变更原则之逻辑构成与司法展开——以两岸建设工程实务为分析场景

结　论

　　施工合同有自己的特点，周期长、成本高、定价方式多样，尤其固定价格合同易受到客观环境变化的影响。建材价格飙涨、法令政策变化、异常天候、界面冲突、工期迟延、居民抗争、异常地质状况等情形，往往拉长工期、增加成本，若按原约定履行，将使承包商不堪重负。此际，以往承包商多主张适用原《合同法解释二》第26条（《民法典》第533条）关于情事变更原则之规定来变更甚至解除合同；发包方多不认同，并追究承包方之违约责任。究竟能否适用情事变更原则来调整合同成为工程领域中的重要问题。

　　最高人民法院对情事变更原则的适用采极其谨慎乃至保守的态度，学界对此问题研究也非常有限，相关判决不多，案型累积不够。我国台湾地区在此问题上则有较深入的研究，大量案件根据我国台湾地区"民法"第227条之2作出裁决，类型化的工作也相当纯熟，主流学者也围绕此问题展开大量研究，形成了法学和工程学交叉之工程法学专业。德国法上明确适用BGB§313条来调整施工合同的较少，原因在于其工程领域有较完善的示范合同条款VOB/B，其中第6条、第7条对工程领域中的常见风险进行了较适当的分配。

　　施工合同中情事变更原则之适用有自己的特点。第一，时间上要求必须在书面的施工合同签订后，大型工程还要经过招投标，否则合同无效。若施工合同成立前，承包方已知有情事变更或因重大过失而不知，则不得主张适用情事变更原则。工程合同履行完毕须以发包人验收合格为准，此后即无该原则之适用。若在施工迟延期间发生情事变更，则可比照《民法典》第590条第2款处理。第二，施工合同中的情事仅指客观情事，如等值障碍或目的不达，不包括主观情事。此与我国台湾地区将异常地质状况纳入情事变更不同，后者的情形在我国应以重大误解处理。德国法之所以将双方错误纳入交易基础丧失制度是有其制定法根据的（BGB§313条第2款），对于通常事变也应有情事变更原则的适用。第三，施工合同中风险的可预见性应进行类型化，如可预见的风险与不可预见的风险、可承受的风险与不可承受的风险，可承受的风险一般可通过法定或约定风险负担规则解决，其也不满足情事变更原则的适用要件。若仅预见风险类型，而没预见风险损失程度，应视为不可预见，有该原则之适用。在预见的标准上，应坚持客观标准为主，即以一位有经验的承包商依通常状况能够合理预见之范围作为判断依据。第四，继续施工合同对承包方显失公平或合同目的不能实现。此处显失公平应个案衡量，无须达到"经济废墟"或"生存毁灭"之程度，商业风险一般达不到显失公平的程度。若存在法定或约定的风险分配，则可对不可期待性要件进行排除。第五，应坚持不可归责作为情事变更原则的适用要件，我国台湾地区部分裁决认为即使情事变更可归责于一方也可适用该原则的做法不足为训，其对发包人协助义务之性质认识有误，且其错误制度的适用也有严格限制。在发包人违反协助义务即构成债务不履行，构成违约责任，从而无该原则之适用。而在可归责于第三方之通常事变场合，则应有该原则之适用。第六，发包方常在施工合同中拟定格式条款来限制承包方主张该原则之适用，如概括性弃权条款、物价调整条款、发包人协助义务违反免责条款等，其有效性应根据《民法典》第497条进行判断。

施工合同中适用情事变更原则有两大案型：一是工程迟延时基于此原则展延工期；二是在某些情形基于此原则请求费用补偿。

对于前者，FIDIC和VOB/B以及施工合同示范条款都有规定。应对请求展延工期的原因进行类型化，可归责于承包商或发包商的工程迟延，应由其承担相应违约责任；若不可归责于双方致工期迟延，则可据此原则主张展延工期。

后者则包括几种典型案型。第一，物价波动时能否适用情事变更原则的关键在于物价波动的幅度，主管部门也给出了参考标准。即使缔约之际双方已预见物价上涨的可能，但若价格上涨剧烈，则依然有该原则之适用。在发

民法典背景下情事变更原则之逻辑构成与司法展开——以两岸建设工程实务为分析场景

包方通过格式条款对该原则之适用进行限制、禁止时，应对条款之有效性进行审查，以防过度剥夺承包商之权利。第二，对于赶工应进行类型化，因恶劣天气、地震、居民抗争等不可归责于双方之原因导致赶工时，有情事变更原则之适用，在赶工可归责于发包方或承包方时，应以违约责任制度处理。第三，工地取得障碍的情形，一般可认定是发包方违反协助义务，该义务应认定为从给付义务，工地取得障碍也应认定为发包方违反义务，构成违约责任。但在因不可归责于发包商之事由导致工地取得障碍时，仍有情事变更原则之适用。第四，异常地质状况情形，我国台湾地区有裁决认为有情事变更原则之适用，这与其错误制度适用过于严格以及对于发包方地质勘察义务之认定有关。在大陆此情形可基于重大误解或违约责任予以解决，因为我国情事变更原则之"情事"不包括主观情事，重大误解制度也适用于双方错误，可适用于有过失的错误情形，且异常地质状况事实上没有"情事"之变更，其异常多可归责于发包方勘察不力，故不满足该原则之适用要件。第五，对异常天候能否适用情事变更原则要严格把握，一般的恶劣天气当无该原则之适用，而带来重大损失的异常天候则有该原则之适用。第六，对于界面冲突场合情事变更原则之适用争论较多，应予以类型化。发包方原则上有界面协调义务，其为从给付义务之一种，界面冲突场合多构成发包方之违约责任；若发包方通过格式合同将界面协调义务全部转由承包商负担，则该条款可能无效；若界面冲突不能归责于双方，则构成通常事变，应有情事变更原则之适用。其障碍在于《民法典》坚持无过错原则，即使通常事变，承包方也应根据《民法典》第593条承担违约责任，而无情事变更原则之适用。此外，《民法典》只规定了不可抗力这唯一一种一般性免责事由。目前其出路在于对第593条进行目的性限缩，将通常事变的情形排除，同时类推《民法典》第590条赋予其免责效力。另一个思路在于目的性扩张《民法典》第801条，使其覆盖界面冲突的情形，从而使承包方因无过错而不承担违约责任。这些情形都有情事变更原则之适用。在中国目前法制框架内，最顺畅的道路应当是第三条，即更严格地坚持严格责任，在界面冲突场合一律认定发包商违法从给付义务从而构成违约责任（除非构成不可抗力），承包人可主张损害赔偿、解除合同。这样处理既给承包方提供了适当救济，且和现行法不冲突，可作为判决说理的根据。第七，在法令调整场合，应有情事变更原则的适用，此际会发生不可抗力规则与情事变更原则的竞合问题。

情事变更与施工合同中的其他履行障碍之关联值得注意。第一，不可抗力与情事变更之间存在重叠和交叉，在不可抗力场合也有情事变更原则的适用，基于不可抗力规则还是情事变更原则解除合同会发生竞合，此际应坚持后者的优先地位。第二，商业风险和情事变更也不是彼此分割的，工程领域中判断其区分的标准往往是程度上的，不可承受的风险一般属于情事变更，可承受的风险一般被认为是商业风险。第三，显失公平制度与情事变更原则存在比较明显的区别：发生时间不同，法律效果不同。第四，重大误解制度和情事变更原则的争议焦点在于异常地质状况，我国台湾地区运用情事变更原则来解决有其特殊立法背景，而大陆以重大误解处理也完全可行。第五，情事变更原则与违约责任不能共存，前者应作为免责事由处理，在可归责于承包人或发包人时，无情事变更原则之适用。第六，发包人协助义务违反即具有可归责性，而不得适用情事变更原则，但在协助义务违反不可归责于双方当事人时依然有该原则之适用。

最高人民法院对于情事变更原则之适用采十分严谨甚至保守的态度，实践中运用情事变更原则来调整工程合同的案例也比较少，相关研究不足，案型累积不够，不利于法院经验积累，不利于案件类型化，不利于司法进步。有必要放弃情事变更原则适用的审核制，并加强工程领域中情事变更原则适用问题的研究。

参考文献

中文著作：

1. 崔建远等：《民法总论》，清华大学出版社 2010 年版；
2. 崔建远主编：《合同法》，法律出版社 2007 年版；
3. 崔建远主编：《合同法》，法律出版社 2010 年版；
4. 崔建远：《合同法》，北京大学出版社 2012 年版；
5. 崔建远：《合同法总论》（上卷），中国人民大学出版社 2011 年版；
6. 崔建远：《合同法总论》（中卷），中国人民大学出版社 2012 年版；
7. 崔建远：《债法总论》，法律出版社 2013 年版；
8. 韩世远：《合同法总论》，法律出版社 2011 年版；
9. 韩世远：《履行障碍法的体系》，法律出版社 2006 年版；
10. 林诚二：《民法理论与问题研究》（情事变更原则之理论与实际——债法之比较研究），中国政法大学出版社 2000 年版；
11. 林诚二：《民法问题与实例解析》，法律出版社 2008 年版；
12. 林诚二：《民法债编总论（下）》，瑞兴图书出版社 2003 年版；
13. 林诚二：《民法债编总论——体系化解说》，中国人民大学出版社 2003 年版；
14. 彭凤至：《情事变更原则之研究——中、德立法、判例、学说之比较》，五南图书出版公司 1986 年版；
15. 洪国钦、陈宗坤、曾俊智：《情事变更原则与公共工程之理论与实务——兼论仲裁与判决之分析》，元照出版有限公司 2010 年版；
16. 古嘉谆、陈希佳、吴诗敏：《工程法律实务研析》，北京大学出版社 2011 年版；
17. 江帆主编：《最新建设工程施工合同疑难案例精解》，法律出版社

2013 年版；

18. 张广兄：《建设工程合同纠纷诉讼指引与实务解答》，法律出版社 2013 年版；

19. 郭丁铭、肖芳：《建设工程施工合同法律实务精解与百案评析》，中国法制出版社 2012 年版；

20. 施建辉等编：《工程上的民法问题研究——第一届海峡两岸工程法学研讨会实录与论文集》，东南大学出版社 2010 年版；

21. 《建设工程合同纠纷》，法律出版社 2010 年版；

22. 浙江东辰律师事务所编：《建设工程合同法律问题释疑》，浙江大学出版社 2005 年版；

23. 张照东：《情事变更制度比较研究》，中国书籍出版社 2001 年版；

24. 陈宽山、江伟勤主编：《建设工程施工合同纠纷判解》（建筑房地产法实务指导丛书），法律出版社 2010 年版；

25. 张俊浩主编：《民法学原理》，中国政法大学出版社 2000 年版；

26. 石礼文：《建设工程质量读本》，上海社会科学技术出版社 2001 年版；

27. 王建东、陈旭琴：《合同法》，浙江大学出版社 2008 年版；

28. 张水波、何伯森：《FIDIC 新版合同条件导读与解析》，中国建筑工业出版社 2003 年版；

29. 吴学义：《事情变更原则与货币价值之变动》，商务印书馆 1944 年版；

30. 李永军：《合同法》，法律出版社 2007 年版；

31. 黄茂荣：《债法总论》（第一册），2002 年作者自版；

32. 黄茂荣：《债法各论》（第二册），2003 年作者自版；

33. 黄茂荣：《法学方法与现代民法》，法律出版社 2007 年版；

34. 黄茂荣：《债法总论》，中国政法大学出版社 2003 年版；

35. 孙美兰：《情事变动与契约理论》，法律出版社 2004 年版；

36. 黄立：《民法债编总论》，元照出版有限公司 2006 年版；

37. 黄立：《民法总则》，元照出版有限公司 2006 年版；

38. 刘春堂：《民法债编通则（一）契约法总论》，三民书局股份有限公司 2001 年版；

39. 王利明：《违约责任论》，中国政法大学出版社 2003 年版；

40. 王利明、崔建远：《合同法新论·总则》，中国政法大学出版社 2000 年版；

41. 王利明：《侵权行为法研究》（上卷），中国人民大学出版社 2004 年版；

42. 王利明：《合同法研究（第二卷）》，中国人民大学出版社 2011 年修订版；

43. 王利明：《民商法研究》（第四辑），法律出版社 1999 年版；

44. 王泽鉴：《侵权行为》，北京大学出版社 2009 年版；

45. 王泽鉴：《债法原理》（第 1 册），1999 年 10 月自版；

46. 王泽鉴：《债法原理》（第 1 册），中国政法大学出版社 2001 年版；

47. 〔德〕迪尔克·罗歇尔德斯：《德国债法总论》，沈小军、张金海译，中国人民大学出版社 2014 年版；

48. 王泽鉴：《民法总则》，中国政法大学出版社 2001 年版；

49. 梁慧星：《民法总论》，法律出版社 2011 年版；

50. 梁慧星：《民法》，四川人民出版社 1988 年版；

51. V. A. Grifith：《英美法总论》，姚淇清译，正中书局 1963 年版；

52. 魏振瀛主编：《民法》，北京大学出版社 2000 年版；

53. 郑玉波：《民法债编总论》，三民书局股份有限公司 1996 年版；

54. 邱聪智：《新订民法债编通则》（下），中国人民大学出版社 2004 年版；

55. 邱聪智：《新订债法各论》（中），中国人民大学出版社 2006 年版；

56. 戴修瓒：《民法债编各论》（上册），三民书局股份有限公司 1964 年版；

57. 蔡章麟：《民法债编各论》（下），1959 年作者自版；

58. 林鼎钧：《工期展延及补偿之请求》（寰瀛法律事务所丛书系列），元照出版有限公司 2005 年版；

59. 王天翊：《建筑法案例解析》（新编本），人民法院出版社 2003 年版；

60. 王文杰：《建设工程法律实务操作及疑难问题深度剖析》，法律出版社 2012 年版；

61. 姚志明：《诚信原则与附随义务之研究》，元照出版有限公司 2003 年版；

62. 谢哲胜、李金松：《工程契约理论与求偿实务》，翰芦图书出版有限公司 2005 年版；

63. 王伯俭：《雨水太多怎么办》（工程契约法律实务），元照出版有限公司 2008 年版；

64. 刘志鹏：《定作人之协力行为工程法律事务研析》（二）（寰瀛法律事务所丛书系列），元照出版有限公司 2006 年版；

65. 谢怀栻等：《合同法原理》，法律出版社 2000 年版；

66. 孙森焱：《民法债编总论》（下册），法律出版社 2006 年版；

67. 龙斯荣：《罗马法要论》，吉林大学出版社 1991 年版；

68. 欧洲民法典研究组、欧洲现行私法研究组编著：《欧洲示范法典草案：欧洲私法的原则、定义和示范归责》，高圣平译，中国人民大学出版社 2012 年版；

69. 尹田：《法国现代合同法：契约自由与社会公正的冲突与平衡》，法律出版社 2009 年版；

70. 史尚宽：《债法总论》，台北自版 1954 年版；

71. 王家福主编：《中国民法学·民法债权》，法律出版社 1991 年版；

72. 《最高法院关于合同法司法解释（二）理解与适用》，人民法院出版社 2009 年版；

73. 杨立新：《合同法总则》（上册），法律出版社 1999 年版；

74. 隋彭生：《合同法论》，法律出版社 1997 年版；

75. 李永军：《合同法原理》，中国人民公安大学出版社 1999 年版；

76. 〔日〕我妻荣：《新订债权总论》，王燚译，中国法制出版社 2008 年版；

77. 〔德〕迪特尔·梅迪库斯：《德国民法总论》，杜景林、卢谌译，法

律出版社2004年版;

78. 〔德〕卡尔·拉伦茨:《法学方法论》,陈爱娥译,商务印书馆2003年版;

79. 〔德〕迪特尔·梅迪库斯:《德国债法总论》,杜景林、卢谌译,法律出版社2004年版。

中文论文:

1. 韩世远:《不可抗力、情事变更与合同解除》,载《法律适用》2014年第11期;

2. 韩世远:《情事变更若干问题研究》,载《中外法学》2014年第3期;

3. 崔玉清:《建设工程合同履行中情势变更原则的适用》,载《政法论坛》2014年第1期;

4. 王洪、张伟:《情势变更规则适用要件的探究——以法释〔2009〕5号第26条为中心的解释论》,载《云南民族大学学报(哲学社会科学版)》2014年第31卷第1期;

5. 王成、江河:《市政建设致营业客流量减少不构成情势变更》,载《人民司法》2013年第14期;

6. 惠君:《情势变更原则及其在工程合同纠纷司法解决中的适用》,载《新西部(理论版)》2013年第13期;

7. 贾航:《论情势变更原则在工程建设项目索赔中的应用》,载《现代装饰(理论版)》2013年第12期;

8. 余延满、何通胜:《FIDIC合同条件不可抗力构成之比较研究》,载《法律科学》2013年第9期;

9. 王建文、刘宛升:《完善情势变更立法 构建诚信市场经济——以国际旅游岛住房建设为视角》,载《山西高等学校社会科学学报》2013年第6期;

10. 黄喆:《情势变更原则在建设工程合同中的适用——德国建筑私法实践及其对我国的启示》,载《法律科学》2013年第5期;

11. 周吉高:《情势变更原则与施工企业权益保护》(一),载《建筑时报》2013年9月23日,第4版;

12. 周吉高：《情势变更原则与施工企业权益保护》（二），载《建筑时报》2013 年 10 月 28 日，第 4 版；

13. 周吉高：《情势变更原则与施工企业权益保护》（三），载《建筑时报》2013 年 11 月 14 日，第 5 版；

14. 骆建廷：《浅论美国法上契约免责事由与我国情事变更原则之比较》（上），载《万国法律》2012 年第 186 期；

15. 骆建廷：《浅论美国法上契约免责事由与我国情事变更原则之比较》（下），载《万国法律》2013 年第 187 期；

16. 黄喆：《建设工程合同发包人单方变更权的合理限度——以德国建筑私法相关规定为借鉴》，载《政治与法律》2012 年第 11 期；

17. 张继承：《论情势变更原则在建设工程合同中的适用》，载《华南理工大学学报》2012 年第 4 期；

18. 唐瑞：《情势变更原则在建设工程合同中的适用》，载《经济视角》（下）2012 年第 6 期；

19. 王彦虎、王小明：《"情势变更"在工程索赔中的应用》，载《四川水力发电》2012 年第 31 卷第 2 期；

20. 程云峰：《情势变更原则在建设工程施工合同中的合理适用》，载《企业技术开发》2012 年第 1 期；

21. 王成：《情事变更、商业风险与利益衡量——以张革军诉宋旭红房屋买卖合同纠纷为背景》，载《政治与法律》2012 年第 1 期；

22. 高印利：《地方调价文件能作为认定情势变更的依据吗?》，载《建筑时报》2011 年 11 月 7 日，第 5 版；

23. 杨权利等：《国际工程中的情势变更索赔》，载《国际经济合作》2011 年第 4 期；

24. 虞淑婷、沈杰：《施工合同中物价异常波动时情事变更原则的适用性研究》，载《建筑经济》2011 年第 1 期；

25. 郑溪蓁：《物价变动调整之情势变更原则适用》，载《万国法律》2010 年第 174 期；

26. 夏国银：《情势变更原则在建设工程施工合同管理中的运用》，载《建筑监督检测与造价》2010 年第 10 期；

27. 龙争：《情势变更原则在建设施工合同中的合理运用》，载《经理日报》2010 年 7 月 13 日，第 C02 版；

28. 黄立：《工程承揽契约中情事变更之适用问题》，载《政大法学评论》2010 年第 119 期；

29. 韩强：《情势变更原则的类型化研究》，载《法学研究》2010 年第 4 期；

30. 陈帮锋：《论意外事故与不可抗力的趋同》，载《清华法学》2010 年第 4 期；

31. 黄立：《台湾工程承揽契约中情事变更之适用问题》，载施建辉等编：《工程上的民法问题研究——第一届海峡两岸工程法学研讨会实录与论文集》，东南大学出版社 2010 年版；

32. 徐中华：《建设工程合同纠纷情势变更原则适用酌定论》，载《法学杂志》2010 年第 S1 期；

33. 蒋浩：《情势变更原则及其法律适用——以国际金融危机为背景》，载《法律适用》2009 年第 11 期；

34. 林鲁海：《怎样运用〈合同法司法解释二〉为建筑施工企业预防风险、创造效益——情势变更原则在〈建设工程施工合同〉中的具体运用和实践操作》，载《建筑时报》2009 年 10 月 12 日，第 4 版；

35. 冯晓磊：《情势变更原则在建设工程施工合同中的适用》，载《人民法院报》2009 年 9 月 24 日，第 6 版；

36. 王闯：《当前人民法院审理商事合同案件适用法律若干问题》，载《法律适用》2009 年第 9 期；

37. 顾东林：《运用情势变更原则解决建材价格异常波动争议》，载《建筑经济》2009 年第 8 期；

38. 曹守晔：《最高人民法院关于适用〈中华人民共和国合同法〉若干问题的解释之情势变更问题的理解与适用》，载《法律适用》2009 年第

8 期；

39. 楼建波、刘燕：《情势变更原则对金融衍生品交易法律基础的冲击——以韩国法院对 KIKO 合约纠纷裁决为例》，载《法商研究》2009 年第 5 期；

40. 魏济民：《浅议建筑房地产合同纠纷中情势变更原则的适用》，载《仲裁研究》2009 年第 2 期；

41. 魏济民：《〈合同法〉不该一刀切取消情势变更原则——从一起建筑工程承包合同纠纷谈起》，载《法治论坛》2009 年第 1 期；

42. 李家庆：《国内工程承揽契约风险分配常见问题》，载《工程法律论坛（五）》2008 年 12 月；

43. 蔡子琪：《论工程契约之危险负担与转移》，载《工程法律实务研析》（四），寰瀛法律事务所丛书系列，2008 年 9 月初版；

44. 黄严明：《浅谈运用情势变更原则处理工程经济纠纷》，载《建筑监督检测与造价》2008 年第 1 卷第 7 期；

45. 朱巍：《事变中合同法若干问题研究——以汶川地震为视角》，载《政治与法律》2008 年第 8 期；

46. 姚辉：《情事变更重述——以 5·12 震灾为视角》，载《中州学刊》2008 年第 6 期；

47. 颜玉明：《公共工程契约物价调整机制之过去与未来——从工程采购契约范本 2008 年 4 月 25 日至修订谈起》，载《月旦民商法》2008 年第 20 期；

48. 杨明：《论民法原则的规则化——以诚信原则与情势变更原则为例》，载《法商研究》2008 年第 5 期；

49. 古嘉谆：《工程法第三讲：工程契约之病》（上），载《月旦法学教室》2008 年第 67 期；

50. 姚志明：《一般情事变更原则于给付工程款案例之适用——兼评"最高法院"九十四年台上字第八九八号判决》，载《月旦法学杂志》2008 年第 156 期；

51. 裘宇清：《论情事变更原则在建设工程合同纠纷中的适用》，载《技术经济与管理研究》2008 年第 4 期；

52. 陈丽洪：《情势变更制度在建设工程施工合同中的适用要件》，载《黎明职业大学学报》2008 年第 4 期；

53. 余文恭：《论重大地质差异之三大特征》，载《营造天下》2008 年第 137 期；

54. 邓胜轩：《浅论公共工程契约风险的公平合理分担》，载《营建管理季刊》2007 年 9 月；

55. 林诚二：《政府采购契约消灭时效条款》，载《月旦法学教室》2007 年第 21 期；

56. 赵莉：《公平原则对契约严守的修正——国际示范立法中的情势变更》，载《法学评论》2007 年第 5 期；

57. 杨淑文：《工期展延之争议与履约调解》，载《月旦法学杂志》2007 年第 143 期；

58. 陆建辉：《诉讼中要分清"情事变更"和"不可抗力"》，载《中国建设报》2006 年 9 月 12 日，第 8 版；

59. 杨淑文：《工程契约之危险负担与情事变更原则》，2006 年 4 月发表于台湾工程法学会；

60. 张诗芸、罗惠雯：《总价契约与实作实算契约》，载《工程法律实务研析》（二），寰瀛法律事务所丛书系列，2006 年 2 月初版；

61. 林孜俞：《总价契约下实作数量增减之争议》，载《营建知讯》2006 年第 276 期；

62. 李元德：《因物价上涨调整违约金》，载《工程法律实务研析》（一），寰瀛法律事务所丛书系列，2005 年 9 月二版；

63. 林鼎钧：《工期展延及补偿之请求》，载《工程法律实务研析》（一），寰瀛法律事务所丛书系列，2005 年 9 月二版；

64. 陈德纯：《工期范围变更》，载《工程法律实务研析》（一），寰瀛法律事务所丛书系列，2005 年 9 月二版；

65. 吴诗敏：《情事变更原则》，载《工程法律实务研析》（一），寰瀛法律事务所丛书系列，2005 年 9 月二版；

66. 杨淑文：《主债权范围扩展条款之无效与异常——"最高法院"九十一年台上字二三三六号判决评析》，载《月旦法学杂志》2005 年第 122 期；

67. 李金松：《异常工地状况损失的风险分配与求偿》，载《营造天下》2005 年第 110 期；

68. 余文恭：《从工程契约之动态发展论工程契约之变更——兼论 FIDIC 红皮书之相关规定》，载《法令月刊》2004 年第 12 期；

69. 李家庆：《论工程契约变更》，载《工程法律与索赔实务》，2004 年 9 月初版；

70. 李家庆：《论工程展延之索赔——兼论弃权条款之效力》，载《工程法律与索赔实务》，2004 年 9 月出版；

71. 周国：《情势变更原则在工程承包合同索赔中的应用》，载《化工建设工程》2004 年第 6 期；

72. 王泽鉴：《民法总则在实务上的最新发展（五）——"最高法院"90 及 91 年度若干判决的评释》，载《台湾本土法学杂志》2004 年第 57 期；

73. 〔德〕卡斯腾·海尔斯特尔、许德风：《情事变更原则研究》，载《中外法学》2004 年第 4 期；

74. 范长刚、曾维佳：《情势变更原则辨析——从建筑材料大幅涨价谈起》，载《甘肃行政学院学报》2004 年第 4 期；

75. 侯庆辰：《民法情事变更原则之研究》，载《法学丛刊》2003 年第 191 期；

76. 胡启忠：《情势变更案件处理的路径与策略》，载《现代法学》2003 年第 5 期；

77. 陈坤成：《情事变更原则在营建工程之探讨》（一），载《现代营建》2003 年第 5 期；

78. 宋宗宇、温昌煜、曾文革：《建设工程溯源及特点研究》，载《重庆建筑大学学报》2003 年第 5 期；

79. 张国清：《依情事变更原则调整合约金额之仲裁及撤销仲裁判断之诉案例解析》（上），载《营造天下》2003 年第 88 期；

80. 张国清：《依情事变更原则调整合约金额之仲裁及撤销仲裁判断之诉案例解析》（下），载《营造天下》2003 年第 89 期；

81. 颜玉明：《工程变更之探讨——以异常地质为对象》，载《律师杂志》2003 年第 282 期；

82. 宋胜利：《论情势变更原则在建筑工程承包合同中的具体运用》，载《河南政法管理干部学院学报》2003 年第 1 期；

83. 罗明通：《公平合理原则与不可归责于两造之工期延宕之补偿》，载《月旦法学杂志》2002 年第 91 期；

84. 王伯俭：《工作毁损灭失的危险负担》，载《工程纠纷与索赔实务》2002 年版；

85. 邱学安：《论情事变更》，载《西南政法大学学报》2002 年第 4 卷第 3 期；

86. 陈任：《中英合同法有关情事变更原则的比较研究》，载《西北大学学报》2002 年第 32 卷第 2 期；

87. 陈峰富：《情事变更原则于公共工程合约风险分担约款之适用》，载王志舆编：《仲裁案例选辑Ⅰ》2000 年版；

88. 刘凯湘、张海峡：《论不可抗力》，载《法学研究》2000 年第 6 期；

89. 韩世远：《情事变更原则研究》，载《中外法学》2000 年第 4 期；

90. 关涛：《情势变更原则辨》，载《法律科学》2000 年第 4 期；

91. 崔建远：《海峡两岸合同责任制度的比较研究——海峡两岸合同法的比较研究之一》，载《清华大学学报（哲学社会科学版）》2000 年第 2 期；

92. 李宗德：《情事变更原则于公共工程合约风险分担之适用》，载《工程仲裁案例选辑》2000 年；

93. 崔建远：《严格责任？过错责任——中国合同法归责原则的立法论》，载《民商法论丛》（第十一卷），法律出版社 1999 年版；

94. 刘桥：《情事变更原则——统一合同法面临的立法与司法问题》，载

《现代法学》1999 年第 21 卷第 4 期；

95. 毕秀丽：《情势变更与不可抗力的比较分析》，载《政法论丛》1999 年第 3 期；

96. 张淳：《对情势变更原则的进一步研究》，载《南京大学学报》1999 年第 1 期；

97. 李宗德：《情事变更原则于公共工程合约风险分担约款之适用》，载王志舆编：《仲裁案例选辑Ⅲ》1999 年版；

98. 郭洪俊：《艰难情形与不可抗力的区别及其不同法律效果探讨》，载《现代法学》1998 年第 5 期；

99. 姜作利：《英美法中的"合同落空"原则》，载《政治与法律》1998 年第 3 期；

100. 张淳：《外国法上情势变更原则内容差异及我国立法选择浅议》，载《南京大学法律评论》1997 年秋季刊；

101. 郑国珍：《试论情势变更原则的历史沿革和适用条件》，载《中国法学》1997 年增刊；

102. 王宝发、张晓军：《我国合同法应当确立情事变更原则》，载《政治与法律》1997 年第 4 期；

103. 王江雨：《论情事变更原则》，载《现代法学》1997 年第 1 期；

104. 梁慧星：《从过责任到严格责任》，载梁慧星主编：《民商法论丛》（第八卷），法律出版社 1997 年版；

105. 邓自力：《情事变更原则在预售商品房纠纷中的适用》，载《法学》1996 年第 11 期；

106. 张坦：《论对情势变更原则的限制》，载《河北法学》1996 年第 5 期；

107. 车丕照：《合同落空、情势变更与不可抗力——兼论我国相应立法的模式》，载《兰州大学学报》1996 年第 2 期；

108. 郑跟党：《试论情事变更原则及其适用》，载《中外法学》1995 年第 5 期；

109. 张庆东：《情事变更与商业风险的法律界定》，载《法学》1994 年第 8 期；

110. 马俊驹：《我国债法中情势变更原则的确立》，载《法学评论》1994 年第 6 期；

111. 梁慧星：《诚实信用原则与漏洞补充》，载《法学研究》1994 年第 2 期；

112. 王伟：《情事变更原则在审理经济合同纠纷中的适用》，载《政法论坛》1993 年第 5 期；

113. 彭诚信：《"情事变更原则"的探讨》，载《法学》1993 年第 3 期；

114. 耀振华：《情事变更原则的适用》，载《法学研究》1992 年第 4 期；

115. 黄敏孙、华智锋：《情势变更原则的条件》，载《法学》1991 年第 12 期；

116. 杨振山：《试论我国民法确立"情势变更原则"的必要性》，载《中国法学》1990 年第 5 期；

117. 梁慧星：《合同法上的情事变更问题》，载《法学研究》1988 年第 6 期；

118. ［日］中山允：《情事变更原则》，苏正绪译，载《政法丛刊》1988 年第 2 期；

119. 庄慧辰：《论国际商事合同中的挫折问题》，载《法学研究》1985 年第 4 期；

120. 林诚二：《情事变更原则之理论与实际——债法上之比较研究》，载《中兴法学》1978 年第 14 期；

121. 林诚二：《从个案论债法上情事变更原则之适用》，载《中兴法学》1971 年第 1 期；

122. 周江洪：《〈合同法〉第 121 条的理解与适用》，载《清华法学》2012 年第 5 期；

123. 解亘：《论〈合同法〉第 121 条的存废》，载《清华法学》2012 年第 5 期；

124. 王立兵：《关系论视阈下第三人违约问题研究——以〈合同法〉第121条为中心》，载《学术交流》2010年第2期；

125. 解亘：《再论〈合同法〉第121条的存废——以履行辅助人责任论为视角》，载《现代法学》2014年第6期；

126. 韩世远：《他人过错与合同责任》，载《法商研究》1999年第1期；

127. 梁慧星：《关于中国统一合同法草案第三稿》，载《法学》1997年第2期；

128. 张影：《第三人原因违约及其责任承担》，载《北方论丛》2002年第6期；

129. 耿卓：《〈合同法〉第121条中"第三人"的理解与适用》，载《贵州警官职业学院学报》2009年第3期；

130. 解亘：《我国合同拘束力理论的重构》，载《法学研究》2011年第2期；

131. 周江洪：《风险负责规则与合同解除》，载《法学研究》2010年第1期；

132. 朱广新：《违约责任的归责原则探究》，载《政法论坛》2008年第4期。

学位论文：

1. 郭欣欣：《情势变更制度在建设工程施工合同中的运用》，西南政法大学2012年硕士学位论文；

2. 金骅生：《情事变更原则于两岸工程实务判决适用之研究》，中国文化大学法学院法律学系2011年硕士学位论文；

3. 吴珊珊：《情事变更制度在建筑施工合同中的适用》，大连海事大学2011年硕士学位论文；

4. 吴林涛：《论情势变更制度在建筑施工合同中的应用》，重庆大学2011年硕士学位论文；

5. 林华平：《情势变更原则在我国建设工程施工合同中的适用》，复旦大学2011年硕士学位论文；

6. 毕振昇：《论建设工程合同履行中的情事变更》，中国政法大学 2011 年硕士学位论文；

7. 邢增銮：《论情势变更原则在建设工程施工合同中的适用》，中国政法大学 2010 年硕士学位论文；

8. 曾婉雯：《工程契约中之契约调整权——以情事变更原则为中心》，政治大学法律研究所 2010 年硕士学位论文；

9. 曾俊智：《情事变更原则在政府工程采购契约履约争议处理之研究》，高雄大学法律系研究所 2009 年硕士学位论文；

10. 林幸欣：《自国际规范 FIDIC 标准契约条款论我国工程保险——以保险责任期间为重心》，政治大法律系研究所 2009 年硕士学位论文；

11. 陈宗坤：《情事变更原则适用于我国公共工程仲裁判断之探讨》，高雄大学法律系研究所 2009 年硕士学位论文；

12. 许增如：《政府采购法减价收受制度之研究》，政治大学法律科际整合研究所 2009 年硕士学位论文；

13. 刘清鸿：《赶工求偿之探讨》，高雄第一科技大学营建工程研究所 2009 年硕士学位论文；

14. 吴若萍：《公共营建工程契约中迟延完工之问题研究——以不可归责于承揽人为中心》，台湾大学 2008 年硕士学位论文；

15. 洪国钦：《论一般情事变更原则于我国实务判决适用之情形》，高雄大学法律系研究所 2008 年硕士学位论文；

16. 陈纯敬：《我国公共工程施工契约常见争议法律关系研究》，东吴大学法律学系 2008 年硕士学位论文；

17. 谢家佳：《公共工程工期展延争议法律问题之研究》，台北大学法律研究所 2008 年硕士学位论文；

18. 李昇蓉：《承包商对营建工程工期迟延及阻挠（Disruption）之索赔》，政治大学法律系研究所 2008 年硕士学位论文；

19. 郑振安：《营建工程赶工之案例研究》，交通大学工学院专班工程技术与管理学 2008 年硕士学位论文；

20. 李斌：《论建设工程施工承包合同的无效及法律后果》，郑州大学 2007 年硕士学位论文；

21. 王如廷：《情势变更制度在建设工程施工合同中的适用考察》，山东大学 2006 年硕士学位论文；

22. 陈玉洁：《工程契约变更之争议问题研究》，政治大学法律系 2005 年硕士学位论文；

23. 贾若山：《论合同法上的附随义务》，清华大学法学院 2005 年法律硕士专业学位论文；

24. 吕纯纯：《公共工程逾期争议之研究》，政治大学法律研究所 2004 年硕士学位论文；

25. 顾美春：《工程契约风险分配与常见争议问题之研究》，交通大学科技法律研究所 2002 年硕士学位论文；

26. 萧伟松：《论营建工程迟延与情事变更原则之适用》，东吴大学法律研究所 2001 年硕士学位论文；

27. 张南薰：《情事变更原则在公共工程上之应用》，政治大学法律研究所 2000 年硕士学位论文；

28. 林孜俞：《公共工程契约之订定与招标机关之义务》，台湾大学 2002 年硕士学位论文。

英文资料：

1. Treitel, The Law of Contract (6th, 1983), Stevens & Business;

2. E. Allan Farnsworth, Contract (3rd, 1999), New York: Aspen Law&Business;

3. Ewan McKendrick, Contract Law (4th, 2003), 法律出版社（影印本）；

4. Edwin Peel, B. C. L., M. A. the Law of Contract I (12th, 2007), London: Sweet&Maxwell;

5. Claude D. Rohwer, Gordon D. Schaber, Contract (4th, 1999), 法律出版社（影印本）；

6. Brian A. Blum, Contracts: Example & Explanations (2th, 2004), 中国方正出版社（注译本）。

德文资料：

1. Englert/Motzke/Wirth, Kommentar zum BGB – Bauvertragsrecht. 1. Aufl., 2007, Werner;

2. Kappellamnn/Messerschmidt, VOB Teil A und B, 2007, C. H. Beck München;

3. Mark/Korbion, Basiswissen Privates Baurecht, 2003, C. H. Beck Müchen;

4. Locher, das private Baurecht. C. H. Beck München, 7. Aufl., 2005;

5. Günter Janson, Beck'scher Online – Kommentar VOB Teil B, 2009;

6. Ingenstau/Korbion/D? ring, VOB Kommentar, 16., überarb. Aufl. 2007, Werner;

7. Jansen, Beck'scher VOB – und Vergaberechts – Kommentar, 2. Aufl., 2008, C. H. Beck München;

8. Motze, Beck'scher VOB – und Vergaberechts – Kommentar, 2. Aufl., 2008, C. H. Beck München;

9. Dieter Medicus, Schuldrecht II, Besonderer Teil, 14. Aufl., 2007;

10. Staudinger/Frank Peters, Neu. Aufl., 2003, Vorben zu §631;

11. Staudinger/Frank Peters, Neu. Aufl., 2003, Vorben zu §644;

12. Ingenstau/Korbion/D? ring, VOB Kommentar, 16., überarb. Aufl., 2007, Werner;

13. Brox, Allgemeines Schuldrecht, 31. Aufl., 2006;

14. Dieter Medicus, Allgemeiner Teil des BGB, 9. Aufl., 2006;

15. Larenz/Wolf, Allgemeiner Teil des bürgerlichen Rechts, 9. Aufl., 2004;

16. Medicus/Lorenz, Schuldrecht I, Allgemeiner Teil, 18. Aufl., 2008;

17. Hosrt Kuß, Vergabe – und Vertragsordung für Bauleistungen（VOB）Teil A und B 18. Kommentar, 4. Aufl. 2002, München.

判决文书：

1. 重庆市渝中区人民法院（2014）中区法民初字第02296号；

2. 辽宁省沈阳市中级人民法院（2013）沈中民二初字第52号；

3. 广东省广州市中级人民法院（2013）穗中法民五终字第 3382 号；

4. 浙江省温州市中级人民法院（2013）浙温民终字第 1545 号；

5. 浙江省温州市瓯海区人民法院民事判决书（2012）温瓯民初字第 652 号；

6. 上海市第一中级人民法院民事判决书（2011）沪一中民二（民）终字第 1745 号；

7. 深圳市宝安区人民法院民事判决书（2011）深宝法民初字第 267 号；

8. 上海市松江区人民法院民事判决书（2011）松民三（民）初字第 1526 号；

9. 广东省深圳市中级人民法院民事判决书（2011）深中法民五终字第 781 号；

10. 上海市浦东新区人民法院（2011）浦民一（民）初字第 5912 号；

11. 浙江省宁波市镇海区人民法院（2011）甬镇民初字第 182 号；

12. 浙江省宁波市镇海区人民法院（2011）甬镇民初字第 181 号；

13. 湖南省衡阳市中级人民法院（2010）衡中法民二终字第 115 号；

14. 河南省郑州市中级人民法院（2010）郑民再终字第 311 号；

15. 合肥市高新区人民法院（2008）合民二终字第 6 号；

16. 合肥市高新区人民法院（2007）合高新民二初字第 148 号；

17. 最高人民法院（2007）民一终字第 81 号；

18. 海南省中级人民法院（2007）海南民二终字第 144 号；

19. 海南省高级人民法院（2006）琼民一终字第 43 号；

20. 海南省高级人民法院（2005）琼民抗字第 2 号；

21. 北京市第一中级人民法院（2004）一中民终字第 9486 号；

22. 贵州省贵阳市中级人民法院（2001）筑民二终字第 433 号；

23. 四川省合江县人民法院（1993）合经初字第 47 号；

24. 我国台湾地区"最高司法机构"（2009）台上字第 361 号；

25. 我国台湾地区"高等法院"（2009）重上字第 44 号；

26. 我国台湾地区"最高司法机构"（2008）台上字第 560 号；

27. 我国台湾地区"最高司法机构"（2008）台上字第 678 号；
28. 我国台湾地区"最高司法机构"（2008）台上字第 1794 号；
29. 我国台湾地区"高等法院"（2008）建上字第 59 号；
30. 我国台湾地区"高等法院"（2008）建上字第 44 号；
31. 我国台湾地区"高等法院"（2008）建上字第 22 号；
32. 台北地方法院（2008）建字第 46 号；
33. 我国台湾地区"最高司法机构"（2007）台上字第 2468 号；
34. 我国台湾地区"最高司法机构"（2007）台上字第 2237 号；
35. 我国台湾地区"最高司法机构"（2007）台上字第 2167 号；
36. 我国台湾地区"最高司法机构"（2007）台上字第 1047 号；
37. 我国台湾地区"最高司法机构"（2007）台上字第 569 号；
38. 我国台湾地区"最高司法机构"（2007）台上字第 565 号；
39. 我国台湾地区"最高司法机构"（2007）台上字第 482 号；
40. 我国台湾地区"最高司法机构"（2007）台上字第 26 号；
41. 我国台湾地区"高等法院"（2007）重上字第 360 号；
42. 我国台湾地区"高等法院"（2007）建上字第 103 号；
43. 我国台湾地区"高等法院"（2007）建上字第 79 号；
44. 我国台湾高雄地方法院民事判决（2007）建字第 73 号；
45. 我国台湾地区"最高司法机构"（2006）台上字第 2383 号；
46. 我国台湾地区"最高司法机构"（2006）台上字第 1944 号；
47. 我国台湾地区"最高司法机构"（2006）台上字第 1607 号；
48. 我国台湾地区"最高司法机构"（2006）台上字第 930 号；
49. 我国台湾地区"高等法院"（2006）建上字第 120 号；
50. 我国台湾地区"高等法院"（2006）建上字第 73 号；
51. 我国台湾地区"高等法院"花莲分院（2006）建上更（一）字第 21 号；
52. 我国台湾地区"高等法院"（2006）建上字第 18 号；
53. 我国台湾地区"高等法院"（2006）建上字第 4 号；
54. 台北地方法院（2006）建字第 110 号；

55. 我国台湾地区"最高司法机构"（2005）台上字第 1382 号；
56. 我国台湾地区"最高司法机构"（2005）第 898 号；
57. 我国台湾地区"最高司法机构"（2005）台上字第 254 号；
58. 我国台湾地区"最高司法机构"（2005）台上字第 1 号；
59. 我国台湾地区"高等法院"（2005）重上字第 153 号；
60. 我国台湾地区"高等法院"（2005）重上字第 144 号；
61. 我国台湾地区"高等法院"（2005）建上字第 85 号；
62. 我国台湾地区"高等法院"（2005）重上字第 18 号；
63. 台北地方法院（2005）建字第 277 号；
64. 南投地方法院（2005）建字第 8 号；
65. 我国台湾地区"高等法院"台中分院（2005）建上更（一）字第 1 号；
66. 我国台湾地区"高等法院"台中分院（2004）建上字第 33 号；
67. 我国台湾地区"最高司法机构"（2004）台上字第 2470 号；
68. 我国台湾地区"最高司法机构"（2004）台上字第 2247 号；
69. 我国台湾地区"最高司法机构"（2004）台上字第 1135 号；
70. 我国台湾地区"高等法院"（2004）重上字第 362 号；
71. 我国台湾地区"高等法院"（2004）度上字第 88 号；
72. 我国台湾地区"高等法院"（2004）重上字第 61 号；
73. 我国台湾地区"高等法院"（2004）建上字第 19 号；
74. 我国台湾地区"高等法院"高雄分院（2004）重上字第 63 号；
75. 我国台湾地区"高等法院"高雄分院（2004）重上字第 62 号；
76. 我国台湾地区"高等法院"台南分院（2004）重上字第 16 号；
77. 我国台湾地区"高等法院"花莲分院（2004）重上字更（一）字第 16 号；
78. 我国台湾地区"高等法院"台中分院（2004）建上字第 33 号；
79. 我国台湾地区"最高司法机构"（2003）台上字第 1395 号；
80. 我国台湾地区"最高司法机构"（2003）台上字第 785 号；
81. 我国台湾地区"高等法院"（2003）重上字第 619 号；

82. 桃园地方法院（2003）重诉字第 292 号；

83. 高雄地方法院（2003）重诉字第 98 号；

84. 台中地方法院（2003）建字第 65 号；

85. 我国台湾地区"最高司法机构"（2002）台上字第 1696 号；

86. 我国台湾地区"高等法院"（2002）重上更（一）字第 129 号；

87. 我国台湾地区"高等法院"台中分院（2002）重上字第 87 号；

88. 台北地方法院（2002）重诉自第 1282 号；

89. 台北地方法院（2002）仲诉字第 15 号；

90. 我国台湾地区"高等法院"（2001）台上更（一）字第 171 号；

91. 我国台湾地区"高等法院"台南分院（2001）重上更（一）字第 6 号；

92. 台北地方法院（2001）重诉字第 1794 号；

93. 我国台湾地区"最高司法机构"（2000）台上字第 1529 号；

94. 我国台湾地区"最高司法机构"（2000）台上字第 1402 号；

95. 我国台湾地区"高等法院"（2000）重上字第 478 号；

96. 我国台湾地区"高等法院"台中分院（2000）台上更（一）字第 20 号；

97. 我国台湾地区"最高司法机构"（1999）台上字第 3039 号；

98. 我国台湾地区仲裁协会（1998）商仲麟声仁字第 70 号仲裁判断；

99. 我国台湾地区"最高司法机构"（1996）台上字第 1892 号；

100. 我国台湾地区"最高司法机构"（1980）台上字第 3860 号；

101. 我国台湾地区"最高司法机构"（1977）台上字第 2975 号；

102. 我国台湾地区"最高司法机构"（1952）台上字第 1406 号。

致　谢

　　十年前我有幸到清华法学院跟随著名的合同法专家韩世远教授学习，实乃人生一大幸事。求学期间，深知自己才疏学浅且资质平庸，于是不敢懈怠，希望勤能补拙、天道酬勤。转眼间又一次毕业了，在学业上总算有所增益，不至于马齿徒增、虚度光阴，对自己也算有所交代，这一切都要感谢所有关心我、鼓励我、鞭策我、批评我的师长、亲友、同窗，没有你们我不知道自己能否坚持到现在。

　　最需要感谢我的导师韩世远教授，传道授业解惑自不必说，单是不间断的读书会就让人受益匪浅，老师的点评总是切中要害、入木三分，师兄弟之间的切磋，不论"单挑"还是"群殴"也都是增长功力的好方法。当然还有断断续续的韩门聚餐，欢声笑语、大快朵颐，每次都是老师自掏腰包。身为韩门弟子，既能学得好，又能吃得好，夫复何求？

　　感谢崔建远老师传授法学方法论的"上等武功"，虽至今一知半解，但总算有了点道行，寻得了修炼的法门。还记得在方法论课堂上老师批评我死守抽象人格；资格考试时批评我误解不当得利；论文开题时批评我没有问题意识……学生愚昧，自当继续努力！

　　感谢申卫星老师，您的物权法、民法基本原则等课程的笔记还在，习惯物权的问题还在思考，信赖原则的地位也还没有着落，师生间的机智问答、同学间的激烈交锋还在脑海，感谢申老师，您的课堂让人如沐春风、流连忘返！

　　感谢耿林老师，您是我生命中的贵人，十多年的师生情谊说明了一切！

　　感谢尚连杰、赵春玉、麻爱琴、刘磊、刘胜军、张文龙、谈中正、徐海勇、赵文杰、武藤、王硕、殷安军、隋愿、葛江虬、于韬珩、俞彦韬、高磊、石一峰等同学、好友，讨论切磋固然增长功力、锤炼思维，双升八卦亦能提神清脑、放松身心，谈笑有鸿儒，往来无白丁，感谢你们的一路陪伴，使博士生活充满欢乐的桥段！

图书在版编目（CIP）数据

民法典背景下情事变更原则之逻辑构成与司法展开：以两岸建设工程实务为分析场景 / 张永著 . —北京：中国法制出版社，2022.8
ISBN 978-7-5216-1838-9

Ⅰ.①民… Ⅱ.①张… Ⅲ.①建筑施工 - 经济合同 - 研究 - 中国 Ⅳ.①D923.64

中国版本图书馆 CIP 数据核字（2021）第 073421 号

责任编辑：李宏伟　　　　　　　　　　　　　　封面设计：杨泽江

民法典背景下情事变更原则之逻辑构成与司法展开
——以两岸建设工程实务为分析场景
MINFADIAN BEIJING XIA QINGSHI BIANGENG YUANZE ZHI LUOJI GOUCHENG YU SIFA ZHANKAI
——YI LIANG'AN JIANSHE GONGCHENG SHIWU WEI FENXI CHANGJING

著者/张永
经销/新华书店
印刷/北京虎彩文化传播有限公司
开本/710 毫米×1000 毫米　16 开　　　　印张/ 22.75　字数/ 321 千
版次/2022 年 8 月第 1 版　　　　　　　　　2022 年 8 月第 1 次印刷

中国法制出版社出版
书号 ISBN 978-7-5216-1838-9　　　　　　　　　　　　定价：78.00 元

北京市西城区西便门西里甲 16 号西便门办公区
邮政编码：100053

网址：http://www.zgfzs.com　　　　　　传真：010-63141600
市场营销部电话：010-63141612　　　　编辑部电话：010-63141804
　　　　　　　　　　　　　　　　　　印务部电话：010-63141606

（如有印装质量问题，请与本社印务部联系。）